2017年度国家社会科学基金项目

“非洲语言政策与规划发展变革研究”阶段性研究成果

（批准号：17BYY013）

非洲的语言与社会

——多语言共生

[日] 梶茂树 [日] 砂野幸稔 编著
徐微洁 金稀玉 鲁燕青 译

浙江工商大學出版社
ZHEJIANG GONGSHANG UNIVERSITY PRESS
·杭州·

图字：11–2019–86 号

图书在版编目（CIP）数据

非洲的语言与社会：多语言共生 /（日）梶茂树等编著；徐微洁，金稀玉，鲁燕青译．— 杭州：浙江工商大学出版社，2021.6
ISBN 978-7-5178-4474-7

Ⅰ．①非… Ⅱ．①梶… ②徐… ③金… ④鲁… Ⅲ．①语言学 – 研究 – 非洲 Ⅳ．① H0

中国版本图书馆 CIP 数据核字（2021）第 076433 号

非洲的语言与社会——多语言共生
FEIZHOU DE YUYAN YU SHEHUI——DUO YUYAN GONGSHENG
［日］梶茂树　［日］砂野幸稔　编著　　徐微洁　金稀玉　鲁燕青　译

责任编辑　姚　媛
封面设计　沈　婷
责任印制　包建辉
出版发行　浙江工商大学出版社
（杭州市教工路 198 号　邮政编码 310012）
（E-mail：zjgsupress@163.com）
（网址：http：//www.zjgsupress.com）
电话：0571-88904980，88831806（传真）
排　　版　冰橘工作室
印　　刷　广东虎彩云印刷有限公司绍兴分公司
开　　本　787mm×1092mm 1/16
印　　张　26
字　　数　521 千
版 印 次　2021 年 6 月第 1 版　2021 年 6 月第 1 次印刷
书　　号　ISBN 978-7-5178-4474-7
定　　价　89.00 元

中文版序言

本书即将在中国付梓，我非常高兴，也非常荣幸。本书由日本研究者在常年实地调研的基础上编撰而成。日本有一个研究机构叫日本非洲学会，该学会有近1000名会员。此外，日本还有一个会员人数近2000的日本语言学会。一般，同时属于这两个学会的会员都是研究非洲语言的人员，其中除了研究生，还有近30名研究人员。这一人数，即便放眼全球也不算少吧。

日本非洲语言学学者的特征是彻底的当地主义。换言之，这些语言学学者亲自去非洲做田野调查，收集数据，并以此为基础进行思考和探究。本书是社会语言学著作，因此多为文献考证，例如与宪法或语言政策等有关的内容。但即便如此，各块内容也基于各位执笔者的田野调查和研究体验撰写而成。

非洲与中日两国相隔较远，迄今为止，整体而言，它并非万众瞩目之地。日本正式开始研究非洲是在“二战”之后。“二战”结束后不久，由于各种制约，日本对非研究的重点是文献方面。“二战”之后，中国也在政治、经济领域与非洲建立了各种合作关系。现在，中国在对非研究领域发挥着重要作用。

但是，在对非研究领域，无论是日本还是中国，都还有很大的发展空间。在这种情况下，若本书的翻译出版能推动中国对非研究的进一步发展，成为连接亚洲对非研究的契机，那么我们将荣幸之至。

最后，我要衷心感谢浙江师范大学徐微洁教授、金稀玉副教授，浙江工商大学出版社的姚媛老师、鲁燕青老师，以及其他相关人士为本书的翻译出版工作所付出的努力和辛劳。

梶茂树

2020年9月4日

序 言

一、语言问题的视角——“多语言主义”的功过

20世纪90年代之后，我们开始经常听到“多语言主义”（multilingualism）这个词语。该词语来自欧洲，它意在反省19世纪欧洲式“国民国家”的单一语言主义，提倡保护少数语言。1992年，在欧洲理事会上被采纳的《少数语言宪章》可谓其代表。此外，“多语言主义”也拥有作为“国语”（national language）来抵抗全球化和英语独霸天下的一面。可以说，一方面，欧盟的23种官方语言[①]政策是其表现之一；另一方面，这种概念开始流传的背后也存在以下现实——现代众多北部世界正逐渐成为依赖移民劳动者的移民社会，而这些移民并不懂该国官方语言和通用语。

不管怎么说，这20年来作为对具有肯定性评价的“语言与文化的多样性”的称赞，“多语言主义”似乎已广布所有领域。

2007年5月16日，联合国大会决定将2008年定为“国际语言年”。大会决议的开头写道：“真正的多语言主义将推进多样性的统一和国际理解。”[②]似乎“多语言主义”如同基本人权般拥有确切的价值。

此外，发祥于欧洲的“多语言主义”虽然还未经充分的探究，但宛如一开始就作为一种肯定性评价一般为国际机构的实际政策所采用。例如，世界银行、联合国教科文组织等机构、组织的“为了万人的教育”活动所提倡的母语主义教育等。10多年来，超越

① 原文为23种官方语言。实际上欧盟28个国家的官方语言为24种，但随着2020年1月欧盟批准英国脱欧，英语不再是欧盟的官方语言，官方语言也减少为23种。（译者注）

②（原文）“The General Assembly this afternoon, recognizing that genuine multilingualism promotes unity in diversity and international understanding, proclaimed 2008 the International Year of Languages.” U.N. General Assembly, Department of Public Information, “General Assembly Proclaims 2008 International Year of Languages, in Effort to Promote Unity in Diversity, Global Understanding.” GA/10592（http://www.un.org/News/Press/docs/2007/ga10592.doc.htm）

国民、国家层次的介入开始流行。

但是，发祥于欧洲的“多语言主义”，其存在的前提是各自国家已经有了供公共使用的语言。在公共性的语言无法很好发挥其功能的情况下，就出现了多语言间的多重关系，亚洲和非洲便是如此。然而，亚洲和非洲，特别是非洲各国的“多语言状况”却未能充分进入“多语言主义”的视野。“多语言主义”对非欧洲地区的介入，往往是在基于对表现这些地区特征的“多语言状况”的极其片面的或者说是一知半解的情况下进行的。特别是对未被文字化的众多语言，以及即便被文字化却未规整、发展成适用于近代社会的多数语言，在与作为官方语言的旧宗主国语言并存时，语言之间的相互关系不断发生变化。在将大量资金投入成人识字教育之前，本来应该对这种非洲的语言状况进行充分的调查和研究，然而我们认为现在这种调研很可能还未开始。

本书将填补这种空白，尽可能具体地展示非洲的语言状况。我们将展示非洲自身存在的，以及以西欧式国民国家为模型所意识到的不同的语言问题。

二、非洲区域研究与语言问题

语言是人类社会求同的首要基础，如果抛开语言问题，那么与社会相关的所有研究均无法进行。但是，近年来，社会科学对语言问题并未表露过多的关心。直到最近人们才意识到，语言问题不仅在近代国民国家形成过程中占据重要位置，而且还是现代社会各种问题中的一大课题。这可能是由于，诞生于欧洲的经济学、政治学等社会科学基本上是以“语言 = 民族 = 国家”这个近代国民国家的框架为前提的吧。在这种框架开始崩塌时，人们才开始意识到“问题”。

即便是非洲的区域研究，我们也很难说语言问题已得到足够的关注。

非洲的区域研究积极关注被称作非洲危机的问题。特别是在政治学、经济学领域，研究者们探究导致非洲各国政治混乱、经济开发失败的原因，他们多方摸索探究，极力寻求解决的处方。日本学界也发表了不少优秀的研究成果。但是，它们与欧洲式的近代国民国家截然不同，正因为“语言 = 民族 = 国家”这种框架并未成立，所以本应被广为认知的语言问题，在这种研究中并未被作为重要问题而成为分析的对象。

实际上，即便是在讨论非洲的教育和人类发展时，人们也没有意识到应该将何种语言用于教育、该如何规整语言等根本问题作为重要课题来慎重分析和探讨。只有少数阶层会使用作为“官方语言”的英语或法语等，多数民众都生活在多层性、多语言状况的社会中。如何形成公共空间，如何实现社会的安定和发展，要摸索其方向性，我们首先必须慎重分析现状。然而，政治学和经济学的研究者们往往不把语言问题纳入自己的视野，他们多满足于对语言的粗浅理解。即便是在优秀的非洲研究者撰写的著作中，我们也会看到他们“生吞活剥”某些非洲国家政府和领导人说辞的现象。例如，“非洲各国将旧宗主国的语言作为官方语言，是为了避免假如将某个民族的语言作为官方语言，那么其他民族就会反抗、国家就会分裂的情况”等。马达加斯加、卢旺达和布隆迪都是几乎所有国民使用相同语言的国家，但这几个国家将法语作为官方语言。我们仅仅展示这一事实，以上说辞的可疑性就不言自明了吧。

本书的另一个目的就是通过对各国、各地区进行具体、详尽的描述来凸显即便是非洲研究者往往对非洲语言问题也仅仅是一知半解，进而说明若想了解非洲社会，了解语言是不可或缺的。

三、来自现场的视角

因此，本书所追求的是，通过从当地日常生活角度考察语言与社会现状的研究者的视角来考察非洲的语言与社会。这有别于既有的研究视角——单纯从语言政策或微观社会语言学方法来研究非洲各国、各地区的语言、社会与政治的关系。

这并非无视宏观的视角，而是追求在把各国、各区域的整体情况、历史经纬纳入视野的基础上，展示这些整体情况和历史经纬在人们的日常生活中是如何体现、存在的。在非洲，“语言政策”往往多以“无实施的政策宣言”①而告终。政府出台的政策与活生生的现实之间往往存在巨大的鸿沟。

本书的作者们几乎都有长期在非洲生活和工作的经历，都是深入当地人的生活进行语言、文化研究的语言学家和文化人类学家。本书邀请活跃在各研究领域的语言学家和文化人类学家执笔，可以避免让我们的论著仅停留在统计式的表述或表面的浅层语言政策描写上，可以获得基于长期的经验与观察得到的深厚论述。

① 尼日利亚的社会语言学家阿约·邦波谢在批判尼日利亚政府的语言政策时使用的词语（Bamboşe, 1991: 117）。

四、关于“部落”等用语，以及固有名词

当然，本书收录的各篇论文都清晰地反映了作者们的独特视角。本书并非教科书式的概述，而是在共有上述问题意识的基础上，汇集了各研究者的独特论述的著作。因此，某种程度上本书难免会存在论述形式和用词、用语方面的不一致现象。

这里需要特别说明的是，“部落”和“民族”这两个词语。关于这两个词语，本书尊重作者们的用语习惯，并未强行统一。此外，“～族”“～人”或者“～部落语”“～民族语”等亦是如此。

20世纪80年代之后，以前我们理所当然使用的“部落”和“～族”等被视为问题用语。有人批判道，这些词语蕴含着文明社会外部的“未开化之人”这种言外之意，包含对非洲各民族的蔑视。受到这种批判后，学界和各媒体相关人士开始展开各种讨论，但是迄今为止未得出一个定论。本书无暇详述这些论争，实际上无论是“民族”还是“部落”都没有客观的定义。只是，因为受到这种论争的影响，许多政治、经济、历史等领域的研究者现在已不再使用“部落”和“～族”。因为他们认为没有必要使用蕴含歧视语义的词语。与此相对，文化人类学、描写语言学等领域的研究者们往往与当地居民一起生活并进行田野调查，因此即便是现在，使用“部落”“～族”这两个词语的人也不少。非洲存在与欧洲等地所谈论的“民族”所不同的现实，这让这种“替换”处于徘徊观望和摇摆不定的境地。

本书的作者当中，砂野幸稔持前一立场，即使用“民族”“～人”，但是梶茂树为了显示非洲的“民族”与欧洲的“民族”之不同，对非洲的自律式小型社会使用“部落”和“～族”。这种不一致性也反映了日本对非研究的现状，其他作者的论述也不尽相同，因此本书没有强行统一用词。

此外，关于民族名称、语言名称等固有名词，往往也不存在统一的称呼。对此，本书也基本上采用了作者自身所使用的名称。

例如，英语文献中“Fulbe”（富尔贝）、“Fula”（富拉）和“Fulani”（富拉尼）所对应的民族，法语文献会用“Pular”或“Peul”来表示，但在塞内加尔，拥有“Toucouleur”（图库勒人）这种不同归属意识者也属于“Pular”。“Fulbe”和“Peul”恐怕是基于自称的发音（前者为复数，后者为单数）；“Fula”是曼德语族（Mande）的他称，“Fulani”是基于豪萨语的他称而发展起来的。它们各自的语言也被分别称为“福尔富德语”（Fulfulde）和“布拉尔语”（Pular）。

关于他称，我们再多说两句。南部非洲有一个狩猎采集民族叫作“布须曼”

（Bushman），有人批判白人的这个命名具有侮辱性。人们有时也用“桑”（San）或“巴萨尔瓦”（Basarwa）来指称该民族，但实际上“桑”是畜牧民柯伊人（Khoikhoi），“巴萨尔瓦”是博茨瓦纳的茨瓦纳人（Tswana）所创造的他称。因此，不如说，“布须曼”这个词更加中立。

“命名”与表述的问题也背负着民族与语言问题的复杂背景。

五、本书的构成

整体而言，梶茂树和砂野幸稔从各自的立场进行了综述，之后的17篇文章涵盖西非到南非各国与地区。此外，本书也分别基于旧殖民地宗主国进行了分组，我们把与其他章节性质稍有不同的手语（Sign Language）的论述放在了最后一章。这种安排并非基于某种明确的主张，只是为了方便起见，但也有其他原因。关于作为本书论述对象的非洲各国，我们首先能发现某种程度的共同要素是因地理位置关系带来的语言与民族的联系，我们无法忽视这种相关性。其次，这种置于当地各语言之上的独立后的官方语言，几乎都是旧殖民地宗主国的语言。

无论如何，本书收录的17篇论文都是独立的文章，无论从哪一篇开始看都是可以的。

虽然本书并未涉及非洲的所有国家和地区，但是迄今为止还没有哪本书能像本书一样是基于当地的视角统括性地论述非洲语言问题的多样性和奇特的多语言状况的。

就这层意义而言，我们希望本书能成为一个契机，为日本的语言问题研究及非洲的区域研究带来崭新的视角。

砂野幸稔

2009年1月31日

目 录

总　论

ZONGLUN

非洲的语言与社会

■ 梶茂树

一 引言——世界语言中的非洲语言

非洲大陆语言数量众多。究竟有多少种谁也无法准确说清楚，但根据国际 SIL[①] 的数据 “Ethnologue” 统计，共有 2092 种（见表 1）。值得注意的是，这个团体多少倾向于过多统计语种。但是，即便如此，我们也可以大体获知非洲语言在世界语言中的比重。根据表 1，全世界现有语言 6912 种，其中非洲占了 2092 种。由于对非洲缺乏相应了解，提及非洲，我们也许都会主观臆断，认为非洲人都说英语，或者统一说非洲语。但是，实际上世界语言的 30.3% 被用于非洲大陆。

表 1 显示了每种语言的使用者数这一令人兴致盎然的事实。请注意表中的平均值和中央值。所谓平均值就是每个地区的人口数除以语言数的得数。即便许多语言拥有数千或数万使用者，但如果有几种语言的使用者在 1000 万人以上，那么平均值就会骤然升高。相对于此，中央值是指位于使用者数最多的语言与使用者数最少的语言之间的语言，中央值比平均值更接近实情。但是，值得注意的是欧洲的数据。这是因为表中显示的数据都是起源地的语言。因此，比如在美洲等国使用英语或者西班牙语的人们并不被归入美洲而是被计算到欧洲。统计为美洲的都是使用美国印第安语或是爱斯基摩语的人们。

① 本部设在美国，是研究世界各语言和民族的基督教团体，与姊妹团体威克里夫圣经翻译教会合作，旨在把《圣经》翻译成世界上所有的语言版本。SIL 这个名称来自为了训练传教士的语言描写能力而开办的夏季语言讲座（Summer Institute of Linguistics）的首字母。

表 1　世界的语言分布（基于语言的起源地）①

地区	语言（死语除外）		使用者			
	种类 / 种	百分比 / %	人数 / 个	百分比 / %	平均值	中央值
非洲	2092	30.3	675887158	11.8	323082	25391
美洲	1002	14.5	47559381	0.8	47464	2000
亚洲	2269	32.8	3489897147	61.0	1538077	10171
欧洲	239	3.5	1504393183	26.3	6294532	220000
太平洋	1310	19.0	6124341	0.1	4675	800
合计	6912	100.0	5723861210	100.0	828105	7000

通过表 1 中语言使用者数的中央值我们发现，非洲约 25000 人、美洲约 2000 人、亚洲约 10000 人、欧洲约 220000 人，而太平洋地区则只有 800 人。就全世界而言，也仅为 7000 人。这就是世界语言的实情。说到语言，我们脑子里就会浮现出英语、法语，或者是韩语、朝鲜语、越南语、柬埔寨语、泰语等与国名一致的语言，但是实际上这些我们通常认可的语言，从世界性来看是非常例外的语言。因为不管是否明文规定，这些语言实质上享受着国语的地位。但是，世界上的国家不到 200 个，世界上的语言却有近 7000 种。200 除以 7000 是 2.86%。换言之，对我们而言，世界上绝大多数语言都是一种不知名的存在。此外，如果有人让我们列举非洲大陆使用的语言，即使是对非洲大陆了如指掌的人恐怕也只能说出斯瓦希里语、祖鲁语、布须曼语、阿非利堪斯语②、阿拉伯语等几种吧。但实际上，非洲大陆的语言有 2000 余种。

值得关注的一点是，非洲的数值相对较高（欧洲的中央值很高，如前所述这是因为把使用英语和西班牙语的美国人与澳大利亚人等也计算在内了）。非洲是亚洲的 2.5 倍，是美洲的 12.7 倍，是太平洋地区的 32 倍多。这一点也许与后述非洲语言景气与否息息相关。

本章和本书并非要描写非洲语言的结构，而是要探讨语言本身的状况和语言所处的社会状况。特别是非洲多数语言所处的普遍状态和多语言多层化使用的实态。非洲各国的实

① “Ethnologue”网络版（第 15 版，2005 年），详见 http://www.ethnologue.com/web.asp。表中数据采用四舍五入计算方法，99% 或 100.1% 统一计为 100%，下同。（译者注）

② 阿非利堪斯语是 Afrikaans 的音译，该词可翻译成阿非利堪斯语、南非荷兰语、裴语。为避免混淆，本书统一使用阿非利堪斯语这个译语。（译者注）

况将在接下来的各章节中讨论，在这一章，我们首先来概括以下几个前提。此外，因为相关用语容易混淆，所以我们也会相应梳理。

二 部落语的世界

前一小节我们已经提过非洲的语言众多，有一种说法认为共有 2092 种，这么多种语言虽然包括部分通用语，但实际上主要是所谓的部落语（tribal language）。非洲有地区通用语（lingua franca），还有沿用旧宗主国语言的官方语言（official language），但非洲语言的主力无论如何都应该是部落语。

说到部落语可能许多人都没什么感觉，作为例子，我们在表 2 中展示了“头”用刚果（金）的坦博语、混德语、南德语，乌干达的布依希语、托罗语、安科莱语，坦桑尼亚的哈亚语分别怎么说（使用的地区见图 1）。表 2 中中间一列是“头”的单独发音，右边一列是“头”前接表示所有的形容词“我的”后的发音。希望大家通过表 2 确认一下这些被视为不同的语言是如何既相似又有所差异的。

表 2 班图语言的相似性，以“头”为例

语种	“头”发音	“我的头”发音
坦博语	Étswé	étswé lyaɲí
混德语	ámǔ:twe	ámutwé wa:ni
南德语	ɔmútwɛ́	ɔmútwɛ́ waɤɛ
布依希语	Mutúɛ	mutúɛ gwândʒɛ́
托罗语	Omútwe	omutwe gwánge
安科莱语	Omútwe	omutwé gwaɲe
哈亚语	Omútwe	omutwé: gwange

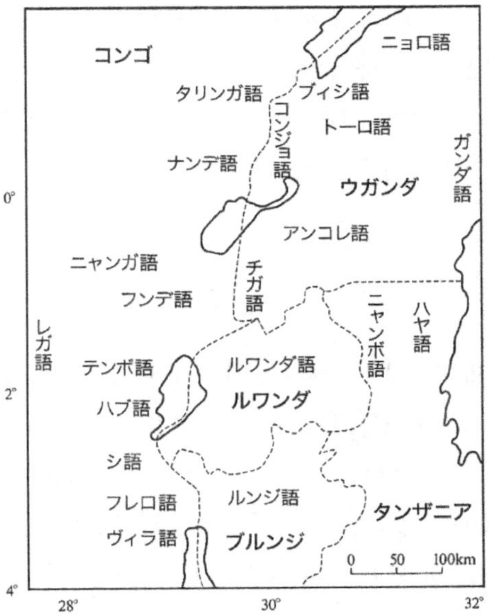

图 1 刚果（金）东部到乌干达、坦桑尼亚地区及该地区使用的语言

乍一看我们就会发现，这些语言极其相似。特别是乌干达的托罗语、安科莱语和坦桑尼亚的哈亚语，说它们是同一种语言也不为过。但是，托罗语和安科莱语在乌干达被使用，哈亚语在坦桑尼亚被使用。另外，在乌干达，虽说人们都在使用托罗语和安科莱语，但托罗族说托罗语，安科莱族说安科莱语。无论语言如何相似，人们也从不会认为自己的语言其实就是对方的一种方言。当然，他们也知道自己的语言彼此非常相似。但是，这与身份是不尽相同的。

实际上，通过图 1 我们会发现，这些地区虽说国家不同，但是国与国都是接壤的。此外，就语言的系统而言，所有这些语言都属于后述尼日尔—刚果语系的贝努埃—刚果语族下位分类的班图语支这种比较近的系统语言。而且，这些语言在这个班图语支当中属于接近湖间班图集团的语言。正因为此，语言才非常相似。当然，即便是同一班图语支，如果地域分隔太远，也是难以发现它们之间的渊源的。比如，同源语喀麦隆邦空语的“mut”（人类）和南非祖鲁语的“umuntu”（人类）。此外，即使是邻接语言，也会产生单词的替换现象，如刚果（金）混德语的“ì:fi”（鱼）和南德语的“εríhέrε”（鱼）。因此，并非系统相近，语言就好懂。此外，一般而言，即便是同一系统，如果语支不同，要想找到同源语无异于登天。如班图语支所属的贝努埃—刚果语族和富拉语、沃洛夫语所属的大西洋语系。

如前所述，即便语言相似，但如果部落不同，也会被视作不同的语言。另外，跨越国界使用语言是非洲语言种类增加的原因。虽然国家不同但肯尼亚的马赛语和坦桑尼亚的马赛语名称相同，而很多时候同一语言在不同国家的名称是不同的。比如，图 1 中乌干达的孔乔语和刚果（金）的南德语，乌干达的布依希语和刚果（金）的塔林加语，它们实际上是完全相同的语言，但名称迥异。现在，很多人认为只是名称不同，但随着时间的推移和国界线的越发稳固，就有可能认为它们是不同的语言，特别像在乌干达这种英语圈国家和刚果（金）这种法语圈国家，这种情况出现的可能性极大。

三　系统分类

以上，我们探讨了非洲大陆共有 2000 余种同中有异、异中有同的语言的事实，而且这些语言并非无序分布的。语言分类有多种方法，19 世纪的欧洲人提出了系统分类方法。乍一看无序的事物，如果从历史视角来看，也能给予它们相同的秩序。属于同一系统的语言，如果寻根溯源，这一集团的所有语言都产生于同一祖语。非洲大陆 2000 余种语言，如果按照系统分类，只有 4 个集团，也就是说可归结为 4 个语系。以下，我们介绍一下非洲的 4 个语系，并从它们的分布来看它们的历史。

图 2 是非洲语言的系统分类和分布图（包含主要语言）。这张图基于美国语言学家格林伯格（Greenberg）在其著作《非洲语言》（*The Languages of Africa*）（Greenberg, 1963）中所论述的内容制作而成。只是，地图被大大简化了。

通过图 2，我们发现非洲只有 4 个语系。这与北美一比较就会一目了然。北美比非洲狭小，语言的数量也少，但语系却有 50 个[①]。

这到底意味着什么呢？作为前提，我们不得不考虑的就是在对比语言学上能回溯的时间也就四五千年。因此，非洲现在所展现出的状况恐怕比较新，美洲比较旧。在美洲，即使是同一系统的语言，因为是四五千年前分化的，所以更难归结到高一级的集团中去。非洲恐怕从前也与美洲相同，有着各种系统的语言，但随着民族迁徙，多个语言集团被吞噬从而消失。

以上内容虽然只是一种想象，但从图 2 的语系分布来看，我们也可以窥见一些历史。比如，尼罗—撒哈拉语系顾名思义就是在尼罗河流域和撒哈拉沙漠一带被使用的语言，但它们的分布呈虫食的状态。特别醒目的是桑海语在远离本体的尼日尔河流域的河湾处被使用。恐怕这是因为该系统的语言以前在尼罗河流域和撒哈拉沙漠一带被使用，但由于北边被亚非语系的语言侵蚀，南边被尼日尔—刚果语系的语言侵蚀从而分布中断了。

① 请参照青木晴夫：《美国・印第安——其生活与文化》，讲谈社，1979 年。

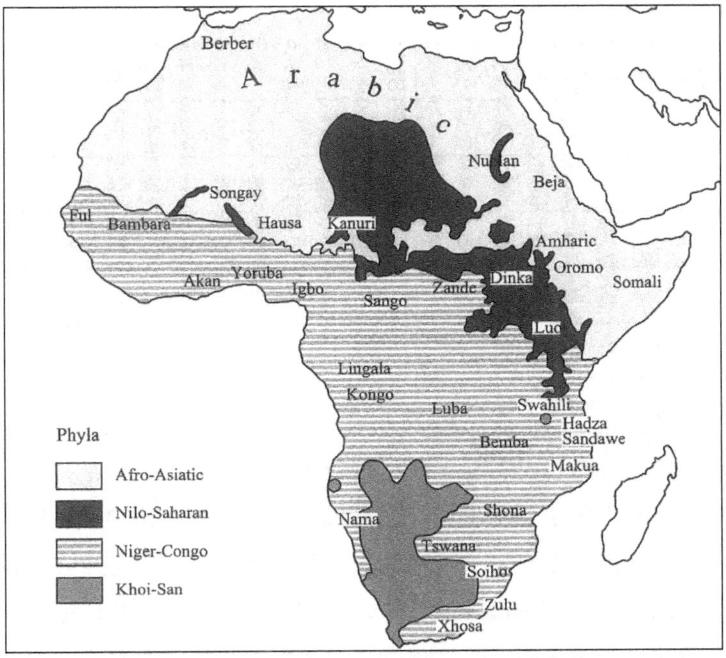

图 2　非洲语言的系统分类和分布图（包含主要语言）①

表 3　非洲语言的系统分类②

I　尼日尔—刚果语系（Niger-Congo）		II　尼罗—撒哈拉语系（Nilo-Saharan）	
1. Atlantic	大西洋语族	1. Songay	宋给语
2. Mande	曼德语族	2. Saharan	撒哈拉语族
3. Voltaic	沃尔特语族	3. Maban	马班语族
4. Kwa	可瓦语族	4. Fur	富尔语族
5. Benue-Congo	贝努埃—刚果语族	5. Chari-Nile	沙里—尼罗语族
6. Adamawa-Ugangi	阿达马瓦—乌班吉语族	6. Koman	科曼语族
7. Kordofanian	科尔多凡语支		

① Bernd Heine and Derek Nurse. “Introduction”. Bernd Heine and Derek Nurse. Ed. *African Languages: An Introduction*. Cambridge University Press，2000，p.2.

② 表 3 为译者根据原书图 2 下方的英语和日语整理翻译绘制而成。（译者注）

续表

Ⅲ 亚非语系（Afro-Asiatic）		Ⅳ 柯伊桑语系（Khoi-San）	
1. Semitic	塞穆语族	1. South African Khoi-San	南非柯伊桑语族
2. Egyptian	埃及语	A. Northern South African Khoi-San	北部柯伊桑语
3. Berber	柏柏尔语族	B. CentralSouth African Khoi-San	中部柯伊桑语
4. Cushitic	库希特语族	C. Southern South African Khoi-San	南部柯伊桑语
5. Chadic	乍得语族	2. Sandawe	桑达韦语
6. Omotic	奥摩语族	3. Hadza	哈茨语

柯伊桑语系的语言分布也异常。大体上跨越了非洲大陆的西南部，但哈茨语和桑达韦语这两大语言在遥远的坦桑尼亚被使用。这恐怕是因为从前柯伊桑语系的语言在非洲大陆的赤道以南一带广为流传，尼日尔—刚果语系中班图语支的语言在现在的尼日利亚和喀麦隆的国界附近到非洲大陆的东南部急速扩张，因此它的分布也支离断裂。不仅如此，其中众多语言还被班图语支的语言所吞噬。班图语支语言的扩张发生在近年且速度飞快，这点从该系统语言虽广泛分布在赤道以南但极其相似上也不难想象。即使同为班图语支的语言，喀麦隆西部的语言虽然彼此相邻却大相径庭。

我们前面说过非洲现有四大语系，这里有必要对“语系”这个术语说两句。所谓的语系就是英语的“language family”。语言的系统分类是在 19—20 世纪在欧洲发展、确立起来的，它受到生物学进化论的影响。所谓“family”在生物学的系统分类上是“科”。但是，在非洲的语系里，它的系统性现在无法用严密的音韵所对应的比较法加以证明。正如非洲语言系统分类的功臣格林伯格所说，在非洲这种语言众多的地区，只能暂时先按照词汇的相似性进行分类（Greenberg, 1963：2-4）[①]。因此，这种系统分类现在比“科”的框架还要大。在英语里，我们用“phylum”（门）这个用语；在日语里，可以用“语族”。但为了与“family”加以区别，此处我们使用“语系”。因此，非洲现有尼日尔—刚果语系、尼罗—撒哈拉语系、亚非语系、柯伊桑语系这四大语系。但是，需要注意的是，因为把最上位的分类称作语系，所以它下面的集团就是语族。如果把最上位的分类称为语族，那么它下面的就是语支。如图 2 所示，有时候一种语言下面会有一个下位分类。这时候，我们不把它当作语系，而是当作语言。

语言、人种、文化三者未必一致。比如，同样使用班图语支语言的集团中既有农耕民、畜牧民，也有狩猎民。此外，在身体特征方面，既有卢旺达、布隆迪的图西族这种身材高

① 格林伯格采用词汇的大量比较（mass comparison）这个说法。

大者，也有俾格米族这种身材矮小者。但是，在非洲，语言与人种的关系非常密切。也就是说，使用亚非语系语言的人是所谓的高加索人（白人），使用柯伊桑语系语言的人是布须曼人（柯伊桑人种），使用尼日尔—刚果语系和尼罗—撒哈拉语系语言的人是典型的黑人。确实，在使用亚非语系语言的人当中也有很多说北非的塞穆语支阿拉伯语的高加索人，但是在一些国家和地区，使用乍得语支语言的人当中以黑人居多，如尼日利亚。此外，布须曼人的肤色也多少带点褐色，可以被归类到黑色人种的变异之中。

但是，自古以来就有人主张非洲语言的核心尼日尔—刚果语系与尼罗—撒哈拉语系的语言是同一系统的。以前，比如 D. 韦斯特曼的苏丹系（意为班图语支北部黑人的语言）很有名，最近 E. 格雷格森、D. 克雷克塞利和 R. 布兰奇等人用各种理由论证了非洲的这两大语系合二为一的可能性[①]。

此外，非洲的语言系统，正确地说，并不仅仅有尼日尔—刚果语系、尼罗—撒哈拉语系、亚非语系、柯伊桑语系这 4 个。除此之外，在南非和纳米比亚使用的阿非利堪斯语，塞内加尔南部到几内亚比绍共和国使用的在葡萄牙语基础上发展起来的克里奥尔语（Crole），在喀麦隆和尼日利亚等国使用的、在英语的基础上发展起来的皮钦语（Pidgin），从系统上来讲都属于印欧语系。当然，迄今在非洲仍有许多人使用英语、法语、葡萄牙语等。另外，马达加斯加的马尔加什语（马达加斯加语）从系统上来讲属于南岛语系。这个系统的语言，主要广泛分布在印度尼西亚、夏威夷、复活节岛等南太平洋地区。

四　多语言使用——部落语、地区通用语、官方语言

非洲语言的社会语言学特征是部落语众多和多语言使用。在本节，我们将多语言使用分成水平型多语言使用与垂直型多语言使用来探讨（见图 3）。

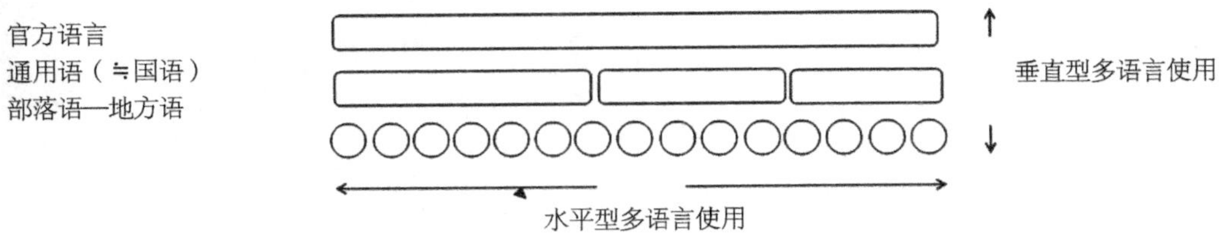

图 3　非洲的多语言使用概念图[②]

所谓水平型多语言使用是指在一个地区或者国家，多种语言并列在平面上被使用的状

① 具体情况请参照梶茂树：《多样语言的形成与语言的大分类》，选自池谷和信、佐藤廉也、武内进一编：《新世界地理非洲 I》，朝仓书店，2007 年，第 68—78 页。

② 概念图来自梶茂树：《非洲的多语言使用与国语问题》，《月刊语言》，2007 年 1 月号，第 62—67 页。

态。图 3 有 3 层，水平型多语言使用通常指的是最下面的部落语。具体地说，比如在坦桑尼亚就有 100 余种部落语。在非洲，部落语最多的国家是尼日利亚，共 500 余种。即使是国土面积狭小的塞内加尔和乌干达也有 30—40 种部落语。部落语最少的国家是卢旺达、布隆迪，它们各自只使用卢旺达语和隆迪语。这样的国家，即水平型多语言使用为零的国家，在非洲也是极其稀少的。只是，这里所说的语言为上述部落语，此外还有后述垂直型多语言，因此被人们使用的语言并非只有一种。

非洲人通常能把部落语作为自己的母语，有时还能使用邻近的两三种部落语。特别是在部落周边地区或者多部落混居地区，会说多种部落语的人绝不在少数。但即便如此，人们往往也是用地区通用语进行交流。比如，在刚果（金）东部、坦桑尼亚、肯尼亚等国家和地区，人们往往用斯瓦希里语来交流。地区通用语里既有刚果（金）的卢巴语和刚果语等有部落基础的语言，也有斯瓦希里语和林加拉语等没有部落基础的语言。图 4 是非洲大陆的主要通用语图。

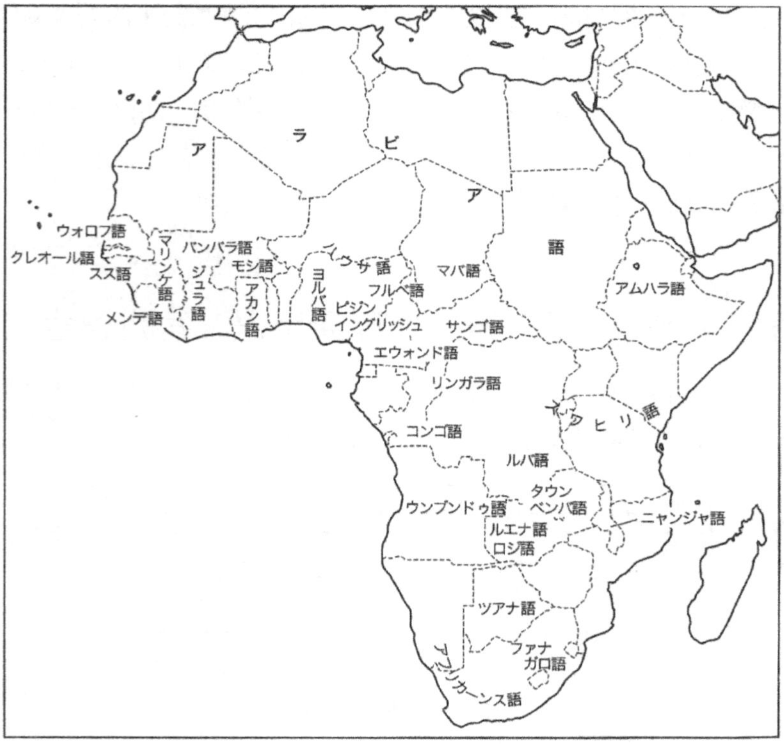

图 4　非洲的主要通用语[①]

只是，图 4 所展示的是比较大型的通用语，有些甚至还是某些国家的国语。比如，在刚

① Bernd Heine. *Status and Use of African Lingua Francas*. Weltforum, 1980.

果（金），上述卢巴语、刚果语、斯瓦希里语、林加拉语都被称为国语，在刚果（金）“四分天下”。国语未必只有一种。而且，在某些地区，小的地方也能产生通用语。

这里有一点值得注意，即近年来城市居民增多，只说通用语的人也逐渐增多了。比如，刚果（金）金沙萨只说林加拉语的人和塞内加尔达喀尔只说沃洛夫语的人为数不少。另外，即便在乡下，也由于不同部落之间的通婚而产生了许多同类现象。

图 3 中第一层也就是所谓的官方语言层，其以覆盖整个国家的形式被使用着。所谓官方语言，是指在行政、司法、学术等公共领域使用的语言，在非洲，官方语言通常是指旧宗主国的语言。比如，尼日利亚、加纳和乌干达等旧英属殖民地国家的官方语言是英语，塞内加尔、科特迪瓦、乍得、刚果（金）等旧法属殖民地和比利时殖民地国家的官方语言是法语，几内亚比绍、安哥拉和莫桑比克等旧葡萄牙属殖民地国家的官方语言是葡萄牙语，而赤道几内亚这种旧西班牙属殖民地国家则使用西班牙语。

所谓的官方语言，说得难听一点，就是非洲上层阶级的权力源泉，将一般民众无法企及的欧洲语言当作官方语言与上层阶级地位的稳固密切相关。因此，通常非洲的语言不会被作为官方语言。正因为如此，也就不难想象为何像布隆迪这种小国家虽然实际上只说隆迪语，但官方语言是法语这一事实了。当然，这也与非洲语言作为国语或者官方语言在语言功能上还有所欠缺有关。不管怎么说，在非洲，通常一个国家有好几种通用语（≒国语），如果没有全国统一的通用语，那么官方语言就会发挥通用语的作用。

如此，在非洲，就像自下而上有部落语、地区通用语（≒国语）、官方语言一样，语言形成一种层级，人们根据状况区别使用语言。这就是本文所说的垂直型多语言使用。

只是，值得注意的是，近年来有几个国家基于理念上或者政治经济上的原因，官方语言有多种形式。比如，在坦桑尼亚独立之前，斯瓦希里语不仅在桑给巴尔岛、印度洋沿岸地区使用，在其大陆也作为通用语被普及，因此基于国民统合这一政治理念，可以说斯瓦希里语不仅是坦桑尼亚的国语，而且也是官方语言。但是，坦桑尼亚同时也保留了英语的官方语言地位。卢旺达与布隆迪相同，实际上只使用卢旺达语，但独立后长期将法语作为官方语言，不过现在除了法语之外还增加了卢旺达语和英语。以上是坦桑尼亚国语级别的语言成为官方语言和卢旺达部落语级别的语言成为官方语言的例子。此外，在卢旺达，实际上谁都不说的英语成为官方语言这一点也值得关注。我们认为这是因为在全球化的时代背景下英语的重要性得到凸显，当然还与全球援助机构有关。

此外，值得注意的是“国语”这个用语。国语有两层含义。一是“事关整个国家”这层含义上的国语。这也是我们通常使用的意思，视点只是向着国内。依照这层意思，国语通常是少数的，且极有可能只有一种。此时，若“国”这个观点强，那么有些人会把“national language”翻译成“国家语”。

但是“国语”还包含着另一层意思，根据这层意思，无论国内哪种语言都可以成为国语。此时，是把国内的语言与国外的语言进行比较。也就是说，不是英语和法语，而是自己国家的语言，即无论多罕见的语言，只要在国内被使用就是国语。此时，也许与其说是国语，不如说是国民语、民族语更合适。实际上，也有人这么说。将“national language”翻译成“民族语”并非不奇怪，但是如果想到与“national”同语根的“nationalism”通常被翻译成“民族主义”也就释然了。只是，将“national language”说成“民族语”时，有必要明示这个“民族”不是指“ethnic”。

另外，笔者很平常地使用部落（tribe）和部落语这两个用语，它们本身并没有社会进化论的意思。但是，有些人认为这两个用语带有侮辱性从而拒绝使用。笔者所说的部落、部落语分别指的是民族集团（ethnic group）、民族语（ethnic language）。非洲研究者的用语也五花八门。既有使用部落、部落语的学者，也有不用这两个用语的学者。一位笔者认识的刚果语言学者就把部落作为集团，把民族作为同系部落的集合体来使用。

五　非洲部落共生的原理

近 20 年来，濒危语言被广为提及。这是美国语言学家米歇尔·克劳斯（Michael Krauss）① 等提出来的。根据他们的主张，世界上现有的 7000 余种语言中的 90%—95% 有可能在 21 世纪中叶消亡。在日本国内，为了呼应这个主张也开展了一些相关活动。确实，在这个全球化时代，英语扩张得越发厉害，出现对其他语言被吞噬的担忧也不难理解。

但是，也有一些人持反对意见，笔者就是其中之一②。就笔者所知，最初明确提出反对意见的是德国的 M. 布伦齐格（M. Brenzinger）③。布伦齐格认为克劳斯混淆了英语的全球化和语言的国内问题。确实，在美国或澳大利亚，英语将多种语言推向消亡的境地是不争的事实。但是，这是英语在美国的角角落落被使用的结果，是国内问题，与英语的全球化没有关系。实际上，没有一种语言是因为英语的全球化而消亡的。确实，随着网络的普及，

① 请参照 Michael Krauss 以下论述。Michael Krauss. “The World's Languages in Crisis”. *Language*, 1992, 68(1), pp.4−10. Michael Krauss, “The Scope of the Endangerment Crisis and Recent Response to it”. K. Matsumura. Ed. *Studies in Endangered Languages*. Hituzi Syobo, 1998, pp.101−113. Michael Krauss. “Mass Language Extinction, and Documentation: The Race Time”. *Lectures on Endangered Languages: 2-From Kyoto Conference* 2000, ELPR Publication Series C002, 2001, pp.19−39.

② 请参照梶茂树:《非洲的濒危语言问题——克劳斯的说法真的能应验吗？》, *Conference Handbook of Endangered Languages*, 环太平洋的关于“濒危语言”的紧急调查研究事务局，2002 年，第 105—113 页。

③ Brenzinger, Matthias. “Language Endangerment Through Marginalization and Globalization”. Sakiyama Osamu. Ed. *Lectures on Endangered Languages:2—From Kyoto Conference* 2000. ELPR Publication Series C002, 2001, pp.91−116. 这篇文章被译成日语「周縁化とグローバル化による言語の危機」，并被收录到宫冈伯人、崎山理编:《濒临灭亡的世界语言——为了守护语言和文化的多样性》，明石书店，2002 年，第 83—117 页。

包括笔者在内，人们使用英语的频率增加了，虽说如此，却无法想象笔者的母语日语会被英语所取代。

克劳斯命题的依据是，为了维持一种语言，语言的使用者必须要有 100 万人。使用人数不足 100 万的语言再过 100 年就有可能消亡，比如法国 100 年前使用人数在 100 万左右的布列塔尼语在近 100 年内几乎已无人使用。

基于这一种观点，我们来看下表 4。表 4 的数字令人吃惊。通过表 4 我们发现，世界上使用人数在 1 亿以上的语言有 8 种，这 8 种语言的使用人数约占地球总人口的 40%，如英语、汉语、俄语、印地语、日语等。从语言的数量来讲，它们仅占世界语言总数的 0.1%。使用人数在 1000 万以上的语言有 83 种（8+75），总计占比为 1.2%，合计使用人数则达 79%。再者，使用人数在 100 万以上的语言有 347 种（8+75+264），也就是说占全世界语言总数的 5%，合计使用人数占比为 94%。实际上，这也是克劳斯主张在 21 世纪中叶世界上 90%—95% 的语言将消亡的依据。只是有几个附加条件，比如像冰岛语这种虽然使用人数不过 20 多万，但因为是国语，所以消亡的可能性很小。

表 4　第一语言使用者的分布①

使用总人数的范围	语言数（死语除外）			使用者		
	数量 / 种	百分比 / %	合计 / %	人数 / 人	百分比 / %	合计 / %
从 100000000 到 999999999	8	0.1	0.1	2301423372	40.20753	40.20753
从 10000000 到 99999999	75	1.1	1.2	2246597929	39.24969	79.45723
从 1000000 到 9999999	264	3.8	5.0	825681046	14.42525	93.88247
从 100000 到 999999	892	12.9	17.9	283651418	4.95560	98.83807
从 10000 到 99999	1779	25.7	43.7	58442338	1.02103	99.85910
从 1000 到 9999	1967	28.5	72.1	7594224	0.13268	99.99177
从 100 到 999	1071	15.5	87.6	457022	0.00798	99.99976
从 10 到 99	344	5.0	92.6	13163	0.00023	99.99999
从 1 到 9	204	3.0	95.5	698	0.00001	100.00000
不明	308	4.5				
合计	6912	100.0	100.0	5723861210	100.00000	

① Ethnologue, SIL, op. cit.

克劳斯的主张，归根结底就是世界上使用人数在100万以上的语言大约只占5%。他所说的搞不好到21世纪中叶90%—95%的语言将会消亡就是其反证[①]。这种命题在20世纪末提出来也许与某种终末论相关。发人深思的是，使用者数在100万以下的语言是否会遭受灭亡的命运这个问题。同时，批判了克劳斯的布伦齐格也受制于语言使用人数多寡的问题。他认为，一种语言要得以存续，需要有30万—35万的使用者[②]。

此外，布伦齐格与克劳斯的主张相反，他认为非洲的语言相对安全，这是因为非洲不像欧洲有国民、国家，不存在像美国的英语、法国的法语这样的语言。换言之，非洲的部落语、地方语在国家这个框框中被"边缘化"——说得浅显一点就是，被弃之不顾，因此安全。按照布伦齐格的说法，在非洲，好不容易作为国家规模的媒介被确立的语言，可以说只有坦桑尼亚的斯瓦希里语和博茨瓦纳的茨瓦纳语了。作为语言交替过程的主要例子，布伦齐格举了坦桑尼亚的阿克语被马赛语替代的例子。也就是说，并非国内主要语言消灭周边更小语言。他把全球化的语境与国家的语境相比较，并认为这是比国家更小的语境。

布伦齐格批判了克劳斯，但本文所提及的布伦齐格对少数语言和少数民族的看法，实际上和克劳斯是一致的。他的主张与克劳斯的不同之处在于，他作为深谙非洲实情的专家，知道不能把欧美发生的情况往非洲生搬硬套，但正如笔者下述的，他并不理解非洲部落共生的原理。非洲的语言之所以安全，如他所言，是因为在非洲"至今没有发生与世界上其他地方同等程度的对少数者使用的语言的压制现象"[③]。

笔者首次去刚果（金）（当时称扎伊尔共和国）做田野调查是在1976年。当时，笔者以刚果（金）东部的坦博语这种未知的语言为主要对象开始了描写研究。笔者也发现了坦博语与周边语言之间的关系。当时，笔者以坦博族的西部地域为主要活动地区，因此与住在他们西边的莱加族也有接触。当时笔者发现，坦博族虽然是人口不到5万的弱小群体，但与人口达10万以上的莱加族非常正常地交往着。莱加人没有对坦博人蛮横无理，坦博人对莱加人也没有卑躬屈膝。有意思的是，因为语言不通，他们之间是用通用语斯瓦希里语或者坦博语交流的。笔者曾多次看见莱加人说坦博语，但从未看见坦博人说莱加语。为此，笔者询问了许多坦博人，大家都认为莱加语太难了（两者都属于班图语支，但是坦博语除了鼻音还有辅音脱落的问题，因此坦博人为了说莱加语必须复原这些脱落的辅音，这点很难。而且声调的体系也大不相同，此外还有语言结构上的问题，这里我们暂且不论）。

以上只是一个例子，笔者想要表达的是，在非洲，语言使用人数的多寡与语言的优劣

---

① 克劳斯总是在其主张前加"搞不好"或"最差的台本"等修饰语。这也许是出于对未来的某种预测，抑或是对反论拉出的一条预防线吧。

② 布伦齐格应该在哪里举过这个数字，但是笔者一下子想不起来。

③ Brenzinger, Matthias. "Language Endangerment Through Marginalization and Globalization". Sakiyama Osamu. Ed. *Lectures on Endangered Languages:2—From Kyoto Conference 2000*. ELPR Publication Series C002, 2001, pp.113.

没有直接关系。人类学家富川盛道认为非洲的部落与部落之间是对等的。用富川自己的语言来说，就是非洲是一个“允许拥有数百万人口的部落和仅有数万人口的部落作为等价的团体，是有对等认知、共存的社会”①。富川长期调查了居住在坦桑尼亚萨瓦纳的畜牧民族达托加族，据说在那里，各部落之间并非相互孤立，它们的存在是以彼此的存在为前提的。比如，畜牧民特征性年龄阶梯制度也可能是在考虑其他部族的年龄阶梯制度后建立的。

此外，达托加族和伊拉克族有一项叫作“米提马尼”的制度。这项制度认为，配偶先行离世的鳏夫或寡妇是不干净的，必须与他人发生性关系才能去除身上的污秽，但是同一部落内部无人愿意与他们发生关系。因为，如果与他们发生关系，自己也会变得不干净。这时，唯一有可能与他们发生关系的就是没有共同文化的其他部落的人们。换言之，对于他们而言，拥有与自己不同的他者非常重要。

让我们反过来思考一下日本或者欧洲社会。日本、法国、美国等国，分别是“日语人”“法语人”和“英语人”（应该说是大和民族、法兰克族、盎格鲁—撒克逊族）这种大团体在中央位置，同时把国内的其他团体推向边缘。这些大型团体即便意识到国内存在他者，也无从得知这些他者拥有的价值。此外，对少数者一方来说，他们也不会宣扬自身对他者的价值。因此，异己且没价值的东西，其本身的存在就没有任何意义，它们就会朝着消失的方向发展。与此相对，非洲却是一个认同异己价值的社会。图 5 是将欧洲国民国家和非洲的国家图示化的结果。请读者注意箭头的方向。在欧洲等国民国家，表示有影响的箭头是单向的，而在非洲国家却是双向的。

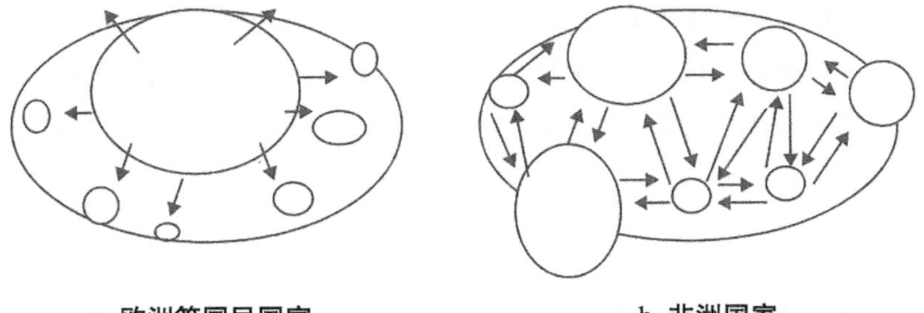

a. 欧洲等国民国家　　　　b. 非洲国家

图 5　国民国家的概念图

富川将非洲的这种关系称为“部落本位制”。富川用了“部落”这个词，这与他讲的“民族”是不同的概念。按照富川的看法，民族是在欧洲成立的，是由于“人口的增多、部落间的融合、阶层和职业的进一步分化等社会规模的扩大”而产生的，“比起部落级的文化

① 富川盛道：《达托加民族志——东非畜牧社会的地域人类学研究》，弘文堂，2005 年，第 11 页。

融合更倾向于集中原理的、强有力的”概念[①]。这就是富川讲的“民族本位制”。这与非洲那种部落与部落之间处于对等关系的世界是不同质的。

六　结语

本文探讨了非洲语言的社会状况。在非洲，这是一种彼此相互尊重、和谐共生的状态。正因为相互尊重，不管人口多寡，都能正常生存。

非洲也有纷争，像冷战时期美苏的那种独立斗争、苏丹和埃塞俄比亚等国的畜牧民之间围绕耕牛的掠夺战争等。当然，为了赚钱而登上权力宝座的短路思考者的战争另当别论。但是，这种传统的纷争并非都是无视对方存在的抹杀战争，说到底还是承认对方的存在，甚至有时尊敬对方，是站在同一舞台上的纷争。

那么，也许有人就会问，该如何解释卢旺达和布隆迪的屠杀？笔者不是专门研究纷争的权威，对这种事情的评论不得不慎重。冲突虽然很激烈，但这是在 2000 多个团体中极少一部分团体之间发生的事情，因此不能将它们作为非洲纷争的典型事例来看待。

当然，笔者也知道这种看法过于乐观。但是，笔者所知道的非洲人最大的特征就是阳光、开朗，或者说他们都作为普通民众生活着。如果说少数民族或少数语言众多，那么联想美国或澳大利亚的状况，大家也许就会释然，但实际上并非如此。

如果对这种看法感到别扭，那恐怕是因为将非洲语言与欧洲语言、日语等进行比较，将之称为“少数语言”，并将使用这些语言的人称为“少数民族”吧。但是，在考虑到世界语言使用人数的中央值是 7000 时，更让人觉得异常的是，有些语言的使用人数是 1000 万，而有些则是 1 亿这一事实。非洲的部落语所展现出来的倒不如说是人类正常的语言状态，这种说法更合适吧。

附录 1　图 1 中日语对应中文

“コンゴ”（刚果）、“ニョロ語”（尼奥罗语）、“タリンガ語”（塔林加语）、“ブィシ語”（布依希语）、“コンジョ語”（孔乔语）、“ナンデ語”（南德语）、“トーロ語”（托罗语）、“ガンダ語”（干达语）、“ウガンダ”（乌干达）、“アンコレ語”（安科莱语）、“ニャンガ語”（酿加语）、“チガ語”（奇加语）、“フンデ語”（混德语）、“レガ語”（莱加语）、“ニャンボ語”（尼扬博语）、“ハヤ語”（哈亚语）、“テンボ語”（坦博语）、“ルワンダ語”（卢旺达语）、“ハブ語”

① 富川盛道:《达托加民族志——东非畜牧社会的地域人类学研究》，弘文堂，2005 年，第 17 页。

（哈布语）、“ルワンダ”（卢旺达）、“シ語”（西语）、“フレロ語”（弗雷罗语）、“ルンジ語”（隆迪语）、“タンザニア”（坦桑尼亚）、“ヴィラ語”（布拉语）、“ブルンジ”（布隆迪）。

附录 2　图 4 中日语对应的中文

“アラビア語”（阿拉伯语）、“ウォロフ語”（沃洛夫语）、“クレオール語”（克里奥尔语）、“スス語”（苏苏语）、“メンデ語”（门迪语）、“マリンケ語”（马林克语）、“バンバラ語”（班拉族语）、“ジュラ語”（朱拉语）、“モシ語”（莫西语）、“アカン語”（阿坎语）、“ハウサ語”（豪萨语）、“ヨルバ語”（约鲁巴语）、“フルベ語”（富尔贝语）、“ピジン”（皮钦语）、“イングリッシュ”（英语）、“マバ語”（马巴语）、“サンゴ語”（桑戈语）、“アムハラ語”（阿姆哈拉语）、“エウォンド語”（埃翁托语）、“リンガラ語”（林加拉语）、“ルバ語”（卢巴语）、“ロジ語”（罗兹语）、“ニャンジャ語”（尼扬贾语）、“ツアナ語”（茨瓦纳语）、“フアナガロ語”（法那加罗语）、“アフリカーンス語”（阿非利堪斯语）、“コンゴ語”（刚果语）、“スワヒリ語”（斯瓦希里语）、“ウンブンドゥ語”（翁文杜语）、“タウンベンバ語”（塔翁本巴语）、“ルエナ語”（鲁埃纳语）。

非洲的语言问题
——殖民统治遗留的问题

■ 砂野幸稔

一　引言

这里有 2 张地图。一张展示了 1946 年时非洲殖民统治的状况（见图 1），另一张展示了如今非洲国家的官方语言情况（见图 2）。读者们应该已发现，总是用笔直的境界线来明确区分的 2 张地图实际上大同小异。

将这 2 张地图与上一篇《非洲的语言与社会》中基于格林伯格分类的语言地图（见《非洲的语言与社会》，图 2）①相比较，我们就会发现两者几乎没有任何相同之处。后者所展示的 1000 乃至 2000 种语言②（地图上只列举了主要语言）的分布，与国境这种政治上的行政区分几乎没有任何关联，且与 50 多个国家这种国家数量相比，语言数量要多出许多。然而，图 2 中列举的官方语言却少之又少。

通过这些地图我们可以获取什么信息呢？

① 详见梶茂树、砂野幸稔编著:《非洲的语言与社会——多语言共生》，三元社，2009 年，第 9—30 页。（译者注）

② 并不存在判断一种“语言”区别于另一种“语言”的科学基准，特别是在非洲这种由尚未书写语言化的无数语言变异构成的多语言状况下，将语言作为可数名词对待来统计其数量实际上是不可能的。根据世界语言巨大的统计数据——国际 SIL 的“Ethnologue”的统计，世界上现有 7000 余种语言，其中非洲有 2000 余种，但“Ethnologue”倾向于细分“语言”。比如，“Ethnologue”将日本的语言分为 16 种，其中 13 种为冲绳和奄美的“语言”。

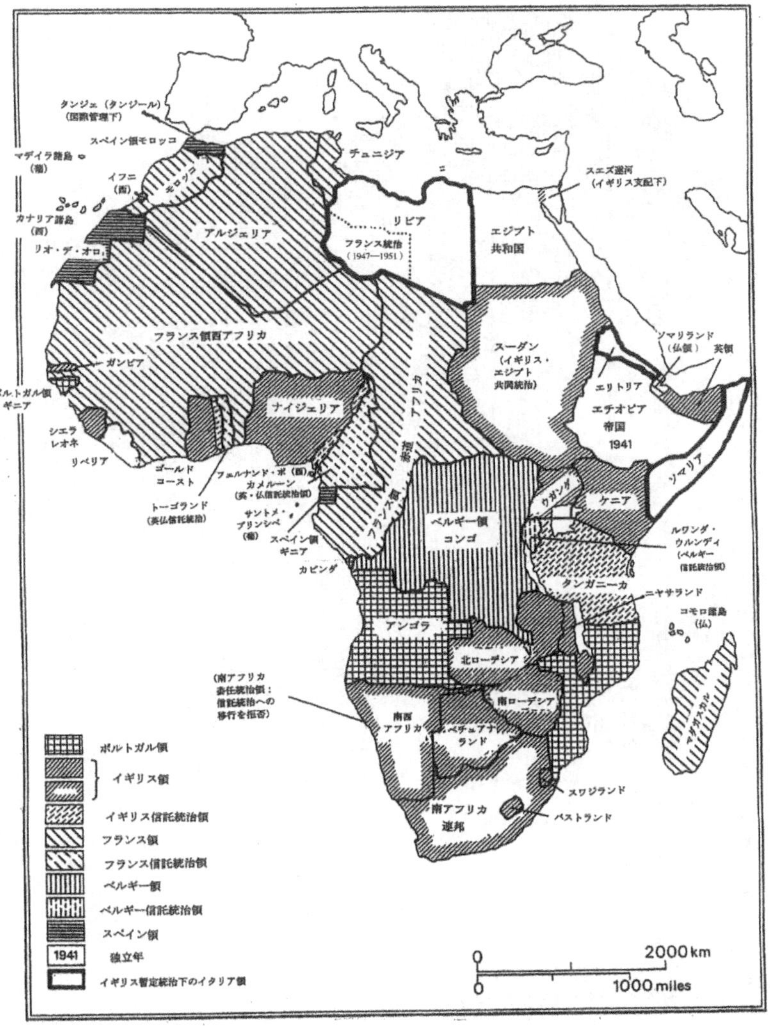

图 1　1946 年的非洲 ①

---

① 由笔者基于 Michael Crowder. *The Cambridge History of Africa: Volume 8, c. 1940 to c.1975*. Cambridge University Press, 1984, p.18 的数据绘制而成。

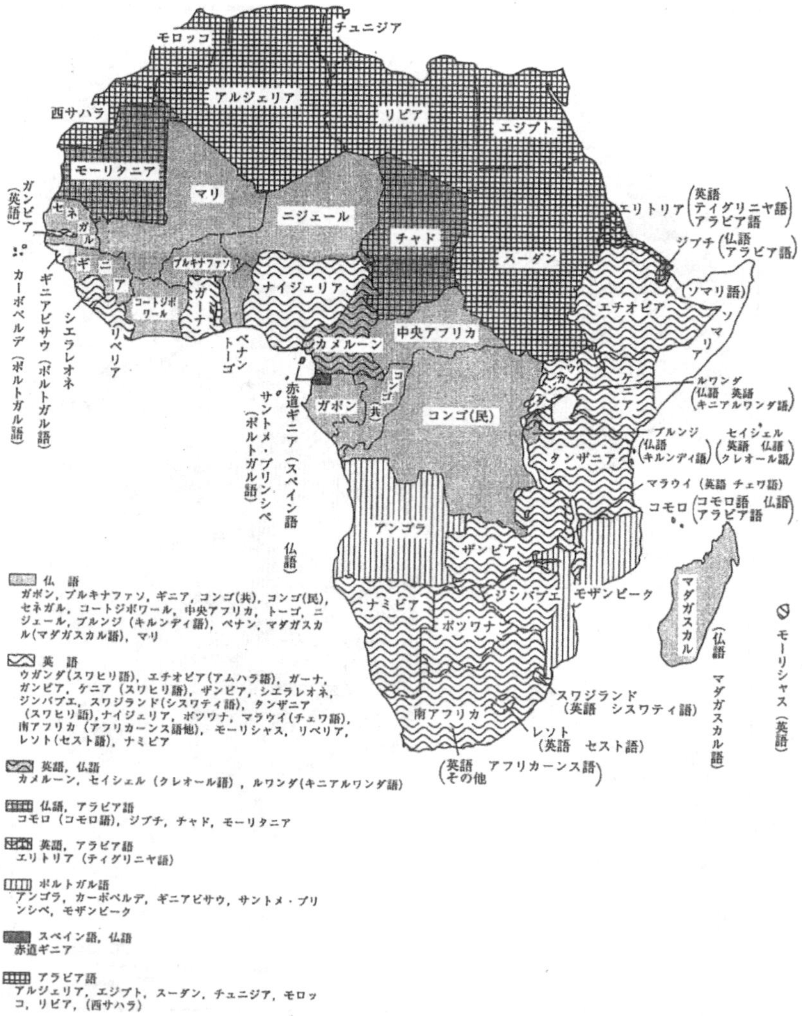

图 2　现在非洲国家的官方语言①

总之确定无疑的是，正如我们在上一篇《非洲的语言与社会》中所论述的，非洲现有多种语言，但官方语言使用英语、法语等旧殖民地宗主国语言的国家占绝大多数。此外，我们也可以发现，分割殖民地时恣意划出的界线就此成为国境线（经常是直线形的），与民族或语言的分布几乎没有任何关联。

其实，以上情况导致奇妙的现状。根据国际 SIL 的“Ethnologue”的统计，在人口仅有100 余万的小国加蓬居然有 41 种语言，而使用人数超过 2000 万的豪萨语、班拉族语等曼德语族的广域语言却经常在官方语言不同的国家被使用。在尼日利亚和尼日尔的国境，两国

① 资料源自社团法人非洲协会:《2000年版 非洲便览——撒哈拉以南国家》，社团法人非洲协会，2000年，第8页。

的官员可以用豪萨语毫无障碍地交流，但若要交换公文，因为彼此的官方语言不同势必会产生问题。塞内加尔与冈比亚的总统可以用沃洛夫语沟通自如，但正式会见则需要英语和法语的翻译。

然而，这虽然是奇妙的事情，却并非是一个问题。此外，多语言状况自身也不是一个问题。

问题是，在众多非洲国家，不仅几乎没有人以英语和法语等旧殖民地宗主国语言为第一语言，作为第二语言，英语和法语也只在部分国民中普及，但是即便如此，绝大多数国家还是以英语、法语等旧殖民地宗主国语言为其官方语言，这些语言作为唯一的实质性国家官方语言统治着行政、教育等几乎所有公共领域（不仅仅是处于优势）。此外，为了填补由官方语言支撑起来的国家与一般国民之间的乖离，需要制定相关语言政策来解决如何驾驭多语言状况、是否将当地语言发展为书面语言等问题，然而非洲恰恰不存在这种语言政策。

日本历史学家藤井毅一针见血地指出了印度的语言问题[①]，他认为语言问题是制度的问题。然而，在非洲这并非一个“司法与行政、教育等系统上给不给某种语言一个立场的极其明快且单纯的问题”[②]。

其最大的理由就是——非洲“国家”的脆弱。众多非洲国家在政治、经济和文化上依赖于殖民地宗主国等欧美国家或者世界银行等国际机构，虽然与殖民时代的形式有所不同，但由于其他国家或机构的影响和介入，非洲国家很难建立自由、自立的“制度”。比如，以法语为官方语言的非洲国家的教育政策、语言政策不仅不得不与法国的法语振兴政策及为此投入的预算相关联，还与法国对本国的援助密切相关。此外，即便是村级、部落级识字教室也不是与国家的教育局和识字局相关联，而是多与旧殖民地宗主国的援助机构和世界银行、联合国等国际机构或者欧美的大型非政府组织（Non-Governmental Organizations，NGO）直接相关。

《美国手语和法语相互接触而形成的手语语言——法语圈中、西部非洲》论述了法语圈非洲手语方针若没有美国的基督教团体的介入就不可能存在的事实，以及法国手语方针的变化推进了当地的法语手语工作[③]。

因分割殖民地时的划线或者独立时被要求的“巴尔干化”（特别是旧法属殖民地）而诞生的小国家，由于经济基础薄弱，从旧宗主国等大国或周边国家独立后，往往很难建立自

① 藤井毅：《现代印度的语言问题——语言权力的保障及其运用实态》，《语言与社会》第2号，三元社，1999年，第137—170页。

② 同上，第137页。

③ 梶茂树、砂野幸稔：《非洲的语言与社会——多语言共生》，三元社，2009年，第519—551页。本文中的“本书”指的就是此书。（译者注）

己的制度。

因此，问题并不单纯。

但是，本文从语言与政治这个视角，特意用稍微粗陋的图式对非洲的语言问题进行梳理。对于个别国家的状况，我们将在本文之后的各篇文章中进行论述，本文尝试以殖民统治这个共同的历史经验为出发点俯瞰撒哈拉以南的非洲。在详细探讨个别国家的状况之前，我们首先从语言政策的视角展示整体的大致鸟瞰图[①]。

二　统治语言成立的历史——殖民地政策与语言

大多数撒哈拉以南的非洲国家即便现在也是将英语、法语、葡萄牙语等欧洲语言作为官方语言或者实际上的官方语言，只有埃塞俄比亚是唯一的例外，它除了受到意大利的短期统治外并没有长期被殖民统治的历史。这与国境、行政机关、经济构造相同，是殖民统治的遗留制度。除了南非等殖民地，随着非洲国家的独立，殖民统治者也离开了这些国家，但统治者的语言与权威就此保留了下来。

理由显而易见。一般情况下，新生国家由于殖民地分割问题被恣意划分界线，它们既无起源亦无根据。从殖民统治者处接手的行政机构，上至法律，下到居民户口本，无一例外地使用殖民统治者的语言书写。不仅如此，领导国家的指挥者阶层、担负行政机构的行政人员阶层乃至教师都是用殖民统治者的语言接受的教育，都是用这种语言进行读写、思考。此外，虽有埃塞俄比亚的阿姆哈拉语和坦桑尼亚的斯瓦希里语等例外情况，但与北非的阿拉伯语圈不同，撒哈拉以南非洲国家往往并不存在具备符合近代国家要求的书写语言且拥有作为多语言国家通用语功能的语言。

然而，虽说被旧殖民地宗主国的语言这种单一语言统治的状况普遍存在，但对殖民统治者语言的不同态度，极大影响了被统治区域的非洲语言之后的发展和非洲语言间的关系。

作为殖民统治者介入非洲的欧洲国家分别是英国、法国、葡萄牙、比利时、西班牙、德国和意大利。如果加上 17 世纪以来在南非形成的殖民地上荷兰居民留下的自命名为南非荷兰语的荷兰，那么就有 8 个国家。此外，19 世纪非洲的解放奴隶被送往利比里亚并成为统治者，19 世纪的美国黑人英语被带到利比里亚，现在也作为通用语被使用（官方语言是标准英语）。英国将解放奴隶送到塞拉利昂，在塞拉利昂产生了英语系统的克里奥尔语。

但是不久，德国在第一次世界大战中败北从而失去了非洲殖民地，喀麦隆成为英、法两国，坦噶尼喀成为英国，多哥成为法国，布隆迪和卢旺达成为比利时的国际联盟委任统

① 本章在拙论《非洲的语言问题——多语言状况与单一语言统治》(《语言与社会》第 3 号，三元社，2000 年，第 57—80 页）的基础上修改、增补而成。

治领地（“二战”后成为国际联合信托统治领地），因此德语的痕迹已无处可寻。成为南亚联邦的委任统治领地，直到1990年才完全独立的纳米比亚（西南非洲），由于德国殖民侵略者的存在，德语和德国的教育被保留了下来，但独立之后其就规定官方语言只使用英语了。

意大利除了北非的利比亚，还于19世纪末到“二战”期间统治了现在的厄立特里亚和索马里的部分领土，1936年到1941年间还统治了埃塞俄比亚，但意大利语随着意大利的败北也丧失了其影响力。

西班牙曾占领西撒哈拉和赤道几内亚。西撒哈拉在1976年被并入摩洛哥从而摆脱了西班牙的影响，但不承认摩洛哥的合并，主张独立的阿拉伯撒哈拉民主共和国的亡命政府，将阿拉伯语和西班牙语作为官方语言。在赤道几内亚，现在也以西班牙语为官方语言，但邻国是以法语为官方语言的喀麦隆和加蓬，这个人口仅有50余万的小国因为货币依赖法语圈，所以自1997年起规定法语为第二官方语言。

但是，重要的并不仅仅是哪种欧洲语言被保留下来的问题，而是殖民统治者对统治地区的非洲语言采取何种态度。

肯尼亚政治学家阿里·马之路易（Ali Mazrui）在与语言学家阿拉明·马之路易（Alamin Mazrui）合著的《巴别塔的力量》（*The Power of Babel*）中，将欧洲殖民统治者分成“日耳曼人”（英国人、德国人、比利时的弗兰德人、非洲白人）和“拉丁人”（法国人、葡萄牙人、西班牙人、意大利人）两大类，并提出了他们对待非洲人的两大姿态（Mazrui, 1998:14–15）。

根据阿里的主张，分别由法国和英国代表的两大姿态，展示了各自不同种类的自大和傲慢。一方面，比起英国人，法国人在文化方面更为傲慢；相对于固执于法国文明优势的法国人，英国人在人种方面更为傲慢，且固执于人种的分离。这种差异直接反映在彼此的语言政策上。“极端的时候，有些法国的殖民主义者认为不会说法语的非洲人是毫无价值的。另一方面，在纳米比亚的德国白人中，即便今天也有人认为非洲人没有使用德语的资格。”（Mazrui, 1998:14）不仅如此，一般而言，拉丁派欧洲人囿于“同化”的思想，对非洲语言持非宽容的态度。与此相对，日耳曼派欧洲人对非洲语言持宽容的态度，偶尔能在南非的非洲白人身上看到因为人种隔离而将非洲语言引进教育，甚至奖励保护非洲文化的典型例子。

提到语言文化的“同化”这一点，殖民统治的实况是：用宗主国的语言接受教育的非洲精英分子只是极少数，大多数居民与宗主国的语言完全没有交集和缘分。这无论是在法属殖民地还是在英属殖民地都大同小异，但在如何对待非洲语言这一点上，两者的差异却给所统治地区的非洲语言带来不小的影响。

下面让我们一起概观“二战”后也保留殖民统治，且对独立以来的非洲国家语言状况产生决定性影响的法国、葡萄牙、英国和比利时等国的殖民统治与语言的关系。

（一）法属殖民地情况

彻底推进殖民地宗主国语言单一统治的是法国的殖民地政策。

基于法国第三共和政权下频频宣传的“文明化使命”的“同化政策”，实际上作为非洲的现实殖民地政策仅适用于塞内加尔的 4 个“公社”（commune），理应产生“黑色法国人”的法语教育也只是在独立前的极少数人当中推行。但是，大革命以来，开展消灭方言活动的法国将“文明”的普及和法语教育的普及等同视之，将法语之外的小语言和方言统一视为“方言”（patois）而轻视的态度在非洲殖民地也没有任何改变。

法国正式介入撒哈拉以南非洲的殖民地化是在 19 世纪后半叶，但早在 19 世纪上半叶，在法属旧殖民地塞内加尔就已基本定下法语单一语言主义的基调。

1911 年，法属西非总督威廉·庞蒂（William Ponty）将军全面禁止之前被伊斯兰教徒阿拉伯语识字层部分允许的阿拉伯语的使用，规定所有殖民地行政公文必须使用法语（Laitin, 1992: 84）。

没有任何人关心非洲语言的使用。在英属殖民地“原住民法庭”上使用当地语言，以及以特定的非洲语作为行政语言进行规整的情况也几乎没有发生。

在 1896 年被法国殖民地化之前的马达加斯加，在伊默里纳王国（Merina Kingdom）的近代化政策中，虽然有用拉丁文字记载马达加斯加语和用马达加斯加语进行近代教育的规定，但由于法国强制推行法语，阻碍了马达加斯加语作为近代语言的发展。

独立后的旧法属非洲国家所继承的是，作为书面语言完全没有规整，或迟迟得不到规整的非洲语言，以及彻底的法语单一语言主义。

即便是现在，在塞内加尔的法院，也与殖民时代相同，有专门为不懂法语的被告或证人准备的翻译，且法院仅将译员翻译成法语的正式裁判记录加以留存。即便法官、检察官、律师和书记员等所有人都能听懂被告及证人的沃洛夫语（在城市，几乎所有人都能听懂），但也必须配备翻译。

此外，在这种法语单一语言主义中培养出来的非洲精英们通常彻底将“法语 = 唯一的文明语言”这一图式内在化。如后所述，不论在哪个宗主国，对殖民地宗主国语言的好感几乎是非洲精英们共同的倾向，但像塞内加尔首任总统利奥波德·塞达尔·桑戈尔（Léopold Sédar Senghor，1906—2001）和突尼斯首任总统哈比卜·布尔吉巴（Habib Bourguiba，1902—2000）呼吁的法语共同体运动所体现出来的，从旧殖民地国家发起的法语官方语言国家的团结和拥护法语的例子是极为罕见的[①]。

① Kazadi, Ntole. *L'Afrique Afro-Francophone*. Institut d'Études Créoles et Francophones, 1991, pp.17–59.

（二）葡萄牙属殖民地的情况

众所周知，葡萄牙在 15—16 世纪是繁荣的海洋帝国。非洲的葡萄牙属殖民地作为当初葡萄牙东方贸易的停泊地被殖民地化，此后继续作为奴隶贸易的蓄积、中转站发挥作用。

葡萄牙在 17 世纪开始走向没落，20 世纪成为被经济发展遗忘的最贫穷国家之一，即便到了 1975 年还有超过三成的国民为文盲，连本国人都无法满意的教育制度势必无法在殖民地开展。

但是，在作为奴隶贸易的蓄积、中转站存续了 4 个世纪的殖民地诞生了葡萄牙人与非洲人的混血儿，形成了以克里奥尔语为第一语言的“白黑混血儿”（Mulatto）层。虽然岛国佛得角混血儿人数占居民的 70%、圣多美和普林西比占 7%，但这一阶层的人口还不到总人口的 1%。然而，这一阶层有不少人非常富有且能毫无障碍地使用葡萄牙语。

以这一阶层为对象，葡萄牙在殖民地推行与法属殖民地类似的“同化政策”。1914 年之后，只要满足拥有一定的财产、能使用完美的葡萄牙语、没有犯罪史等条件就可以作为“阿希米拉德（同化民）”与葡萄牙人享有同等权利。率领殖民地群众开展解放斗争，形成独立国家的指导层、官僚层就是这个阶层。

葡萄牙对殖民地的教育普及漠不关心，但对排除葡萄牙语之外的影响毫不懈怠。

葡萄牙属殖民地的教育几乎全盘依赖基督教宣教团，1903 年安哥拉的殖民地政府禁止英国宣教团用英语进行教育，担负着大部分非洲人的教育使命的法国天主教宣教团也不得不以葡萄牙语教育为主轴。1921 年，安哥拉殖民地政府宣布禁止使用葡萄牙语之外的语言进行教育，也包括使用当地语（Laitin, 1992: 85）。

因此，与法属殖民地相同，葡萄牙属殖民地的非洲语言也停留在未规整的状态。此外，葡萄牙属殖民地也没有将克里奥尔语作为书写语言进行规整。

即便在长期的殖民地解放战争中，在解放区进行的教育也是用葡萄牙语进行的。这也让非洲语言和克里奥尔语不具备担负近代社会发展的能力，只有葡萄牙语才是民族解放和发展的语言这种想法更加根深蒂固。即便是批判“同化”思想、反复主张非洲文化重要性的几内亚比绍、佛得角解放运动的领导者卡布拉尔·阿米尔卡（Cabral Amilcar，1924—1973），在语言方面也认为除了葡萄牙语没有更好的选择①。

（三）英属殖民地情况

英属殖民地的统治方式是被殖民地行政长官弗雷德里克·卢吉男爵（Frederick John Dealtry Lugard，1858—1945）理论化并实施的间接统治方式。与殖民地行政长官直接统治居民的法国型直接统治不同，英属殖民地的统治方式是保留当地的统治机构（大王或首

① 请参照卡布拉尔：《非洲革命与文化》，白石、正木、岸和田译，亚纪书房，1980 年。

领），让他们统治居民，殖民地行政长官负责监督。不言而喻，这种统治方式并非基于对非洲人传统社会机构的敬意，只不过是因为直接统治需要耗费大量的财力和物力。这种统治方式也伴随着各种问题，比如强行将首领制导入尼日利亚的伊博人（Ibo①）社会和肯尼亚的基库尤人（Kikuyu②）社会这种原本没有首领的社会，因此招致了居民的反抗。

但是，这种方式为几个主要的当地语言作为行政用语进行书写打开了道路。在英国统治下，作为书写语言最为规整的就是斯瓦希里语。

斯瓦希里语是在东非的印度洋沿岸地区，自 7 世纪以来阿拉伯人、波斯人和非洲人进行印度洋贸易的过程中诞生的贸易语言。印度洋沿岸地区一直保持用阿拉伯文字来记载语言的传统，斯瓦希里语在 19 世纪通过由阿拉伯—斯瓦希里商人进行的内陆交易传播到东非一带并成为广域语言。

占有坦噶尼喀的德国在柏林会议上决定将这一广域语言作为行政用语，在第一次世界大战后继续统治坦噶尼喀的英国也效仿德国。不仅如此，通过斯瓦希里语占领了肯尼亚、乌干达的英国在 1925 年成立了一个调查委员会，该调查委员会将斯瓦希里语作为所有殖民地通用语，从而使斯瓦希里语标准化。调查委员会从无数的语言变形和几个大型方言中选定桑给巴尔方言，并以此为基准制定了使用拉丁文字的正书法。1930 年设立了领土间语言委员会（斯瓦希里语委员会），开展斯瓦希里语正书法的制定、初等教育所用教材的检定、斯瓦希里语书籍的出版等工作③。

毋庸置疑，制定这项政策的最大原因是节约行政成本，但尽管如此，斯瓦希里语作为教育语言、行政语言被规整，从而成为标准化的书写语言。这也对独立后的坦桑尼亚的语言政策产生了重大影响。

英国在殖民地居民的教育方面极其依赖基督教宣教团。因为只要将殖民地行政部门需要的下级官员和助手的培养工作委托给基督教宣教团并给予他们若干补助和保护，就可以节约行政成本。

在英属殖民地活动的主要是新教徒的宣教团。比起殖民地政府，他们更热衷于非洲人的“文明化”，而且他们为了获取非洲人的“灵魂”，非常重视将《圣经》翻译成当地语言并出版。

被宣教团作为书写语言规整、标准化且用于教育、出版而发展起来的代表性语言是南

① 伊博人的英语书写有 Igbo 和 Ibo 两种，日语书写也相应地有“イグボ”和“イボ”两种，无论是哪种书写方法，所指内容都相同。本书统一使用译语 Ibo。（译者注）

② 基库尤人的英语书写有 Kikuyu 和 Gikuyu 两种，日语书写也相应有两种“キクユ”和“ギクユ”，无论是哪种书写方法，所指内容都相同。本书统一使用译语 Kikuyu。（译者注）

③ 请参照宫本正兴:《语言生活——特别是与斯瓦希里语的关联》，选自《非洲世界》，世界思想社，1984 年，第 151—156 页。

非在19世纪初就开始规整并在19世纪后半期产生了众多出版物的柯萨语（Xhosa）。宣教团不仅从原本语言和民族都未统一的恩古尼（Nguni）语群的各种语言变异中分离、创造了柯萨语，而且还创造了“柯萨”这种民族身份[①]。这与之后的种族隔离政策（Apartheid）下的班图斯坦[②]（Bantoestan，黑人家园）政策相关联，又产生了新的问题，但对被广泛使用的标准化书写语言的诞生有着重要意义。

对尼日利亚的约鲁巴语（Yoruba），19世纪以来欧洲的宣教团也开始了将其书写语言化的工作，20世纪30年代起他们的报纸开始使用约鲁巴语[③]。

但必须再次确认的是，就像没有对非洲人怀有敬意的殖民统治一样，也不存在对非洲语言心怀敬意并认同其价值的殖民地政策。这一点同样适用于基督教宣教团进行的教育、出版活动。使用当地语言，充其量不过是为了统治，或者为了“获取非洲人的灵魂”，对殖民地的行政和基督教宣教团而言，英语和英语文明的优势是不言自明的。

这种价值序列理所当然地植根于在宣教团学校接受西式教育的少数非洲精英的意识之中。此外，对接受西式教育的非洲精英而言，在间接统治制度中被殖民统治所利用，并从中获取利益的传统型统治阶层和语言，通常象征着反动与后进性。

（四）旧比利时属殖民地情况

比利时国王利奥波德二世（Leopold II of Belgium，1835—1909）的私人殖民地，曾成为英国作家约瑟夫·康拉德（Joseph Conrad）代表作《黑暗的心》（*Heart of Darkness*）创作背景的刚果（金），由于殖民政府的暴政遭到国际社会的责难。为了应对国际谴责，比利时政府针对1908年成为比利时领地的刚果（金）（比属刚果），提出了“非洲人的文明化”口号，当然这仅是表面上的。

比利时政府对初等教育投入了大量的精力。政府通过给比利时天主教宣教团经营的学校提供补助的形式实施教育振兴政策，并取得了极大成效，比利时属殖民地的初等教育升学率高于其他任何殖民地[④]。

比利时政府语言政策的基本方针是将法语放在第一位，同时将地域通用语标准化并促进其发展。在这种方针政策下，特别是城市初等教育的普及，带来了法语及林加拉语、刚

---

① 请参照神谷俊郎：《作为政治性单位的“部落”的创造与基督教宣教师的作用——南非“柯萨族”框架下的恣意性》，网络论文，1988年，见 http://www3.aa.tufs.ac.jp/tkamiya/Xhosaethn.html。

② 南非共和国根据种族隔离政策实行的领土隔离政策，在20世纪50年代设置了班图各族的黑人指定居住地区。在本国设立了10处，在实际控制的纳米比亚设立了8处，在20世纪70年代给予这些班图斯坦名义上的独立和自治，但是国际社会对此强烈反对，没有予以承认。1990年纳米比亚独立，国内的班图斯坦被废除。在废除种族隔离制度后的1994年，南非的班图斯坦也被废除了。（译者注）

③ J. D. Fage，Roland Oliver. *The Cambridge History of Africa: Volume 7, 1905-1940*. Cambridge University Press, 1986, p.236.

④ 宫本、松田编：《新书非洲史》，讲谈社，1998年，第340页。

果语、卢巴语和刚果—斯瓦希里语这 5 种地域通用语的标准化（Laitin, 1992: 86）。

然而，与初等教育的普及相反，培养擅长法语的殖民地精英的中等以上教育却发展得极为迟缓，1960 年独立伊始，刚果（金）（当时为刚果共和国）的大学毕业生仅有寥寥 16 名。这种精英阶层的缺失也是独立初期国家动乱的原因之一，但统治者认为法语是统治者的语言，非洲人不需要法语。然而，统治者的这种态度反而勾起了非洲人对法语的向往与需求。

独立后的 1962 年，在举国混乱的情况下，刚果共和国总统颁发了将法语作为所有阶段的教育语言的命令。1965 年，蒙博托政权在成立之后提倡剔除地名和人名等一切影响推行非洲化的"真正化（正统性 / 真正性）"的殖民统治，但法语的优越性反而在独立后越发凸显出来了（Laitin, 1992: 127）。

从德属殖民地到比利时统治下的卢旺达和布隆迪也推行了几乎相同的语言政策。这两国与刚果（金）不同，基本上是单一语言地区，分别用卢旺达语和隆迪语作为教育语言，且作为书写语言也进行了部分规整，但歧视图西族人和胡图族人的殖民地政策将拥有共同语言的人们进行分离，导致了 1994 年的大屠杀和之后的悲剧性对立。

三　独立后的语言政策

众多非洲国家共同的特征是：精英阶层率领独立运动从而成为国家独立后的领导人，他们对英语、法语、葡萄牙语等殖民统治者语言抱有好感。

即便是在殖民地解放运动的过程中，除了坦噶尼喀的朱利叶斯·尼雷尔（Julius Kambarage Nyerere，1922—1999）主张将斯瓦希里语国语化之外，语言问题几乎没有被认真讨论过，这与亚洲的殖民地解放运动不同。事实上，在独立后的国家，作为行政语言被使用的书写语言是殖民地宗主国的语言，这是不言而喻的。无论是加纳的克瓦米·恩克鲁玛（Francis Nwia Kwame Nkrumah，1909—1972）、几内亚的塞古·杜尔（Ahmed Sékou Touré，1922—1984），或者是佛得角的阿米尔卡·卡布拉尔（Amílcar Lopes da Costa Cabral，1924—1973），他们的民族主义无一例外都是用殖民地宗主国的语言书写、演讲和揭示的。

如前所述，在法属殖民地和葡萄牙属殖民地，统治者的语言不仅是领导独立国家的政治指导者和教育精英所拥有的唯一书写语言，而且原本非洲的语言作为书写语言的规整工作几乎没有进行。特别是在法属殖民地，教育上的彻底同化政策使得非洲精英们的内心根植了一种法语至上主义。法语和葡萄牙语之外的语言说到底不过是一种传统风俗，精英们压根就没有将本土语言作为可以担负教育的语言来讨论的想法。

即便是在将当地语言作为书写语言使用，并在某种程度上进行规整的英属和比利时属殖民地，解放运动的领导人和独立后国家的领导阶层也基本上都是接受了西式教育的，除了坦噶尼喀的朱利叶斯·尼雷尔，其他人与法属殖民地和葡萄牙属殖民地的政治领导人几乎没什么不同。甚至，他们认为当地语言是落后的、封建的，特别是倾向于视当地语言为对统一多民族国家进行“国家建设”方面有害的“部落主义”的温床。对于领导独立运动的近代主义型民族主义者们而言，英语和法语才是自由进步的语言，而当地语言则通常与固陋的传统首长阶层相关联。

但是，并非除了在坦噶尼喀，非洲的语言都被轻视。比如，即使是在法属殖民地，塞内加尔著名历史学家谢赫·安达·迪奥普（Cheikh Anta Diop，1923—1986）在1954年出版的《黑人国民与文化（上、下）》（*Nations Nègres et Culture I, II*）（Diop, 1954）中也主张，要想在现代文明中重建因殖民统治而发展受阻的非洲社会，必须将非洲人自身的语言发展成适应现代文明的语言，而不是依赖英语和法语等外语。差不多同一时期，法国的塞内加尔留学生掀起了将塞内加尔主要语言沃洛夫语作为书写语言进行规整的运动①。

但是，在殖民统治时期，这些运动不过是边缘事件，语言问题重新浮出水面往往是独立之后很长一段时间的事。

以下，笔者将粗略分类、整理非洲一些国家独立后的语言政策及其结果。

（一）单一的非洲语言

非洲效仿西欧型国民国家的单一语言主义，有些国家不是将殖民统治者带来的欧洲语言作为通用语，而是试图将当地的非洲语言作为单独的通用语，但是还没有成功的先例。

如同本书中《文字是何人之物？——以埃塞俄比亚各语言的文字化为中心》《数百万人的“少数派”——以沃莱塔（埃塞俄比亚）为例》所论述的，除了在受意大利统治的短暂时期，一直保持独立的埃塞俄比亚是个多语言国家，但在海尔·塞拉西（Haile Selassie，1892—1975）皇帝的统治下，20世纪50年代末到60年代，政府曾试图让自古以来就拥有独立文字的书写语言——首都语言阿姆哈拉语作为单独的官方语言。但是，在此项运动尚未取得令人满意成效的1974年就爆发了军事政变，帝政被推翻，之后虽然阿姆哈拉语的优势被保留，但在行政语言和教育语言上，各地区的语言还是相互争鸣，埃塞俄比亚转变为多语言型体制②。

此外，在苏丹，现在仍规定阿拉伯语为唯一的官方语言。但是，这是北部阿拉伯系军事政权对南部黑人居民的强权统治，以及是以独立以来绵延不绝的内战状态为背景的。即

① Sunano, Yukitoshi. “Une Volonté De Réhabilitation d’une Littérature en Langue Africaine - Sur la Littérature Wolof du Sénégal”. *The Journal of Kumamoto Wemen’s University*, 1993, 45, pp.110–118.

② Leclaire, Jacques (Université Laval). “Aménagement linguistique dans le monde”. Éthiopie, http://www.tlfq.ulaval.ca/ axl/afrique/ethiopie.htm.

便暂且不论作为官方语言的正规阿拉伯语与阿拉伯语口语之间的不同的问题，我们也很难说它实现了苏丹全国人民拥有同一语言的稳定语言使用状况，也很难承认这是成功的语言政策事例。

索马里是1960年北部的旧英属殖民地和南部的旧意大利属殖民地独立后合并而成的国家，索马里人占了居民的大多数，索马里是一个在民族、语言上基本等质的国家。独立当初，北部将英语、南部将意大利语作为行政语言和教育语言，但在1969年的军事政变后成立的巴雷政权在1972年制定了使用罗马字的索马里语正书法，确定了索马里语的官方语言化。政权规定所有公务员都必须将索马里语作为书写语言，在推行初等、中等教育的索马里语化的同时，举行了大规模的成人识字活动。此外，迄今为止，凤毛麟角的索马里语出版物，在短期内与索马里语的标准化、词汇的丰富化相平衡，在数学、物理、行政、思想等领域大幅增加[①]。

德国著名社会语言学家佛罗利安·库尔马斯（Florian Coulmas）在1985年出版的著作《语言与国家——语言计划和语言政策研究》（*Sprache und Staat: Studien zur Sparchplanung and Sprachpolitik*）中指出："可以说索马里语成为近代标准语言的征兆非常光明。"[②]但这个观点过于乐观。众所周知，1991年由于艾迪德派的攻击，军事政权被推翻，索马里从此进入连年内战的状态，刚刚起步的语言计划遭遇极大的挫折。

在语言上基本等质的索马里和处于不等质多语言状况的苏丹、埃塞俄比亚，它们所处的语言状况有所差异，但它们国家体制的不稳定和脆弱使得用单一语言统一全国的计划几无成功的可能。

此外，在语言上几乎同质的马达加斯加和布隆迪，在法制上规定单一的当地语言为"国语"（langue nationale），即马达加斯加语，或"官方语言"（langue officielle），即隆迪语，但实际上旧殖民地宗主国的语言——法语是行政等公共部门的统治语言，因此这两个国家倒不如说属于第二个类型。

（二）主要的非洲语言和欧洲语言的双语体制

在继续保留旧殖民地宗主国语言的同时，将一种非洲语言作为教育、行政语言在全国人民当中推广普及并取得成功的当属坦桑尼亚[③]。

我们将在《斯瓦希里语的发展与民族语、英语的矛盾——坦桑尼亚的语言政策和语言状况》一文中对坦桑尼亚进行详细论述，在这里我们先了解以下几个问题。坦桑尼亚是拥

---

① U. S. Library of Congress. "Country Studies, –Somalia". http://lcweb2.loc.gov/frd/cs/sotoc.html.

② 佛罗利安·库尔马斯:《语言与国家——语言计划和语言政策研究》，山下公子译，岩波书店，1987年，第188页。

③ 关于坦桑尼亚的现状，请参照木村映子:《坦桑尼亚的教育用语言问题》，选自北川胜彦编，《从南边看世界3，非洲》，大月书店，1999年，第71—90页。

有3200万人口[①]、120余种语言的多语言国家，斯瓦希里语作为官方语言得以稳固是因为斯瓦希里语在殖民统治下作为书写语言被规整，作为通用语业已广为普及。此外，以斯瓦希里语为第一语言者极少，因此凭借斯瓦希里语的官方语言化而获得特权的阶层几乎不存在，但坦桑尼亚国内大部分语言均为与斯瓦希里语亲密度非常高的班图语支语言，且官方语言化在独立初期的民族主义高昂期被一路推进。

但是，即便是坦桑尼亚这种状况，在教育方面，中等以上教育现在仍旧是用英语进行的，斯瓦希里语的普及和稳固并没有威胁到作为精英语言的英语的优越地位。

要说将旧殖民地宗主国的语言与国内某种主要语言作为官方语言的国家，如果暂且不论以法语和阿拉伯语为官方语言的吉布提和科摩罗，那么除了旧英属殖民地坦桑尼亚，还有博茨瓦纳（茨瓦纳语）、莱索托（索托语）、斯威士兰（斯威士语）、旧比利时属殖民地卢旺达（卢旺达语）和布隆迪（隆迪语）、旧法属殖民地马达加斯加（马达加斯加语）。

哪怕是名义上给当地语言在制度上与英语、法语同等地位也需要一定背景，即这些国家除了坦桑尼亚之外在语言上几乎都是等质的，且这门当地语言通过基督教宣教团的活动在国家独立初期就已作为书写语言得到某种程度的规整。虽然国家水准不一，但基本上当地语言多作为教育语言被引入初等教育，且国内均有用该语言发行的出版物，但这些国家均未达到坦桑尼亚的水准。

我们将在《未完的“国语”——马达加斯加语与法语的矛盾》一文中看到，虽然马达加斯加的马达加斯加语化政策短期内被积极推进，马达加斯加语作为书写语言被普及推广，且国内发行了马达加斯加语的报纸等，但即便如此，在行政和教育领域，法语的压倒性优势是不可撼动的。

（三）旧殖民地宗主国语言的实质性单一语言统治

如果除了坦桑尼亚和从几乎是均质居民结构这一层面上而言是个例外的第二大类型，那么大多数非洲国家即便到现在也还保持着由旧殖民地宗主国语言构成的单一语言统治。

如前所述，就连佛得角的克里奥尔语这种全国人民都理解的语言也没被作为书写语言进行规整，在旧葡萄牙属殖民地，独立后葡萄牙语被用作教育、行政等所有领域的唯一书写语言。

旧法属殖民地国家，虽然有些国家积极推出“国语”化政策，其他国家在名义上也将当地语言进行规整并作为书写语言引入教育，但并未取得令人满意的成效。

法属殖民地对戴高乐的法兰西共同体说“不”。1958年旧法属殖民地几内亚最早获得独立，杜尔政府在1962年从国内20余种语言中选出主要的8种语言作为各地的“国语”，并

① 3200万是原书的数据。根据2018年的数据，坦桑尼亚的人口约为5632万。https://www.mofa.go.jp/mofaj/area/tanzania/data.html（2020年9月3日检索）。（译者注）

在 1968 年起在初等教育中引入这些“国语”。直到 1971 年与联合国关系破裂，几内亚一直在联合国教科文组织的援助下推行语言政策，关系破裂后几内亚政府独自实施本国的语言政策，但结果完败。

失败的原因不言自明。实施这项政策缺乏必要的前期准备，只靠唯意志论独自行走。对于作为书写语言规整极其迟缓的语言，虽有联合国教科文组织的援助但本国几乎没有任何预算，教材和教师不足，原本就没有完善的教材及储备、培养教师。

1984 年变身为独裁者的艾哈迈德・塞古・杜尔（Ahmed Sékou Touré，1922—1984）逝世，军事政变成立了新政权，同时旧的语言政策也被废止。此后，无论是教育还是行政，又重新回归到只有法语的体制①。

在几内亚以外的旧法属国家，虽然时常能看到名义上指定几种“国语”作为成人识字用语言的情况，但实质上也没有取得值得一提的成效。

此外，即便在非洲语言作为书写语言某种程度被规整的旧英属殖民地国家，绝大多数也是推行实质上维持英语作为单一语言统治体制的语言政策。

与坦桑尼亚相同，肯尼亚的斯瓦希里语作为书写语言被高度规整，且作为通用语在全国推广使用，它和英语一起作为行政语言和教育语言被使用。但即便如此，在涉及行政和教育方面的语言使用上，英语一直具有压倒性优势。

在《支撑语言生命的民族身份——以语言大国尼日利亚为例》中，我们将要论述尼日利亚的语言情况。尼日利亚北部是豪萨语（Hausa），东南部是伊博语（Igbo），西南部是约鲁巴语（Yoruba），这几种语言作为广域通用语被使用，此外作为书写语言也在某种程度上被规整。在《英语主义还是多语言主义——加纳的语言问题》中的加纳，阿坎语等从殖民时期起就作为书写语言得到某种程度的规整并作为广域通用语被使用。但实际上，无论是尼日利亚还是加纳，英语都占绝对优势。

结果是，与旧葡萄牙属殖民地和旧法属殖民国家不同，虽然有几门非洲语言作为书写语言得到规整并在教育等其他领域得以使用，但即便是在旧英属殖民地，除了坦桑尼亚，非洲的语言不要说与英语拥有对等的地位，连在教育、行政方面获得一席之地的情况都不得一见。

（四）解放运动中亡命指挥部的语言

稍显奇特的例子是《变化中的非洲语言——纳米比亚的语言概况》中所论述的纳米比亚的情况。1990 年独立的纳米比亚，官方语言并非南非统治时期的阿非利堪斯语或德语，而是使用人数不足人口 1% 的英语。

---

① Calvet, Louis-Jean. “Typologie des situations plurilingues”. *Réalités Africaines et Langue Française*, Numéro Spécial, CLAD-UCAD, 1987, pp.48-51.

纳米比亚选择几乎完全是“外语”的英语作为其独立后的官方语言，其理由虽然公开宣称“与殖民统治无关，是民族中立”①。但是，实际上从20世纪60年代起非洲民族会议（African National Council，ANC）与南非的种族隔离政策持续战斗。与非洲民族会议相同，对西南非洲人民组织（Southwest African People's Organization，SWAPO）的指挥部而言，英语是与联合国等国际组织或挪威等援助国政府交涉，以及起草与此相关的各种公文的工具语言，这应该才是英语成为官方语言最大的理由。

从印度尼西亚独立的东帝汶以国民几乎完全陌生的葡萄牙语为官方语言，其理由与纳米比亚相似。葡萄牙语是被印度尼西亚统治之前的殖民地宗主国语言，是率领解放运动中的亡命指挥部的工作语言。

在这种情况下，在解放战争中获胜的指挥部将英语或葡萄牙语作为“解放语言”，但位于权力中枢的政治精英们试图用这些语言来统治完全不懂这些语言的大多数国民，这种构想最终让众多非洲国家只能事实上以旧殖民地宗主国的语言作为唯一的官方语言，别无选择。

卢旺达爱国阵线在1994年的卢旺达大屠杀后掌权，他们于1996年规定在之前的官方语言法语的基础上添加英语，这也是因为在邻国乌干达设立亡命指挥部的卢旺达爱国阵线曾经把英语作为工具语言来使用。

（五）非洲语言振兴运动的动向？——以南非为例

在殖民地旧宗主国遗留下来的语言拥有压倒性存在感的面前，除了少数例外，非洲语言作为书写语言的发展道路曲折艰辛且收效甚微，这种状况一直延续至今。非洲大陆也并非不存在要改变这种状况的动向，特别是近年来这种动向明显起来了。

如同我们前面介绍过的塞内加尔著名历史学家谢赫·安达·迪奥普的例子，振兴非洲语言的动向早已有之，政府层面也经常可见哪怕言不由衷的“国语振兴”口号，但不是像几内亚一样在独立初期以基于民族主义而发起的唯意志论语言政策惨败收局，就是像尼日利亚的语言学者阿约·班博协（Ayo Bambose）所称的“未曾实施的政策宣言”（Bambose, 1991: 117）那样止步于发表但未曾实施。此外，就整个非洲大陆层面而言，如后面所述，在1963年非洲统计组织成立时就已将振兴非洲语言作为目标，但也只是一个目标而没有相应的具体措施。

被逐渐遗忘的非洲语言振兴目标作为明确的方针再次被提出是在20世纪90年代之后，代表性例子就是将可以称为理想主义的语言政策引入宪法的新南非。

1990年独立的纳米比亚将英语作为官方语言的同时承认国内“所有语言”的权利，除

① 请参照米田信子:《多语言国家的教育与语言政策——以独立的纳米比亚为例》，选自宫本正兴，松田素二编《现代非洲的社会变动——语言与文化的动态观察》，人文书院，2002年，第153—154页。

此之外，塞内加尔 2001 年颁布的新宪法除了说明官方语言为法语，也承认国内的“所有语言”为国语。如此这般，在 1990 年之后颁布的宪法中“多语言主义”的倾向非常醒目，但没有发现将非洲语言与英语等欧洲语言相提并论作为“官方语言”的情况。我们将在《11 种官方语言政策的理想与现实——种族隔离制度后南非共和国的语言状况》一文中详细论述南非的情况，这里不再赘述。

南非在 1996 年采用新宪法，新宪法规定在种族隔离政策时代的官方语言英语和阿非利堪斯语的基础上增加 9 种非洲语言，且规定它们在宪法上与官方语言拥有同等地位，由此官方语言增至 11 种（新宪法第一章第六条第一项）。不仅如此，在接下来的第二项中还指出，“我们人民的土著语言，历史上使用受到限制，其地位低下，我们国家要提高这些语言的地位、推进其使用就必须采取切实有效、积极的措施”，这项规定将具体措施义务化了。

实际上，在新宪法颁布之前已经开始的教育制度改革就将教学计划非洲化，且非洲语言教材的出版和使用在新宪法颁布之后也开始活跃起来了。可以说，19 世纪开始的基督教宣教团的土著语言书写语言化的经纬为非洲语言引入教育打下了良好的基础。

但是，虽说 11 种官方语言在非洲语言复权上具有划时代的意义，但几乎没有一个人认为这个政策真的可以像宪法规定的那样得以实施。首先不得不考虑的就是财政问题。如果真的将 11 种语言放在对等的位置上，那么不言自明，仅官方语言之间的翻译费就庞大得惊人。此外，虽说被书写语言化了，但将在教育、行政语言方面远远未得到规整的非洲语言提升到与英语、阿非利堪斯语同等的位置上，在编撰教材、培养师资、服务行政等方面都需要巨额费用和不懈努力。

确实，这一切都与今后的实践相关。被称为“对人类的犯罪”的种族隔离政策没有经过内战的悲剧就被成功废止了，现在克服民族间仇恨，试图建设一个“彩虹之国”的南非开始语言改革的尝试，如果能克服预料之中的困难，那么其成功经验对其他非洲国家来说是极富借鉴意义的。但是，至少就现在的情形来看，在种族隔离政策被废除后的十几年，当初高举的理想不得不失势。

四　代结语——非洲与“多语言主义”

本节探讨了殖民统治的历史是如何对撒哈拉以南非洲的语言状况造成影响的，这不仅产生了旧殖民地宗主国的语言统治问题，还规定了非洲语言作为书写语言的发展条件。

摆脱殖民统治而独立的国家，在殖民统治者维持用自身语言创设的共同空间时，几乎都没有用除了殖民统治者语言之外的工具来维持共同空间。不得不说进一步发展已有工具的坦桑尼亚和通过强有力的语言政策创设这种工具的索马里（但是国家垮台了）是个例外。

此外，不管怎么说，殖民统治所创设的语言间的价值序列几乎被所有独立国家继承了下来。

结果就是，独立国家成了掌握欧洲语言知识的少数精英和其他民众二分天下的国家。掌握欧洲语言知识者独占国家的财富和权力，而其他民众被排除在外。

问题是，如何克服保持欧洲语言的少数精英和不懂欧洲语言的大多数国民之间的矛盾所导致的公共空间的缺失问题。这一点，我们在刚开始也提到过。

一方面，英语、法语和葡萄牙语的枢要作用在欧洲是不会改变的。不仅作为国际语，在不可能作为单一“国语”的多语言国家，即便作为通用语和行政、经济等社会各领域的工作语言，我们也无法否定使用这些欧洲语言的必要性。但是，我们压根无法展望将这些语言向所有国民普及的蓝图。

另一方面，在多数情况下，一个国家存在数十到数百种语言，且它们大多数没有作为书写语言得到规整。在非洲国家这种状况下，我们不可能展望所有人都能享用自己的母语或第一语言进行的教育或行政服务。

那么，究竟有哪种方向性呢？最后，我们想一边回顾非洲统一组织（2002 年起改为非洲联盟）的动向，一边思考非洲的现状。

现在能够想到的现实方向性就是，将非洲语言的地位差异化，选取主要语言进行优先规整的同时，摸索将少数派语言使用者的不利之处最小化的方策。在国家层面，尼日利亚等国至少表面上已显示了这种方向性，在整个非洲大陆层面，从 1963 年非洲统一组织成立起就已经显露了这一方向性。

《非洲统一组织宪章》规定：“如果可能，组织的工作语言为非洲语言，以及英语、法语、阿拉伯语和葡萄牙语。”[①]这只是暗示了非洲语言将来成为非洲统一组织工作语言的可能性，在当时，现实中人们设想将斯瓦希里语等语言作为书写语言在某种程度上被规整。

其后，1969 年在阿尔及利亚首都阿尔及尔召开的第 1 届非洲文化节上被采用的《泛非文化宣言》（Pan-African Cultural Manifesto）[②]和 1976 年在毛里求斯首都路易港召开的非洲统一组织第 13 届总会上被采用的《非洲文化宪章》（The Cultural Charter for Africa）[③]都强调各国要振兴非洲语言并将其引入教育和行政领域。特别是 1986 年在埃塞俄比亚首都亚的斯亚贝巴召开的第 22 届总会上被采用的“为了非洲的语言行动计划”（The Language Plan of Action for Africa）[④]强调，为了让非洲语言取代欧洲语言在教育和行政方面发挥主要作用，规定“无论是国家、地区还是欧洲大陆，都应该快速在国家、地区间及非洲统一组织的正

① “The Working Languages of the Organization and All Its Institutions Shall Be, If Possible African Languages, English and French, Arabic and Portuguese”. Article 29, Charter of the Organization of African Unity, 1963, Addis Ababa.

② “Pan-African Cultural Manifesto”, OAU First All-African Cultural Festival, Algiers, July/August 1969.

③ “The Cultural Charter for Africa”, OAU 13th Ordinary Session, Port Louis, 1976.

④ “The Language Plan of Action for Africa”. OAU 22nd Ordinary Session, Addis Ababa, 1986.

式活动中将非洲语言作为官方语言使用，选择几个土著非洲语言，并正式确定它们的身份"[①]。同年，在路易港召开的第1届非洲统一组织文化阁僚会议上通过了将斯瓦希里语作为非洲统一组织的工作语言加以使用的决议。

只是，这种语言地位的差异有可能引起纷争。不言而喻，地位低下的语言的使用者处于不利的位置，而使用被选中语言的使用者将享受某种特权。这种语言政策之所以成为可能，是因为无论在国家层面还是国际层面，该公共空间都以拥有调整功能为前提。即便对欧盟这种拥有高度调整功能和在某种程度上拥有稳定的财政基础的组织来说，多语言空间的运营也绝非一项容易的课题。对于极其脆弱的非洲各国来说，困难无疑更大。无论在国家层面还是非洲统一组织层面，这种困难重重的政策的具体化实质上最终都是被不断回避的。

可是，20 世纪 90 年代之后，新的动向再次令人瞩目。这些动向也许将给非洲国家今后的语言状况带来不小的影响。

其一，我们业已介绍的像南非、纳米比亚、塞内加尔等国在国家宪法层面的"多语言主义"动向；其二，非洲统一组织及作为其后续于 2002 年诞生的非洲联盟层面的"多语言主义"。

1997 年，由联合国教科文组织召集发起，非洲统一组织为后援，在津巴布韦首都哈拉雷召开的"非洲语言政策政府阁僚会议"[②]给予了半死不活的"为了非洲的语言行动计划"以新希望，会议强调了非洲语言的振兴问题。2001 年马里政府取得主导权，创设了"非洲语言学术"的筹备组织，2006 年该组织成为非洲统一组织的后继组织——非洲联盟的正式组织[③]。2006 年，在苏丹首都喀土穆召开了非洲联盟第 5 届总会，会议通过了强调文化多样性和非洲文化发展的《非洲文化复兴宪章》，再次采用与 1986 年行动计划相同的"为了非洲的语言行动计划"[④]的表述，并规定 2006 年为"非洲语言年"[⑤]。

20 世纪 60 年代初，非洲国家纷纷独立，非洲统一组织成立时，其面临的问题是将一直被贬低的非洲语言规整到与欧洲语言同等的水平，脱离旧殖民地宗主国语言的一元统治。为此，规整、振兴"主要的"非洲语言是当务之急。在方向性暧昧不清的情况下，20 世纪

---

① 原文："Whether at he national, regional or continental levels, the selection and prescription without undue delay of certain viable national, regional or continental indigenous African languages as the official languages to be used for the formal official functions of the State, regional groupings or the OAU."（*The Language Plan of Action for Africa*, 1986, PART Ⅱ, PRIORITIES, a Policy Formulation.）

② Intergovernmental Conference on Language Policies in Africa, Harare（Zimbabwe）, 17-21 March 1997.

③ 请参照"非洲语言学术（ACALAN）"官网：http://www.acalan.org/eng/aboutacalan/historique.php。

④ 见 http://www.acalan.org/eng/textesreferenciels/pala.php。

⑤ "Presentation of the Year of The African Languages（YOAL）"，"非洲语言学术（ACALAN）"的公开主页，见 http://www.acalan.org/eng/ala/ala/php。

90 年代起掀起的对“文化多样性”的赞美和振兴“所有的”非洲语言的所谓“多语言主义”方向性令人瞩目。

产生这种动向的背景是，欧洲发起的“多语言主义”和联合国教科文组织、世界银行等国际组织的“母语”主义的介入。

对非洲国家的语言政策多多少少造成影响的转机之一是，1990 年以世界银行为主，联合国教科文组织、国际联合儿童基金会（United Nations International Children’s Emergency Fund，UNICEF）和联合国开发计划署（The United Nations Development Programme，UNDP）在泰国的乔木提恩联合主办的“万人世界教育会议”。20 世纪 80 年代以结构调整的方式介入欠发达国家的世界银行开发战略朝着“人类开发”的方向转变，其中占重要位置的教育开发战略不仅开始重视“基础教育”，且其方针也基本上被 UNICEF、UNDP 和其他国际组织、世界各国政府、NGO 等所共享。

其中，联合国教科文组织宣称的“所有人都接受母语教育”的所谓“母语”主义将语言政策引向振兴“所有的”非洲语言的“多语言主义”方向。

但是，在欧洲语言的特权地位保持不变的情况下谋求通过非洲语言提高“识字率”，多数情况下只能使当地语言的书写语言化半途夭折，凭借缺乏社会实用性的非洲语言提升识字率究竟能否与“人类开发”相互作用呢？为“母语识字”投入大量资金的背后却存在众多寻求欧洲语言教育的人们，这已经昭示了这一方向的问题所在。

之前殖民主义强调“引领后进人们”的“善意”，宣称“文明化”与“开发”。这些国家一独立就成为“开发援助”的对象，开发援助一出现问题就可以被“结构调整”，之后宣称的则是“人类开发”。在“人类开发”中我们通常看到的“援助”形态是：没有通过事实上已丧失信用的“国家”而直接介入个别地区和个别发行物。这种“援助”会进一步弱化原本就脆弱的个别国家的公共空间形成能力。

就语言问题而言，在各国政府缺失实效性语言政策的情况下，世界银行和联合国教科文组织等国际组织、与旧殖民地宗主国相关的援助机构，以及大大小小各式各样的国际 NGO 对各种语言的经常性平行介入，这种无限多语言主义一边高喊取代以往“文明化”的所谓“文化多样性”的理想，一边却使非洲的多语言状况陷入更加难以管理的境地。

产生于欧洲等北部世界经验的理想未必适应社会现实迥异的南部世界，但人们尚未充分意识到这个理所当然的事实。首先，我们必须尽可能正确地理解各种现实情况。在接下来的文章中，我们将为大家提供一些线索和思路。

附录1　图1中日语对应中文

“タンジェ（タンジール）”（丹吉尔）、“スペイン領モロッコ”（西班牙属摩洛哥）、“チュニジア”（突尼斯）、“マディラ諸島（葡）”［马德拉群岛（葡）］、“イフニ（西）”［伊夫尼（西）］、“モロッコ”（摩洛哥）、“カナリア諸島（西）”［加那利群岛（西）］、“リオ・デ・オロ”（里奥—德奥罗）、“アルジェリア”（阿尔及利亚）、“リビア”（利比亚）、“フランス統治（1947-1951）”［法国统治（1947—1951）］、“エジプト共和国”（埃及共和国）、“スエズ運河（イギリス支配下）”［苏伊士运河（英国统治下）］、“フランス領西アフリカ”（法属西非）、“ガンビア”（冈比亚）、“ポルトガル領ギニア”（葡萄牙属几内亚）、“シエラレオネ”（塞拉利昂）、“リベリア”（利比里亚）、“ゴールドコースト”（黄金海岸）、“トーゴランド（英仏信託統治）”［多哥（英法信托统治）］、“ナイジェリア”（尼日利亚）、“フェルナンド・ポ（西）”［费尔南多（西）］、“カメルーン（英・仏信託統治領）”［喀麦隆（英法信托统治属）］、“スペイン領ギニア”（西班牙属几内亚）、“サントメ・プリンシペ（葡）”［圣多美和普林西比（葡）］、“カビンダ”（卡宾达）、“フランス領赤道アフリカ”（法属赤道非洲）、“ソマリランド（仏領）”［索马里（法属）］、“スーダン（イギリス・エジプト共同統治）”［苏丹（英国・埃及共同统治）］、“ソマリア”（索马里）、“エリトリアエチオピア帝国 1941”（厄立特里亚埃塞俄比亚帝国 1941）、“ケニア”（肯尼亚）、“ウガンダ”（乌干达）、“ベルギー領コンゴ”（比利时属刚果）、“ルワンダ・ウルンディ（ベルギー信託統治領）”［卢旺达—乌伦迪（比利时信托统治属）］、“タンガニーカ”（坦噶尼喀）、“アンゴラ”（安哥拉）、“ニヤサランド”（尼亚萨兰）、“コモロ諸島（仏）”［科摩罗群岛（法）］、“北ローデシア”（北罗得西亚）、“南ローデシア”（南罗得西亚）、“南西アフリカ（南アフリカ委任統治領：信託統治への移行を拒否）”［西南非洲（南非委托统治属：拒绝转变成信托统治）］、“ベチュアナランド”（贝专纳）、“マダガスカル”（马达加斯加）、“南アフリカ連邦”（南非联邦）、“スワジランド”（斯威士兰）、“バストランド”（巴苏陀兰）、“ポルトガル領”（葡萄牙属）、“イギリス領”（英属）、“イギリス信託統治領”（英国信托统治属）、“フランス領”（法属）、“フランス信託統治領”（法国信托统治属）、“ベルギー領”（比利时属）、“ベルギー信託統治領”（比利时信托统治属）、“スペイン領”（西班牙属）、“独立年”（独立年）、“イギリス暫定統治下のイタリア領”（英国暂时统治下的意大利属）。

附录2　图2中日语对应中文

“モロッコ”（摩洛哥）、“チュニジア”（突尼斯）、“西サハラ”（西撒哈拉）、“アルジェリア”（阿尔及利亚）、“リビア”（利比亚）、“エジプト”（埃及）、“モーリタニア”（毛里塔尼亚)、“マリ”(马里)、“ニジェール”(尼日尔)、“チャド”(乍得)、“スーダン”(苏丹)、“エリトリア(英語、ティグリニャ語、アラビア語)”[厄立特里亚(英语、提格利尼亚语、阿拉伯语)]、“ジブチ(仏語、アラビア語)”[吉布提(法语、阿拉伯语)]、“ガンビア(英語)”[冈比亚(英语)]、“セネガル”(塞内加尔)、“ギニア”(几内亚)、“ギニアビサウ(ポルトガル語)”[几内亚比绍(葡萄牙语)]、“カーボベルデ(ポルトガル語)”[佛得角(葡萄牙语)]、“リベリア”(利比里亚)、“コートジボワール”(科特迪瓦)、“ガーナ”(加纳)、“ブルキナファソ”(布基纳法索)、“ナイジェリア”(尼日利亚)、“カメルーン”(喀麦隆)、“赤道ギニア(スペイン語、仏語)”[赤道几内亚(西班牙语、法语)]、“ガボン”(加蓬)、“サントメ・プリンシペ(ポルトガル語)”[圣多美和普林西比(葡萄牙语)]、“ウガンダ”(乌干达)、“コンゴ(共)”[刚果(布)]、“コンゴ(民)”[刚果(金)]、“ルワンダ(仏語、英語、ギニアルワンダ語)”[卢旺达(法语、英语、几内亚卢旺达语)]、“ナミビア”(纳米比亚)、“ブルンジ(仏語、キルンディ語)”[布隆迪(法语、隆迪语)]、“ボツワナ”(博茨瓦纳)、“セイシェル(英語、仏語、クレオール語)”[塞舌尔(英语、法语、克里奥尔语)]、“モザンビーク”(莫桑比克)、“マラウィ(英語、チェワ語)”[马拉维(英语、齐切瓦语)]、“タンザニア”(坦桑尼亚)、“コモロ(コモロ語、仏語、アラビア語)”[科摩罗(科摩罗语、法语、阿拉伯语)]、“ケニア”(肯尼亚)、“南アフリカ(英語、アフリカーンス語、その他)”[南非(英语、阿非利堪斯语、其他)]、“ベナン”(贝宁)、“レソト(英語、セスト語)”[莱索托(英语、塞斯托语)]、“トーゴ”(多哥)、“スワジランド(英語、シスワティ語)”[斯威士兰(英语、斯威士语)]、“マダガスカル(仏語、マダガスカル語)”[马达加斯(法语、马达加斯加语)]、“モーリシャス(英語)”[毛里求斯(英语)]、“仏語:…”[法语:加蓬、布基纳法索、几内亚、刚果(布)、刚果(金)、塞内加尔、科特迪瓦、中非、多哥、尼日尔、布隆迪(隆迪语)、贝宁、马达加斯加(马达加斯加语)、马里]、“英語:…”[英语:乌干达(斯瓦希里语)、埃塞俄比亚(阿姆哈拉语)、加纳、冈比亚、肯尼亚(斯瓦希里语)、赞比亚、塞拉利昂、津巴布韦、斯威士兰(史瓦济语)、坦桑尼亚(斯瓦希里语)、尼日利亚、博茨瓦纳、马拉维(齐切瓦语)、南非(阿非利堪斯语)、毛里求斯、利比亚、莱索托(塞斯托语)、纳米比亚]、“英語、仏語:…”[英语、法语:喀麦隆、塞舌尔(克里奥尔语)、卢旺达(几内亚卢旺达语)]、“仏語、アラビア語:…”[法语、阿拉伯语:科摩罗(科摩罗语)、吉布提、乍得、毛里塔尼亚]、“英語、アラビア語:…”[英语、阿拉伯语:厄立特里亚(提格利尼亚语)]、“ポルトガル語:…”[葡萄牙语:安哥拉、佛得角、几内亚比绍、圣多美和普林西比、莫桑比克]、“スペイン語、仏語:…”(西班牙语、法语:赤道几内亚)、“アラビア語:…”[阿拉伯语:阿尔及利亚、埃及、苏丹、突尼斯、摩洛哥、利比亚、(西撒哈拉)]。

西　非

旧英属殖民地

支撑语言生命的民族身份
——以语言大国尼日利亚为例

■ 盐田胜彦

一　引言

尼日利亚是非洲人口最多的国家[①]（截至 2005 年，人口数量为 1.41356 亿。非洲总人口数为 9.22011 亿，其相当于非洲人口的 15%），其语言数量也是非洲之最。根据国际 SIL 的数据“Ethnologue”[②]的统计，目前尼日利亚的语言数为 510。在非洲，大部分国家基本上属于多语言社会。而尼日利亚语言的多样性即使放眼世界也屈指可数。本文首先介绍尼日利亚语言的整体状况，三大语言——豪萨语、约鲁巴语、伊博语及该地区的语言文化概况。其次，介绍三大语言的发展趋势和尼日利亚一皮钦语（Nigeria Pidgin）的现状。最后，以东北地区的博尔诺州为例，具体介绍非洲多语言社会的实况。[③]

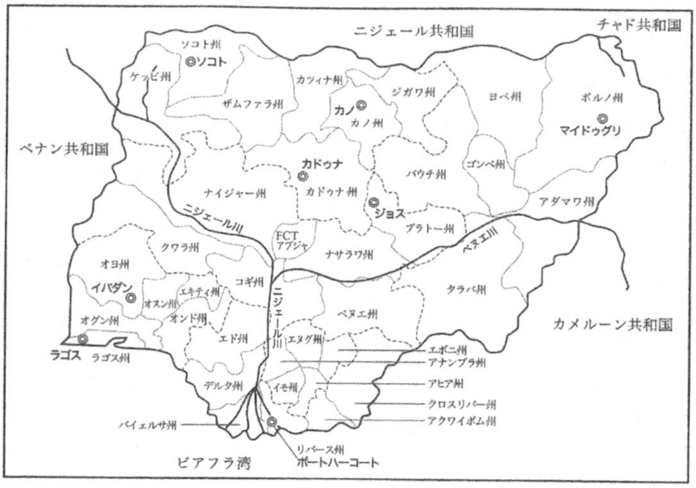

图 1　尼日利亚 36 个州和首都阿布贾（Federal Capital Territory, FCT）[④]

① 根据联合国人口统计，见 http://esa.un.org/unpp/。

② 来自国际 SIL 的数据，见 http://www.ethnologue.com/show_country.asp?name=NG。

③ 松本尚之：《孕育非洲之王的人们》，明石书店，2008 年，第 8 页。

二 尼日利亚的语言状况

在多语言社会，人们是怎样使用语言的呢？这个问题，对于局外人，尤其对在日常生活中只使用日语的日本人而言是极难理解的。非洲不同国家和地区的语言现象有所差异，但总体而言，语言的阶级化非常普遍。这一现象不仅出现在国家层面通用的语言中，也出现在一定地区使用的地区通用语和只被某一民族使用的民族语中。尼日利亚也不例外。在尼日利亚，只用一种语言就能应对各种场合的尼日利亚人少之又少，一般情况下尼日利亚人需要掌握 2 种语言，根据场合的不同甚至要使用 2 种以上的语言。

尼日利亚的官方语言是英语，联邦的立法、行政、司法均使用英语。联邦间用英语进行贸易也非常普遍。此外，在尼日利亚，中高级学校使用英语教学，接受过一定教育的尼日利亚人都能说一口流利的英语。

起源于非洲的尼日利亚各语言中，使用者最多的是豪萨语、约鲁巴语和伊博语，这 3 种语言被称为尼日利亚三大语言①。人们鼓励学生在学习母语之外学习这 3 门语言。

尼日利亚法律规定：初等教育必须用母语或者地区通用语进行教学。但实际上，许多语言虽能应付实际教学，但其体系还未得到规整。因此，目前尼日利亚的教师需要交替使用地区通用语、常用的民族语和英语进行教学。但在教育水平较高的私立学校②，几乎所有课程都使用英语授课，只有在选修课中会教授学生三大语言。相较于初等教育，中等以上的教育则基本用英语教学。③

从地域差异来看，北尼日利亚分为豪萨人与在语言、文化两方面和豪萨人趋同的富拉尼人（Fulani 或 Fulbhe）④所居住的豪萨地区，以及不同民族混居的通用语⑤—豪萨语地区。在豪萨地区，大部分居民把豪萨语当作母语，在民族混合地区豪萨语作为第二语言使用。

---

① 三大语言的总涵盖人数约占尼日利亚总人口数的 60%。由于将豪萨语作为第二语言的人非常多，如果将其计算在内，人数可占 70%。

② 现在的尼日利亚公立学校，很难说初等教育和中等教育起到了良好的教育作用。因此，重视教育的家庭会让孩子从小学起就进入私立学校学习。一般从私立学校毕业的学生会升学至国立综合大学、州立单科大学（主要为教育大学）。

③ 在非洲的各语言学科中，老师都是用各自专业的语言进行授课，学生也要用专业的语言撰写论文。

④ 不少富拉尼人仍使用独立的语言和保持传统的游牧生活。

⑤ 此处通用语是指法兰克王国的语言。最初指在地中海地区使用的混合通用语，后来演变为通商用语。在本文中指的是语法和发音都简略化，拥有一些皮钦化特征的地区通用语。

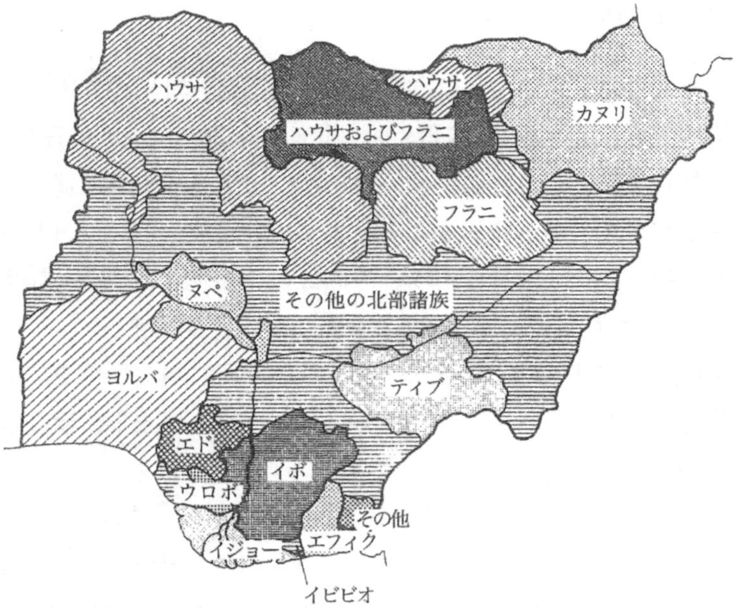

图 2　尼日利亚主要语言的分布 ①

在尼日利亚西部，除尼日尔河流域的埃多州、三角洲和科吉州外，大部分居民为约鲁巴人，他们在日常生活中只使用约鲁巴语。我们将该区域称为约鲁巴地区。

代表尼日利亚东部的民族是伊博人，但是该地区有不少人口在 100 万左右的中等规模民族，因此伊博语并非在整个东尼日利亚被使用。我们一般将伊博人占较大比例的区域称为伊博地区。虽然在日常生活中居民会使用伊博语，但在该地区担负通用语重任的语言却是以英语为基础形成的皮钦语②——尼日利亚—皮钦语。尼日利亚首都阿布贾属于通用语—豪萨语地区，经济中心拉各斯属于约鲁巴地区，这两个城市都汇聚了全国各地的居民，因此英语的使用率也非常高。

（一）尼日利亚北部的语言概况

尼日利亚的中部地区有两条呈 Y 字形的河流，它们分别为尼日尔河和贝努埃河。Y 字形的上游地区全部使用豪萨语。实际上，Y 字形的下游地区，尤其是东北部至喀麦隆国境也正逐步成为豪萨语地区。英国殖民统治时期的北尼日利亚保护区大多属于通用语—豪萨语地区。除了尼日利亚，豪萨语也在尼日尔河流域、贝宁北部到加纳北部等地区作为通用语

---

① N. P. Iloeje :《尼日利亚 那片国土和人民》，能登志雄译，帝国书院，1980 年，第 12 页。

② 依据语言学的定义，皮钦语是指某种语言的语法单纯化，且与其他语言的要素（发音、语法、词汇）混合后形成的较为简单的语言。皮钦语母语化后形成的表现力较高的语言为克里奥尔语，但其意思和用法与美国路易斯安那州和加勒比海地区的“克里奥尔语”完全不同。

使用[①]，是西非最大的语言。除西非外，在苏丹还有世界上最大的豪萨—移民社群（48.9万人）[②]。根据国际SIL的数据统计，以豪萨语为母语的尼日利亚人人口达1852.5万，在所有国家中以豪萨语为母语者共有2416.2万人[③]。此外，将豪萨语作为第二语言的有1500万人，故共有近4000万人使用豪萨语。豪萨语已与斯瓦希里语并列，成为撒哈拉沙漠以南非洲最广泛使用的语言之一。

现在的豪萨语地区已经扩大到整个尼日利亚北部。但是，豪萨的发源地是现在的索科托、凯比、扎姆法拉、卡齐纳、卡诺、吉如瓦各州和卡杜纳州北部、包奇州西部，以及尼日尔南部等地区，这些区域才是传统意义上的豪萨地区。豪萨语中有许多方言，其中代表卡诺的东部方言和代表索科托的西部方言差异较大。由于卡诺方言与其他方言的差异相对较小，且不管在哪个地区人们都能用卡诺方言无障碍沟通，卡诺方言被视作标准豪萨语。

除了豪萨地区，尼日利亚北部地区原本是多民族混居区，但历经伊斯兰教的扩张和英国的殖民统治，少数民族社会发生了激烈的变革。英国的殖民统治是以不干涉原住民的习惯和宗教为条件，借用原酋长的权力来统治其下属的原住民官员从而实行政治管理的。因为是间接统治，所以在管理北部地区时会经常使用豪萨语。

随着伊斯兰教的不断发展，不仅在宗教方面，而且在衣食住行等各个层面，豪萨风，或者称伊斯兰—尼日利亚风在尼日利亚北部流行开来。现在，即便是基督教信仰者[④]，也有不少人会身着伊斯兰风格服装（卡弗坦长袍）。如此，在国家独立前，豪萨语就已经在文化、宗教、行政等各个领域奠定了尼日利亚北部地区通用语的基础。

现在的尼日利亚北部地区由于经济状况不断恶化，义务教育停滞不前，无法流利使用英语的人逐渐增多。但与此同时，包括南部的移民在内，会说豪萨语的人不断增多。尼日利亚北部最初为多民族和多语言地区。尤其是尼日利亚中部的高原州、纳萨拉瓦州、卡杜纳州到东北部的包奇州、阿达马瓦州、博尔诺州地区，与南部沿博尼湾地区的语言密集地带并列，是尼日利亚为数不多的多语言地带。现在，虽然这些地区基本上已经被归入通用语——豪萨语地区，但仍有不少人记得自己民族的语言文化。他们的语言文化和日常生活将是笔者今后的研究课题。

现代豪萨语拥有可应对社会急剧变化的丰富词汇，已成为一种可在最新的信息科学技术领域使用的语言。随着新闻媒体，尤其是豪萨语的电视节目和广播节目播放时间的增加，

① 随着尼日利亚经济的发展，现在的豪萨语在喀麦隆北部、乍得中部地区也作为商业通用语被广泛使用。

② 苏丹的豪萨语群体起源于英国占领尼日利亚北部地区时期逃向东方的索科托太守国的后裔，以及在朝拜途中定居下来的人，主要分布于喀土穆的东面、青尼罗河下游麦乌尔诺地区周围。Abu-Manga, Al-Amin. *Hausa in the Sudan*. Process of Adaptation to Arabic, 1999, p. 1–12.

③ 根据1991年国际SIL调查。

④ 在尼日利亚北部也有基督教徒，尤其在乔斯高原及其周边、比乌高原、曼比拉高原等地区，基督教徒的势力非常大。

各领域新词被翻译成豪萨语。这是英国广播公司（British Broadcasting Corporation，BBC）等海外媒体的国际播放所起的重要作用。虽然现在BBC有减少海外节目的倾向，但是豪萨语节目的收听者依旧不少。即使在网络技术较为落后的尼日利亚，BBC仍然起到了关键作用。最近，中国在尼日利亚的存在感不断上升，中国也在助力豪萨语节目的发展。

然而，虽同是新闻媒体，但豪萨语在纸质媒体方面的宣传力度相对较小。虽然豪萨语报纸的发行量不小，部分还实行网络宣传，但用英文阅读报纸的人仍占多数。近年来，在豪萨语著作中，言情小说（一般称为Soyayya Books①）备受瞩目。这些言情小说的作者是一些无名作家或者学生，小说印刷质量不高，平均50奈拉（约合0.8元人民币）一本。惠民的价格使它风靡一时，但最近言情小说的地位逐渐被电影取代，发展势头不如从前。

电影产业②在尼日利亚深受追捧，每年会上映大量的豪萨语电影③。在Soyayya Books中出现的恋爱故事和悬疑情节也会被搬上荧屏④。豪萨语的电影杂志与以往的纸媒相比，不管是印刷质量还是纸质都有较大改善。乍一看，竟与欧美的杂志相差无几且遍布市场。另外，近年来与电影产业相伴的音乐产业也发生了变化。以前有许多用不同民族语制作的音乐作品，具有非常浓郁的民族特色，但最近很难见到除豪萨语以外的音乐作品。

现在的豪萨语基本上采用拉丁字母拼写的博科（bōkò）文字，极少用阿拉伯字母。用阿拉伯字母拼写的是阿贾米（àjàmī）文字，它有多种字体⑤。尼日利亚的纸币（奈拉）是尼日利亚各语言中唯一用阿贾米文字书写豪萨语标识的纸币，但该纸币同时也用英语标识（见图3）。现在只能在一些伊斯兰教宣传册中看到阿贾米文字的踪迹。但在20世纪六七十年代，由于重新推广和普及阿贾米文字，不少介绍民间传说的书籍用阿贾米文字印刷出版。近年来，在卡诺地区还竖立着许多阿拉伯语路标，其实用性暂且不提，却由此可以看出尼日利亚人并没有舍弃对伊斯兰的象征——阿拉伯字母的喜爱。

---

① 以Soyayya Books为题材的豪萨语教材有Ahamer, J. R. E. *Hausa Texte; Soyayya Da Zumunci*. Wien, 2004。

② 印度，尤其是孟买的电影产业模仿Hollywood（好莱坞）取名为Bollywood（宝莱坞），尼日利亚也同样将自己的电影产业取名为Nollywood（诺莱坞）。现在卫星电视有专门播放诺莱坞的频道，而且不局限于尼日利亚地区，在英语圈的非洲各国都能收看。

③ 豪萨语电影主要通过VCD传播，极少在电影院上映。

④ 中村博一：《尼日利亚北部地区电影的形成》，*LICCOSEC Annual Report Vol.1*, 2007年。大阪大学世界语言研究中心：《民族纷争背景下的地政学研究》，《2007年度报告书》第1卷，2008年。

⑤ 阿贾米文字的字体种类很多，根据书写者的兴趣不同字体各异。现在多数出版物的字体主要采用类似马格利布系的古阿拉伯字母体。

图 3　尼日利亚纸币（100 奈拉纸币）在纸币底部用阿贾米文字标识 naira darī（100 奈拉）

将豪萨语作为第二语言者的人数与将其作为母语者的人数相当。但是，作为第二语言的豪萨语，即通用豪萨语有发音、语法单纯化的倾向，如比较难发音的放出音等的消失、名词语法性的消失、破格复数的规则化、复数的消失等倾向。尤其在包奇州到东北部一带的方言和加纳地区的方言中，这种倾向更为明显。

（二）尼日利亚西部的语言概况

呈 Y 字形的两条河流，其下游靠左区域的主要语言是约鲁巴语。奥约、奥贡、奥孙、翁多、埃基提、夸拉、拉各斯各州被称为传统的约鲁巴地区，居民基本上为约鲁巴人。约鲁巴地区与尼日利亚北部的豪萨地区一样，是西非少有的单语言地区。根据国际 SIL 的数据统计，尼日利亚国内有1885万人使用约鲁巴语，再加上国外的约鲁巴语使用者①，人数可达1932.7 万。将约鲁巴语作为第二语言的有 200 万人左右，与母语使用者和第二语言使用者人数相近的豪萨语相比，这一人数对约鲁巴语使用者总数的影响微不足道。约鲁巴语不仅是拥有 2000 万使用者的大语言，且绝大部分的使用者为约鲁巴人。作为只被单一民族②所使用的语言，约鲁巴语也许可以算作非洲规模最大的语言了。

约鲁巴语有 20 多种方言（Heine, 1970: 138），它们的使用者都将自己的方言作为身份的象征。但在整个约鲁巴地区，只有以奥约方言（Oyo）为基础形成的标准约鲁巴语③才能够畅通无阻地被使用。

在非洲各语言中，约鲁巴语是最早被整理词汇和语法的语言之一。在整理约鲁巴语词汇和语法的活动中，传教士担任了极其重要的角色。最早的约鲁巴语资料可以追溯到 19 世纪初。到了 19 世纪末，有关约鲁巴语的语法书、字典等曾大量发行。与多借鉴卡努里

① 除尼日利亚以外，贝宁、多哥也有使用约鲁巴语的人。

② 有人认为约鲁巴人可以分为不同的族群，如果将他们都作为独立民族来看待，就不能认定它是单一性民族。

③ 标准约鲁巴语是以奥约州首府伊巴丹的方言为基础，加上其他方言的要素，以及借鉴英语构造后形成的语言，主要在教育、媒体等领域使用。关于标准约鲁巴语成立的详细信息，可以参阅：Fagborun（1994）。

语（Kanuri）和阿拉伯语等语言的豪萨语不同，造词能力丰富的约鲁巴语与西方文明碰撞后，通过造词不断扩大自己的词汇量。但近几年由于与英语的并用，约鲁巴语中混入了大量英语词汇和句子，约鲁巴人也就何谓正宗的约鲁巴语展开了讨论。

与伊博地区相同，约鲁巴地区的教育水平也较高，初等教育在一定程度上用约鲁巴语进行教学。但现如今不少学生进入全英语教学的私立学校学习，因此很多人除了约鲁巴语还能理解英语，尤其在商业贸易中，不少人会积极使用英语。

关于尼日利亚英语的多样性，我们将在“尼日利亚—皮钦语”一节详细说明。人们在约鲁巴地区使用的英语，除拉各斯等部分地区外，几乎都是在学校习得的。这与尼日利亚东部的通用语尼日利亚—皮钦语的状况有所不同①。

约鲁巴地区的电视、广播在播放时多使用约鲁巴语。但在播放国外节目时，除部分宗教电台外，基本不使用约鲁巴语。原因之一在于想要了解海外信息的人一般都理解英语，所以直接用英语播放。

约鲁巴语的出版活动很活跃。从小说、戏剧、诗歌等文学作品到学术书籍，几乎涵盖了所有类型，但英文版报纸杂志等的受众依旧很多。约鲁巴人尤其喜欢口承文艺和技艺，在部分传统技艺中，每年都会推出大量的约鲁巴音乐。由于口承文艺被记载下来的机会少之又少，较古老的记录很难被保存下来。因而用唱片记录的庞大的约鲁巴语音源便成了约鲁巴语的文化遗产，是极其宝贵的语言资料。

近来，录像、电影成了约鲁巴语娱乐产业的代表，与豪萨语电影相同，这里每年会发行大量的 VCD。其中，部分作品会配上英文字幕，出口到使用英语的非洲各国。

（三）尼日利亚东部的语言概况

Y 字形的右下部分就是尼日利亚东部地区，也可称为尼日利亚东南部。该地区与东北部地区相同，聚居着多个民族，其中多为人口在数百万的中等规模民族。尼日利亚东部的主要民族为伊博人。尼日尔河下游东岸的阿比亚州、阿南布拉州、伊莫州、埃努古州、埃博尼州被称为传统的伊博地区，居民也多半为伊博人。与豪萨地区、约鲁巴地区相比，伊博地区虽然面积狭小，但却是尼日利亚人口最密集的区域。伊博语使用者约 1800 万人，将其作为第二语言的使用者相对较少。与豪萨语、约鲁巴语覆盖面广的尼日利亚北部和西部相比，尼日利亚东部的语言情况有些复杂。

由于没有设立传统的酋长之位，伊博地区最初是非集权社会②。虽然在众多晦涩难懂的方言中，伊博语脱颖而出并不断发展壮大。但伊博地区仍未能在众多方言中选出、培育出

---

① 因为在约鲁巴地区人们日常生活中只使用约鲁巴语，没有必要将英语作为通用语，所以皮钦语在该地区并不发达。

② 松本尚之：《孕育非洲之王的人们》，明石书店，2008 年。

标准语。虽然该地区曾提及将联合—伊博语（Union Igbo）确立为标准语，但至今仍未能实现。因此，在尼日利亚东部地区，不同民族之间，甚至是同一民族间，用英语或尼日利亚—皮钦语交流的情况并不少见。

在尼日利亚，伊博人也属于教育水平较高的民族之一。但在20世纪60年代，由于尼日利亚内战[①]（比夫拉战争）的爆发，伊博地区试图独立的愿望破灭。因此，在政治经济方面，伊博人多少落后于豪萨人和约鲁巴人。为了摆脱这种不利局面，伊博人不仅在尼日利亚谋求发展，在海外也不断拓展新天地。如今，伊博人遍布尼日利亚所有城市，且在海外的尼日利亚人中伊博人的表现也相当引人注目。

尼日利亚东部除伊博语之外还分布着许多中等规模的民族语言，具有代表性的是伊贾语（Ijaw，177万[②]人）、蒂夫语（Tiv，220万人）、伊比比奥语（Ibibio，200万人）、伊多马语（Idoma，60万人）、伊加拉语（Igara，80万人）等，这些民族语的使用者都在50万人以上。但这些语言只能用于民族内部交流，无法作为第二语言。

尼日利亚东部是语言密集区，在其最南部的克罗斯河州、河流州、阿夸—伊博姆州，从喀麦隆国境的热带雨林到尼日尔河河口三角洲地带，面朝博尼湾（以前为比夫拉湾）的地区都聚集着不少使用者在10万人以下的少数语言群体。如果没有尼日利亚—皮钦语担当通用语的角色，这些地区的居民就无法进行经济贸易活动。

三　尼日利亚—皮钦语

尼日利亚使用的英语类型多样，广义上可分为标准英语、尼日利亚式英语（尼式英语）和尼日利亚—皮钦语三种类型。标准英语要求有规范的语法和发音，也就是“理想的”英语，在学校使用。在尼日利亚，真正有海外留学背景的人和长期在海外的知识分子阶层只在正式场合使用标准英语。尼日利亚式英语是指在标准英语中加入尼日利亚特有的发音、词汇、表达所形成的语言[③]。它的语法与标准英语基本相同，与尼日利亚语的混合程度根据说话人的教育水平、社会阶层、说话场合的不同而有差异。在尼日利亚，接受过教育的人一般都使用尼日利亚式英语。

尼日利亚—皮钦语是以英语词汇和语法为基础，混入大量西非语言的语法和词汇后形成的语言。如今，有人将尼日利亚—皮钦语作为母语。因此，从语言学的定义来看，尼日利亚—皮钦语可以称为部分克里奥尔化的皮钦语。从塞拉利昂到喀麦隆，整个几内亚湾地

① 在尼日利亚称为“Civil War”。
② 伊贾语有许多方言，该数字包含了所有伊贾语方言使用者。
③ 关于尼日利亚式英语的详细信息，可参阅 Odumuh, E. *Nigerian English (NigE)*. Ahmadu Bello University, 1987。

区都使用尼日利亚—皮钦语，故其也被称为“西非克里奥尔语英语”。此外，尼日利亚—皮钦语能与塞拉利昂的克里奥尔语（Krio）、喀麦隆的维斯克斯语（Wes Kos）① 相通。

尼日利亚东部，尤其是其靠近海岸的南部地区，是少数民族的密集区。在该区域原本不存在使用非常广泛的语言，但是现在民间交流多使用尼日利亚—皮钦语。关于尼日利亚—皮钦语的形成众说纷纭，根据 B. O. 埃鲁贝（B. O. Elugbe）和 A. P. 奥玛莫（A. P. Omamor）的研究（Elugbe, 1991），17 世纪，英国人控制着几内亚湾地区的所有贸易活动，用英语与当地居民交流，以此为基础形成了皮钦语，进而皮钦语成为几内亚湾地区各民族间的通用语。

尼日利亚—皮钦语的核心区域主要为卡拉巴尔、哈科特港、瓦利等聚集在河网密集的几内亚湾三角洲地区的城市。三角洲地区的河流自古就是运输货物的通道，在 17 世纪这些河流被称为“奴隶之河”（如今被称为“石油之河”）。被视作尼日利亚经济中心的拉各斯原本属于约鲁巴地区，并不需要尼日利亚—皮钦语之类的通用语。但拉各斯被称为尼日利亚—皮钦语之乡，这是因为随着近年来从各地涌向拉各斯的移民者不断增加，尼日利亚—皮钦语的重要性也不断提高。

但与此相反，豪萨地区和约鲁巴地区即便汇聚了来自全国各地的移居者，豪萨语和约鲁巴语依旧是该地区的通用语。当地人和外地人搭话时，不会将尼日利亚—皮钦语作为首选语言②。但是，尼日利亚—皮钦语在全国军队的下级士官和士兵间被作为通用语使用。不仅如此，城市的出租车司机等一些和游客接触机会较多的人员也会使用尼日利亚—皮钦语。由于没有地域和阶级的差异，尼日利亚—皮钦语是整个尼日利亚最浅显易懂的语言。但同时，尼日利亚—皮钦语又被称为“蹩脚英语”③，没有语法的英语，或只有未受过教育的人才会使用的英语……因此，在知识分子阶层里，少数人虽能够完全理解和使用尼日利亚—皮钦语，但不愿意说或者绝不在家庭中使用它。然而，从语言学的角度来看，克里奥尔化的尼日利亚—皮钦语在语法和词汇方面并不比其他语言低劣，不存在不能用尼日利亚—皮钦语表示的事物。图 4 是埃鲁贝和奥玛莫所著的《尼日利亚—皮钦语的背景和展望》（*Nigerian Pidgin: Background and Prospects*）第一章开头的英语原文和尼日利亚—皮钦语译文。埃鲁贝和奥玛莫的研究证明尼日利亚—皮钦语可以用于学术论文写作，并且建议用一些辅助符号来形成新的书写方法。

---

① 根据国际 SIL 的数据统计，以赛尔里昂为中心，将克里奥尔语作为母语的人有 4.816 万，作为第二语言使用的人有 400 万。在喀麦隆有 200 万人将维斯克斯语作为第二语言使用。尼日利亚—皮钦语的使用人数还未进行统计。

② 除拉各斯外，在约鲁巴地区，不同民族在相互交流时，也广泛使用约鲁巴语和尼日利亚—皮钦语。

③ 蹩脚英语（Broken English）是指用错语法的英语，与拥有独立语法体系的尼日利亚—皮钦语不同。

Chapter 1
The Beginnings of Nigerian Pidgin

1.1 The role of contact

The one fact that is generally accepted about pidgin languages all over the world is that they arise from contact situations. In particular, such contact situations must be those in which the groups in contact have no common means of communication. Pidgins have thus often been called contact, trade, or auxiliary languages. Reinecke (1964: 534) claims that "a minimum or makeshift language" will arise "when men of different speech are thrown into contact and must reach an understanding ..."

Chapta Wọn
Nigeria Pijin in Biginin

1.1 Di pat we ste we pipul de ste togẹda de ple

Wọn tin we pipul no de drag abaut ẹni langwej we dẹm de kọl pijin na im bi se, na wẹn sọm kain tin fọs difrẹn difrẹn pipul to ste togẹda, na im pijin de bigin. Bọt dat wọn no min se na jọs ọdinari ste togẹda na im de bring di pijin, di kain ste togẹda we de kọs pijin na di wọn we di pipul we kọm de togẹda so no gẹt ẹni langwej we dẹm fit tek fọlo dẹmsẹf tọk. Na dis wọn mek we pipul tek de kọl pijin sọm kain langwej we jọs de hẹlp pipul tred, ọ tọk to ich ọda. Reinecke (1964: 534) tọk se "wọn kain smọl, mànèj-mánéj langwej mọs to stat ẹni taim wẹn pipul we no de spik di sem langwej si se dẹm mọs to ste togẹda fo wọn ples, du sọm kain tins togẹda ..."

图 4　英语原文和尼日利亚—皮钦语译文对比（Elugbe, 1991: 1–171）

虽然在许多大部落中，尼日利亚—皮钦语的重要性不亚于其他语言，但是不管在联邦还是在州，尼日利亚政府都不承认尼日利亚—皮钦语为正式语言。这是因为，首先，掌握行政权力的社会精英虽然在各种场合使用尼日利亚—皮钦语，但是没有意识到这门语言的重要作用。其次，包括尼日利亚—皮钦语的使用者在内，许多尼日利亚人认为尼日利亚—皮钦语并非尼日利亚的语言，而是白种人的语言。如果要选择白种人的语言作为母语，他们也会选择正统的英语而不是变异的英语①。此外，尼日利亚—皮钦语尚未成熟，这可能也是它无法作为重要语言的原因之一。

综上所述，尼日利亚—皮钦语虽然描述力很强，但是在书写上没有统一性，即随书写人的喜好被拼缀。

进一步说，尼日利亚—皮钦语并非某个民族的特定语言，这一事实也是它被忽视的一大要因。尼日利亚人想要获得语言权利的欲望和想要获得民族身份的愿望是相同的。但是，尼日利亚—皮钦语不存在承载它的民族载体，因此不管哪个民族积极地支持尼日利亚—皮

① 依据 Elugbe 和 Omamor，在尼日利亚—皮钦语中有一句饱含讽刺意味的谚语——"If man wan chop frog, i go kuku chop di wan we get egg!"（如果非要吃青蛙不可，那我宁可要它的卵。）

钦语，都缺乏说服力。

除上述现状外，尼日利亚—皮钦语还有一个特征，它更加着眼于超越民族的大众性。诗人、音乐家等艺术家和政治家在举办各种活动时都积极使用尼日利亚—皮钦语。电视、广播也播放尼日利亚—皮钦语的节目，面向普通民众的政府公告除三大语言之外也会使用尼日利亚—皮钦语。与其他语言相比，人们认为尼日利亚—皮钦语更具有传递能力，更能够把消息传递至全国各地（不仅是地区，而且是每个社会阶层）。

也许在将来，当尼日利亚必须选定1门语言作为国语时，选择豪萨语、约鲁巴语或伊博语都可能造成尼日利亚的分裂。因此，考虑到民族中立性及利害、亲疏关系，尼日利亚—皮钦语更占据有利位置。

四　多语言社会的实况——博尔诺州的语言状况

在谈及非洲的多语言社会时，有这样一种说法："村庄不同语言各异。"在大部分地区，这一说法有些夸大其词。但是，在尼日利亚的东北部，部分地区完全映射了这一说法，甚至还出现过"房子不同语言各异"的情况。与喀麦隆接壤的博尔诺州和阿达马瓦州的曼达拉山地周围就属于类似的多语言密集区，并以此为世人所知。

本节将以博尔诺州为例，探讨在不同状况下中小规模的民族语实况及其未来的发展。

在英国殖民统治时期，博尔诺州的部分保护领地作为北部州的一部分独立出去。到了1967年，重新划分各州范围时其被划为东北部州领地。之后再次经过划分成为现在的博尔诺州。现在的博尔诺州位于尼日利亚国内，与尼日尔、乍得和喀麦隆三国接壤。博尔诺地区属于从中世纪到近代称霸西非内陆地区的加涅姆帝国统辖之地，阿拉伯语外来语也经由帝国语言——卡努里语和方言卡涅姆布语（Kanembu）[①]被豪萨语借用。加涅姆帝国将首都定在比尔尼·加扎尔加穆（Bimi Gazargamu）[②]。博尔诺州的首府是英国殖民统治期间发展起来的迈杜古里，卡努里族的族长（shéhu）作为帝国的后裔现在也居住于迈杜古里。

博尔诺州和南接的阿达马瓦州与中北部的高原州一样，是尼日利亚少有的多语言州。博尔诺州主要分为以乍得湖为中心的低地草原（北部）、曼达拉山麓和比乌高原所在的高地热带稀树草原（南部）。北部地区的大部分区域居住着使用卡努里语（尼罗—撒哈拉语系）的卡努里人，部分地区居住着使用阿拉伯语系乍得—尼日利亚方言的阿拉伯人，基本上为单一民族和语言区域；南部地区则是多民族多语言混合地区，这一地区有大量属于乍

① 卡涅姆布语在乍得湖东部和乍得共和国卡涅姆布地区使用。虽然曾被认为是单独的一门语言，但现在其多被视为卡努里语方言。

② 后迁都库卡瓦。

得语支（亚非语系）的小规模部落。在尼日利亚国情调查中，没有关于语言使用的问题。因此，语言使用者数只能通过调查和推算得出。但根据国际SIL的数据，使用卡努里语的有300万人[1]，使用布拉语（Bura）的有25万人，使用马尔基语（Margi）的有13.5万人，使用阿拉伯语（Arabic）的有10万人，使用富拉语的有760万[2]。

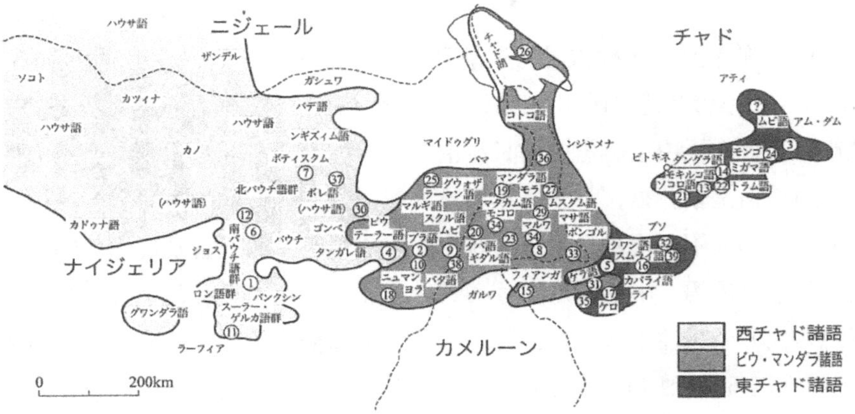

图5　乍得各语言的分布[3]

注

①安加斯语	⑧吉西加语	⑮兹梅语	㉒伯提尤语	㉙马达语	㊱洛戈内语
②干达语	⑨古德语	⑯图马克语	㉓皮纳语	㉚马哈语	㊲恩加莫语
③卡加库瑟语	⑩古都语	⑰南塞语	㉔伯吉特语	㉛马尔巴语	㊳恩赞吉语
④卡纳库鲁语	⑪根麦语	⑱巴詹马语	㉕普太语	㉜米图语	㊴恩达姆语
⑤加布里语	⑫根鲁马语	⑲帕杜库语	㉖布杜马语	㉝穆西语	
⑥加拉布语	⑬索科罗语（群）	⑳巴纳语	㉗佛尔扎语	㉞莫夫语	
⑦卡雷卡雷语	⑭结古语	㉑巴雷因语	㉘穆比·托兰语（群）	㉟莱莱语	

① 该数字是博尔诺州和约贝州富拉语使用者数。

② SIL数据涵盖整个尼日利亚。因此，富拉语使用者数如此之多与富拉人遍布整个尼日利亚有关，但在博尔诺州富拉语并非多数派使用的语言。

③《语言学大词典 第一卷》，三省堂，1988年，第294页。

前面提到的“村庄不同语言各异”，这一现象也存在于非洲其他地区。但是，像坦桑尼亚的班图诸语，虽说“语言各异”，但在容许一些轻微错误的前提下，这些语言可以相互理解。但在博尔诺州，一旦语言不同便根本无法交流。这种情况不单发生在卡努里语和布拉语这两个完全不同的语言系统中，在相近语系的语言间也存在类似状况，如布拉语和马尔基语。

根据 1991 年的统计，迈杜古里的人口近 60 万，居全国第七，迈杜古里是尼日利亚东北部最大的城市[①]。不仅在博尔诺州，迈杜古里在整个尼日利亚东北地区都算是拥有众多民族的中心城市。迈杜古里由卡努里的酋长统治，政治和商业实际上也由卡努里人操控。但奇怪的是，其通用语是豪萨语，几乎所有居民都能同时使用他们的母语和豪萨语。然而近年来，只会豪萨语的人不断增加，只有在城市的中心地区，即王宫及周围广阔的城邑，才有较多机会听到卡努里语。中心区周围分布着达官显贵居住的高级住宅区和从地方移居而来的劳动者所居住的新兴住宅区，在这些地区可以听到豪萨语和其他民族语。在中心区外侧有一些大学和军事驻扎地（临时驻扎），除豪萨语外，许多人会在大学里使用英语，在驻扎营使用尼日利亚—皮钦语。

（一）卡努里语

卡努里语属于尼罗—撒哈拉语系的撒哈拉语族。撒哈拉语族以乍得北部为中心，分布于苏丹西部、利比亚南部、尼日尔东部和尼日利亚东北部。卡努里语之外其他语言的使用者仅有 10 万人左右，且一些语言濒临死亡。包含乍得的卡涅姆布语在内，卡努里语共有 5 种方言，其中最重要的中央方言[②]在尼日利亚的使用人数就有 300 万，如果加上乍得和尼日尔的使用者，则人数有 340 万。此外，分布于尼日尔东部到约贝州的曼加方言也拥有 50 万的使用者。这 5 种方言能够相互交流。

现在，卡努里语主要在博尔诺州和西邻的约贝州使用，用于民族内部交流，极少作为不同民族间的交流工具[③]。卡努里人主要将豪萨语作为通用语使用。但历史上，卡努里语最初是卡涅姆帝国的语言，在豪萨语（抑或富拉语）普及前作为以乍得湖周边地区的通商用语[④]，而且在该地区的各语言中均可见到许多源自卡努里语的外来语。11 世纪末，卡努里民族改信伊斯兰教，因此许多来自阿拉伯语的外来语也通过卡努里语引进到各语言中。

（例 1）“市场”：原本为阿拉伯语，经过卡努里语成为布拉语和豪萨语的借用语

① 2005 年的国情调查（数据未公开）也有称已超过 100 万人。

② 耶卢瓦方言（Yelwa）。

③ 在博尔诺州南部的马尔基人中，有一些群体在保持民族身份的前提下，将母语完全变为卡努里语。

④ 至少在 19 世纪，有记载称在乍得湖周围到曼达拉山地地区，卡努里语曾作为通用语发挥了重要作用。

Suuq（阿拉伯语）>*ka-suku（古代卡努里语）>kasuwu（现代卡努里语）

⇩　⇩

kasuku（布拉语）　kaasuwaa（豪萨语）

（ka- 为古代卡努里语的冠词）

卡努里语属于胶着语。动词的词法极为复杂，且辅音的弱化和同化导致越来越难分离固定动词的词素。

（例 2）卡努里语固定动词的构成

ns-	ca-	yin-	o	>	njaino（他给你了）
（你）	（过去）	（给）	（过去）		
sa-	kud-	in		>	sowudin（他们会拿来）
（他们）	（拿来）	（未完成）			
sa-	kar-	in	>	saarin（他们在雕刻）	
（他们）	（雕刻）	（未完成）			

针对卡努里语的研究历史悠久。早在 1854 年，非洲规模最大的多语言对比词汇集《多语言——非洲的艺术品》(*Polyglotta Africana*) 的作者 S. W. 克勒（S. W. Koelle）就出版了最早的语法书①。同时期，H. 巴尔特（H. Barth）在现在的尼日利亚和喀麦隆接壤地区进行地理学和语言学的实地调查（Barth, 1862），他不仅收集了大量数据，而且推动了比较语言学的研究。但真正的研究记录是 1927 年德国人 J. 卢卡斯（J. Lukas）着手编写并于 1937 年出版的语法书②。20 世纪 70 年代，卢卡斯的后人继续推进相关研究，这项研究于 1974 年成为卡诺大学（Bayero University, Kano）和迈杜古里大学（Maiduguri University）的重点研究课题。卡努里语也逐渐被视作博尔诺州的教育语言和会议语言。现在，以迈杜古里大学和奥地利维也纳大学为中心，人们对卡努里语的研究不断深化。博尔诺州的学校教科书和面向外国人的教材③、字典④也逐渐完备。

但是，相对于语言的政治环境和教材情况整理的火热，卡努里语的出版及文字的运用状况却较为沉寂。虽然在 20 世纪 70 年代曾为了提高卡努里语的地位，国内出版了大量卡努里语的报刊，但现已不再出版。同样，卡努里语的教育也面临同样的危机。随着尼日利亚

① Koelle, S.W. *Grammar of the Bórnu or Kānurī Language.* Church Missionary House, 1854.

② Lukas, J. *A Study of the Kānurī Language: Grammar and Vocabulary.* Oxford University, 1937.

③ Cyffer, N. *We Learn Kānurī.* Rüdiger Köppe, 1991.

④ Cyffer, N. , Hutchison J. P. *Dictionary of the Kānurī Language.* De Gruyter, 1990.

公立学校教育的停滞，卡努里语教育已经名存实亡。在卡努里人占多数的迈杜古里，不少重视教育的家庭把孩子送到私立学校读书，但是私立学校使用的语言是英语和豪萨语，并非卡努里语。其原因在于，缺乏拥有丰富卡努里语教学经验的教师和用卡努里语编写的语言学之外的教科书，而且民族自尊心使得重视自我文化和信奉伊斯兰教的卡努里人不太重视西方的教育。所以即使在迈杜古里的私立学校，不仅年轻的卡努里人比较少，卡努里语也非多数派语言。因此，虽然现在的卡努里语有着一文字对应一音素的正规书写方式，但是城市的广告和公告栏仍是豪萨语或英语的天下，几乎看不到卡努里语的身影。好不容易将语言系统化，但由于语言的政治地位没有提高，卡努里语便不能作为实际用语得到进一步的精炼整理。这并非只是卡努里语的个案，它或多或少反映了尼日利亚中小规模语言的现状。语言说到底是民族身份的象征。有漂亮的书写方法，有在国外出版的字典，成为大学专业，等等，都是语言的勋章。因此，就语言的实用性而言，英语和豪萨语完全可以担此重任。

（二）布拉语

布拉语主要在博尔诺州南部、比乌、哈尔等地区，以及夸亚・库萨尔、沙尼、约贝州的古基巴、阿达马瓦州的贡贝等行政区域的部分地区使用。

布拉语的使用者主要为布拉人（Bura）和帕比尔人（Pabir）两个不同的传统民族。他们的语言分别为布拉语和帕比尔语（也可称为帕布尔语）。但两种语言的语音、语法极其相近，只有部分词汇在宗教和文化背景上有所差异。因此，这两种语言在语言学上被视为同一种语言。布拉语的使用人数达 25 万，在博尔诺州排名第二。

据传，帕比尔人在 16 世纪比尔尼・加扎尔加穆的英雄亚姆塔拉瓦拉征服比乌时接受比乌统治，之后作为传统，在比乌设置了伊斯兰首长制中央集权政治体制。

此外，布拉人多为生活在村落和村落间联合共同体的农民，虽然近几年基督教和伊斯兰教盛行，但是布拉人多保持着传统的信仰和价值观。

帕比尔是英国殖民统治期间统治者为更好治理布拉地区而设立的。直到现在，帕比尔和布拉还保持着一些情感联系。因此，当地媒体将两个部落的名称折中，重新组合了一个新的语言名称——帕比尔—布拉语（Pabir-Bura）。

布拉语属于乍得中部到尼日利亚北部的乍得语种之一。从严格意义上来讲，布拉语是亚非语系乍得语族下比乌—曼达拉语支（Biu-Mandara）中的布拉—马尔基语（Bura-Margi）。乍得各语言都是以乍得湖为基础而得名的。

乍得语言中使用者数量最大的语言当属豪萨语。豪萨语以外的乍得语言使用者在十万到几千人不等，规模都极小。由于近几年豪萨语不断强化，在包奇州使用的几种语言有些已成为死语。

以博尔诺州为代表的尼日利亚东北部地区，是尼日利亚乍得诸语分布最广的地区。使用者一般在 10 万以上，也存在一些相对较大的语言群。在分类上，乍得诸语历经各种讨论最终形成了现在的语言群。各语言在语法、词汇、发音等方面大相径庭，即使在分类上属于体系较近的语言，在现实生活中也难以互相理解。因此，即便是同一乍得语系的民族，一旦母语不同，如果没有通用语作为媒介，便难以互相沟通。且使用乍得诸语者更容易在记住豪萨语时带上口音①。

在尼日利亚和喀麦隆两国边境地区，像布拉语这样的乍得诸语在音声、语法两方面有着各自与众不同的特征。布拉语拥有非常丰富的双重调辅音。**pt, pts, pc, ps, psh, ptl, bd, bz, bdl** 等，是两个发音同时发声的双重发音，不是与辅音相结合发出的。此外，前鼻音化辅音②发音点的不同也是布拉语的一大特征。

乍得语支中，西乍得语和东乍得语的名词一般都有性别差异。但是，布拉语（包括比乌—曼达拉语支的各语言）的性别差异已经消失，取而代之的是要区别词语是否可以互换，以及词法和句法的语法化。这一现象在西非曼德语支（尼日利亚—刚果语系）中较为常见，在尼日利亚地区较为罕见。

此外，布拉语的人称体系也非常独特。有一个指代“你我”的人称代词“mwà”，在传统上多称为双数，但排除“我他”第一人称复数除外形③。因此，严格意义上讲，双数这一用语并不正确④。

与卡努里语相比，布拉语的研究起步较晚。最早提到布拉语的文献是 H. 巴尔特（H. Barth）的调查旅行日记。但较为完整的布拉语资料为 1931 年 C. K. 米克（C. K. Meek）所著的《北尼日利亚的部落研究》（*Tribal Studies in Northern Nigeria*）⑤一书。米克在书中用40页左右的篇幅记叙了有关比乌—帕比尔的方方面面，也收录了布拉语的词汇和句子。

20 世纪 20 年代初期，美国的传教士进入布拉人的领地，以米克的调查为基础于 1925 年出版了简单的语法书⑥。此后，在 20 世纪 30 年代，福音书和教理问答等书籍相继被翻译出版。

但在语言学者的研究中，最早的正规调查是 1955 年 C. F. 霍夫曼（C. F. Hoffmann）在

① 尤其是比乌—曼达拉语支语言的使用者，这种倾向尤为明显。

② 发音位置不同的前鼻音化子音（hetero-organic prenasalized consonants），在布拉语中，mt, md, mts, ms, msh, mtl, mzh 等都可以体现。

③ 第一人称复数代词“我们”，如果包含听话者称为“包括形”，如果不包含听话者则称为“除外形”。日语的“我们（商人、艺人等使用）”等表达方式就属于第一人称复数除外形。

④ 在布拉语的第一人称复数中，有除外形和包括形的区分，我们把“你我”认为是对话中的最小的单位，也就是说不承认“我”是第一人称单数除外形，或者“你我”是第一人称单数包括形。

⑤ Meek, C. K. *Tribal Studies in Northern Nigeria*. Kegan Paul. 1931.

⑥ Adolphus, S. J. *Bura Primer*. Minna, 1925.

汉堡大学就读时撰写的博士论文①，遗憾的是该论文未出版。虽然也有一些字典，但由于是传教团体的内部资料，一般难以看到。

与政治地位不断提高的卡努里语相比，不得不说在语言研究的推进、教育环境的整治和是否被采用为州议会用语等方面，布拉语仍处于相对劣势的地位。布拉人也意识到语言表达是民族的特性之一，因此他们为了改变语言现状，开始成立语言研究会，编写字典等，但后来由于资金问题，活动不得不停止。

布拉语的故乡博尔诺州南部地区没有什么令人瞩目的产业，因此，布拉人开始进军迈杜古里、卡诺、卡杜纳等尼日利亚北部的大城市，并与之建立联系。最近，这些迁移人口的数量明显增加。这使得在考虑布拉人的语言文化及布拉语的将来时必须重视这些移居者的语言活动。

不管是移居者还是居住在家乡的布拉人，大部分人属于双语使用者，他们能使用或者听懂豪萨语。比乌是座小城，但有不少来自尼日利亚各地的移民，因此豪萨语成了通用语。在农村，村民虽然都使用布拉语，但和外地商人和官员交流时会使用豪萨语。然而，现在仍有部分女性和中年人不懂豪萨语。

豪萨语作为通用语在比乌高原推广的历史并不久远。1954—1956 年，在英国执政官编写的比乌地区调查报告②中记载着布拉语是比乌地区唯一的语言，并且有人证实 20 世纪 70 年代的比乌中学，一个班里能够理解豪萨语的人只有两三人③。确实，30 年前的比乌极少接触外部社会，在自给自足的农村仅用布拉语就能交流，没有通用语存在的必要。

博尔诺州南部的地区通用语最初以阿达马瓦州的约拉、穆比方向的街道两旁为中心使用推广。当时的通用语不是豪萨语，而是在阿达马瓦州有着绝对优势的富尼语。沿着约拉—迈杜古里街道的阿斯基拉、乌巴等城市，至今仍有可自如使用富尼语的 20 世纪 70 年代出生的马尔基人。虽然如今富拉语大势已去，但在发源地约拉地区，它仍与通用—豪萨语抢夺地区通用语的位置。

而在比乌高原，富拉语已不再作为地区通用语④。因为通往比乌高原的道路变得畅通，再加上汽车产业的繁盛，需要地区通用语的呼声不断高涨，豪萨语便逐渐通用语化，这与豪萨语在东部地区扩大的原因不谋而合。豪萨语就是物流畅通和物质文明发展带来的语言。

20 世纪六七十年代，电视台和广播电台在各地陆续成立，尼日利亚迎来了全民收听广播的时代。现如今，比乌地区还没有属于自己的广电局，当地居民只能收听迈杜古里和相

---

① Hoffmann, C. F. “Untersuchungen zur Struktur und Sprachlichen Stellung des Bura”. Hamburg University, 1955.

② Davies, J. G. *The Biu Book: A Collation and Reference Book on Biu Division*（*Northern Nigeria*）. [s.n.], 1954–1956.

③ 来自 BRTV 布拉语主播 Ishaku Bwala 所做的调查采访。在必须使用母语之外的语言的情况下，英语的使用率高于豪萨语。

④ 虽在仍有称为北区 — 富拉尼（Kitaku Fulani）的富拉尼人居住在比乌高原，但是对社会并没有太大影响。

邻的贡贝州播放的豪萨语节目。虽然迈杜古里的博尔诺广播局每天会数次播放布拉语及其他民族语[①]的广播节目，但是电视节目只有豪萨语、英语和卡努里语[②]。

博尔诺州的布拉人被卡努里人这样的多数派排挤，因此他们无法成为最有话语权的人，这让布拉人焦躁不安[③]。与获得众多权益的卡努里人相比，布拉人不得不开拓活动领域，他们的境遇刚好对应了豪萨、约鲁巴与伊博的对立局面。布拉人最初没有设立酋长，他们保持着以氏族为中心的社会环境，这一点与伊博人非常相似。但是，为了打破这种不利局面，像这样平稳的民族现在也正一步步向各地扩大自己的影响力。布拉人通过积极地让孩子接受教育、成为社会白领等方法逐步扩张自己的势力。事实上，在博尔诺州的公务员、医生、护士、工程师等需要学历和技能的职业中，布拉人占有绝对优势。

在这样的社会状况下，布拉人是如何看待布拉语的呢？正如介绍卡努里语的章节所述，民族语，尤其是中小规模民族的语言，比起实际使用，作为民族象征的意义更大。在这一点上，布拉人与卡努里人毫无二致。但是，布拉人没有卡努里人那样的历史背景，因此为了提高生活水平，他们不得不移居到其他地区，且不得不积极学习豪萨语和英语。他们既不想放弃民族身份，也不热衷于构建民族身份。居住在迈杜古里的布拉人，较富裕的家庭会请家教专门教孩子布拉语。即便做不到这一点，如果家长都是布拉人，他们也会在日常对话中使用布拉语。但是近年来，在迈杜古里，在选择结婚对象时，除了部分保守派，越来越多的人不再拘泥于出身和民族。如果父母亲的母语不同，不少家庭会在家里使用豪萨语，孩子也会把豪萨语作为自己的第一语言。在移居者的群体中，布拉语和豪萨语 2 种语言并用的状态随着世代交替，最终留下豪萨语。但是在布拉人的故乡，比如在比乌高原，日常对话必定使用布拉语，移居到其他地方的布拉人也会继续使用布拉语。只要还有移居者，移居者中的布拉语就不会完全消亡。

（三）“不通”策略

在博尔诺州的诸语言中，每种语言之间都相差甚远，因此若直接用各自语言交流是无法沟通的。这种巨大差异，在过去的部落之争中，可以作为判断对方所属民族的方法。即便在现在的迈杜古里，还能在日常生活中看到巧妙利用语言“不通”策略的场景。例如，假如你和另一民族的人进行商业谈判，那么同伴之间就可以用民族语交流。这样一来既能避免将自己的意图泄露给对方，又能使商谈顺利进行。语言其实可以作为交流的武器发挥重要作用。再举一个特殊的例子，在民族间的斗争中，布拉人为了不让对方知道交谈内容，

---

① 除了卡努里语和布拉语，博尔诺广播局还会每天数次播放马尔基语、阿拉伯语、富拉语等的节目。除此之外，虽然频率比较低，但广播局也会播放其他民族语言的节目。

② 据说设在比乌地区的尼日利亚国立电视局（Nigeria Television Authority，NTY）将会在建成之后播放布拉语的电视节目。

③ 布拉人曾和其他乍得诸语的民族相互合作，试图建立一个独立的新“萨巴那州”，但是至今未能实现。

将所有单词从后往前读，由此还形成了“反语”，并被记载于册（Davies, 1954–1956: 124–125）。这也是依托语言“不通”而形成的策略之一。豪萨语中有一句格言：“言多易上当。”①在西非这个多语言社会中，这句格言耐人寻味。

五　尼日利亚多语言社会的未来

在本文最后，我们将思考尼日利亚语言的未来。尼日利亚各语言中，豪萨语作为通用语被不同民族广泛理解接受，且在北尼日利亚的经济活动中已是不可或缺的存在。在今后的经济社会中，相信豪萨语的体系会更加完备，其担当的角色也会越发重要。

约鲁巴语和伊博语也拥有较庞大的母语使用者，它们各自支撑着所属地区的生活，使用者应该会不断增加。但是，在城市生活的人同时还要使用英语，两种语言共用的情况今后会对各自的语言带来怎样的影响呢？尤其对不排斥使用英语的伊博人而言，今后要如何保持母语的地位，这一点有必要关注。

令人讽刺的是，尼日利亚教育环境的恶化使得英语的地位降低，进而导致三大语言被大规模使用的民族语和尼日利亚—皮钦语取代英语的可能性越来越大。

也许在今后的尼日利亚，随着城市人口的增加，把尼日利亚—皮钦语作为第二语言或者母语的人会越来越多。尼日利亚—皮钦语的地位易在它的民众性和中立性这一特征与新的身份相结合时得到提升。作为从塞尔维亚到喀麦隆、几内亚湾一带的通用语，如果尼日利亚—皮钦语自身的语言体系进一步完备，那么它将有望成为西非代表性语言。

作为介绍地方语言的代表，博尔诺州的状况又如何呢？作为地区通用语的通用—豪萨语，其地位已不可动摇，占多数派的卡努里语在今后也会继续在博尔诺州掌握语言大权。我们相信，今后注重传统生活模式的卡努里人仍会坚持使用卡努里语，他们的政治经济环境不会有戏剧性的变化，生活也不会有太大的变化。

但布拉语的处境就比较艰难了。布拉人教育水平较高，也富有进取心，能坦然接受在经济活动中使用都比较便利的豪萨语和英语。因此，布拉人很有可能在今后丢弃母语。在迈杜古里和卡诺地区的布拉人中，新生代相较布拉语会更加倾向于选择豪萨语。这也是整个尼日利亚北部的发展倾向。如今，布拉人的故乡博尔诺州南部地区正在逐步得到开发。在不久的将来，当地的广电局也会开始运营，且计划播放豪萨语和布拉语的节目。原本就因经济活跃而诞生的豪萨语，会随着经济的发展把与经济活动没有太大联系的母语淘汰吗？抑或经济的富裕会让体现民族身份的母语得以继续保留吗？尼日利亚语言状况今后会

① 原话：“Yawan Magana yakan kawo karya.”（Kirk-Greene, A. H. M. *Hausa Ba Dabo Ba Ne: A Collection of Five Hundred Proverbs*. Oxford University Press, 1966, p. 21.）

如何发展，这需要我们持续关注。

附录1 图1中日语对应中文

“ニジェール共和国”（尼日尔共和国）、“チャド共和国”（乍得共和国）、“ソコト”（索科托）、“ソコト州”（索科托州）、“ケッビ州”（凯比州）、“ザムファラ州”（扎姆法拉州）、“カツィナ州”（卡奇纳州）、“カノ”（卡诺）、“カノ州”（卡诺州）、“ジガワ州”（吉加瓦州）、“ヨベ州”（约贝州）、“ボルノ州”（博尔诺州）、“マイドゥグリ”（迈杜古里）、“ベナン共和国”（贝宁共和国）、“ナイジャー州”（尼日尔州）、“ニジェール川”（尼日尔河）、“カドゥナ”（卡杜纳）、“カドゥナ州”（卡杜纳州）、“FCT アブジャ”（FCT 阿布贾）、“ナサラワ州”（纳萨拉瓦州）、“ジョス”（乔斯）、“バウチ州”（包奇州）、“プラトー州”（高原州）、“ゴンベ州”（贡贝州）、“アダマワ州”（阿达马瓦州）、“クラワ州”（夸拉州）、“オヨ州”（奥约州）、“イバダン”（伊巴丹）、“オグン州”（奥贡州）、“オスン州”（奥孙州）、“エキティ州”（埃基提州）、“オンド州”（翁多州）、“コギ州”（科吉州）、“エド州”（埃多州）、“デルタ州”（三角洲）、“ベヌエ州”（贝努埃州）、“エヌグ州”（埃努古州）、“イモ州”（伊莫州）、“エボニ州”（埃博尼州）、“アナンブラ州”（阿南布拉州）、“アヒア州”（阿比亚州）、“クロスリバー州”（克罗斯合州）、“アクワイボム州”（阿夸伊博姆州）、“ベヌエ川”（贝努埃河）、“タラバ州”（塔拉巴州）、“カメルーン共和国”（喀麦隆共和国）、“ラゴス”（拉各斯）、“ラゴス州”（拉各斯州）、“バイェルサ州”（巴耶尔萨州）、“ビアフラ湾”（比夫拉湾）、“リバース州”（河流州）、“ボートハーコート”（哈科特港）。

附录2 图2中日语对应中文

“ハウサ”（豪萨）、“ハウサおよびフラに”（豪萨和富拉尼）、“ハウサ”（豪萨）、“カヌリ”（卡努里）、“フラに”（富拉尼）、“ヌペ”（努佩）、“その他の北部諸族”（其他北部各民族）、“ヨルバ”（约鲁巴）、“エド”（埃多）、“ウロボ”（乌尔霍博）、“イボ”（伊博）、“イジョー”（伊贾）、“ティブ”（蒂夫）、“その他”（其他）、“エフィク”（埃菲克）、“イビビオ”（伊比比奥）。

附录3 图5中日语对应中文

“ハウサ語”（豪萨语）、“ザンデル”（津德尔）、“ニジェール”（尼日尔）、“ソコト”（索科托)、“カツィナ”(卡齐纳)、“バデ語”(巴德语)、“ンギズィム語”(恩济兹姆语)、“カノ”(卡诺)、“カドゥナ語”(卡杜纳语)、“ボティスクム”(波蒂斯库姆)、“北バウチ語群”(北包奇语群)、“バウチ”(包奇)、“ボレ語”(伯勒语)、“ゴンベ”(贡贝)、“タンガレ語”(坦噶尔语)、“南バウチ語群”(南包奇语群)、“ロン語群”(罗恩语群)、“バンクシン”(班塔吉)、“スーラー・ゲルカ語群”(西拉・格鲁卡语群)、“ラーフィア”(拉菲亚)、“グワンダラ語”(瓜达拉语)、“ナイジェリア”(尼日利亚)、“ガシュワ”(加舒阿)、“マイドゥグリ”(迈杜古里)、“バマ”(巴马)、“チャド湖”(乍得湖)、“コトコ語”(科托科语)、“グウォザ”(果扎)、“ラーマン語”(拉曼语)、“マルギ語”(马尔基语)、“スクル語”(苏库尔语)、“ムビ”(穆比)、“ビウ・テーラー語”(比乌・特拉语)、“ブラ語”(布拉语)、“ニュマン”(努曼)、“ヨラ”(约拉)、“バタ語”(巴塔语)、“ダバ語”(达巴语)、“ギダル語”(基达尔语)、“マンダラ語”(曼达拉语)、“モラ”(莫拉)、“マタカム語”(马塔坎语)、“モコロ”(莫科洛)、“ムスグム語”(穆兹古姆语)、“マサ語”(马萨语)、“ブソ”(布索)、“マルワ”(马鲁阿)、“ボンゴル”(邦戈尔)、“フィアンガ”(菲昂加)、“ケラ語”(克拉语)、“クワン語”(克瓦语)、“スムライ語”(斯姆莱语)、“カバライ語”(卡巴莱语)、“ケロ”(凯洛)、“ライ”(拉伊)、“ガルワ”(加鲁阿)、“カメルーン”(喀麦隆)、“ンジャメナ”(恩贾梅纳)、“チャド”(乍得)、“アティ”(阿提)、“ムビ語”(穆比语)、“アム・ダム”(安达姆)、“ビトキネ”(比特金)、“ダングラ語”(丹加利特语)、“モンゴ”(蒙戈)、“ミガマ語”(米伽马语)、“モキルコ語”(莫吉尔科语)、“ソコロ語”(索科罗语)、“トラム語”(托拉姆)、“西チャド諸語”(西乍得语族)、“ビウ・マンダラ諸語”(比乌—曼达拉语族)、“東チャド諸語”(东乍得语族)、“ジョス”(乔斯)。

英语主义还是多语言主义
——加纳的语言问题

■ 古闲恭子

一　引言

20世纪中叶以来，多语言国家加纳一直尝试推翻事实上的官方语言英语的地位，将地方语重新作为官方语言在正式场合使用。尤其地方语在学校教育的地位问题，长期以来已经成为加纳教育界最重要的课题。然而，2002年加纳政府发布了一条有关教学语言的新方针，引发了国内外的多方议论。新方针的主要核心内容为废除一直以来3年初等教育的教学语言——地方语，将所有课程改用英语进行教学。

一直以来，加纳政府以复兴地方语为目标，但实际上其已经离这一目标愈发遥远，并且人们越来越感受不到复兴地方语的势头，反而越发认识到英语的重要性。本文的首要目的是探讨为何地方语复兴政策没有开花结果、有所成效，且在这样的政策下，身处多语言社会中的加纳人该用何种方式应对这种局面。第二目的是详细考察加纳人是否是有意识地使用语言，并探究加纳的语言使用变化。

二　在加纳使用的语言

加纳共和国位于西非几内亚湾沿岸的中部地区。1957年成为第一个从英国殖民统治中独立的撒哈拉沙漠以南非洲国家。国土面积约为日本的3/5，常住人口约2000万，属于规模较小的国家。虽然加纳的国土面积较小，但是国内有70余种语言①，与其他非洲国家相同，

① 根据国际“Ethnologue”数据，加纳的语言数量为79，其中包含英语、豪萨语等语言及2种手语（Gordon, 2005: 122）。其中豪萨语原本作为商业用语在北部地区使用，但是近年来由于阿坎人在商业中崭露头角，阿坎语有逐渐代替豪萨语的趋势（Dakubu,1988: 170−171）。

加纳也是名副其实的多语言国家。

加纳的语言都属于尼日利亚—刚果语系，分属大西洋—刚果语族、科尔多凡语族和曼德语族（见图 1）。在这些语言当中，有不少语言扮演了多个部落群的通用语角色，而通用语的确定大多由地域决定。如阿散蒂州、中部州、西部州、东部州、布朗阿哈福州的通用语为阿坎语（Akan），大阿克拉州为加语（Ga），沃尔特州为埃维语（Ewe），上西部州为达加力语（Dagaare），北部州为达格巴尼语（Dagbani）和贡贾语（Gonja Language），上东部州为卡塞姆语（Kasem）和富拉富拉语（Fragra）（Bodomo, 1996: 46–47）。这些地区通用语受到政府的支持在媒体等行业中使用，被称为“政府后援语言”①。

这些地区通用语中，阿坎语尤为不同。阿坎语是加纳目前最重要的地方语，将其作为母语的使用人数就占加纳人口总数的 44%（830 万，2004 年），将其作为第二语言的人数也达到了 100 万（Gordon, 2005: 123）。由于使用人数众多，除作为地区通用语之外，阿坎语也经常在不同民族聚集的场合被使用。

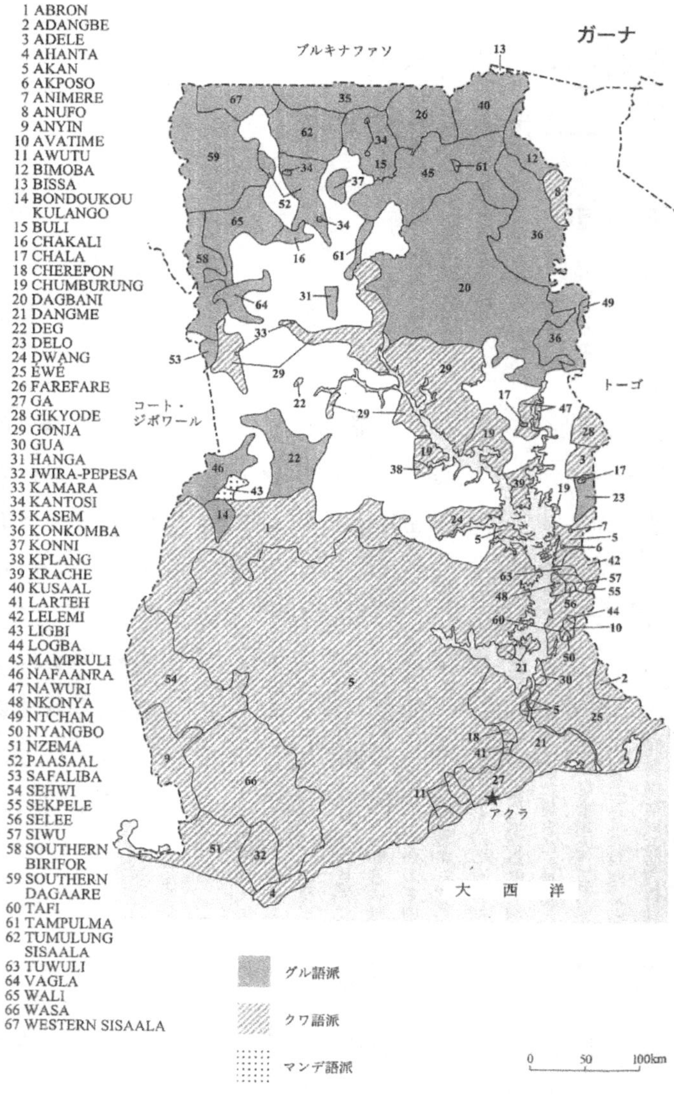

图 1　加纳语言地图（Gordon, 2005: 701）

① 为了发行 1951 年设立的加纳语言部出版的教材而选定的 9 种语言：阿坎语、埃维语、加语、达加力语、达格巴尼语、贡贾语、卡塞姆语、阿当梅语（Dangme）、恩济马语（Nzema）（Bodomo, 1996: 39）。

除了图 1 中显示的地方语，加纳约有 100 万人将英语作为第二语言使用（Gordon, 2005: 124）。英语在加纳的历史可以追溯到 1673 年英国驻扎科尔曼迪地区（Obeng, 1997: 71）时。在加纳 1902 年到 1955 年的被殖民统治时期，再从 1957 年从英国殖民统治中独立后至今，英语独占公共场合和出版界等书面语言领域，担任着加纳实际上的官方语言角色。因此，加纳长期的语言政策课题为是否要打破英语独占鳌头的状态，让地方语重夺官方语言的地位。

三　宪法、出版领域中地方语的使用变化

至今为止，加纳政府为复兴地方语做了哪些努力呢？下文将从宪法中关于语言的内容和出版物中语言的使用情况两个方面探讨地方语的使用变化。首先，在宪法中的变化。事实上，宪法中关于官方语言或者国语的规定只字未提。虽然没有关于语言地位的明文条例，但我们还是能从个别宪法条例中看出政府对待地方语的态度。在加纳宪法中，共有 5 项条例与语言有关，分别为国会议员资格条例、市民权利条例、语言保护条例、语言权限条例和语言保护促进条例。第一，在 1957 年、1969 年、1979 年宪法中，规定国会议员必须“在国会中使用流畅的英语，且除视觉障碍等生理原因外必须能够阅读英语”①。但是，现行的1992 年宪法已将该条规定删除，英语已经不是成为国会议员的必备条件②。第二，虽然在 1957 年宪法中没有关于市民权利的内容，但在 1969 年、1979 年宪法中明确记载了国民进行身份登记时必须符合“能够使用或者理解加纳地方语”的条件③的内容。第三，1969 年宪法首次规定关于被逮捕者、限制者、监禁者、被告者的语言保护政策，即必须“用以上人群能够理解的语言”，或通过“聘请翻译（费用不由当事人支付）”告知其必要的信息④。第四，关于语言使用自由的权利，即语言权。加纳在 1969 年首次将基本人权写入宪法，但直到 1979 年都没有将语言权纳入基本人权。直到 1992 年，宪法首次提到国民“被授予享有、使用、信仰、维持、促进宪法所规定的文化、语言、传统和宗教等的权利”⑤。最后，同样在 1992

① 1957 年宪法第二十四条、1969 年宪法第七十一条第一项、1979 年宪法第七十六条第一项。

② 这一规定为通过 1979 年至 1981 年的政变而成为加纳前国家领导人的杰瑞·罗林斯（Jerry John Rawlings）在进行民政移交时，为了选拔议员而设定的规定（横关，2004：21）。具体要求为“（答辩时）基本上要求用英语进行，但是可以用阿坎语、恩济马语、加语、埃维语、豪萨语、达格巴尼语、达加力语及其他地方语”（“Standing Orders of the Parliament of Ghana”. Republic of Ghana，2000，pp.29–30），郡议会同样“可以在议会中使用英语或者当地使用范围较广的地方语”（“Local Government Act”. Republic of Ghana, 1993, p.462）。

③ 1969 年宪法第十条第二项、1979 年宪法第十七条第二项、1992 年第九条第二项。

④ 1969 年宪法第十五条第二项、1992 年宪法第十四条第二项、1969 年宪法第二十条第二项、1992 年宪法第十九条第二项、1969 年宪法第二十条第二项、1979 年宪法第二十六条第二项、1992 年宪法第十九条第二项。

⑤ 1992 年宪法第二十六条第一项。

年宪法中首次明确指出政府有“保护加纳地方语的发展、宣扬加纳文化”的义务①。从以上几条宪法条例中我们可以看出，在某种程度上加纳地方语的地位正在逐步提升。

其次，地方语在出版作品中的使用变化。加纳地方语的文字化在传教士的作用下比殖民地时期进展得更快。尤其是巴色传教会（Basel Mission），其为了传教不得不重视地方语的使用，因此他们开始重视地方语教学和地方语的识字教育，让不少地方语开始登上书写的舞台（Minta, 1980: 31,192）。此后，殖民政府也因为地方语的教育方针不断推进地方语的文字化，到目前为止已有超过半数的地方语拥有对应的书写方式（Gordon, 2005: 122–128）②。

那么在实际的出版作品中，这些地方语的使用程度如何呢？首先，《圣经》是加纳出版界中语言版本最多的书籍。这一现象可以归结于加纳殖民化以前传教士在当地的传教活动。到了 18 世纪，《圣经》开始被翻译为阿坎语、埃维语和加语（Obeng, 1997: 75）。目前，《圣经》已被翻译成 41 种地方语（包含部分翻译）并出版（Gordon, 2005: 122–128）。其次，除《圣经》以外，其他出版作品虽然没有大量使用地方语，但在 20 世纪 70 年代以后，这些出版作品的发行量明显增加。先来说定期刊物。在 1959 年前，一共 19 册的定期刊物只有 1 册使用了地方语（Austin, 1964: 422）③，但到了1970年竟增加到10册④。在书籍方面也出现了同样的现象。1969 年发行的 233 本书籍中只有 28 本用地方语书写（Kaplan et al., 1971: 194）；到了 1975 年，310 本发行书籍中有 42 本使用了地方语；1976 年，237 本发行书籍中则有 52 本使用了地方语（United Nations, 1979: 943）⑤。根据以上数据，我们可以看出地方语在出版刊物中的使用状况也在逐渐改善。

虽然地方语在制度上的地位有了明显提高，但在现实生活中，地方语的地位并未出现相同的变化。首先，宪法中虽然制定了有关语言的政策，但法律对语言的相关规定和它在生活中的实际运用是两个不同的问题。宪法虽然规定了公民不需要具备英语素养，但是在议会中英语仍是必备条件⑥。在《诞生于街头的俚语——科特迪瓦、阿比让的都市语言》的第 1 节中也同样提到，目前加纳的社会状况仍是英语在升学、就业等时具有优势。在这样的

① 1992 年宪法第三十九条第三项。

② 针对大部分仍没有正规书写方法的地方语，国家正在委托教育部下属的 NGO 开发成人识字教育教材。（Obeng, 1997: 79）

③ 加纳第一份日报发行于 1822 年。

④ 阿坎语、埃维语、加语、达格巴尼语、恩济马语、卡塞姆语、英语 / 阿坎语（双语杂志）、英语 / 加语 / 埃维语（三语杂志）（Kaplan et al., 1971: 188–189）。用地方语出版的新数据显示，最近甚至创刊了埃维语报纸。（“Ewe Language Newspaper Launched”. Ghana News Agency, May 21, 2007，http://www.ghanaweb.com.）

⑤ 但是到了 20 世纪 90 年代，书籍出版数量减少，1992 年总计只有 28 本书用英语出版（United Nations, 1997: 116）。

⑥ “Assemblies Told to Use Interpreters”. *Ghanaian Times*, July 4, 2006, http://ghanareview.com/. “Use of English Language is Parliament, DAs is Restrictive”. Ghana News Agency, February 21, 2006, http://www.ghanatoday.com.

社会状况下，“语言使用自由”“语言保护”等口号都不过是纸上谈兵。

同理，在出版刊物中，地方语的使用率和其阅读率也是两个不同的问题。第一，用地方语出版的刊物数量相较于用英语出版的刊物数量而言非常少。虽然 1979 年地方语的定期刊物增加到 10 册，但是同年发行的英语定期刊物数量是其 3 倍以上（32 册）（Kaplan et al., 1971: 188−189）。不仅如此，加纳的《每日写真报》（*Daily Graphic*）、《晚报》（*Evening News*）、《加纳时报》（*Ghanaian Times*）三大定期刊物都用全英语书写，相较于地方语刊物，发行数量占压倒性优势[①]。在发行的地方语出版物中，学校教材占半数以上（Obeng, 1997: 76）[②]，无论质量还是数量，都无法与英语书籍相比。第二，只有极少数人能读懂地方语。地方语的阅读书目主要应用于学校教育（在现在的加纳中小学中，地方语为必修课），但真正能够使用这些地方语读写的学生非常少[③]。即便从小学到大学都学习地方语，但能流畅地读写地方语的人也只是少数[④]。由于几乎没有读写地方语的机会，大部分加纳人没有树立要牢牢掌握地方语的意识，甚至轻视或者不接受学习地方语这件事。同时，读书写字并非加纳人日常生活的重要组成部分。不用说看书读报了，就算是写信或者记笔记这些简单的行为，对于普通民众而言也是不常有的。因此，加纳人很难感受到地方语的必要性。加纳至今为止仍旧是一个对口语依赖程度很高的国家，精英们也是使用英语进行日常的读写。由此可以得出第三点，对于大部分加纳人而言，提到读书写字，首先联想到的就是英语，而不是地方语。这一点同样可以从英语的识字率中得出，即多数加纳人认为读写的媒介只有英语，地方语只要求能听能说，并不会作为书写或者学习的对象。

根据以上分析的情况，我们可以看到在日常生活中几乎感受不到加纳宪法所倡议的“发展地方语”的政策。没有确定官方语言比有意识地不给予英语特殊地位更能够让人理解为何英语的公共性不足以达到成为官方语言的必要条件。

---

① 前文提到的双语杂志和三语杂志预计发行数量总计 1.05 万（1970 年），而《每日写真报》发行量为 7.5 万，《晚报》发行量为 5 万（1960 年）（Austin, 1964: 422）。

② 据作者了解，不少加纳人表示虽然知道市面上有用地方语写的书，但几乎从没阅读过，更没有见过用地方语写的报纸、杂志。但是作者曾见过阿坎语和英语的双语报纸。

③ 在中小学教授阿坎语、埃维语、加语、达格巴尼语、达加力语、贡贯语、卡萨姆语和富拉富拉语，康多西语（Kantosi）只在小学教。作为第一语言的识字率，阿坎语为 30%—60%，埃维语为 30%—60%，加语为 30%—60%，达格巴尼语为 3%，达加力语为 5%—10%，贡贯语为 1%—5%，卡萨姆语为 1%—5%，富拉富拉语为 1%—5%，康多西语暂无数据（Gordon, 2005: 122−128）。

④ 比如 SA（阿坎族某 30 岁男性）学习了 5 年母语阿坎语的读法和写法，勉强能够阅读阿坎语，但前提是必须逐字逐句慢慢阅读并多次发音之后才能够理解。这与阿坎语需要分辨的元音、声调、鼻音等没有标记有关。在笔者的印象中，即便学了三四年以上的阿坎语，10 个阿坎人中也只有 1 人能够流畅地读写阿坎语。

四 广播电台中地方语的使用

通过上述分析可知，宪法和出版物对地方语的复兴没有起到实质性作用，但与之相反，近年来地方语在以口语为主要媒介的媒体和广播中的使用情况颇为引人瞩目。口语类的媒体也包含电视节目，但对于加纳人来说广播电台的影响力更大。原因在于广播的普及率比电视机更高[①]。即便没有收音机，人们也可以去附近有广播的地方听广播，或趁其他家庭播放广播节目时，凭广播声一同收听。此外，人们在日常生活中经常使用的公交车、出租车等交通工具内也会播放广播节目。总之，广播电台对加纳人来说是不可或缺的存在，是加纳人获得各种社会信息的主要渠道[②]。

1935—1997 年，加纳的广播电台只有加纳国家广播公司（Ghana Broadcasting Corporation，GBC）一家，并且只使用英语播送各类节目（Ansu-Kyeremeh, 2002）。但随着民间广播电台的加入，地方语也开始被使用。到了 20 世纪八九十年代，使用的地方语达到 6 种[③]。但是这个时期不管是 GBC 还是民间广播电台，大部分时间都播送英语节目[④]。之后，随着民间广播电台的不断增加，目前 FM 广播电台数量已经达到 137（2005 年）[⑤]。而原本为全英语播送的 GBC 如今也已成为播放地方语节目最多的广播电台。加上其他广播电台的地方语节目，现如今（2005 年）广播电台使用的地方语已超过 15 种（Gordon, 2005: 122-128）。不仅如此，地方语的播放时间也显著增加，占全年播放时长的一半[⑥]。虽然广播电台多语言化现象与政府背后的支持有着密不可分的关系[⑦]，但有趣的是，加纳人十分喜爱这些地方语节目。根据 2004 年非洲社会高级研究中心的调查结果，超过半数的被调查者表示喜欢地方语节目，尤其是观众参与型的节目，并希望能多策划类似的节目[⑧]。由于观众参与型的

---

① 1000 户家庭当中只有 93 台电视机，而收音机有 236 台（1997 年），是电视机的 2 倍以上（UNNESCO. *Statistical Yearbook 1999*. UNESCO Publishing & Bernan Press, 1999，pp. Ⅱ-42.）。

② 92% 的加纳人会听电台广播，53% 的加纳人 1 天会听 3 次以上（Prah, 2005: 43-44）。

③ 阿坎语、埃维语、加语、阿当梅语、达格巴尼语、恩济马语（Mann, M. and D. Dalby. *Thesaurus of African Languages*. Hans Zell Publisers, 1988，p.186）。

④ 在 GBC 广播电台有用阿坎语和英语双语播送的节目，但是阿坎语的播送时间非常短（Obeng, 1997: 65）。

⑤ Ghana Statistical Services，Ghana in Figures 2005, Accra: Ghana Statistical Service，2006，http://www.statsghana.gov.gh.

⑥ 全年广播电台 51% 的播放时间为英语节目所有，其余为地方语节目所有（Bodomo, 1996: 40）。

⑦ 2000 年，加纳政府规定广电局有使用并促进地方语发展的责任，各地广电局必须安排一定时间播放当地地方语的节目（Ansu-Kyeremeh, 2002）。

⑧ 以加纳、马里、塞内加尔为调查对象，被调查者中有 100 名加纳人（Prah, 2005）。

电台节目广泛使用地方语，节目中讨论的问题也常被刊登在报纸上[①]，这些节目在加纳的影响力很大。

图 2　在阿散蒂州 FM 广播局的某 OTEC 播音室内用阿坎语播送新闻的主播（手中的原稿是用英文书写的新闻概要）[②]

与出版物相比，地方语在广播电台的成功很大程度上归功于口语和书面语的差异。书面语和口语的使用领域不同，与书面语相比，地方语更容易在口语领域中被使用。但是，即便在同样使用口语的正式场合，比如下一节提到的学校教学中的教学语言，地方语的使用情况与电台播放中的又有极大的不同。

① 加纳评论杂志的昂切波曾评论由于过度在广播电台中使用地方语，国民英语能力下降（"Use Radio to Educate Ghanaians". *GRi News*, January 19，2005，http://ghanareview.com/.）。夸梅恩克鲁玛科技大学安达姆副校长也直言广播电台节目和电视台过度使用地方语导致小孩的知识水平发展速度下降（"Professor Andam Slams Local Languages on Radio". *Ghana Times*, May 15，2006，http://ghanareview.com/.）。但加纳大学人文院院长杨克却认为地方语在广播电台的使用促进了地方语的发展，为民主主义做出了贡献（"Radio Stations Promoting Democracy". *GRi News*, March 31，2004，http://ghanarevies.com/. "Use of English Language Is Parliament, Das is Restrictive". Ghana News Agency, Feburary 21, 2006, http://www.ghanatoday.com.）。

② 该广播局积极使用阿坎语，最近受到了阿散蒂王的表彰。

五　关于教学语言的问题

在加纳最具代表性的语言问题便是教学语言问题。1951年联合国教科文组织举办的“关于在教育中使用土著语言的专家会议”中，代表们一致认为“母语是最合适的教学语言”[①]。但是，如果要将这个观点落实在加纳这种多语言国家，将会困难重重。首先，拥有70余种地方语的加纳要将这些地方语作为母语来进行教育显然是不可能的。因此，要用“(几种最主要的)地方语教育”代替“母语教育”。这导致以少数地方语为母语的加纳人不得不放弃用母语进行教学，并且不少人开始反感阿坎语、加语、埃维语等加纳最常见的地方语。但是即便如此，认为地方语教育比英语教育更好的呼声仍旧不断。他们认为现有的地方语为同一个语言系统，更容易学习和掌握，而且主要的地方语应作为地方通用语在整个地区使用，最重要的是地方语是加纳本土的语言，加纳人必须要学习。

如何安排地方语在学校教育中的位置是加纳教育界最重要的问题。1996年，在阿克拉举行的“关于教育中非洲诸语的使用问题及其展望泛非会谈”上，加纳教育部长H. 索伊尔(Harry Sawyerr)表示将地方语运用于教育领域有许多好处，并强调加纳政府会为此不断支持地方语的发展[②]。而后，2002年教育部也曾表示，地方语在培养地方中小学生的读写能力和创造能力的过程中起到重要作用[③]。但是，同年政府又发布了一条新方针：废除作为3年初等教育教学语言的地方语，今后所有课程实行全英语教学[④]。这一方针的出台与一直以来的教育主张相悖，引起了加纳教育界的广泛热议。

(一)方针的变化

一直以来，教学语言方针的制定过程颇为曲折。在英国殖民统治前，加纳就实行地方语教育及在教学中使用地方语的政策。最初的教学语言是英语，但随着传教士的到来，地方语逐渐被使用。传教士们为了传教开始了地方语教育，确立了加纳地方语教育的基础。19世纪末，殖民政府开始介入教育领域，出现了政府资助建立的学校和传教士建立的学校并立的情况。但后者的数量远远超过前者。此外，当时的殖民政府虽然没有力推地方语的发展，但并不反对传教士们的方针，甚至曾与传教士一同合作(Minta, 1980: 191–193)。到了1925年，英国掌握了加纳的教育行政权，首次将教育中使用地方语的规定法律化，由此确立了初等教育的最初3年必须使用地方语进行教学的规定。

这一规定一直持续了25年，但是初等教育后半阶段的教学语言一直在不断变化。1951

① UNESCO. *The Use of Vernacular Languages in Education*. UNESCO, 1953, p.11.

② ADEA. “The Role of African Languages in Education and Sustainable Development”. *ADEA Newsletter*, 1996, 8 (4), http://www.adeanet.org/.

③ Ministry of Education, Government of Ghana. “Education Sector Review Final Team Synthesis Report”. Ministry of Education, Government of Ghana, 2002，p.23.

④ “English only, no more vernacula” . *Graphic*，May 17, 2002, http://www.ghanaweb.com/.

年的教育扩张计划规定尽快实行教学语言的英语化，将地方语作为教学语言的时间缩短到 1 年。1956 年，伯纳德委员会指出 76% 的学校根本不使用英语，因而提议恢复 3 年初等教育都使用地方语进行教学的规定。但是委员会中有人提交了一份少数派报告，报告中建议从初等教育第一年起就实行英语教学。由此教学语言的改革计划又被搁置。

1957 年，独立后的加纳政府决定接受这份少数派报告，所有教育课程都使用全英语教学，并且在 1961 年教育基本法规定中小学义务教育制后，该方针也没有变化。1963 年教育委员会以能够实现全英语教学方针的师资力量不足为理由，请求让地方语回归教育，但当时政府仍没有改变政策。1966 年，加纳政府掌握了军事政权，1967 年，教育调查委员会再次提议恢复地方语在前 3 年初等教育中的使用，但是该请求被政府否决了，并且政府明确规定地方语只能作为初等教育第 1 年的教学语言。

1970 年，新政权成立，政府重新恢复了被前政府否定的地方语教育政策，并且将地方语作为教学语言的年限增加到 3 年以上。然而，到了 1972 年，旧政府重新夺回政权。1974 年，教育改革委员会提议地方语只有 3 年的时间能作为教学语言（Bamgbose, 1991: 115–117）。这一规定在 1987 年教育改革后也无变化。直到 2002 年，全英语教学的教育新方针出台，持续了 15 年的地方语教学语言才退出历史舞台（详细变化可见表 1）。

表 1　地方语作为教学语言的使用情况[①]

学年		时期			
		1	2	3	4+
1529—1925 年	传教士进入前				
	传教士进入后				
1925—1950 年					
1951—1956 年					
1957—1966 年					
1967—1969 年					
1970—1973 年					
1974—2002 年					
2002 年以后					

⋆ 阴影部分表示地方语作为教学语言的年限。

① 作者根据 Owu-Ewie（2006: 76–85），Bamgbose（1991: 115–117）绘制而成。

（二）地方语作为教学语言失败的背景

自新方针发布以来，教育者及知识分子等从教育、心理等方面对其进行了强烈批判。但是，民众总体上对该新方针[①]持接受的态度。教育部长阿米亚奥·阿库姆菲（Ameyaw Akumfi）列举了实施新方针的 3 个理由[②]：

① 能用地方语教学的师资力量不足；

② 用地方语编写的教材不足；

③ 用地方语教学是导致学生学习力低下的主要原因。

这 3 个理由代表了民众的心声，也体现了新方针的政治性。在此背景下，公立学校在 1970 年以后一直将地方语作为教学语言，而私立学校则一贯使用全英语教学，由此也埋下了公立学校和私立学校学力差异大的教育隐患。根据标准参照测试（Criterion Referenced Testing，CRT）[③]的结果，公立学校的学生中只有 7.8% 的学生能够读书写字，能够数数的学生不到 4.0%（Casely-Hayford, 2004: 7）[④]。不仅如此，地方的低上学率和大都市私立学校的高人气[⑤]预示着公立学校和私立学校的差异。学校间、地域间的差异招致了不少民众的不满。

---

① 参见 Okrah（2003）；横关（2004：15-24）；“Language Policy” . Graphic Ghana, March 21, 2007, http://www.graphic-ghana.info/; “NGOs against government’s Language Policy”. Ghana National Agency, January 28, 2004, http://www.ghanaweb.com/; “English Shouldn’t be Only Medium of Instruction”. Ghana Home Page, November 21, 2002, http://www.ghanaweb.com/。接受反对意见的政府，在 2007 年 9 月的教育改革中，规定幼儿园和小学低年级段可酌情同时使用英语和地方语（Ministry of Information and National Orientation. “Ghana Education Reform”. Ministry of Information and National Orientatio，2007，http://www.ghana/gov.gh/.）。

② “Ministry to Review Language Policy”. Ghana News Agency, April 3, 2001, http://www.ghanaweb.com/; “English Only, No More Vernacular”. Graphic, May 17, 2002, http://www.ghanaweb.com/; “Government Approves New Language Policy”. Accra Mail, August 16, 2002, http://www.ghanaweb.com/.

③ 以 5% 的小学 6 年级学生为调查对象，测验学生英语和数学水平的考试。合格线为英语 60%，数学 55%。

④ 根据 2000 年 CRT 测试的结果，公立学校学生的英语合格率为 36.9%，数学为 32.3%，私立学校学生的英语合格率为 70.4%，数学为 56.9%（Ministry of Education, Government of Ghana. “Education Sector Review Final Team Synthesis Report”. Ministry of Education, Government of Ghana, 2002, p.14.）。

⑤ 2001 年入学的新生中，大阿克拉州有 38.6% 的学生进入私立学校，阿散蒂州也有 29.6% 的学生进入私立学校（Ministry of Education, Government of Ghana. “Education Sector Review Final Team Synthesis Report”. Ministry of Education, Government of Ghana, 2002, p.12.）。

图 3 东部州名为恩斯雅皮姆索村庄的一所公立小学①

图 4 大阿克拉州某私立小学上课的场景。②

但是，实际上公立学校学生学习能力低下的原因并不在于学校使用地方语教学，政府其实也意识到了这一点。1987 年以后实施的“普及义务基础教育计划”和教育委员会调查

① 教室里仅有一套桌椅，不少儿童因为来学校感到无聊便回家了。这是村里唯一的小学，现在正在用地方语（阿坎语）上课。

② 课程全程使用英语教学。当天来学校上课的 41 名儿童来自阿坎族、加族、埃维族等 7 个部落，他们均可无障碍地理解英语。

的结果也证明了公立学校学生的学习能力与教学语言毫无关系，学生学习能力的提高反而强化了教育中地方语的使用[①]。公立学校学生学习能力不高的直接原因是相比于基础教育质量学校更注重数量。具体体现在公立学校教师的责任感和专业性较低、教科书不足等方面。用地方语教学的教师不受欢迎，尤其是没有教师愿意去地方公立学校教书。没有接受过系统培训的教师缺勤次数就已经非常多了，更不要说他们掌握了教学方法。虽然使用地方语进行教学，然而使用的教材几乎为英语教材。但是即便只有英语教材也还是幸运的，毕竟在地方上教材严重不足。一些贫困家庭的小学生正处于“几乎见不到教师，也没有教科书”的严峻状况[②]。如此窘困的公立学校与师资力量雄厚、教材丰富多样的私立学校形成了鲜明对比。

换言之，公立学校日渐衰落的最根本原因在于资金问题。但本应该享受地方语教学的加纳人却重新意识到教学语言这一问题。英语是进入好学校、获得好工作的必要条件，如果不懂英语，就意味着不会成功。因此加纳人从出生起就意识到英语教育就是好的教育。令人感到讽刺的是，主张地方语教学的加纳教育家和知识分子等从小就学习英语，并由此获得成功，还将自己的儿女送往全英语教学的私立学校。

此外，民众的认知刚好隐藏了政府的不坚定性。政府利用私立学校教学语言的不同来说明公立学校的衰落，导致现在民众错误地认为地方语教学的失败是由于其劣于英语教育。

六 实际生活中语言使用的动态

以上内容综观了地方语在宪法、出版界、电台广播、教育界的使用状况。但除了在电台广播中地方语的使用姑且算成功，在其他领域地方语的地位并不高，且人们很难感受到它的存在。而围绕教学语言的问题最能体现地方语在制度上的地位和现实中的差别。

一方面，英语代替了一直以来在 3 年初等教育中作为教学语言的地方语，这使得本来应该享受地方语教学的加纳人产生了对地方语教学的不信任感。另一方面，即便受到了语言政策的影响，但人们也有自己应对多语言状况的办法。本节将抛开政治层面，从加纳人如何认识、使用语言这一层面探讨该问题。

① 参照 Ministry of Education, Government of Ghana. “Free Compulsory Universal Basic Education（FCUBE）”. Ministry of Education, Government of Ghana, 1996, http://www.ghana.edu.gh/；Ministry of Education, Government of Ghana. “Executive Summary of the President’s Educational Review Committee”. Ministry of Education, Government of Ghana, 2003。CRT 测验结果不好的原因在于考试为全英语问答。加纳大学的语言中心曾用地方语做 CRT 的测试，结果学生的成绩明显提高（Ministry of Education, Government of Ghana.“Education Sector Review Final Team Synthesis Report”. Ministry of Education, Government of Ghana, 2002, p.17.）。

② Ministry of Education, Government of Ghana. “Education Sector Review Final Team Synthesis Report”. Ministry of Education, Government of Ghana, 2002, pp.15–21.

（一）语言使用的多层结构

在加纳使用的各种地方语，相互之间并非呈并列状态，而是呈 3 层、4 层的多层结构。首先，70 余种部落语，亦称地方语，组成了最底层。父母从属于哪个部落，新生儿就以这个部落的部落语作为自己的母语。这些母语在家庭或者居住地附近使用，但是大部分加纳人不能仅靠母语生活下去。因为在诸如市场、学校、职场、教会等不同部落人聚集的场所，只用母语沟通是不够的。尤其是像阿克拉和库马西这种多个部落聚集在一起的都市，有时候一出家门就可能无法与他人沟通。因此，在这种情况下发挥通用语作用的语言就是 8 种地方通用语。这 8 种语言构成了第 2 层。

在第 2 层，包含第二语言者在内，使用者约为国民人数一半的阿坎语凭借使用范围比其他通用语更加宽广成为第 3 层。近年来，阿坎语的发展越来越迅速，原本不是以阿坎语作为通用语的地区现在也开始将阿坎语作为通用语，在原本加语占优势的大阿克拉州和埃维语占优势的沃尔特州，也出现了同样的现象[①]。由于阿坎语的优越性过于耀眼，原本想要推选阿坎语作为国语的提议意外遭到了其他多个部落的反对[②]。

而多层结构的最顶层便是英语。即便作为第二语言，英语与地方通用语的学习途径也不尽相同。地区通用语一般通过与近邻、朋友、同事的日常对话自然习得，而英语的学习需通过公共教育。目前，在加纳，通过中小学 9 年制义务教育[③]或全英语教学的方式可以习得英语，但是学习机会的不均等是加纳教育的现状。一直以来，孩子的入学条件与居住地区、性别、阶级、父母的教育程度牢牢挂钩[④]。如《不断扩张的沃洛夫语和悬浮于多重多语言状况顶端的法语——塞内加尔》的第 2 节所述，公立学校学生的英语能力十分薄弱，连加纳教育部也承认，英语对于地方上的孩子而言是一个遥不可及的存在[⑤]。

虽然现在对于加纳人来说英语仍不能算一个比较亲密的语言，但是也可能正是这样，英语才被他们视为开启成功大门的钥匙。升学、进入大部分企业就职，英语都是必要条件，

---

① 在阿坎语的使用地区，非阿坎语母语者会被迫使用阿坎语（Obeng, 1997: 78）。加纳人在与人初次见面时，如果不知道对方是什么民族，大部分情况下会用阿坎语打招呼。住在日本埼玉县的加纳人，在做礼拜时会用英语和阿坎语 2 种语言。

② 比如，批判总统在面向全国播放的节目中用阿坎语进行演讲（“Is it Twi or English Mr. President”. Ghanaian Lens, January 27, 2007, http://www.ghanaweb.com.）。悲叹由于阿坎语的普及，孩子们逐渐忘记了自己的母语（“Ewe Language Newspaper Launched”. Ghana News Agency, May 21, 2007, http://www.ghanaweb.com.）。

③ 1961 年教育基本法和 1992 年宪法规定免费义务制基础教育。

④ 基础教育普及政策使得入学率不断上升，但是，全国小学平均入学率只有 69.9%（2000 年），其中加纳北部 3 个州（上西部州、北部州和上东部州）的未入学率达到 40%—55%。而加纳有 21.1% 的男性和 41% 的女性从未受过教育（Ministry of Education, Government of Ghana. “Education Sector Review Final Team Synthesis Report”. Ministry of Education, Government of Ghana, 2002, p.26.）。此外，即便入学了，中途退学者也占学生人数的一半（Casely-Hayford, 2004:5−8）。

⑤ Ministry of Education, Government of Ghana. “Education Sector Review Final Team Synthesis Report”. Ministry of Education, Government of Ghana, 2002, p.22.

因此为了获得事业上的成功或寻求工作生活的安定，人们会不遗余力地学习英语，父母也会用尽一切方法让孩子学习英语，他们会花大量的金钱送孩子去重视英语的私立学校，入学前也会尽可能在家里教小孩英语①。同时，因为英语是身份的象征，也有不少人为了装作自己有教养而在日常会话中混入英语（Obeng, 1997: 77）②。原本被禁止使用除地方语以外的语言的部落酋长，为了显示自己的教养，近年来也逐渐开始在公共场合使用英语（Ansu-Kyeremeh, 2002）。对英语的憧憬衍生出地方语的劣等感和对地方语的蔑视。在学校，英语成绩优异的学生会受到表扬，反之地方语成绩优异的学生会受到轻视，甚至学习地方语的学生也会受到朋友的嘲笑③（Obeng, 1997: 72）。

（二）个人的语言使用

加纳的地方语、地区通用语、使用范围更广的地方通用语阿坎语和英语组成了多层结构共存的语言使用现象。因此在日常生活中，会出现能说 2 种语言、3 种语言甚至多种语言的人。每个人能够学习并且使用多少种语言，由其母语、居住地区、社会经济状况等决定。比如在日常生活中不太需要使用其他语言的阿坎语母语者，多数人只会一种语言或只能使用英语和阿坎语 2 种语言。如果是生活在阿克拉地区的拉蒂族人，除母语拉蒂语之外，还要掌握地区通用语加语、阿坎语及英语，因此一个人能说多种语言的可能性极高。

加纳人会根据场合、说话者的目的和听话者的背景等因素选择合适的语言。具体如何区分使用，下面以一名加纳人为例。萨（SA）先生（阿坎族某 30 岁男性）出生于阿散蒂州，母语为阿坎语。他拥有从小学、中学、职业培训学校到师范学校共计 15 年的学习生涯，以及 2 年的中学教师经历。其间，萨先生通过教育课程学习英语，并接受英语教学。他认为自己的英语能力“几乎与欧美人无异”，英语读写也完全没有任何障碍。可以说萨先生属于双语使用者，能同时流利地使用阿坎语和英语。像萨先生这样，母语、出生地的地方语及更高一层的地方通用语都为阿坎语，因此除阿坎语和英语外，他几乎用不到其他语言。

首先，在家庭的日常会话或者与家附近人们的对话中会使用阿坎语。上学时，课堂上几乎只使用英语。但是，即便在课堂上，当提到一些玩笑话或者与课堂无关的内容时，教师也会使用阿坎语。课后学生与朋友的对话中使用的语言也比较复杂。萨先生所上的 2 年私立学校禁止使用地方语。一旦使用将会受到惩罚（惩罚基本为写检讨书或者挨打），因此在校园基本使用英语。但是，在公立小学和公立中学都没有这样的规定，同学之间都是阿散蒂州人，都使用阿坎语交流。之后萨先生所上的职业培训学校和师范学校的师生来自各个

---

① 阿克拉地区周边的大部分家庭会在入学前就教小孩英语，因此，孩子在入学时多少会使用些英语。

② 参见 Obeng（1997: 77）。在笔者的朋友中有一名出身比较富裕家庭的加族男性，他虽然能读懂阿坎语，但在需要说阿坎语的情况下仍然会选择使用英语，以此来体现自己的身份地位。

③ “English Language: A Medium Ghana Cannot Do Without”. Graphic Ghana, March 21, 2007, http://www.graphicghana.info/.

地区，因此与阿坎族或者能理解阿坎语的朋友交流时基本使用阿坎语，但在非阿坎语朋友圈内，他便会转换语言使用英语。即便是同一个聊天对象，随着谈话内容的改变，使用的语言有时也会随之改变。与阿坎语母语者谈到学习的话题时会不自觉地使用英语。但是与朋友聊天时使用的英语与课堂中或者与老师交流时使用的英语不同，后者会使用更加正式的英语，但与朋友交谈时语法会简略，不时使用混杂其他语言的皮钦语。同样，中学里的教师因为几乎都是阿坎人，所以在日常对话中也会使用阿坎语，但在课堂、会议等正式场合肯定使用英语。

那么，宗教中语言的使用情况是如何的呢？萨先生定期去的教会除了有阿坎人，还有不同部落的居民。教会的牧师来自东部州，母语为拉蒂语，但教会将地区通用语阿坎语作为教会里唯一的交流语言，牧师主持教会时也几乎使用阿坎语。由于来参加教会的人来自社会不同群体，有毫无入学经验的青年和儿童，也有穷人，不少人无法理解英语。即便这样，牧师偶尔也会使用英语做礼拜，这时候会请人进行现场翻译。萨先生在教会做礼拜时既使用阿坎语又使用英语，比如在讲誓言时会使用阿坎语，但是在做祷告时有时使用阿坎语，有时也会自然地使用英语①。

最后，在写信件或者记笔记时，或阅读报纸、杂志时，遇到需要书写时一定使用英语。虽然学习了5年的阿坎语，会一定程度的书写②，但萨先生表示，与阿坎语相比，他更喜欢使用英语书写，认为英语更加方便。

从萨先生的语言使用状况中我们可以看到，他对待语言的态度受到了制度的影响，同时也体现了他自己对待多语言社会状况的态度。他对语言的区别使用不是固定的、等质的，而是随着状况的变化而变化。首先，虽然一般情况下，在正式场合使用英语，在私下场合使用阿坎语，但2种场合之间的界限难以界定。即便与朋友交谈，朋友间如果有其他部落出身的人，或者谈论的内容与学习有关，他们便会开启英语模式。此外，在做礼拜、进行祷告时用的语言可能是英语也可能是阿坎语。其次，即便都使用英语，但内容并非都是纯英语的内容。加纳人使用的英语分为模仿英式英语的正统英语和语法、词汇都比较“混乱”的皮钦英语。而在这2种极端的英语模式间还存在着各式各样的英语。个人的教育背景决定其英语能力。萨先生的学历相对较高，因此他使用的英语更加接近正统英语，并且被运用在课堂发言及与老师的对话当中。但是，在与朋友随意的聊天中，他反而会选择使用语法和词汇比较“混乱”的皮钦语。这是由于使用皮钦语不仅能够提高谈话效率，还能提升同伴之间的亲密程度。但是，减少皮钦语的滥用，使用“正确的”英语是目前加纳最常听到

① 未受过学校教育的老年人当中，多数人使用地方语书写的《圣经》，但年轻人几乎都携带英语版《圣经》。

② 小学一至三年级和职业培训学校将阿坎语课（必修）作为地方语课程。关于萨先生的读写能力请参照前面的题注。

的话题[①]。皮钦语的作用与正统英语不同，年轻人一方面重视正统英语，一方面也出现了轻视正统英语的倾向[②]。第三，语言之间的分界线也比较模糊。也就是说现在的地方语受到了英语极大的影响。萨先生使用的阿坎语，不仅包含了许多起源于英语的借用语，还经常出现阿坎语与英语交叉使用的情况。观察萨先生与朋友的对话，我们经常无法判断他们之间使用的是英语还是阿坎语。不仅是萨先生，近年来加纳年轻人的说话特征就是多用起源于英语的借用语，以及频繁地交叉使用地方语与英语。这一现象导致一些年长者和教育家感叹"最近的年轻人都不能好好地使用地方语了"。在电台广播的脱口秀节目中，甚至出现了专家指导使用错误地方语的年轻人重新学习"正确的"地方语的情况。随着英语的普及及人们接触英语的时间的增加，今后英语仍会不断混入地方语，那么想要取代英语地位的地方语究竟处于怎样尴尬的处境呢？

七 结语

本文从政治制度和现实生活中的语言使用两个方面探讨加纳的语言状况。一方面，20世纪中叶以后，政府为了复兴地方语，实行了多种改善地方语处境的办法。宪法在关于国会议员的资格、市民权利、语言保护、语言权、语言保护的推进 5 项条例中，重新肯定了地方语的地位或增加了地方语保护的内容。在出版界，地方语的出版物也在某种程度上实现了数量的增加。但是，加纳民众几乎感受不到这些变化。关于教学语言的问题最能够体现地方语的复兴政策和实际生活中的地位的反差。2002 年出台的教育新方针使得持续 15 年的地方语教育及政府的努力都与复兴地方语这一目的渐行渐远。同时，加纳人越来越意识到英语的重要性和优越性。

另一方面，在日常生活中，即便受到政府政策的影响，加纳人也有自己应对多语言状况的办法。加纳人根据自己的实际状况学习不同的语言，并且在不同场合分别使用习得的语言。每种语言的学习程度，与其母语、居住地、社会经济状况等因素密切相关。在选择使用哪种语言时，人们不仅会根据说话的场合和内容做出相应的改变，还会根据谈话的对象和谈话的目的进行相应的变化。不仅如此，同一类语言内也会有多种模式，比如同为英语，皮钦英语的作用就与正统英语完全不同。现在的加纳，在重视正统英语的同时，也出现了轻视正统英语的倾向，甚至因为大量使用起源于英语的借用语，以及地方语与英语频

① 比如"Discourage Use of Pidgin English"（Ghana News Agency, August 14, 2007, http://www.ghanaweb.com/.）和"Civil Service to Conduct Entrance Examination"（Ghana Review International, September 3. 2004, http://ghanareview.com.）。笔者在加纳期间，经常听到加纳人对年轻人"混乱的"英语扼腕叹息。

② 人们使用正确的英语时，有时也会被嘲讽"装内行"（"Is it Twi or English Mr.President". Ghanaian Lens, January 27, 2007, http://www,ghanaweb.com.）。

繁地交叉使用，地方语和英语的界限开始变得模糊不清。

在广播电台中，地方语的使用情况与加纳民众多样的语言使用模式相同。与出版物不同，加纳的广播电台已经习惯使用地方语播送节目，而且作为加纳人获得社会信息、发表言论、参与社会的语言，地方语仍然发挥着重要的作用。

现实生活中的语言使用是动态的，包括语言的区分使用、语言的多样性、对语言的态度和语言间的界限等等。如此有活力的语言使用状况是人们应对历史、政治、社会状况而形成的社会现实。这一认识也将作为今后讨论语言政策问题的一个前提。

八 谢辞

笔者撰写本文时得到了安邦瑟一家、奥弗里一家、除玛西一家（OTEC 广播电台 CEO）、安迪（恩斯雅皮姆索酋长）等多名朋友的帮助，获得了许多宝贵的信息。安邦瑟先生不仅帮忙确认文章内容，还给出了非常宝贵的建议。在此一并深表谢忱。

附录 图 1 中日语对应中文

“ブルキナファソ”（布基纳法索）、“ガーナ”（加纳）、“コート・ジボワール”（科特迪瓦）、“トーゴ”（多哥）、“アクラ”（阿克拉）、“大西洋”（大西洋）、“グル語派”（大西洋—刚果语族）、“クワ語派”（科尔多凡语族）、“マンデ語派”（曼德语族）。

西非

旧法属殖民地

不断扩张的沃洛夫语和悬浮于多重多语言状况顶端的法语——塞内加尔

■ 砂野幸稔

一　唯一的官方语言法语

原法属殖民地塞内加尔于1960年成为独立的共和国。与其他在非洲的所有法属殖民地一样，塞内加尔也将原殖民地宗主国的语言法语定为唯一的官方语言。

由于出现了诸如以文人政治家声名远播、后成为法国科学院会员的首位塞内加尔总统列奥波尔德·塞达·桑戈尔（Léopold Sédar Senghor，1906—2001）等精通法语的精英，塞内加尔被视为法国同化政策的范本。但是，事实上，在塞内加尔成为独立国家之时，能够理解法语的人仅限部分精英阶层。这一点可以从独立初期1960年塞内加尔实施的全国调查的结果中得到证实（见表1）①。

表1　法语的普及率（1960年）

分类	男	女	合计
完全不懂者	79.1%	98.0%	88.9%
可以读写者	11.0%	1.3%	6.0%

依照该调查结果，我们可以发现当时约90%的塞内加尔人完全不懂法语，能够读写法语的人更是仅有6%。不仅如此，该调查可能是基于个人描述实施的调查，因此事实上能够流畅地使用法语的人数占比可能比这一数值更低。

① Service de la Statisique（SS–MPD）（République du Sénégal）. “Résultats de l’enquête Démographique 1960/1961”. Ministère du Plan et du Développement, 1964.

实际上，法国殖民统治在塞内加尔遗留下来的，不是多语言社会下的通用语法语，而是作为特权语言、语言壁垒的法语。法国试图培养的不过是殖民统治者和拥有相同价值意识的少数协助者，对一般非洲人民的教育普及几乎不做努力。据塞内加尔独立后1960年的统计，在一直强烈主张“文明化使用”的法兰西第三共和国政权下，在那些授予非洲人民与本国国民同等市民权的“四大自治共和国”内，能够使用法语者也只不过占7%—17%[①]。

此外，法国的殖民统治方式并非实施所谓的“同化政策”。虽然“四大自治共和国”的居民都被赋予了法国市民权，但是除此之外的无数农村居民作为“从属民众”被置于无权利状态。法国所建立的统治系统是通过给予特权笼络城市的法语精英，对除此之外的绝大多数居民，尤其是农村地区的居民，法国通过拉拢在信奉者中拥有绝对影响力的伊斯兰教组织实行间接统治[②]。

城市的法语精英阶层虽然在国家独立后继承了原法国统治者所拥有的特权位置，但是他们认识到要在法国建立的行政体系和经济体系中提升自己的地位，“去殖民地化”的倾向不断增强。对他们而言，虽然伊斯兰教组织支配下的法语和比较偏远的民众应该均为需通过伊斯兰教组织进行统治的对象，但并非必须要作为“国民”而统一的对象。城市精英的基础并不在于“国民”，即不在于农村民众，而在于法国遗留下来的行政、经济体系。因此，他们从殖民统治中继承下来的只有法语教育，而毫无对行政体系进行改革的想法[③]。

法国模式的教育和丰富的法语知识及与权力息息相关的意识使得人们产生了走向法式教育的强烈动机。但是，独立后国家的经济不振，加之经济破产，对初等教育普及化产生了巨大的阻碍。不仅如此，即便好不容易学习了法语知识，能够得到高位的也仅限极少数人。对绝大多数人而言，在学校掌握的法语并不能带给他们预期的财富和社会地位。

独立之后，初等教育的入学率在最初的10年间快速上升，但达到了约50%之后就停止了上升的趋势，一直保持到现在。即使到了2002年，全国的初等教育平均入学率也只有45%，以至于官方语言法语的识字率也仅为36.9%（男性41.6%，女性32.4%），非常低[④]。据此我们不难发现，能够灵活运用法语的人数占比应该更低。

我们必须要注意的是，非洲的识字率与我们在日本、欧洲诸国谈的识字率有极大的差别。比如，在日本，识字率是指基本上可以用文字表述自己的想法，或者指有阅读能力，

---

① Colin, Rolin. *Système D'éducation et Mutations Sociales – Continuité et Discontinuité Dans Les Dynamiques Socio-éducatives – Le cas du Sénégal, T.I, T.II.* Thèse présentée à I' Université de Prais V. le 17 décembre 1977, Atelier Reproduction des thèses（Université de Lille III）, 1977, pp.488–489.

② 砂野幸稔:《后殖民主义国家与语言——法语官方语言国家塞内加尔的语言与社会》，三元社，2007年。

③ 砂野幸稔:《后殖民主义国家与语言——法语官方语言国家塞内加尔的语言与社会》，三元社，2007年。

④ ANSD（Agence National de la Statistique et de la Démographie, Minisitère de l'Economie et des Finances）（République du Sénégal）. *Résultats du Troisième Resensement général de la Population et de l'Habitat.* Rapport national de Présentation, Fonds des Nations Unies pour la Population, 2006, p.61 & p.66.

但在非洲完全不同。本文的“非洲识字率”是指，至少上过几年法语学校，记住法语字母表的读法，学习过初级法语。这与在日本初中3年要学习英语，学生姑且能够记住英语的字母表，但并不能自由地使用英语的情况一样。换言之，识字率并非指能够充分理解法语的人数占比。

但是，我们必须要指出城乡之间的巨大差异。如果将2002年城市和农村的初等教育入学率分开来看，那么城市为64.3%，农村为34.2%①。两者相差了近一倍。同理，能够理解法语的人数比例，城乡差异也很大。

在农村，只要不出周边地区就没有使用法语的机会。因此，即便上了几年法语学校，在学校习得的法语也很有可能成为无用的知识而被遗忘。在城市，只有政府或企业的办公人员，或者去高级学校进修的人员才会在日常生活中使用法语，这部分人说到底数量也极其有限。多数人在某种程度上很难巩固法语知识，因为在现实中几乎没有机会使用法语。

二 塞内加尔语言状况的示意图

那么，塞内加尔多数民众究竟使用哪种语言呢？

首先，我们尝试列出关于民族和语言的大致示意图。2002年的人口普查结果只形成了初步报告，只有基本概况，没有关于语言、民族等的统计，因此本文所展示的是稍早前1988年人口普查的数据。关于民族的统计数据如表2所示②。1988年塞内加尔的总人口为677.3413万人，到了2002年人口增长至985.5338万人，但民族的人口比例与之前并无太大变化。

① ANSD（Agence National de la Statistique et de la Démographie, Minisitère de l'Economie et des Finances）（République du Sénégal）. *Résultats du Troisième Resensement Général de la Population et de l'Habitat*. Rapport National de Présentation, Fonds des Nations Unies pour la Population, 2006, p.61 & p.66.

② DPS-MEFP（Direction de la Prévision et de la Statistique）（République de Sénégal）. *Resensement Général de la Population et de l'Habitat de 1988*. Rapport National（Résultats Définitifs）, Ministère de l' Économie, des Finances et du Plan, 1993, p.25.

表 2　1988 年人口普查中关于塞内加尔的民族

语种	比例
沃洛夫族	42.7%
富拉族①	23.7%
谢列尔族	14.9%
朱拉族	5.3%
曼丁戈族②	4.2%
其他	9.2%

语言统计分为母语使用者的人口比例和第二语言使用者的人口比例，本文暂时先显示母语使用者的人口比例（见表 3）③。

表 3　1988 年人口普查中关于塞内加尔的语言（母语使用者的人口比例）④

语种	人口比例
沃洛夫语	49.2%
富拉语	22.2%
谢列尔语	12.8%
朱拉语⑤	5.1%

民族的比例和母语使用者的比例不一致的原因在于语言的更替，尤其可以体现在后文

① “富拉族”的称呼只存在于塞内加尔，包含了“颇尔族”（Peul）和“图库勒族”（Toucouleur）。颇尔（在英语国家一般被称为富拉、富拉尼、富拉贝）人和图库勒人虽然都会使用富拉语（富拉富拉德语），但是以往一直过着伊斯兰化的定居生活的图勒库人，与原来为游牧民族，不久前才伊斯兰化的颇尔人并没有相同的归属感。但是，为了对抗多数派沃洛夫人，在公开场合他们会使用“富拉人”或者“哈尔富拉尔人”（单数 HALPOULAAR，复数 HALPULAAREN，使用富拉富拉德语的人表示“使用富拉语的人”）的通用称呼。

② 曼丁戈族（Mandingo，也翻成曼丁哥）是居住在几内亚、加纳、塞内加尔、象牙海岸、冈比亚部分地区的西非民族，使用曼德（Mande）语族的曼丁戈语（Mandeka language，也翻成曼丁卡语），属于马里帝国（Mali Empire）的后裔。曼丁戈人亦称马林克人（Malinke）、曼丁卡人（Mandinka）、曼丁人（Manding）。为了避免混淆，本书统一使用译语曼丁戈。（译者注）

③ DPS–MEFP（Direction de la Prévision et de la Statistique）（République de Sénégal）. *Resensement Général de la Population et de l'Habitat de 1988.* Rapport National（Résultats Définitifs），Ministère de l' Économie, des Finances et du Plan, 1993, p.26.

④ Ibid., p.26.

⑤ 朱拉语（Djola、Jola、Diola、Dioula）属于尼日尔—刚果语系，为朱拉族所使用的语言。英语表记有多种，日语也有“ジュラ語”“ジョーラ語”“ジョラ語”等书写方式，中文有翻译成朱拉语和迪乌拉语的。为了避免混淆，本书统一使用朱拉语。（译者注）

讲述的沃洛夫语化中。塞内加尔一般以父系制度传承，根据姓氏可以判断其所属民族，且其使用的语言与其所属的民族一一对应。

哥伦比亚大学非洲研究讲席教授马马杜·迪乌夫（Mamadou Diouf）将塞内加尔民族和语言的地理分布大致绘制成图 1（Diouf, 2001: 76）。

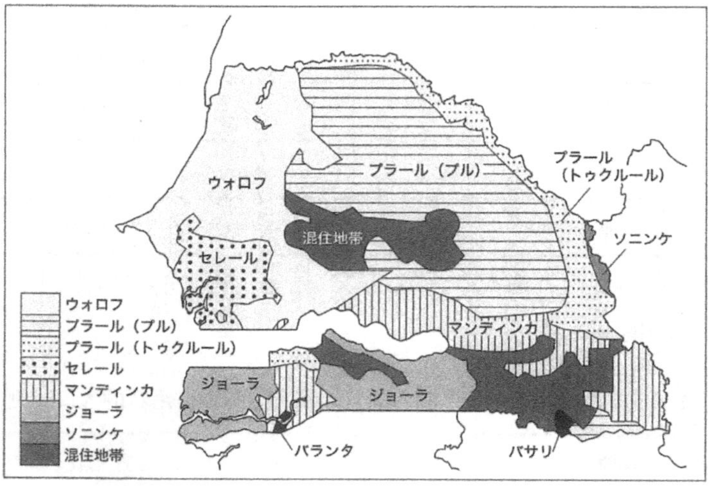

图 1　塞内加尔的主要民族

但是，如果将图 1 中的民族分布看作塞内加尔实际的语言分布状况那就大错特错了。第二次世界大战以后，在法国的“开发”计划下，塞内加尔开始发展，独立以后人口迁移不断加速，尤其是城市化进程加快，以及城市与农村之间人员不断往返，在这过程中出现的民族间通婚、语言习得和语言丧失等变化完全没有体现在图 1 中。因此，农村的实际状况虽然大致与马马杜·迪乌夫的民族分布图相近，但是城市的状况可能大相径庭。

此外，根据 2002 年人口普查，塞内加尔的城市化程度已经达到 40.7%，15 岁以下的人口占 43%①。根据埃德蒙·罗德里格兹（Edmond Rodriguez）提供的数据，1976 年到 1988 年的12年间，塞内加尔人口增长率为2.7%，而城市的人口增长率竟有3.9%②。为了掌握语言使用的实际情况，我们必须要了解塞内加尔的城市究竟发生了什么。

① ANSD（Agence National de la Statistique et de la Démographie, Minisitère de l'Economie et des Finances）（République du Sénégal）. *Résultats du Troisième Resensement général de la Population et de l'Habitat*. Rapport national de Présentation, Fonds des Nations Unies pour la Population, 2006, p.16 & p.44.

② Rodriguez, Edmond. “Caractéristiques socio-démographiques régionales”. Charbit, Yves, Ndiaye, Salif. Ed. *La Population du Sénégal*. DPS-CERPAA, 1994, p.489 & p.495.

三 塞内加尔城市地区的语言使用现状

为了了解城市地区到底发生了什么，笔者自 1996 年的夏天至 1998 年的夏天，在塞内加尔首都达喀尔、南部卡萨芒斯地区的济金绍尔、北部的圣路易和波多尔、东南部的坦巴昆达和巴克尔、中部的法蒂克这 7 个城市进行了语言使用的实况调查。

以下将从沃洛夫语的扩大、多语言使用的选择、法语的位置 3 个方面介绍调查结果①。

（一）沃洛夫语的扩大

根据表 2 和表 3，沃洛夫族人口占总人口的 42.7%，而将沃洛夫语作为母语的人数占总人口的 49.2%，远远超出了其民族人口比例。不仅如此，同一次人口普查结果显示，将沃洛夫语作为第二语言的人数占比达 22.1%②，也就是说有 71.3% 的塞内加尔人将沃洛夫语作为自己的母语或第二语言。

虽然仅凭这些数据，我们就可以清楚地预见作为通用语的沃洛夫语存在扩张的倾向，但笔者在塞内加尔 7 个城市所做的调查结果更明确地显示沃洛夫语在城市存在显著的扩张倾向。表 4 是关于被调查者父母的母语和被调查者本人的母语的调查结果，表中数据显示了 7 个城市中所有回答沃洛夫语为母语的人数。表格第二列开始从左往右分别表示父亲的母语为沃洛夫语的人数、母亲的母语为沃洛夫语的人数、被调查者本人的母语为沃洛夫语的人数、父母以沃洛夫语为母语的人数的平均值与被调查者本人的差值。最右边两列数据分别表示在各城市中沃洛夫语母语使用者的人数比例，以及回答者属于沃洛夫族的人数比例。

表 4 父母的母语和本人的母语——沃洛夫语母语使用者的世代变化

城市	父亲 / 人	母亲 / 人	本人 / 人	差值 / %	母语比例 / %	民族 / %
达喀尔	295	299	357	+20	62.7	47.5
圣路易	223	229	268	+19	77.7	63.2
波多尔	34	36	52	+49	29.4	22.0
法蒂克	57	55	103	+81	38.3	19.0

① 详细的调查结果请参照砂野幸稔:《后殖民主义国家与语言 —— 法语官方语言国家塞内加尔的语言与社会》，三元社，2007 年。

② DPS–MEFP (Direction de la Prévision et de la Statistique) (République de Sénégal). *Resensement Général de la Population et de l'Habitat de 1988*. Rapport National (Résultats définitifs) , Ministère de l' Économie, des Finances et du Plan, 1993, p.27.

续表

城市	父亲 / 人	母亲 / 人	本人 / 人	差值 / %	母语比例 / %	民族 / %
济金绍尔	22	16	35	+84	10.6	5.8
坦巴昆达	60	58	79	+34	23.5	17.0
巴克尔	22	28	32	+28	17.1	12.3
总计	713	721	926	+29	41.8	30.6

关于父母的母语问题，尤其是在与被调查者本人的母语不同的情况下，存在实际上没有见过父亲或者母亲使用沃洛夫语却回答“应该能说”的例子。因此，实际上母语的替换很有可能不是在一代人身上发生的，而是经过数代人逐渐发生的。如今，沃洛夫语的母语使用者总体上增加了约 30%。达喀尔和圣路易是沃洛夫人聚集的区域（表中阴影部分），除此之外的城市都是非沃洛夫人占多数，而沃洛夫语母语使用者的增加率却是非沃洛夫人所在地区更高。沃洛夫人所在区域由于沃洛夫语使用者为多数派而增加率有限。与此相反，非沃洛夫人区域的沃洛夫语母语使用者为少数派，但是在日常的语言使用中沃洛夫语所占的支配地位并不亚于沃洛夫人聚集区域，因此沃洛夫语正带来强劲的同化压力。

实际上，在城市地区，不管是沃洛夫人地区还是非沃洛夫人地区，几乎所有人都理解沃洛夫语。表 5 是关于“会说哪种语言？”“能说到什么样的程度？”2 个问题的回答。表中数据显示了 7 个城市中回答“会说沃洛夫语”的人数比例。

表 5　能使用的语言：沃洛夫语

城市	毫无障碍 / %	某种程度 / %	基本 / %	总计 / %	母语 / %	民族 / %
达喀尔	90.4	5.8	3.1	99.3	62.7	47.5
圣路易	93.6	3.5	1.7	98.8	77.7	63.2
波多尔	78.0	13.6	6.8	98.4	29.4	22.0
法蒂克	83.6	7.1	8.9	99.6	38.3	19.0
济金绍尔	88.2	3.9	4.8	96.9	10.6	5.8
坦巴昆达	71.1	13.1	7.4	91.6	23.5	17.0
巴克尔	57.2	11.8	19.2	88.2	17.1	12.3

续表

城市	毫无障碍 / %	某种程度 / %	基本 / %	总计 / %	母语 / %	民族 / %
平均	80.3	8.4	7.4	96.1	37.0	26.7

在非沃洛夫人地区中，除了在地理位置上离首都达喀尔距离稍远的坦巴昆达和巴克尔，回答“毫无障碍”地使用沃洛夫语的人数比例略微低外，其他所有城市中能够理解沃洛夫语的人数比例都在 90% 以上。卡萨芒斯地区的中心城市济金绍尔的沃洛夫人比例仅有 5.8%，将沃洛夫语作为母语的人数比例也只有 10.6%，但是能够理解沃洛夫语的人数比例竟达 96.9%，其中 88.2% 的人表示能够“无障碍”地使用沃洛夫语。

沃洛夫语已经不是只有沃洛夫人才能使用的语言了。

（二）多语言使用的选择——对沃洛夫语的抵抗

那么，如此明显的沃洛夫语的扩张趋势是否意味着其他语言的衰退呢？

至今为止人们认为，支配语言的扩张必然导致在该支配语言扩张的区域内其他语言的衰退，如法语的扩张使得布列塔尼语（Brezhoneg）和奥克语（Occitan）衰退[①]。

但是，根据笔者的调查，塞内加尔并没有发生如上情况。在位于沃洛夫人地区的达喀尔和圣路易，虽然沃洛夫语之外的语言确实被认为有所衰退，但是其他城市的状况与之大相径庭。人们并非被不断扩张的沃洛夫语同化，走上使用单一语言的道路，而是选择走在接受沃洛夫语的同时继续使用其他语言的多种语言使用之路。这表现在人们在日常生活中使用二语，甚至是使用多种语言。

如果聚焦沃洛夫语和其他语言之间的关系，大致可以将笔者的调查结果中有关塞内加尔城市地区的人们的语言使用情况分为 3 种类型（见表 6）。

表 6　塞内加尔城市地区语言使用的 3 种类型

① 第一种类型：达喀尔型（达喀尔、圣路易） □其他语言衰退 □只使用沃洛夫语
② 第二种类型：波多尔型（波多尔、法蒂克） □维持当地多数派语言 □使用沃洛夫语与当地语言 2 种语言
③ 第三种类型：济金绍尔型（济金绍尔、坦巴昆达、巴克尔） □扩张几种有力的语言，维持当地语言 □使用多种语言

① 例如，参照路易・让・卡尔韦：《语言学与殖民主义——语言小论》，三元社，2007 年。

1. 第一种类型

笔者将第一种类型命名为“达喀尔型”。7 个城市中位于沃洛夫人地区的达喀尔和圣路易属于该类型。第一种类型中，沃洛夫语母语使用者占绝大多数。

表 7 显示了典型城市代表达喀尔的母语使用者世代间的变化，也明确显示了沃洛夫语以外语言的衰退。

表 7　父母的母语和本人的母语——母语使用者的世代变化：达喀尔

语种	父亲 / 人	母亲 / 人	本人 / 人	差值 / %	母语比例 / %	民族 / %
沃洛夫语	295	299	357	+20	62.7	47.5
富拉语	90	89	73	−18	12.8	16.7
谢列尔语	53	50	31	−40	5.4	12.7
曼丁戈语	46	38	31	−26	5.5	6.9
朱拉语	34	43	36	−5	6.3	6.7
索宁克语	16	11	10	−11	1.8	3.1
其他语言	34	37	28	−21	4.9	6.5
法语	1	2	3	+100	0.5	0

表 8 是对“在何种场合使用何种语言”这一问题的回答。该问题的结果与图表化后的示意图一同展示。根据表格，我们可以得知除法语外，沃洛夫语以外的语言几乎都只在家庭中使用。即便是非沃洛夫语母语使用者，一出了家门便进入只使用沃洛夫语的世界。

表 8　不同场合的语言使用：达喀尔

语种	家庭 / %	家附近 / %	市场 / %	政府机构 / %	同事 / 同学 / %	上司 / 老师 / %	母语使用者 / %
沃洛夫语	80.5	97.3	98.6	73.5	80.2	50.4	62.6
富拉语	11.1	3.9	2.3	1.8	3.5	4.1	12.6
谢列尔语	4.7	0.9	0.2	0.0	0.0	0.2	5.2

续表

语种	家庭 / %	家附近 / %	市场 / %	政府机构 / %	同事 / 同学 / %	上司 / 老师 / %	母语使用者 / %
曼丁戈语	4.6	1.4	0.5	0.5	0.7	1.0	5.5
朱拉语	5.1	2.1	0.7	0.0	0.4	0.5	6.3
索宁克语	1.9	0.5	0.2	1.8	0.6	0.2	2.1
其他语言	3.9	0.9	0.0	0.0	0.0	0.5	7.0
法语	10.4	9.8	4.3	51.0	40.2	53.3	0.5

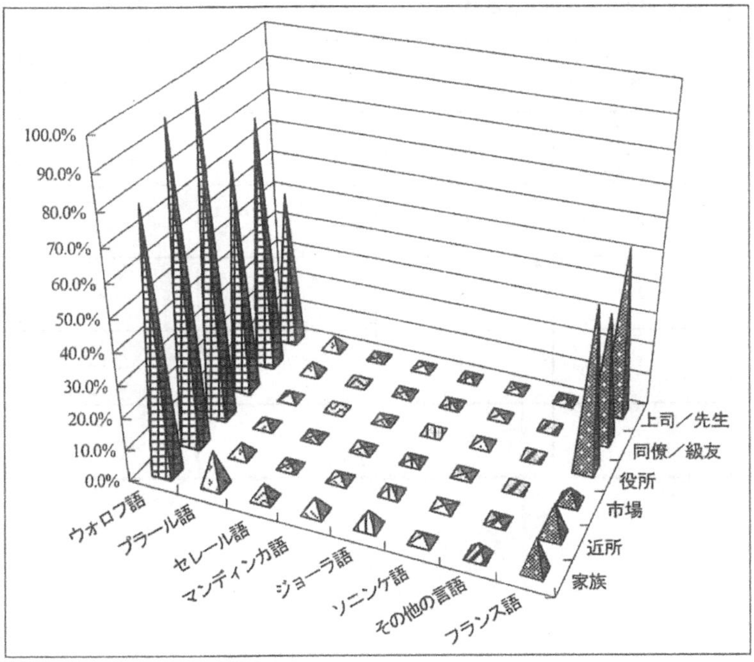

图 2　不同场合的语言使用：达喀尔

此外，我们也能发现沃洛夫语已经渗透到母语非沃洛夫语的使用者的家庭中。母语是沃洛夫语的使用者的人数比例只有 62.6%，而在家庭内使用沃洛夫语的人数已经达到 80.5%。与此相反，除法语外，沃洛夫语以外的语言在家庭内的使用率低于其母语使用者的比例。

在第一种类型中我们能够明确观察到，沃洛夫语以外的非洲语言正在不断衰退，朝着只使用沃洛夫语的单一语言的方向发展。

2. 第二种类型

笔者将第二种类型命名为“波多尔型”。7 个城市中波多尔和法蒂克属于该类型。在这 2 个城市中，分别为富拉语母语使用者和谢列尔语母语使用者占多数。

在波多尔和法蒂克周围的农村地区，沃洛夫语以外的某一语言占绝对优势。而在波多尔和法蒂克这 2 个城市地区，在沃洛夫语不断扩张的同时，地区的多数派语言也很好地被保存下来。多数居民同时使用沃洛夫语和地区多数派语言。

表 9 显示了典型城市代表波多尔的母语使用者世代间的变化。从表 9 中我们可以看到，虽然富拉语的母语使用者在数量上有一定的减少，但是相比其他语言，其保存度仍非常高。

表 9　父母的母语和本人的母语——母语使用者的世代变化：波多尔

语种	父亲 / 人	母亲 / 人	本人 / 人	差值 / %	母语比例 / %
沃洛夫语	34	36	52	+49	29.4
富拉语	118	112	111	−4	62.7
谢列尔语	2	0	0	− ∞	0.0
曼丁戈语	2	3	1	−60	0.6
索宁克语	2	0	0	− ∞	0.0
哈萨尼亚语	19	26	13	−42	7.3

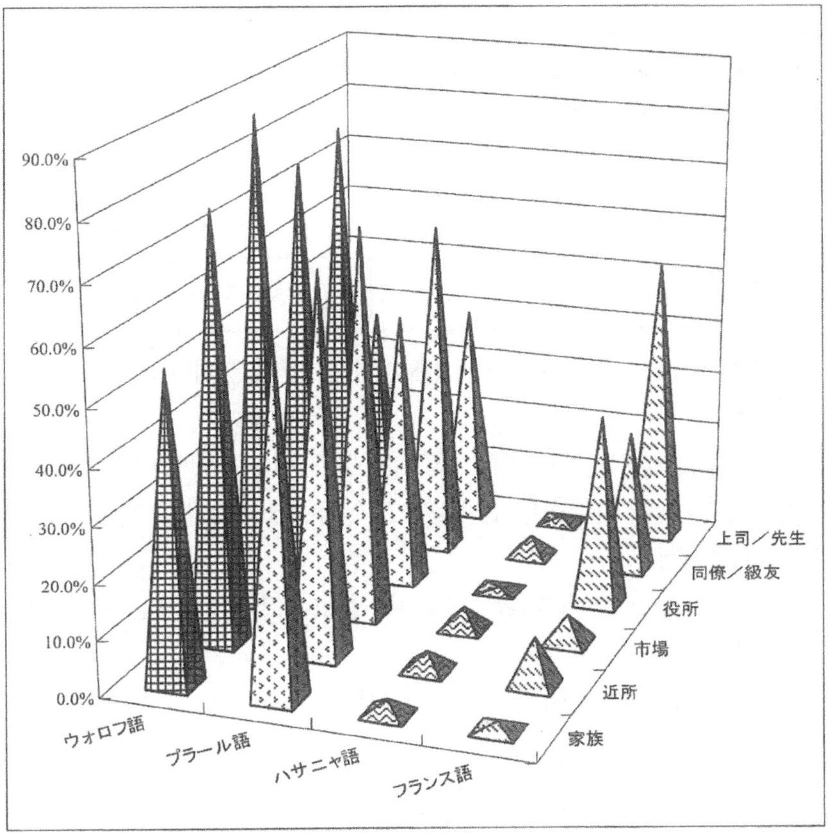

图 3 父母的母语和本人的母语——母语使用者的世代变化：波多尔

表 10 是对"在何种场合使用何种语言"这一问题的回答。该问题的结果与图表化后的示意图一同展示。无论在何种场合，沃洛夫语与富拉语的使用比例都较高。虽然波多尔地区中沃洛夫语在家庭内的使用率远远高于母语使用者的比例这一点与达喀尔相同，但不同的是，富拉语在家庭内的使用率与其母语使用者的比例一致，并且在家庭外，尤其在家附近和市场等场所，使用富拉语者的比例都高于母语使用者的比例。即在波多尔，沃洛夫语的扩张并没有导致富拉语的衰退，反而衍生出了在日常生活中同时使用沃洛夫语与富拉语的现象。

表 10 不同场合的语言使用：波多尔

语种	家庭 / %	家附近 / %	市场 / %	政府机构 / %	同事 / 同学 / %	上司 / 老师 / %	母语使用者 / %
沃洛夫语	54.8	76.3	88.1	75.4	77.8	37.5	29.4

续表

语种	家庭 / %	家附近 / %	市场 / %	政府机构 / %	同事 / 同学 / %	上司 / 老师 / %	母语使用者 / %
富拉语	62.7	67.8	70.1	49.1	60.8	39.8	62.7
哈萨尼亚语	2.8	3.4	4.0	0.6	3.8	1.1	6.7
法语	1.7	8.5	5.1	35.0	25.9	52.3	0.0

在第二种类型中我们可以看到，沃洛夫语与地区优势语言同时被使用的现象。

3. 第三种类型

笔者将第三种类型命名为“济金绍尔型”。位于非沃洛夫人地区南部的济金绍尔，东南部的坦巴昆达、巴克尔属于该类型。这些城市虽然都位于非沃洛夫人地区，但是并没有在人数上占绝对优势的民族。

在第三种类型中，虽然也能看到沃洛夫语的扩张，但不单是沃洛夫语，其他地区优势语言也有扩张的倾向。

不仅如此，与达喀尔不同的是，沃洛夫语和沃洛夫语之外的语言也在一定程度上被保存了下来。

表 11 显示了典型城市代表济金绍尔的母语使用者世代间的变化。

表 11　父母的母语和本人的母语——母语使用者的世代变化：济金绍尔

语种	父亲 / 人	母亲 / 人	本人 / 人	差值 / %	母语比例 / %	民族比例 / %
沃洛夫语	22	16	35	+84	10.6	5.8
富拉语	31	31	23	−26	7.0	9.1
谢列尔语	15	12	9	−33	2.7	4.8
曼丁戈语	26	18	32	+45	9.7	7.0
朱拉语	113	133	112	−9	33.9	36.1
索宁克语	4	4	3	−25	0.9	1.5
曼加克语	30	30	27	−10	8.2	9.1

续表

语种	父亲 / 人	母亲 / 人	本人 / 人	差值 / %	母语比例 / %	民族比例 / %
曼卡尼亚语	43	44	40	−8	12.1	13.6
克里奥尔语	11	6	26	+306	7.9	1.5
其他语言	35	36	22	−38	6.7	1.5
法语	0	0	1	+ ∞	0.3	0

从表 11 中我们可以看出，沃洛夫语之外的曼丁戈语、克里奥尔语的母语使用者人数有所增加，朱拉语、曼卡尼亚语等当地语言的使用人数虽然有所减少，但是与其他语言相比留存得较为完整。

此外，观察表 12 中关于不同场合的语言使用状况，我们可以发现沃洛夫语以外的主要语言在所有场合的日常对话中的使用频率都非常高。通过表格最右列的母语使用者比例可以看出，不仅是沃洛夫语，连曼丁戈语和克里奥尔语的非母语使用者都将这些语言作为通用语使用。尤其在“家附近”这一场合，在日常生活中使用曼丁戈语和克里奥尔语的人数约是其母语使用者的 3 倍。

表 12　不同场合的语言使用：济金绍尔

语种	家庭 / %	家附近 / %	市场 / %	政府机构 / %	同事 / 同学 / %	上司 / 老师 / %	母语使用者 / %
沃洛夫语	47.3	80.3	95.7	57.6	76.5	41.8	10.9
富拉语	7.3	5.8	4.3	1.2	2.8	3.8	7.0
谢列尔语	3.3	0.3	0.6	0.3	0.9	0.9	2.7
曼丁戈语	13.9	27.3	16.1	4.0	15.0	10.8	9.7
朱拉语	31.2	24.5	22.8	8.5	18.8	16.4	33.9
索宁克语	0.9	0.3	0.3	0.0	0.0	0.9	0.9
曼加克语	8.5	3.0	1.2	0.3	1.9	2.8	7.9

续表

语种	家庭 / %	家附近 / %	市场 / %	政府机构 / %	同事 / 同学 / %	上司 / 老师 / %	母语使用者 / %
曼卡尼亚语	13.9	11.5	5.8	0.3	7.5	11.3	12.4
克里奥尔语	23.0	27.3	15.8	5.5	18.5	8.0	7.8
其他语言	6.7	2.4	0.3	0.0	3.4	2.8	0.3
法语	12.7	16.7	7.3	71.3	42.0	62.0	6.4

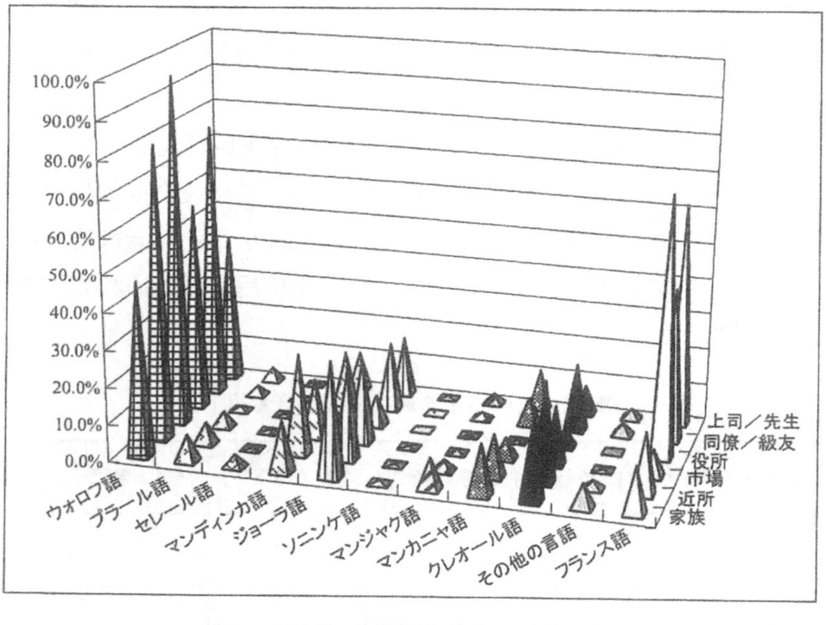

图 4　不同场合的语言使用：济金绍尔

多数派使用的朱拉语的比例虽然比其母语使用者的比例略低，但数值相对较高。

不仅是沃洛夫语，几种地区主要的语言的使用率都远超其母语的使用率。支撑诸如朱拉语等当地语言保存较完好的原因在于人们日常的多语言使用。根据人们在日常生活中使用的语言数量，笔者整理了表 13。

表 13　母语和使用的语言数量（法语除外）：济金绍尔

母语	使用的语言数量									
	1	2	3	4	5	6	7	8+	合计 / 人	平均语言数量
沃洛夫语	11	7	9	7	0	0	0	1	35	2.51
富拉语	0	8	12	2	0	1	0	0	23	2.87
谢列尔语	0	5	4	0	0	0	0	0	9	2.44
曼丁戈语	1	16	13	2	0	0	0	0	32	2.50
朱拉语	2	52	41	9	6	1	1	0	112	2.75
索宁克语	0	1	0	2	0	0	0	0	3	3.33
曼加克语	0	11	10	3	1	0	0	1	26	2.96
曼卡尼亚语	0	20	13	5	2	0	0	0	40	2.73
克里奥尔语	0	7	13	5	2	0	0	0	27	3.07
其他语言	1	6	10	2	4	0	0	0	23	3.09
合计	15	133	125	37	15	2	1	2	330	2.77

在济金绍尔，在 33 名回答者中只有 15 人回答只使用法语以外的某种语言。即便是沃洛夫语母语使用者，也有近 70% 的人在日常生活中使用 2 种或 2 种以上的语言。有 3 个城市的沃洛夫语母语使用者的平均语言数量是最少的。在济金绍尔，人们日常使用语言的平均数量就有 2.5 种以上。使用语言数量最多的是 2 种语言和 3 种语言之间，平均使用数量为 2.77 种，但是使用 3 种语言及以上的人数就占半数，使用 4 种语言的人数也有近 20%。

第三种类型，不单是沃洛夫语，几种地区有力的语言都呈现扩张的趋势，且当地语言都被很好地保存下来，这些都体现在日常生活中为之震惊的多语言使用之中。

4. 沃洛夫语的扩张和对沃洛夫语化的抵抗——阻止沃洛夫语形成一语独占局面

如上所述，在沃洛夫语扩张的同时，人们也会选择乍一看不经济的多语言使用类型，例如第二种类型和第三种类型。那么阻止沃洛夫语扩张的理由究竟是什么呢？

首先，我们来考虑沃洛夫语扩张的原因。

从历史上看，沃洛夫人属于塞内加尔北部地区的多数派民族，是12—13世纪成立卓洛夫王国的统治民族。因此成为北部地区统治语言的沃洛夫语，从17世纪起在大西洋交易中担任通商用语。19世纪中叶后，塞内加尔全国乃至西非一带的法国殖民地都是以北部的沃洛夫人地区为起点的。此后，塞内加尔及法属西非殖民地的政治、经济中心圣路易、达喀尔的主要居民也是沃洛夫人。这一地区的沃洛夫人作为法国行政官员、商人的助手或者雇员去各地发展。因此，在完全殖民化前就有一定程度扩张的沃洛夫语，在法国殖民下的以公路和铁路连接的塞内加尔各城市为中心的地区，成为被广泛理解的通用语。

然而，促使当今沃洛夫语持续扩张的最大原因还是经济。

沃洛夫语是城市和近代的语言，同时它也作为市场的语言，即商务语言而被广为使用。独立后，在19世纪70年代以后的政府经济破产过程中，控制非正式经济尤其是流通部门的是信奉塞内加尔自己的伊斯兰教和穆里德教的沃洛夫商人。他们的经济能力和团结力让其拥有与政府在政治、经济乃至社会影响力上对抗的能力，从而使人们更加向着沃洛夫语靠拢[①]。

唯一的官方语言、学校教育的语言法语，虽然是最具威信的、能提高社会地位的语言，但是通过法语提升社会地位的概率微乎其微。因此，若想过上富裕的现代都市生活，不学习沃洛夫语是行不通的。

那么，沃洛夫语为何没有像法国的法语一样，通过发展导致其他语言的衰退，确立自己一语独大的地位呢？

笔者认为最大的理由是沃洛夫语没有作为书写语言被使用，因此无法像法语一样获得官方的地位。法国的法语作为统治语言的同时，也是在行政和教育等领域唯一被使用的语言。相反，沃洛夫语虽然是统治语言，但是并未在制度上被授予行政和教育语言的地位，没有像法国的法语那样拥有带特权的、排他性的地位，因此不具有在非沃洛夫人地区之外压迫、排除其他语言的能力。

沃洛夫人地区以外的社会经济生活并非由沃洛夫人一元化统治，这也是沃洛夫语无法独大的原因之一。在波多尔和法蒂克等城市，非正式经济和地区多数派的农村经济并存的现象衍生出地区多数派语言及沃洛夫语2种语言并用的情况。在济金绍尔、坦巴昆达和巴克尔，沃洛夫语以外的语言由于与农村地区的关系而保持了一定的影响力，尤其在非正式的国际贸易中，沃洛夫语以外的语言发挥了重要作用，具有能与沃洛夫语抗衡的优势。

---

① 关于穆里德教和非正式经济，参照小川了：《作为可能性的国家志——现代非洲国家的人们与宗教》，世界思想社，1998年。

图 5 在富拉语的户外识字教室附近玩耍的孩子们①

（三）法语的位置

虽然现在官方语言法语的普及受限，但是如前所述，城市和农村法语的普及程度截然不同。

笔者调查发现，在城市地区能够理解法语的人数比例非常高。表 14 是 7 个城市里回答“使用法语”的人数比例。笔者的调查地域不是城市近郊的半农村地带，因此关于使用法语的数据整体上会相对较高，但是，即便如此也能窥见法语在“二战”后不只是部分精英阶层使用的语言的事实。

表 14 使用法语的比例

城市		毫无障碍 / %	某种程度 / %	基本 / %	总计 / %
达喀尔	男	61.8	9.4	11.5	82.7
	女	35.2	11.0	11.7	57.9
	总计	49.0	7.9	11.7	68.6

① 富尔贝族孩子和朱拉族孩子一起玩耍。大家都使用沃洛夫语，也使用富拉语和朱拉语，学龄儿童还说法语。笔者听到他们戏耍时使用的语言是沃洛夫语。

续表

城市		毫无障碍 / %	某种程度 / %	基本 / %	总计 / %
圣路易	男	50.0	13.6	9.3	72.9
	女	24.4	10.2	16.1	50.7
	总计	34.8	11.6	13.3	59.7
波多尔	男	65.2	5.8	15.9	86.9
	女	25.0	9.3	14.8	49.1
	总计	40.7	7.9	15.2	63.8
法蒂克	男	63.9	12.4	13.4	89.7
	女	28.5	13.4	18.0	59.9
	总计	41.3	13.0	16.4	70.7
济金绍尔	男	79.0	4.8	9.0	92.8
	女	46.7	2.5	23.3	72.5
	总计	66.6	3.9	14.2	84.7
坦巴昆达	男	54.0	8.9	22.6	85.5
	女	28.8	9.9	12.7	51.4
	总计	38.1	9.5	16.4	64.0
巴克尔	男	42.9	14.3	27.0	84.2
	女	15.3	7.3	16.1	38.7
	总计	24.6	9.6	19.8	54.0

首先明显能看到的是男女差异。尤其是回答“毫无障碍”使用法语的人员比例，我们

发现男性和女性之间存在 2—3 倍的差值。男女性的入学率差异虽然也近似于这个数值，但是重要的是，回答“能使用法语”的人在多数情况下并不会将法语作为日常用语。

何人在何种场合下会使用法语？关于这个问题我们按照职业的不同整理了 7 个城市被调查者的回答情况，得到表 15。

表 15　何人在何种场合下使用法语的比例

职业	家庭 / %	家附近 / %	市场 / %	政府机构 / %	同事 / 同学 / %	上司 / 老师 / %	总数 / %
公务员、公司职员等工薪阶层	21.8	21.2	12.9	96.5	85.9	94.7	170
学生	13.0	17.2	5.0	79.4	69.0	85.2	378
商人、农民、修理工、务工者等	6.6	9.4	4.8	48.0	22.7	24.1	731
无业者、主妇	3.2	3.9	1.8	25.5	9.4	7.3	934

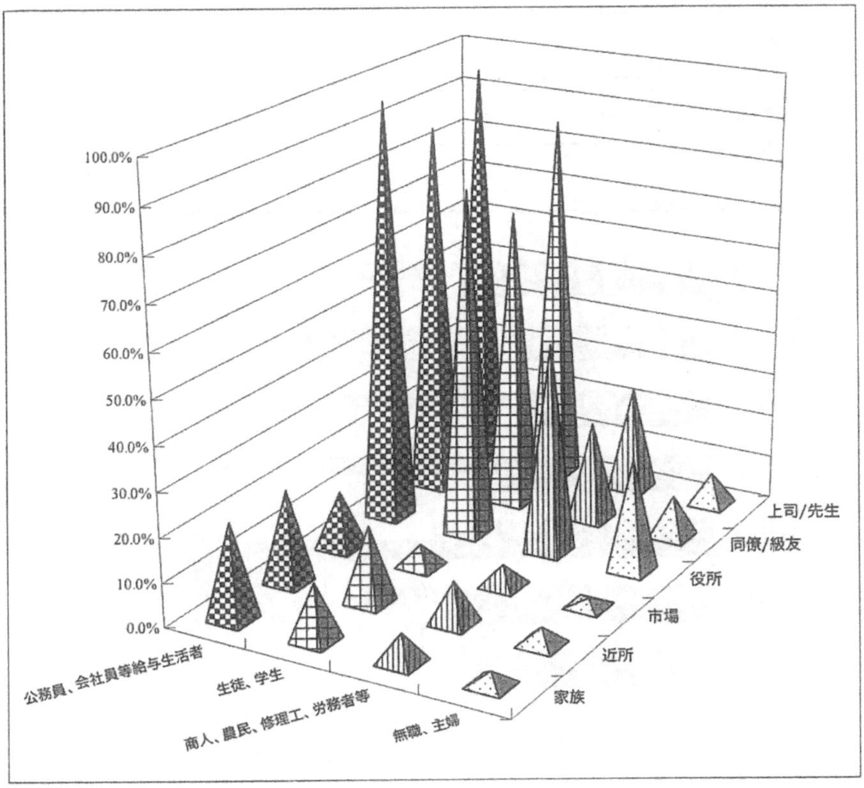

图 6　何人在何种场合下使用法语的比例

在日常生活中使用法语的人仅限公务员、公司职员等部分工薪阶层（2213 人中 170 人）和上学的学生（378 人），并且这些人很少在家庭、家附近、市场等场合使用法语。除此之外，如表 16 所示，就连在使用法语频率最高的政府机构（使用法语的工作人员所在的政府、警察厅、邮局等机构），法语的使用率也不高，实际上在大多数场合沃洛夫语的使用率更高。不管是初等教育的入学率还是法语的识字率，在塞内加尔沃洛夫语的比例都远远高于法语，只有济金绍尔除外。

表 16　在政府机构使用的语言：沃洛夫语和法语

城市	沃洛夫语使用比例 / %	法语使用比例 / %
达喀尔	73.5	51.0
圣路易	86.5	38.4
波多尔	75.4	35.0
法蒂克	81.3	43.9
济金绍尔	57.6	71.3
坦巴昆达	71.9	53.2
巴克尔	52.5	39.0

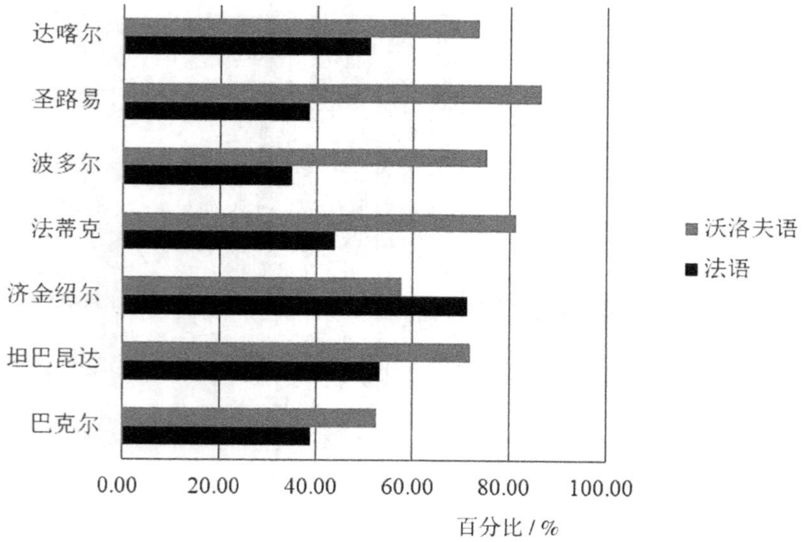

图 7　在政府机构使用的语言：沃洛夫语和法语

多数人的生活是由沃洛夫语等塞内加尔语言组成的。虽然法语也作为一门语言知识通过教育进行普及，但是，实际上使用法语的人仅限特定阶层。换言之，法语浮于因使用多语言而形成的多层语言状况这一海洋上，就像浮岛上形成的织网一样。

无论是法语还是沃洛夫语，如果一种语言就足以应付日常所有生活场合，那么塞内加尔人民没有必要选择使用多种语言。

正因为不存在能够保证所有人都能使用的语言，所以人们通过多种语言的同时使用谋求方便。同时，不管是何种语言，不管在哪个网络，自身以外的语言都不具有脱离这个语言网络还能够占有独立地位的能力，因此塞内加尔地区才能存在令人咂舌的由多种语言支撑的多语言使用状况。

四　“国语振兴”的陷阱

那么，政治是如何介入这样的语言状况的呢？

在文章开头提到的独立后的塞内加尔政府保存了殖民统治期间形成的城市与农村的双重统治结构，由于农村一直处于半放任状态，法语普及陷入了僵局。即便在城市地区，多数人的日常社会经济活动中，法语都不是一门实用性的语言，它只是部分特权阶层的语言。

（一）语言民族主义运动的始末

针对语言的壁垒法语，复兴“国语”的运动实际上很久之前就已经存在。早在 20 世纪 50 年代，脱离殖民统治的塞内加尔蓬勃发展，以旅法塞内加尔知识分子、学生为中心开始了语言民族主义运动。

作为该运动的核心人物，埃及学研究者谢赫·安达·迪奥普（Cheikh Anta Diop）影响了许多塞内加尔知识分子。1945 年，他在由巴黎的“黑人文化综合杂志”（Présence Africaine）社出版的《黑人民族与文化（上、下）》[①]（*Nations Nègres et Culture I, II*）中讲述了古埃及文明由黑人创造，主张要从该起源重新恢复非洲大陆的历史，并把非洲本土的语言作为“国语”。同时他还主张，在现代文明中，为了重新建设因殖民统治而发展受阻的非洲社会，必须要将英语、法语等外语，还有非洲自身的语言发展成能够适应现代文明的语言。此外，他还在书中强调了逐渐成为塞内加尔“国民”“国语”的沃洛夫语的重要性。

此外，主张从殖民统治中独立出来的“在法非洲学生联盟”的塞内加尔学生，根据拉丁文独自构思沃洛夫语的文字标记系统，并将其结集成书出版，积极向在法国的塞内加尔学生普及沃洛夫语的书面表达。

---

① Diop, Cheikh Anta. *Nations Nègres et Culture I. II*, Présence Africaine, 1954.

虽然像这样的运动只是部分学生组织的小规模运动，在脱离殖民统治的过程中并没有成为主流，但是这些运动成了塞内加尔独立后语言民族主义运动的坚实基础。

独立 10 年后的 20 世纪 60 年代末，塞内加尔依旧“未完全去殖民地化”，例如白人管理职员、教师等继续保持着影响力。对这些“未完全去殖民地化”的不满逐渐在城市居民中扩散，主张“塞内加尔化”的要求甚至引起了政局的动荡，由此，语言民族主义运动再次登上历史的舞台。其中，具有极强冲击力的运动是批判桑戈尔政权的作家乌斯曼·塞姆班（Ousmane Sembene）和语言学家帕特·贾尼等人带动学生阶层开展的“卡多”（KADDU，沃洛夫语的意思为“语言”）运动。沃洛夫语杂志 *KADDU* 自 1971 年起共发行了 5 年左右，塞姆班等人用沃洛夫语将文学、社会、科学等广泛领域的文章刊登在杂志上，表明沃洛夫语是能够作为“国语”使用的。在这次运动中，有不少知识分子、学生等年轻人参与，并且沃洛夫语成为“国语”的可能性也被一些接受法语教育的人再次发现。该运动被认为是批判新殖民主义下时任总统桑戈尔彻底的亲法姿态的政治运动，具有浓烈的政治色彩。换言之，通过这群批判桑戈尔的知识分子，语言问题成了塞内加尔民族主义象征性的核心。

KADDU 运动很快就结束了，直到 1974 年，人们才再次将语言民族主义作为一个政治主张提起。当时，桑戈尔政权承认仅限 3 个政党的多党制，语言民族主义作为新的在野党的口号而被提及。而后，1981 年，在迪乌夫政权下，组建政党完全自由化以后，几乎所有的在野党或多或少都将“国语”的引进作为基本方针，引进国语成为政党的口号。此外，一些具有政治影响力的教师团体也主张引进“国语”教育。

图 7　沃洛夫语杂志《卡多》的封面[①]

① 该杂志为学生、知识分子所编辑，曾是 20 世纪 70 年代沃洛夫语民族主义的象征。

（二）塞内加尔政府的“国语振兴”政策

都市法语精英阶层中诞生的语言民族主义，不可避免地影响独立后的政权，加上联合国教科文组织等发起的母语识字运动的影响，塞内加尔出现了几种“国语振兴”政策。

首先，1971 年，桑戈尔政府指定当时被普遍认知的 23 种塞内加尔语言中的 6 种语言为“国语”，随着这一规定的落实，政府设置了“识字局”，旨在用这些“国语”进行成年人扫盲工作。到了 1972 年，政府宣布将这 6 种“国语”引入“未来”公共教育。

修订政策的原因之一是，1965 年联合国教科文组织在其举办的德黑兰教育会议上提出了要用民众使用的语言进行“功能识字”的倡议，桑戈尔政府以此实施了看似对国际动态十分敏感的桑戈尔式措施。同时这也是对城市居民和学生要求“塞内加尔化”的应对措施。到了桑戈尔政府统治后期，1979 年，政府决定在初等教育阶段开设沃洛夫语、谢列尔语、朱拉语的实验班，但是由于该决定没有丝毫的事先准备，最后以失败告终。

“国语”这一概念的出现可以说是一个崭新的开始。但是，这个“国语振兴”政策只能说是雷声大雨点小，有名无实。最终，桑戈尔政府实行的“国语振兴”政策只不过是象征性地批判“未完全去殖民化”的幌子。

1981 年上台的迪乌夫政权开始了万众期待的改革。第二任塞内加尔总统阿卜杜·迪乌夫（Abdou Diouf，1935—　）就任后就宣布了 2 个重要的决定：一是政党完全自由化；二是举办“教育国民会议”。“教育国民会议”批判了桑戈尔统治期间的教育政策和语言政策，具体批判了造成塞内加尔独立 20 年后国民识字率仅为 20% 的法语教育体系，以及空谈“国语振兴”政策没有实际措施的状况。迪乌夫总统接受了会议的批评意见，设置了“教育改革审议委员会”，出台了相关教育政策。

1984 年出台的报告明确规定将“国语”引进公共教育，为此彻底改变政府的语言政策是不可或缺的[①]。报告指出，为了建立有效的教育体系，必须要将“国语”作为书面语言实际运用到社会生活中，为此必须要将“国语”作为塞内加尔正式场合的官方语言，在行政和议会中使用“统一国语”——沃洛夫语，在地方上使用其他“国语”。法语虽然与“统一国语”沃洛夫语同为官方语言，但是在公共教育中应该与英语一样，作为“外语”教授。

虽然这一计划被认为是具有明确方向的划时代的倡议，但是，该计划毫无实质性进展，并最终被搁置。

计划被搁置的主要原因之一是除了迪乌夫政府不得不面临的政治经济问题，还有在这之前迪乌夫政府根本没有想要彻底推行改革的政治意图。“教育国民会议”的举办也只是安抚城市居民不满情绪的怀柔政策。与此同时，在野党的“引进国语”主张也没有跨出城市

① Commission Nationale de Réforme de l' Éducation et de la Formation (CNREF) (République du Sénégal). *Rapport Général*. CNREF, 1984.

法语精英所宣扬的批判政权的象牙塔，之后的在野党再也没有任何具体的措施，“国语振兴”政策随之被搁置一旁。此外，“教育改革审议委员会”的倡议被忽略则是因为另一个至今很少被搬到台面上的问题。

支撑“国语振兴”政策的，只有作为“外语”的法语是官方语言，批判公共教育语言，赋予非洲语言应有地位的语言民族主义运动。这一语言民族主义运动主张的模式是“非洲语”对“法语”。对于否定“非洲语”，“国语振兴”政策所主张的是“非洲语”是非洲语言的一种下位语言。在此限定下，沃洛夫语母语使用者、富拉语母语使用者、谢列尔语母语使用者都有同样的资格谈“国语振兴”。

但是，事实上，在该语言民族主义运动中，被授予压倒性重要地位的是事实上的通用语沃洛夫语。将沃洛夫语作为“统一的国民语言”，给予其远高于其他语言的地位，对除此之外的语言都进行地位的差别化对待，这一“教育改革审议委员会”的提案从一直被回避到如今开始被放在台面上讨论。

在“教育改革审议委员会”的报告发表后的20世纪80年代后期，发生了另一起事件①。

在塞内加尔国民议会上使用的语言为法语，但是议会中也有未接受过学校教育、不会说法语的议员。一天，那位不会说法语的议员用沃洛夫语向大臣提问，大臣回答了他的疑问，并且用法语进行了答辩。之后，能够理解法语的某位在野党议员也用沃洛夫语向大臣提问，大臣用他的母语富拉语进行了回答。

“国语振兴”至少作为方针没有遭到任何人反对，针对与之相背离的差别对待其他语言的地位的议论逐渐消失在人们的视野中。

（三）成人扫盲运动和暧昧的多语言主义

自此，迪乌夫政权在没有明确的语言政策下，紧跟国际扫盲运动的热潮。为了向行政、公共教育领域推行“国语”，必须要如“教育改革审议委员会”的提案那样制定明确的语言政策，如规定语言之间的关系，区分使用领域。然而，诸如如何分辨各语言之间的利害关系等难以解决的问题层出不穷，只有在与行政系统和公共教育系统无直接关联的成人扫盲领域，才有个别语言毫无方向性地被振兴，衍生出可以称为“暧昧的多语言主义”的现象。

在1971年桑戈尔政权时代设立的识字局在20世纪90年代前没有取得任何成果，只是有名无实的存在。1993年情况出现了转机，由于得到了“加拿大国际开发局”的资金援助，塞内加尔政府开始了“识字1000字”等项目。以此为契机，“国语”的成人扫盲运动也得到了大量的资金援助。抛开少数巨大国际NGO的扫盲项目不论，那些仅限于在地区范围内进行活动的地区NGO得到这些资金援助，开始了活跃的活动，甚至成立了各“国语”的“语

① Faye, Souleymane. “Les Langues du Sénégal”. *Réalités Africaines et Langue Française, No.21*. CLAD, 1987, pp.1–13.

言协会”。就连迄今为止都只是躯壳的“每周扫盲”活动，也开始有许多国际 NGO 参加，规模逐渐扩大。

大量的资金投入必然引起政治上的利益冲突，也会带来各种各样的影响。各“语言协会”也开始主张起自己语言的利益。

自 1994 年起 2 年内，由于获得了加拿大政府和世界银行的资金援助，识字局在 3 家法语报纸上开设了沃洛夫语、富拉语、朱拉语“国语”记事栏，但是遭到了谢列尔语协会的抗议，质疑为何不选择谢列尔语。

之后，1971 年的政府条例要求使用法定 6 种“国语”以外的人学习“国语”。例如，仅占人口 1%，会说邻国毛里塔尼亚的语言和阿拉伯语的哈萨尼亚方言的国民，因为扫盲运动也要学习“国语”。同样，在南部卡萨芒斯地区使用曼卡尼亚语和曼加克语的国民也形成了各自的“语言协会”，并且开始影响那些没有被认作“国语”的“小语种”。

与殖民期间完全不同的“小语言主义”在国外资金支持的扫盲运动中孕育而生。各种国际组织及国内、国际 NGO 向个别语言的介入，使得塞内加尔在没有明确的语言政策下衍生出“暧昧的多语言主义”。

五 代结语

2000 年诞生的第三代瓦德（阿卜杜拉耶·瓦德，Maître Abdoulaye Wade）政权也默认了“暧昧的多语言主义”，并且助推其发展。

2001 年 1 月 7 日，由国民投票选举产生的瓦德政权新宪法中，不仅保留了 1971 年指定的 6 种“国语”，还增加了“今后将规范化后的语言都定为‘国语’”[①] 的条例。随后，2001 年和 2002 年分别增加了 5 种和 4 种语言。按照 2002 年这个时间节点，预计有 24 种语言会成为“国语”[②]。

2001 年宪法第二十二条还规定了“国立、公立、私立所有的（教育）机构有义务培训其成员学会一门‘国语’，并且积极推进国民扫盲运动”[③]。虽然之前“国语振兴”曾作为政策被颁布，但现在倡导的是向至今没有法制化的教育中导入“国语”。

虽然乍一看是先进的规定，但如果要适用于“今后规范化的语言”，实现的可能性令人质疑。假如将导入“国语”限定于初等教育阶段，虽不至于重蹈桑戈尔政权“国语”实验

① La Constitution du Sénégl de 7 janvier 2001, article 1.

② Cissé, Mamadou. “Les Politiques Linguistiques de Sénégal: Entre Attentisme et Interventionnisme”.《去帝国与多语言文化社会的走向——思索亚非语言问题》，东京外国语大学大学院 21 世纪 COE 项目“史料中心区域研究基地”，2004 年，第 229 页。

③ “La Constitution du Sénégl de 7 Janvier 2001”. Article 22.

班的覆辙，但是也能够看到，给所有的语言都匹配最低限度的教材和教学法，以及培养教师的成本等都非常庞大。

政府的喉舌报纸《太阳》(*Soleil*) 2002 年 8 月 29 日曾刊登名为“技术教育、职业教育、扫盲、国语”的大臣的发言。发言称，将于 2003 年度在 31 个县的 155 个部落的公共教育中导入“国语”，2004 年度增加到 310 个部落，2006 年度为 465 个部落，2008 年度扩展到所有部落①。但是，直到现在该发言内容仍没有任何实质性的进展。

实际上有所增加的是“国语”的数量。2007 年 2 月笔者拜访识字局的时候，其正在讨论将塞内加尔国内仅有 2000 人左右使用的巴扎兰克语定为第 10 个“国语”。

1984 年的“教育改革国民委员会”在报告中指出，要将“国语”真正地导入教育中，确定通用语法语和各“国语”地位的明确的政策是不可或缺的。因此，要想“平等”地对待 24 种“国语”，将其导入教育、行政领域，作为现实的政策是不太可能的。

现实中，在以沃洛夫语为中心的几种主要语言的势力在不断扩张的过程中，“不优待特殊语言，平等发展所有语言”的方针封存了有关想要抑制多语言状况发展的讨论，展望未来的议论难以展开的情况将会不断持续。

在这一现象的背后，是支配着提供大量资金的国际机构和欧美 NGO 的“多语言主义”意识形态。尤其在扫盲和教育普及活动中发挥先导作用的联合国母语主义，左右着关于语言和教育的议论。在所有能够保证公共性语言的欧美各国，都不存在为复兴一直以为被压抑的少数语言和地域语言而登场的“多语言主义”。将“多语言主义”带入不存在保证公共性的语言并且国情完全不同的非洲国家，其衍生出来的只有近似世界银行调整项目时出现的混乱局面。小语言民族主义的设立处境将比多语言状况的管理处境更加艰难。

附录 1　图 1 中日语对应中文

“ウォロフ”(沃洛夫)、“セレール”(谢列尔)、“プラール(プル)”(富拉 / 颇尔)、“マンディンカ”(曼丁戈)、“プラール(トゥクルール)”(富拉 / 图库勒)、“ソニンケ”(索宁克)、“ジョーラ”(朱拉)、“バランタ”(巴兰塔)、“バサリ”(巴萨里)、“混住地带”(混居地带)。

① Le Soleil, 29 août 2002.

附录 2 图 2 中日语对应中文

“ウォロフ語”（沃洛夫语）、“ブラール語”（富拉语）、“セレール語”（谢列尔语）、“マンディンカ語”（曼丁戈语）、“ジョーラ語”（朱拉语）、“ソニンケ語”（索宁克语）、“その他の言語”（其他语言）、“フランス語”（法语）、“上司 / 先生”（上司 / 老师）、“同僚 / 級友”（同事 / 同学）、“役所”（政府机构）、“市場”（市场）、“近所”（家附近）、“家族”（家庭）。

附录 3 图 3 中日语对应中文

“ウォロフ語”（沃洛夫语）、“ブラール語”（富拉语）、“ハサニャ語”（哈萨尼亚语）、“フランス語”（法语）、“上司 / 先生”（上司 / 老师）、“同僚 / 級友”（同事 / 同学）、“役所”（政府机构）、“市場”（市场）、“近所”（家附近）、“家族”（家庭）。

附录 4 图 4 中日语对应中文

“ウォロフ語”（沃洛夫语）、“ブラール語”（富拉语）、“セレール語”（谢列尔语）、“マンディンカ語”（曼丁戈语）、“ジョーラ語”（朱拉语）、“ソニンケ語”（索宁克语）、“マンジャク語”（曼加克语）、“マンカニャ語”（曼卡尼亚语）、“クレオール語”（克里奥尔语）、“その他の言語”（其他语言）、“フランス語”（法语）、“上司 / 先生”（上司 / 老师）、“同僚 / 級友”（同事 / 同学）、“役所”（政府机构）、“市場”（市场）、“近所”（家附近）、“家族”（家庭）。

附录 5 图 6 中日语对应中文

“公務員、会社員等給与生活者”（公务员、公司职员等工薪阶层）、“生徒、学生”（学生）、“商人、農民、修理工、労務者等”（商人、农民、修理工、务工者等）、“無職、主婦”（无业者、主妇）、“上司 / 先生”（上司 / 老师）、“同僚 / 級友”（同事 / 同学）、“役所”（政府机构）、“市場”（市场）、“近所”（家附近）、“家族”（家庭）。

诞生于街头的俚语
——科特迪瓦、阿比让的都市语言

■ 铃木裕之

一　引言

语言是如何生成的？这是一个十分有趣的话题。

很久以前，人们就意识到了“语言”是获得的，它生成的瞬间是无法体验的。我们活在语言的世界，通过语言认识世界，形成自我，经营社会。语言是被给予的，但语言也是“鲜活的”。语言不是完全固定化的，而是在日常的生活中不断有轻微变化的能动的体系。

本文想要讨论的是在科特迪瓦的大城市阿比让的街头男孩们创造的俚语。从俚语中我们可以看到语言动态的一面。俚语经过形成、变化、消亡，逐渐成为能够作为交流媒介的语言。除学校等公共教育场合外，在政府权力影响最小的街头，在该社会空间生存的街头男孩们的交流模式有着既有语言所不具备的自由度。那些由他们创设而成的俚语印有人类与生俱来的标记能力的特征。正因为被主流社会排斥，他们才可以不受固有概念的拘束，无意识地自由生成、组合、破坏符号。因此，阿比让的俚语正是经过上述符号化后的具象化的交流媒介。

笔者将讲述俚语形成的社会背景，并尝试描述俚语的特征。

二　多语言国家科特迪瓦和多语言社会阿比让

（一）阿比让的民族情况

在考察阿比让的俚语前，我们先综观科特迪瓦及阿比让的民族状况和语言使用状况。

1893 年 3 月 10 日，科特迪瓦正式成为法国的殖民地。当时，在没有考虑当地民族分布的情况下划分了国境线。1960 年 8 月 7 日独立时保留了原先的国境线，于是一个拥有众多民族的多民族国家诞生了。科特迪瓦约有 60 个民族[①]，大致可分为 5 个文化团体（见图 1）。每一个文化团体都有相同的系谱，我们也能通过从属于各个文化团体的民族中发现它们在语言、文化、社会上的相同之处。

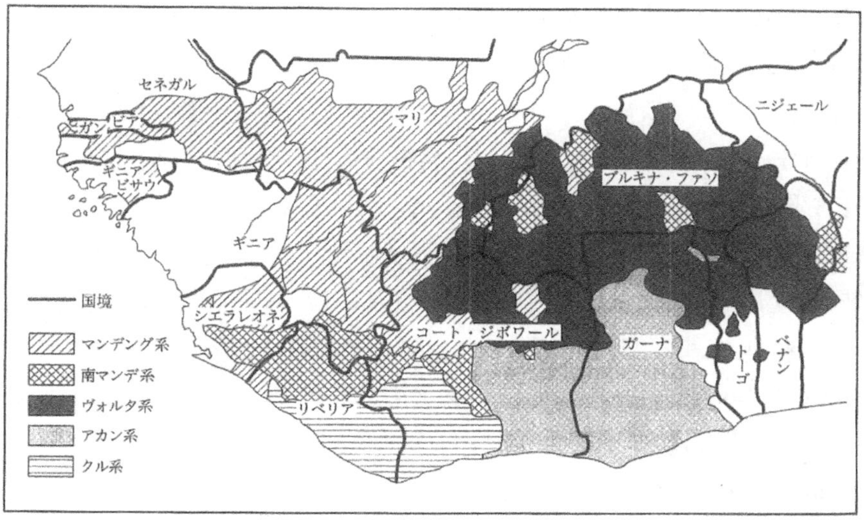

图 1　科特迪瓦的语言团体

从图 1 中我们可以看到，5 个文化团体以科特迪瓦近乎中心的地区为基准点向外扩散分布。从历史来看，各团体在移居的过程中，受到法国殖民划分的国境线及非洲人民固定化的居住地等影响，形成了现在的语言、民族地图。正如后文所叙，曼丁戈族系（马林克人、朱拉人等）[②] 主要是以现在几内亚—马里国境一带为起源的马里帝国的后裔——曼德人，被伊斯兰教化后，以可乐果和金钱买卖为生，不断南下，定居在科特迪瓦的西北部地区。南曼德族系[③] 是定居于塞拉利昂、利比里亚、几内亚至科特迪瓦西部森林地区的群体，拥有独特的假面文化。从语言上看，与曼丁戈族系有近亲关系，但从社会文化上看，2 个族系共同点很少。沃尔特族系（Voltaic）[④] 是以布基纳法索的莫西人（Mossi）为代表的群体，分布于布基

① 原口比较分析了科特迪瓦计划局的《人口调查报告书》（1967 年公示）、法国国立研究机构 ORSTOM 编撰的《文化 · 部落族群地图》及《阿比让人口调查报告书》（1975 年）中的部落名称，推断居住在科特迪瓦境内的部落数量为 63（原口，1996：12–33）。

② “马林克人”“曼丁戈人”的罗马音分别为 malinke 和 mandingue，在日语中多表示为“マリンケ”“マンディング”。但是，许多居住在肯尼亚、马里、科特迪瓦、布基纳法索的曼德系民族习惯发音为“马林克人”和“曼丁哥人”。本书依照笔者所调查的地区科特迪瓦的发音，使用“马林克人”和“曼丁戈人”。

③ 丹人（Dan）、古罗人（Gouro）。

④ 塞努福人（Senufo）、洛比人（Lobi）等。

纳法索、加纳北部、马里东南部至科特迪瓦东北部。阿坎族系（Akan）[①]以加纳的阿善提人（Ashanti）为代表，分布于加纳至科特迪瓦东南部一带。其中许多人是从加纳移民而来的。克鲁族系（Kru）[②]分布于利比里亚至科特迪瓦西南部一带。各文化团体包含了多个民族，虽然这些民族的语言在语言学上被归为同一语系，但是即便属于同一个文化团体，也并不能够实现多民族间的语言交流（曼丁戈族系的诸语言显示了强烈的亲缘关系）。

20 世纪六七十年代，由于主要出口商品咖啡、可可带来的经济效益，科特迪瓦经济高速发展，邻国劳动人口不断流入，国内 20% 的人口来自布基纳法索、马里、几内亚、加纳、尼日利亚、贝宁、塞内加尔等国。换言之，科特迪瓦是一个拥有约 60 个本国不同民族，以及多个来自邻国的民族的多民族国家，也是一个多语言国家。

1934 年 7 月 1 日，阿比让成为法属殖民地科特迪瓦的首都。1960 年 8 月 7 日，科特迪瓦共和国独立，定都阿比让。不仅在国内，在法语圈西非国家，阿比让也作为经济中心高速发展。1983 年 3 月 21 日，科特迪瓦将首都迁至首任总统费利克斯・乌弗埃・博瓦尼（Felix Houphouet-Boigny，1905—1993）的故乡亚穆苏克罗。但直到现在，阿比让仍作为国家实际上的首都，发挥政治经济中心的作用。

阿比让最早是法国人在埃布里耶人所在的村落[③]进行殖民统治而形成的典型的殖民地城市。建设铁路和港口的务工人员，以及想要在当时的经济中心阿比让追求更好生活的劳务移民，来自国内及邻国的大量人口涌入阿比让，使得阿比让的人口剧增。当时的人口不仅包含了科特迪瓦国内所有民族的人口，外国人口也占总人口的近 40%，文化的多元性十分显著[④]。因此，阿比让至今仍很好地保存着多民族多语言社会的特性。

（二）阿比让的语言使用情况

阿比让存在多种多样的语言，但不仅仅包含了与民族数量对应的语言。本节将以通用语为焦点整理阿比让的语言使用状况。

首先，作为殖民时代的遗留标记，法语是官方语言。与其他非洲国家相同，在“多语言”社会背景下选择官方语言时，选择某一个特定的民族语言会引起民族间的政治摩擦。因此，包含科特迪瓦在内的非洲国家几乎都会跳脱出民族框架，选择原殖民地宗主国的语

① 鲍勒人（Baule）、阿尼人（Anyi）等。

② 贝特人（Bete）、韦族。

③ 现在的普拉托区有 4 个埃布里耶族的子群 < 比让 >，那里被称为 < 阿・比让 >（=“比让之地”）。这就是阿比让的词源。

④ 科特迪瓦统计局的资料显示，1912 年阿比让的人口数为 1400，1934 年约为 1.7 万，1955 年为 12.5 万，1975 年为 95.1 万，1978 年为 126.9 万，1988 年为 192.9 万（国内总人口为 1081 万），目前没有准确的数据，但是能够推断阿比让的人口数已经超过 200 万。人口激增的主要原因在于移民的涌入。根据 1988 年的统计，居住在阿比让的科特迪瓦人约有 120 万人，包含了 5 个语言团体。同年外国人口数约为 73 万，占阿比让人口数的 37.7%。其中，除欧洲人和黎巴嫩人外，非洲血统的外国人口约有 70 万人，约占阿比让人口的 36%（Institut National de la Statistique, 1992b）。

言为官方语言。法语成为官方语言并非语言层面的问题，其中存在必然的政治意义。

法国以直接统治、同化主义为殖民政策的基础，采取将能使用法语的民族都认定为“法国人”的假想主义政策，不断推进通过法语普及和法语教育以培养“法国人”的语言同化主义。他们在殖民地开设原住民学校，让酋长的子孙等少数精英阶层在那里接受法语教育，培养效忠宗主国的翻译和下级官员。因此，法语成为法国殖民者统治并同化当地人的一种工具。

1960 年独立的科特迪瓦共和国虽然是多民族国家，但官方语言是法语，这并非法语在多民族间的语言交流媒介中胜出，而是科特迪瓦继承和发展了法语的语言霸权主义。与邻国加纳的恩克鲁玛（Nkrumah）和几内亚的塞古·杜尔（Sékou Touré）采取激进的反西方主义不同，采取亲西方路线的乌弗埃·博瓦尼总统不仅在语言方面，而且在政治经济等领域都与法国有着很深的关系。学校教育一直以来都使用法语进行教学，在行政等公共场合也使用法语。在媒体行业，除了国营电视、广播会使用几种民族语言播放短新闻外，其他报纸、杂志都使用法语。在此背景下，学习法语是进入社会精英阶层的必备条件。总之，在阿比让，法语渗透日常生活的各个角落，与周边使用法语的非洲国家的城市相比①，在阿比让能够看到更多的将法语作为日常用语的家庭和只会使用法语的儿童。然而，阿比让的居民使用的并非标准法语。

作为官方语言的法语，也就是我们说的“标准法语”，主要通过学校教育学习，但是，并非所有人都能够上学。因此，形成了在语法、词汇层面简易化、变形的“大众”法语。“大众”法语并非特定的人物或团体创造的语言，而是在日常的语言实践中不知不觉形成的。在国内某些城市，如果存在数量上有压倒性优势的民族，那么它们不会选择官方语言，而是会选择多数民族的语言为通用语（例如巴马科的班拉语、达喀尔的沃洛夫语等）。但是，科特迪瓦有在人数上不占优势的民族，“大众”法语作为无法接受正式的学校教育的民众的通用语而被普及。“大众”法语几乎没有被文字化，曾有周刊杂志《象牙周日》（*Ivoire Dimanche*）刊登由大众法语撰写的时事评论，由于说话者名为“穆萨”（Moussa，曼德族系男性名称），人们开始称呼这本杂志为《穆萨·法语》（*Français de Moussa*，后文将“大众”法语统称为穆萨·法语）。如今，穆萨·法语经常被用于刊登在报纸和杂志上的漫画的对话框中。

除标准法语和穆萨·法语外，在阿比让，作为通用语言而被使用的语言还有朱拉语。朱拉语是 5 个语言团体中曼德族人使用的语言。13 世纪成立的马里帝国的后裔曼德民族，以种植可乐果和金钱买卖为生，逐渐散布于西非各地。曼德民族在南下的过程中，分别定居于科特迪瓦的西北部和东北部地区。前者被称为马林克人，后者被称为朱拉人。朱拉最早在曼

---

① 例如达喀尔的沃洛夫语，巴马科的班拉语（Bambara）都广泛普及。

德语中是“商人”的意思，在科特迪瓦，人们将这 2 个民族，以及来自马里、几内亚的其他曼德族系的劳务移民统称为朱拉。被称为“朱拉”的曼德族系下的民族具有极其相似的文化和社会属性，也能够相互理解对方的语言。他们的语言被统称为“朱拉语”，它超越民族的范畴作为商业语言在市场上被使用。此外，在阿比让，作为其他民族的通用语言，朱拉语还被发现有语法简略化、词汇变化等现象，可能是由于融合了曼德语族下属的阿比让方言。

因此，在阿比让，除各民族语言外，还存在标准法语、穆萨·法语、朱拉语这 3 种通用语，它们发挥着打破民族范畴的交流媒介的作用。

三 街头男孩诞生的社会背景①

（一）被逐出学校

社会上每个人都有自己的一席之地。这些聚居地因地而异，因时而变。曾经的男主外女主内的传统模式现如今已经逐渐被社会淘汰。像这样随着时代的变迁，有些规范逐渐消亡，而有些规范反而根深蒂固。儿童上学就是后者的代表。西式的学校教育传入非洲是在殖民时期，但是对于独立后的国民而言，教育是必不可缺的，各国都致力于学校教育的普及，但现实中由于资金不足、人才短缺等原因，入学率上升非常慢。而科特迪瓦的学校教育普及相对比较顺畅。以法国教育系统为模型，初等教育（法国为 5 年，科特迪瓦为 6 年）为小学教育，中等教育（一共 7 年，第一阶段为 4 年，第二阶段为 3 年）分为 collège 和 lycée，高等教育部门有大学和高等职业学校。

图 2　阿比让的街头男孩们

① 关于阿比让街头男孩聚集在一起的社会背景，详情请参照铃木（2000）。关于包含女性在内的阿比让街头儿童的社会学研究可参照 Salomo–Marchat（2004）。

科特迪瓦政府在1988年进行了人口普查[①]，根据调查结果，国内整体入学率为67%，比其他非洲国家入学率较高。从性别来看，男性入学率为79%，女性入学率为54%，男性占优势，这是整个非洲的入学率倾向[②]。此外，城市的入学率高于农村也是所有非洲国家的特征，初等教育课程（7—11岁）在农村的比例为40%—50%，而在阿比让，比例高达71%—75%。在非洲，70%以上的入学率属于极高的入学率，但一旦超过11岁（小学最高年级的年龄），入学率就急速下降，14—15岁（中学最高年级的年龄）和17—18岁（高中最高年级的年龄）的入学率也明显下降。这表明在进入下一阶段的教育课程时，存在许多不再继续接受学校教育的学生。即在阿比让有许多学生进入学校，也有许多学生中途退学。只有最开始的分母基数比较大，而后减少的人数也非常多。这些学生辍学的主要原因并非学业成绩不佳，而是经济条件不好。当父母无法承担学费、课本费、制服费时，孩子就不得不放弃学业。此外，父母离婚等家庭环境发生巨变也是学生退学的重要原因之一。

（二）各种经济活动

辍学的青少年们很想拥有一个光明的未来。如果有高中教育程度的毕业证书，就可以成为公务员、教师或者公司职员。但是，从中小学辍学的孩子很难找到一份体面的工作。或许他们可以在非正式部门当一名汽车修理工、装修工的学徒等。但是，在国外劳动者占比超高的社会状况下，科特迪瓦人有一种精英意识，不希望从事所谓的“3K”[③]职业。我们来看1988年人口普查中不同国籍儿童的入学率，科特迪瓦国籍的儿童为72%，非科特迪瓦国籍的为49%。后者有许多不继续接受教育而是直接在非正式部门工作的儿童，与之相反，前者入学的儿童非常多，但辍学的儿童也不少。因此，街头男孩几乎都是科特迪瓦人，他们的自尊心不允许他们在非正式部门作为学徒工作。但是，很少有家庭能够供养整天游手好闲的年轻人。因此，他们走上街头自给自足。除街头以外没有能让他们赚取零花钱的地方。

阿比让的街头存在各种各样的“工种”。从擦鞋匠、报刊贩卖员、巴士揽客员、汽车看护员（看护停在路边的车，防止小偷、恶作剧的人，收取看护费用）到小偷、飞车劫匪、强盗、偷卖麻药者等，他们开展着适合自己的活动。这里有一个他们是否涉及犯罪的大问题。他们会犯一些小过错，如从被人遗忘的钱包中偷取东西，或者吃霸王餐等，但许多街头男孩还是不会贸然犯下上述罪责。在街头还有许多年轻人一边游荡在街头，一边坚守着自己的自尊心，不做任何犯罪行为。“街头男孩等于不良少年”这一社会普遍认知在某种程度上存在着偏颇。

① 引自 Institut National de la Statistique（1992）。

② 年轻的女性会参与家政服务、市场买卖等商业活动，那些没有上学或者退学的女性多数会从事上述行业，也有一些女性从事卖淫，但是这些女性并没有积极地参与街头文化的建设。

③ “3k”是日语的一种说法，是日语单词“きつい”（辛苦，Kitsui）、“汚い”（肮脏，Kitanai）、“危険”（危险，Kiken）罗马字拼音的首字母，指的是不受年轻人欢迎的既辛苦又危险的工种。（译者注）

四　街头文化的形成

在街头这个社会领域，街头男孩们进行着经济活动。其中有些人成为点头之交、至亲好友，或者成为敌人，在不断的交流过程中，他们形成了独特的交流模式。工作、吵架、玩耍……如何做事、如何说话，在街头这个特殊的环境下形成的交流模式与一般的社会交流模式大相径庭。不久，这些普通人难以理解的俚语，或者非常具有攻击性的肢体语言被整理后，以独特的街头文化被认识。因此，阿比让的街头男孩不再只是在街头赚些零花钱的“经济人”，而是共有相同的街头文化的“文化人”。

在阿比让，人们经常用朱拉语中意为“小胡子”的“nouchi”来称呼以街头为生、拥有独特的街头文化的街头男孩。不仅在科特迪瓦，在整个非洲，中国香港的武打片都十分受欢迎。20 世纪 70 年代以李小龙电影为代表的武打片在阿比让兴起，那时人们便注意到饰演坏人角色的大老板往往都蓄有小胡子。因此，街头男孩们就将坏人称为小胡子，即“nouchi”，随后传至街头以外的生活圈。然后，普通市民认为所有街头男孩无一例外都是“坏人”，因此不知从何时起“nouchi”开始指代所有街头男孩。

阿比让的街头活动包括身体活动和语言活动。身体活动是指受空手道和跆拳道影响形成的具有攻击性的肢体动作和由此发展而成的街头舞蹈①。语言活动是指在街头通用的俚语，这种俚语也被称为“nouchi”。

1960 年科特迪瓦独立后，咖啡、可可的出口推动了经济的发展；到了 20 世纪 70 年代，移民人口增加，犯罪、儿童失学等社会问题逐渐凸显，这时出现了第一代街头男孩，这时期也是街头文化形成的初期；20 世纪 70 年代后半期，咖啡和可可的国际价格下降，导致经济不景气，失业者增加，随之从学校退学的街头男孩的人数也逐渐增加；20 世纪 80 年代形成了“成熟”的街头文化。笔者自 1989 年至 1999 年陆续在阿比让进行调查，同时通过媒体收集新的信息以便研究不断变化的街头文化的样态。但是，早在 1989 年科特迪瓦就已经形成了内外都承认的（不仅为街头男孩，街头以外的人们也认同）独立的街头文化。

五　俚语“nouchi”②

（一）俚语“nouchi”的语法

本节将介绍俚语“nouchi”（以下“nouchi”即俚语）的各个方面。

“nouchi”是在街头语言的实践过程中产生的口语，由于每天都发生变化，也没有被文

① 阿比让街头文化中关于肢体动作和舞蹈的内容可参照铃木（2000）。

② “nouchi”的书写基本遵循法语，但是词汇方面，与法语相关的使用法语书写（如 drap，sciencer，choquété 等），除此以外用发音记号进行标记。

字化，"nouchi" 几乎没有被视作语言学分析的对象①。本节将分析 "nouchi" 的语法特征，但是事先声明，文中的分析并不十分严密，而是基于文化人类学者所能触碰到的程度进行的。但是，即便这样我们也能够充分了解 "nouchi" 的大致情况。

"nouchi" 以法语为基础，街头男孩们在法语中注入他们自己的各种创意，将这个国家的官方语言变为自己的俚语。换言之，在法语的句法结构的基础上加入以下几种变化。

1. 词汇的替换

替换更加单纯的词汇。如以下例句。

· Je me <u>lave</u>. → Je me <u>wash</u>. "我<u>洗</u>身体。"（英语）
· Il m' a <u>regardé</u>. → Il m' a <u>dɛn</u>. "他<u>看了</u>我。"（朱拉语）
· Tu <u>parles</u> trop. → Tu <u>kiyayi</u> trop. "你说的太多了。"（日语）

如上，将法语中的单词用其他语言的相同意思的单词进行替换。最后的例句中原本是日语的 "気合い"（精神贯注），由于街头男孩们通过影视了解了日本的武士道文化，在这里他们将 "精神贯注" 作为 "大声讲话" 这一动词使用。

2. 单词意义的替换

改变法语单词的意思。

我们以 "drap"（床单）为例。这个单词在 "nouchi" 中意指 "问题"，很可能是从法语的惯用句 "être dans de beaux draps"（抱着问题陷入糟糕的困境，直译：在漂亮的床单里）派生而来的。以下例句是在街头被频频使用的表达方式。

· Ya drap. "有问题。"（Ya 是 Il y a 的省略形式）
· Ya pas drap. "没有问题。"

或者和法语的动词 "casser"（破坏）重新组合，形成 "casser drap"（惹祸，直译：破坏问题）的表达方式。

· Tu cases drap. "你惹了祸。"

"science" 是表示 "学问、科学" 意思的名词，在 "nouchi" 中指 "想法"，形成以下惯

① 从社会学角度来分析 "nouchi" 的只有 N' Gessan（1990）等少数研究。

用句。

· dans ma science “我自己的想法。”（直译：在我自己的想法中。在标准法语中应该是 à mon avis）

· Quelle science！“发生了什么！”“想要怎么样！”（直译：“什么想法！”）

3. 单词的变形

把法语单词进行变形（多数情况为词尾变形），就能改变单词的意思。通常这种情况会伴随词性的变化。

例如前面的“science”（想法），如果在词尾加上 -er 便动词化生成“sciencer”一词。“sciencer”既可为自动词也可以为他动词，作为自动词时表示“思考”的意思，作为他动词时表示“酒、麻药（使人）麻痹”的意思。

· Je suis en train de scicencer. “我正在考虑。”

· Ça me science trop. “这（酒、麻药等）对我过于有效。”

以上就是名词（“science”）变形（“sciencer”）后动词化的例子。此外，动词“choquer”（使震惊），在词尾加上 -té 后形容词化变为“choquété”（有朝气的）。

· Il est choquété. “那个人很有朝气。”

除此之外，还有语序颠倒的反语。

4. 句意的改变

保持原本法语的表达方式，但是句意完全改变，如下例。

· Il est couché. “他正在睡觉。” → “他在监狱。”

· J’ai fini avec lui. “我完成了和他的事情。”

→ “我把那个人打垮了。”

“我杀了那个人。”

“我从那个人那里盗取了所有。”

等等。

· Je connais pas. “我不知道” → “才不知道嘞！”（威吓）

虽然也会使用这些法语句子原本的句意，但是在日常生活中吵架和犯罪等占多数场合的街头，还是使用句意变化后的句子为上。最后的例句与日本年轻人“生气时”使用的带有威吓语气的“知らねえよ（才不知道嘞）”十分相近，是吵架爆发前一定会使用的牢骚句式。

5. 脱离语法

以上几种法语的变形都是在法语的语法范围内能够解释说明的示例（单纯的词语的替换，词尾变形引起的词形变化，根据文章脉络句意的变换，等等），然而还有大量脱离法语语法的例子。

例如，当许多人聚集在一起时，会使用“ja foule”这一表达方式，“Ça ja foule.”表示“人很多”。“ja”在“nouchi”中表示“杀”，“foule”在法语中表示“群众”，这句话的直译应为“那个杀害群众”。像这样表达表面意思和惯用意思的关系的方式，需要基于个别示例之外的更加详细的社会语言学进行分析。

（二）词汇的生成——以朱拉语为例

“nouchi”是法语经过各种变形之后的产物，但是它的基础仍是法语的句法结构，因此可以分析整理它的变形形态。在上一节我们已经介绍了简单的变形图示，“nouchi”之所以有丰富的语言表现，是因为它有数量众多的词汇和惯用句。而其词源为法语的标准语、俚语、英语、非洲诸语及其他（这其中也包含了日语中关于空手道的用语），除此之外还有许多词源不明的词汇。在本节，我们将以为“nouchi”提供大量词语的朱拉语为例，考察街头男孩们是如何借鉴其他的语言创造出“nouchi”的词汇的。

1. 直接借用

不改变朱拉语单词的原意直接借用。例如使用动词 sɔgɔ[①] 造句。

· Il m’a sɔgɔ. “那个人用小刀刺我。”

或者使用“jɔ”（抓捕）进行造句。

· Yuukai m’a jɔ. “公交车的查票员抓住了我。”

“yuukai”在“nouchi”中指“公交车的查票员”。

①（用小刀）刺。

2. 改变语意后借用

将朱拉语单词的意义基于某种相似性进行变化后再借用。例如，“nɔnɔ”（牛奶）由于是白色的而引申为“海洛因”之意。“maga”（触碰）由于动作的相似性而引申为“盗窃”之意。用法如下。

· Il a maga mon pierre. “那个人偷了我的钱。”

在法语中意为“石头”的“pierre”在“nouchi”中指“金钱”。

3. 改变词形

利用替换音调、反复、省略等方法改变朱拉语单词的词形，由此产生新的词。例如，重复 2 次“muru”（小刀）变为“murumuru”，再把 r 替换为 n，产生“munumunu”（用小刀刺）这一动词。

· Je vais te munumunu. “我要用小刀刺你。”

省略“kabakuru”（石头）的后半部分，留下的“kaba”意为“监狱生产的坚硬的面包”。与朱拉语中表示“咬着吃”的“nyimi”相结合，组成“nyimi le kaba”，表示“在监狱啃着如石头般硬的面包”，但是，同时它也有“在监狱服刑”的意思。

· Il a nyimi le kaba. “他在监狱服过刑。”

甚至“kaba”还能单独表示监狱。

· Il est en kaba. “他正在监狱服刑。”

4. 与其他语言结合

把朱拉语的单词与其他语言相结合，产生新的意义。例如，从朱拉语派生而来的“nouchi”的“maga”（盗窃）一词和法语的“taper”（敲打）组合成“maga-taper”，表示在盗取敲打的瞬间，即毫无预告地“突然殴打”。

· Je l’ai maga–tapé. “我突然殴打那个人。”

法语“brigand”（做恶作剧的人，粗鲁的人）的省略形式“bri”，与朱拉语的“mugu”（性交）相组合形成“bri-mugu”，意为“粗鲁的性交”，即“强奸”。

· On a bri-mugu deux go.“我们强奸了两个女人。”

“go”在nouchi中表示“年轻的女性”，词源为英语的“girl”，“girl”在尼日利亚（或加纳）的方言中发音近似“go”，所以“nouchi”直接借用。

5. 添加后缀

把朱拉语的后缀与“nouchi”的单词相结合。“-ya”放在名词后面可以使之意思抽象化。例如，加在“mɔgɔ”（人）后面便形成单词“mɔgɔya”，表示“人性，人道”；加在“nouchi”的单词“grau”①后，形成单词“grauya”，表示“闯进去抢劫的行为、思考模式及行为本身”。

· One briko est mort dans notre grauya d' hier.“昨天，我们闯进去抢劫了百万法郎。”（直译：“昨天我们的闯入抢劫中，百万法郎死了。”）

“briko”是由法语中表示“百万法郎”的“brique”发生词尾变化而形成的，“one”直接借用了英语中的“I”，因此，“one briko”就表示“百万法郎”。

“-li”放在动词词尾可以使动词名词化。例如，“sonya”（盗窃）加入词缀“-li”后形成单词“sonyali”（盗窃、小偷）。在“nouchi”的单词“daba”（殴打）后加“-li”，形成“dabali”，表示名词“殴打”。

· Dabali était trop ba-bieer là-bas.“在那里被狠狠地揍了一顿。”（直译：“在那里的殴打太混账了。”）

“ba-bieer”在朱拉语中表示母亲的阴部，即“混蛋”的意思，但是这个词在穆萨·法语和“nouchi”中经常被使用。

以上为朱拉语的例子。如上述所示，街头男孩们在既有的词语中加入各种各样的变形，创造出新的词汇。

① 闯进去抢劫（的人）。

（三）反映生活环境的词汇

“nouchi”诞生于阿比让街头男孩们的日常生活。反过来说，在街头男孩们的日常生活中诞生了各场合所需要的表达形式。因此，通过“nouchi”的词汇，我们能够了解他们的生活环境。

恩格桑将“nouchi”的词汇分为暴力、麻药、卖淫、警察/监狱/法庭、小偷、金钱、饮食、人际关系和状况说明共9类（N’Gessan）。但是，如果继续进行整理，我们可以再将其分为2类：一类是金钱（经济活动）、饮食、吵架（暴力）、犯罪（麻药、小偷、警察/监狱/法庭）和女性（卖淫）5个与街头男孩生活紧密相关的领域；另一类是可以称为语言的必要条件的人际关系和状况说明。

我们来看一下关于金钱的分类。在阿比让，从学校退学及与家人关系疏远的年轻人成为街头男孩，他们首要目的便是获取金钱。那么，他们是如何获得赖以生存的金钱的呢？

科特迪瓦属于14个在原法国殖民地内处于中西部地区的非洲国家组成的“非洲金融共同体”（Colonies Francaises d’Afrique，CFA），在该共同体内非洲金融共同体法郎（以下称法郎）为统一货币（西非和中非的流通货币不同）。法郎分为面值5、25、50、100、250、500法郎的硬币和面值1000、2000、5000、1万法郎的纸币。但这些在“nouchi”中都有独特的叫法。例如，100法郎被称为“togo”，1000法郎被称为“klika”，词源不详[①]。硬币中面积最大（直径最长）的25法郎被称为“grosse”，是法语词汇“gros”（大的）的阴性表达，50法郎的面值是25法郎的2倍，因此50法郎被称为“deux grosses”（2个“grosse”）。1万法郎用法语中的“Tais-toi”（闭嘴）表示，该词的词源充满了诙谐的意思，意思为即便是整天死乞白赖要钱的女人们，拿了1万法郎也该闭嘴了。“金钱”这一词也有“pierre”（法语表示“石头”）、“taman”（词源不详）等各种称呼。

关于以赚钱为目的的经济活动的词汇也不少。街头男孩从事的工作，如巴士揽客员、汽车看护员、报刊贩卖员、擦鞋匠等都有自己独特的称呼，这些称呼发展了与工作有关的职业术语[②]。

除了存钱，填饱肚子也是街头生活的重要内容。例如，“吃”这个动词就有“daba”“baadu”“jaffer”等说法，多种同义语的存在说明了这个词语的重要性。与饮酒有关的词也包含在其中，“喝酒”“喝醉了”“吃霸王餐”等都存在多个同义词，酒也有不同种类的称呼。

街头的家常便饭——吵架，被称为“nyaga”，关于吵架的词汇也非常丰富。例如，吵架的行为就有“daba”（殴打）、“maga-taper”（突然殴打）、“sagba”（狠狠地收拾）、“nayaga”

① 一说在殖民时代，多哥共和国称货币铸造为“togo”（1000法郎），但该词源真实性不详。
② 关于街头男孩经济活动的细节参照铃木（1995，2000）。

（吵架）等说法。

犯罪在街头生活中也占据了不小的位置。根据种类，罪犯有不同的称呼，扒手为“débalousseur”，入室抢劫者为“grau”，持枪抢劫者为“gbongbonman”，贩卖麻药者为“borotigi”。与武器相关的词有“sis”（小刀）、“gbongbon”（手枪）、“zagazaga”（轻机关枪）等。麻药也根据种类的不同有多种称呼，大麻被称为“wasa”“chukuru”等，海洛因被称为“nɔnɔ”“pao”等，可卡因被称为“koko”“yuze”等，兴奋剂被称为“klɔ”“jalan”“jal”等。警官、宪兵、军人、巴士检票员等也有多种称呼，看守所、监狱相关的词汇也非常丰富。

作为精力旺盛的青年男性，街头男孩理所当然对女性抱有兴趣，“nouchi”中关于女性的词汇也不少。例如，“go”（年轻的女性、女朋友）、“go-janju”（水性杨花的女人）、“petini-go”（幼年援交女）、“fraîchini”（年轻、富有魅力的女性）（法语词“fraiche”为“新鲜的”的变形）等。

以上的例子只是“nouchi”词汇的一隅，实际上存在着数不尽的词汇，并且这些词汇还在不断变化。这些词汇在阿比让街头生活的重要场合中有更高层次的发展，也映射了街头男孩的生活环境。

六 “nouchi”的社会意义

（一）语言共同体

“nouchi”在阿比让的诞生和使用有何意义呢？

在多语言社会的阿比让存在阻断民族结构的法语、穆萨·法语、朱拉语 3 种语言，但是“nouchi”是一种“超”民族语言。在街头，每个人的民族出身只具有二维意义。街头男孩们基本上都通过“nouchi”进行交流，几乎不使用本族语言。不仅如此，“nouchi”在法语的基础上增加了各种变形，因此街头以外的人很难理解。随之，用“nouchi”进行交流，在街头的内和外之间形成屏障，出现了存在于街头的一种“语言共同体”，即既不是自己退学前在学校里学习的法语，也不是在村庄、家庭使用的民族语（在阿比让使用法语的家庭多），更不是在阿比让各处使用的穆萨·法语和在市场上具有一定普及度的朱拉语，而是专属于自己的“秘密”语言。只要使用这种俚语，街头男孩甚至都没有被敌人——警察等正义组织的人抓到过。要说“nouchi”是阿比让的街头男孩们在语言交流层面上与社会断层的表现也不为过。

（二）表明身份的媒体

十分了解阿比让街头生活并且能够自由地使用“nouchi”的人被称为“yere”（头脑聪

明 / 头脑好的人，形容词 / 名词)，而无法理解街头文化且不会使用“nouchi”的人被称为“gawa”(头脑愚笨 / 头脑笨的人，形容词 / 名词)。在阿比让街头生存这一生活实践与能够使用“nouchi”的语言实践相结合，“yere/gawa”这样的评价使街头男孩间产生了某种等级排序，会使用“nouchi”这一行为和其在街头的地位相挂钩。换言之，“nouchi”阻断了街头内外，除了在街头内作为通用语言起到了实际的意义传达功能，还具有威吓功能。

“gawa”这一称呼的使用范围不仅限于街头男孩，也在普通人之间使用。以普通人为对象时，会使用“头脑愚笨”这种一般的意义，但在多数场合会投射出与街头文化之间的距离，即背后是否存在了解各为己利的街头现实，或者是否有理解街头的知识能力等视角的评价，即在街头范围内被称为“优”，而在街头范围外被称为“劣”的街头男孩独特的视角。从该视角出发，使用“nouchi”便成为对不能理解街头文化的街头外人的示威标记。即便说话者不能传达清楚意思，但是表明了自己会说“nouchi”，显示了“街头性”，那么就能表明说话者的身份。

原本为社会底层的街头男孩，得以将在街头这一封闭的社会空间内创造的俚语传递给外面世界，是乘上了阿比让流行音乐发展的班车[①]。20世纪80年代，牙买加的雷鬼音乐和美国的饶舌音乐深受年轻人的喜爱，在阿比让，两者都与街头文化相结合，街头出身的歌手层出不穷。他们多用“nouchi”作词，创作了许多热门歌曲。从此，通过商演这一媒体交流过程，“nouchi”被介绍到整个阿比让社会。成为人气雷鬼歌手或饶舌歌手的街头男孩们因为自己身上的街头文化被认为既充满了危险气息又炫酷有型，故而受到了瞩目。

图 3　用“nouchi”歌唱的歌星唐古拉·斯皮德·戈拉

① 阿比让的街头文化和饶舌音乐的关系可参照铃木(1996，2000)。

如今，“nouchi”的一些表达方式以音乐或者口头交流等形式被穆萨·法语所吸收。在媒体行业，一些简单的表达会被用在电视、电台的谈话中，也有一些出现在报纸、杂志上的漫画中。在网络行业中也有用“nouchi”制作的网站[①]。在某种意义上“被饲养”的“nouchi”的一部分已经融入阿比让社会，但是，事实上那些创造了“nouchi”，并且在日常生活中每天都使用，将其作为自己身份象征的街头男孩们的生活依旧贫苦困顿，社会看他们的目光依旧冷漠无情。

附录　图 1 中日语对应中文

“セネガル”（塞内加尔）、“ガンビア”（冈比亚）、“ギニアビサウ”（几内亚比绍）、“ギニア”（几内亚）、“シエラレオネ”（塞拉利昂）、“リベリア”（利比里亚）、“マリ”（马里）、“コート・ジンボワール”（科特迪瓦）、“ブルキナ・ファソ”（布基纳法索）、“ガーナ”（加纳）、“ニジェール”（尼日尔）、“トーゴ”（多哥）、“ベナン”（贝宁）、“”マンデング系（曼丁戈族系）、“南マンデ系”（南曼德族系）、“ヴォルタ系”（沃尔特族系）、“アカン系”（阿坎族系）、“クル系”（克鲁族系）。

① 该网站地址为：http://www.nouchi.com/。

西　非

原葡属殖民地

有无非洲语言所造成的差异
——以佛得角和几内亚比绍为例

■ 市之濑敦

一 引言

佛得角共和国和几内亚比绍共和国是曾经处于葡萄牙殖民统治下的西非国家。本文将考察这两个国家的语言状况。前者为距离塞内加尔500多千米的小岛屿国家，后者为与塞内加尔南部相邻的较小规模国家。20世纪70年代中期，佛得角和几内亚比绍以“两国一党”的形式，相继从葡萄牙独立。主要由佛得角人领导的政党——几内亚和佛得角非洲独立党（Partido Africano da Independência da Guiné e Cabo Verde，PAIGC）在几内亚比绍开展了独立战争，并同时统治了两个主权国家，但一个国家被另一个国家吞并是意料之中的事情。

独立5年之后，因两国间政治关系的恶化，实现两国统一的梦想终成泡影。毕竟在20世纪的国际社会，两个主权国家在不远的将来合为一体，形成一个新国家的构想过于理想化。1980年，几内亚比绍爆发了反对佛得角人的军事政变。以此为契机，两国间的关系一度陷入僵局。幸而有安哥拉和莫桑比克等其他原葡萄牙殖民地的努力，两国关系逐渐趋于友好，但没有任何一个国家再认真讨论两国合并之事了。从此，作为独立的主权国家，佛得角和几内亚比绍分道扬镳。

具体来讲，尤其在20世纪90年代以后，佛得角把舵转向进一步强化与以葡萄牙为首的EU各国关系的方向，然而几内亚比绍则至今仍然持续着“非洲”状态，通过语言状况我们也能够清晰地看到几内亚比绍浓厚的非洲色彩。佛得角是双层语言结构，即使用葡萄牙语和克里奥尔语，而作为这2种语言的“基础”，为数众多的民族语言如今依然留存于几内亚比绍。

对于普通日本人而言，佛得角和几内亚比绍都是陌生的国度，但考察语言状况时会遇到许多有趣的问题。大航海时代，葡萄牙人扬帆出海来到了远离大陆的无人岛，并和从非洲大陆带来的黑奴一同建立了克里奥尔社会。在克里奥尔社会，作为母语的非洲语言逐渐消失，而由这些非洲语言和葡萄牙语接触形成的克里奥尔语却成为全体居民的母语被沿用至今，并且为了使克里奥尔语获得与葡萄牙语同等的官方语言地位，领导层不断提升其影响力。作为一直备受轻视的诸语言中的一种，克里奥尔语经历了怎样的官方化的过程？佛得角的克里奥尔语为我们提供了珍贵的资料。

几内亚比绍同样是在葡萄牙殖民统治下使用克里奥尔语的国家。在几内亚比绍，与其说克里奥尔语是全体居民的母语，不如说其起到了地方通用语的作用。但由于过去其主要用于与葡萄牙和佛得角商人的贸易活动，因此只能在规定地区使用。之后以 20 世纪 60 年代的解放斗争为契机，短时间内克里奥尔语在全国范围得到普及。从这一现象中我们可以管窥多语言社会的活力。葡萄牙语、克里奥尔语及民族语言共存的几内亚比绍可视为反映非洲语言状况的典例。

说起葡萄牙语，人们通常会认为它是葡萄牙和南美洲的大国——巴西的语言。其实葡萄牙语也是非洲的语言。此外，在佛得角和几内亚比绍，葡萄牙语是殖民统治时期统治者的语言，独立之后它也作为两国的官方语言保持着相当高的威信。在日本，葡萄牙语属于“小众”语言，了解葡萄牙语这一“国际语”在非洲发挥的作用，对改变人们的成见必不可少。虽然受远道而来的统治者（葡萄牙人）的语言（葡萄牙语）的摆布，但同时被殖民者又将其当作自己的语言，从这一点中可以看出非洲社会的深奥之处。

佛得角有自己独特的语言状况，几内亚比绍同样如此。此外，两国也有共通的部分，这有助于我们了解非洲的全貌。了解两国的语言状况，实际上也是了解非洲复杂的语言状况。

二　佛得角

（一）从无人岛到独立国家

日本的“大航海时代”在葡萄牙被称为“地理大发现时代”。这里的“发现”当然是复数形式。如果查看世界地图，我们就不难想象，佛得角在葡萄牙人的“发现”中属于初级阶段。15 世纪中期，葡萄牙船队发现了佛得角群岛。在被葡萄牙人发现之前，佛得角群岛是无人居住的岛屿。历史书籍中有记载，在这些葡萄牙人到来之前，非洲大陆的居民把佛得角群岛当作发生暴乱时的避难场所，是阿拉伯旅行家从船上看到了该群岛。

但是，这群成了难民的非洲人也好，阿拉伯旅行家也罢，都没有定居在这个如月球表面般凹凸不平的群岛上。最早把佛得角选为定居地的是葡萄牙人。当时这些葡萄牙人其实也打算放弃迁移到该群岛。这是因为佛得角的气候和土壤均不适合人类居住，与同为大西洋群岛的亚速尔群岛（Azores）和马德拉群岛（Madeira）截然不同。

虽然佛得角群岛不适合开展农业，但葡萄牙人知道这里是为了继续“发现”之旅，将从非洲大陆捕捉到的奴隶中转至新大陆的合适地点。于是，葡萄牙人从非洲大陆带着奴隶来到了此地，并开始定居下来。在大航海时代，由于乘船到海外探险的绝大多数为男性，迁入佛得角的葡萄牙人也以男性为主。他们将非洲女性当作奴隶或同居者带到了佛得角，因此大量混血儿出生，他们在这片大航海时代之前属于无人岛的群岛上建立了混血儿的种植园（plantation）社会。通过说不同语言的人之间的相互接触，形成了基于葡萄牙语词汇的克里奥尔语。据推测，佛得角的克里奥尔语形成于16世纪初期，或许可以将其看作世界最古老的克里奥尔语之一①。

这里需要明确的是，在形成克里奥尔语之前人们说的是葡萄牙语。尽管说葡萄牙语的人为数不多，但在佛得角，葡萄牙语的历史比克里奥尔语的历史更悠久。此外，在佛得角等非洲国家，葡萄牙语的历史比被“发现”于1500年的巴西葡萄牙语的历史更悠久。

目前，佛得角超过45万的人口中大约七成为白人和黑人所生的混血儿，其余是少数白人和黑人。佛得角是由众多小岛组成的国家，其中只有9个小岛有人居住，其余的小岛至今仍处于无人居住的状态。1975年7月5日是佛得角的独立纪念日。讽刺的是，虽然有着“绿色海角”之意的国名，但其拥有的绿色资源非常贫乏。

关于佛得角人的一个有趣的点是，在持续了500多年的殖民统治时期，他们既是葡萄牙人的奴隶，同时也是协助葡萄牙人的奴隶商人。19世纪末以后，佛得角人的地位处于非洲人和葡萄牙人之间，他们甚至充当了管理非洲人的角色。换言之，佛得角人既是奴隶，也是奴隶商人；既是殖民主义的牺牲者，也是加害者。部分年轻人充分利用这种不同于普通非洲人的社会地位到葡萄牙留学，其中出现了诸如阿米尔卡·卡布拉尔（Amílcar Cabral）等伟大领袖，他们在20世纪60年代发起了脱离葡萄牙殖民统治的战争。

独立后，安哥拉、莫桑比克、几内亚比绍等原葡萄牙殖民地因遭受内战的重创而陷入困境。而佛得角实现了相对稳定的政治局面，先进国家的援助和海外移民的汇款（移民海外的佛得角人数超过本国人口总数）也帮助他们克服了经济困难。独立初期佛得角实行一党专政，20世纪90年代修改宪法后实行多党制——不是通过军事政变，而是通过公正的选举实现政权交替。回顾过去，500多年来，佛得角没有经历过战争，可以说是建立了极其富有宽容精神的社会（也可以说这片土地完全不适合战争）。放眼整个非洲大陆，不仅仅是政治、经济，包括人权在内，佛得角都属于相当成功的民主主义国家之一。

① 关于这一点存在分歧。但大多数克里奥尔语研究者都默认为研究对象是大航海时代以后形成的克里奥尔语。就此意义而言，佛得角的克里奥尔语的确可以说是最古老的克里奥尔语之一。

（二）统治而不君临——葡萄牙语

在这片原本无人居住的佛得角群岛上，葡萄牙人和非洲人建立了殖民地社会，并在葡萄牙语和非洲语言的相互接触中，形成了克里奥尔语。正是由于克里奥尔语的存在，佛得角的非洲语言逐渐消失了。当然有些人在和朋友交流时还是会继续使用非洲语言，但并没有因此形成基于非洲语言的大规模语言共同体。如前所述，目前在佛得角的人种构成中，白人和黑人所生的混血儿约占七成，非洲人则不足三成，欧洲人占极少数。从使用的语言来看，“非洲系”语言已完全消失。如果将“克里奥尔”理解为“混血”或“混交”，那么岛国佛得角可以说是相当接近其字面意义了。

20 世纪 80 年代中期，笔者曾经在葡萄牙的里斯本大学留学，当时讲授“语言学入门”的老师是杜尔塞・佩雷拉（Dulce Pereira），她是葡萄牙为数不多的专门从事克里奥尔语研究的学者。杜尔塞・佩雷拉在课堂上讲过令人印象深刻的一段话：“在葡萄牙，很多人认为佛得角人都是双语使用者（bilingual）。但事实上并非如此，因为不会说葡萄牙语的人也很多。”

大概又过了 10 年，笔者参加由巴西利亚大学召开的伊比利亚诸语言克里奥尔语学会时见到了佛得角语言学家杜尔塞・阿马达・杜瓦蒂（Dulce Armada Duarte），并向他询问有关佛得角的葡萄牙语使用者比例问题，他回答道：“在佛得角，估计最多只有三成的人会说葡萄牙语，真正达到流利程度的人或许还不足一成。”

在这些混血儿当中，佛得角人和葡萄牙人所生的混血儿占多数，在文化方面，葡萄牙人对佛得角也抱有好感。葡萄牙人对佛得角的亲近感使人们误认为每个佛得角人都会说葡萄牙语，这种“误解”甚至使“神话”广泛流传开来。

“每个佛得角人都会说葡萄牙语”这一想法似乎在葡萄牙社会根深蒂固。就连曾经对“葡萄牙国内赞扬葡萄牙语的世界性普及”这一言论进行过批判性论述的社会语言学家保罗・费特・平托（Paulo Feytor Pinto）也指出，佛得角的葡萄牙语使用者比例已达到 80% 的高数值（Pinto, 2001: 46）。

在作为葡萄牙殖民地的时期，即在佛得角属于葡萄牙的时期，其使用的实质性官方语言是葡萄牙语。例如，学校里的公共教育所使用的是葡萄牙语，虽然只有非常有限的居民能获得接受教育的机会。指挥佛得角和几内亚比绍独立运动的英雄阿米尔卡・卡布拉尔也是用葡萄牙语在佛得角的学校接受了教育，之后进入葡萄牙的大学继续深造。大学期间，他努力学习农业经济学，有时还会用葡萄牙语作诗。

因此，当不存在所谓非洲语言共同体的佛得角于 1975 年实现独立时，有可能成为官方语言的只有两种语言，一个是葡萄牙语，另一个是殖民地时期受葡萄牙人歧视的克里奥尔语。但是，克里奥尔语既没有正字法，也没有词典和语法书，不具备任何官方语言的资质。

因此，独立后葡萄牙语成为官方语言是大势所趋。

独立后的佛得角将葡萄牙语作为官方语言。在司法、行政、学校教育、文学、大众传媒等领域，葡萄牙语展示出其绝对的存在感。例如，公文全部用葡萄牙语撰写，学校教育原则上也使用葡萄牙语；非洲国家中有着悠久历史传统的文学作品也几乎都是使用葡萄牙语来创作的；报纸上也都是葡萄牙语。可见，佛得角的确是以葡萄牙语为官方语言的国家。而且，从殖民地时期到如今，葡萄牙语都是优良血统和知识分子的象征，同时也是高贵身份的象征。在佛得角，如果不懂葡萄牙语，就不可能找到高收入的工作。

2005 年在周刊杂志《埃斯普雷索》(*Espresso*) 和电视台 SIC 的赞助下，葡萄牙举办了挑战葡萄牙语语言能力的“葡萄牙语大赛”。从开赛初期开始，佛得角的参赛选手多达数百人，佛得角也是除葡萄牙之外参赛人数最多的国家。葡萄牙驻佛得角大使也指出，葡萄牙语从来没有如此受佛得角人关注，并满怀热情地迎接此次比赛。从这些例子中可以看出，佛得角人为了赢得社会的认可，非常重视自己的葡萄牙语能力。

但我们到了佛得角就会明白，人们在日常生活中并不使用葡萄牙语。注意听他们交流的内容就会发现，他们没使用葡萄牙语，甚至可以说葡萄牙语只不过是他们用于和葡萄牙人交流的语言而已。例如，佛得角人谈恋爱时就不使用葡萄牙语。换言之，葡萄牙语是用于对外交流的语言。

虽然无法掌握准确的数据，但据我们推测，目前具备葡萄牙语运用能力的人还属于少数派。佛得角人在日常生活中使用另一种语言。从此意义上来看，虽然葡萄牙语作为官方语言统治着佛得角，但它并非扎根于国民内心深处的语言。

（三）国民的语言——克里奥尔语

如前所述，佛得角除了葡萄牙语这一官方语言之外，还有一种非常重要的语言。那就是在葡萄牙语和非洲语言的相互接触中形成的克里奥尔语，在佛得角它被称为“克里奥尔语”或“佛得角语”。正如“佛得角语”这个名字一样，它可谓佛得角国民的语言。几乎所有生活在佛得角的佛得角人都会说克里奥尔语，说克里奥尔语才是佛得角人的母语也不为过。所以，在佛得角使用人数最多的语言是克里奥尔语，葡萄牙语排在第二位，两者人数相差悬殊。

我想附带再提一下，在葡萄牙有很多来自佛得角的移民，他们中的大多数人移民后也继续说克里奥尔语。因此，在葡萄牙使用人数排名第二的语言是佛得角的克里奥尔语。此外，最近在众多移民佛得角的葡萄牙儿童和学生当中，开始出现学习克里奥尔语的热潮。

在考察克里奥尔语的使用情况之前，我们首先就其起源问题的相关讨论做一个简单的回顾。正如第 3 节所讲，除了佛得角，几内亚比绍也在使用克里奥尔语。围绕这两种克里奥尔语的起源问题的讨论持续了很长时间。在和大航海时代几乎同一时期，通过人与人之间的深入交流形成了两种克里奥尔语，而有关它们起源的讨论仍在继续，目前尚未得出结论。

克里奥尔语最早是在佛得角形成，然后传入几内亚比绍，还是与之相反，先在几内亚比绍形成然后再传入佛得角，一直存在争论。但是，正如任何有关起源问题的争论一样，它所反映的是民族主义的问题。争论导致佛得角人和几内亚比绍人都固执己见，认为克里奥尔语最早在自己的国家形成，都不认同对方的主张。

就连语言学家们的讨论也呈现出不同的倾向：研究佛得角克里奥尔语的学者支持佛得角起源说，而研究几内亚比绍克里奥尔语的学者则支持几内亚比绍起源说，至今尚无定论①。笔者认为，与其由单方面决定某一方是起源国家，不如将包括几内亚比绍在内的西非沿海一带和佛得角看作一个统一的不可分割的整体，在这片广阔的地域，它们相互影响，逐渐形成了具有地域特色的、不同国家及地区的克里奥尔语。

据推测在 16 世纪中期，佛得角的克里奥尔语就已经形成，之后被当地居民使用至今。虽然佛得角也有葡萄牙语使用者，但克里奥尔语才是种植园社会的主要语言。从 16 世纪到 19 世纪末，在没有受到来自政府的语言政策制约的时期，葡萄牙语和克里奥尔语并没有相互对立，而是和平共处。克里奥尔语使用者也无须在意别人的眼光，在人前能够光明正大地说出自己的母语（也有人对克里奥尔语持否定态度，当然外访者如何看待这一现象则另当别论②）。

但是，田园牧歌式的时代也迎来了终结。19 世纪末，随着葡萄牙实行彻底的殖民统治，葡萄牙政府开始了对克里奥尔语的残酷镇压。从 19 世纪末开始的约 100 年间，克里奥尔语被视为弱化葡萄牙帝国统治的主要原因，从而受到了各种敌视。与此相反，在学校、政府机关、法院等官方机构，葡萄牙语则被进一步强化强制使用。葡萄牙语是“语言”（língua），而克里奥尔语则相当于“方言”（dialecto），成了被歧视的对象。与此同时，“堕落的葡萄牙语”的偏见也深深扎根于克里奥尔语使用者当中。结果导致克里奥尔语的使用仅限于家庭和农场等私人场合，如同其文字一样社会中出现了双语（diglossia）局面。

当然也有一些例外的情况。在 19 世纪末葡萄牙强化殖民统治时期，佛得角进行了克里奥尔语的语法描写（虽说是克里奥尔语，但其中一部分使用了葡萄牙语的书写方式）工作，到了 20 世纪还出现了创作诗歌的文化人。从目前的记述语言学的水平来看，20 世纪佛得角最著名的文化人——巴尔萨泽·洛佩兹·德·席尔瓦（Balthazar Lopes da Silva）于 1957 年出版的《佛得角的克里奥尔方言》虽然有很多缺陷，但现在来看也是一本非常具有参考价值的珍贵著作。佛得角的克里奥尔语不仅是众多克里奥尔语中相当古老的一类，其文字记

① 支持佛得角起源说的有 Baptista（2001）等，支持几内亚比绍起源说的有巴西语言学家希尔多·奥诺里奥·多·科托（Hildo Honório do Couto）、法国语言学家路易·让·鲁热（Louis-Jean Rougé）等。

② 引自 Massa, Massa（2006: 227–229。）

载的传统也很悠久，而且还有着丰富的文字积累。

尽管如此，在持续到1975年的殖民统治时期，在官方场合使用的语言基本上只有葡萄牙语一种。克里奥尔语的使用仅限于私人的日常生活领域，克里奥尔语完全没有发挥出作为官方语言的作用。但反过来说，这也反映了克里奥尔语在老百姓的日常生活中始终保持强大的生命力。如果说葡萄牙语“统治”着佛得角社会，那么克里奥尔语则一直“君临”此地。

1975年7月5日，佛得角脱离葡萄牙统治，实现独立。佛得角是由众多岛屿组成的小型殖民地，没有适合执行游击战的森林，因此没能成为独立战争的舞台。尽管如此，佛得角人在反对葡萄牙殖民统治的民族解放运动中占据了非常重要的位置。他们和几内亚比绍人一同结成PAIGC，在高森林覆盖率的几内亚比绍境内与葡萄牙军展开了激烈的战斗。

前面也提到过，独立前，佛得角就有这么一群人为了提高克里奥尔语的地位而努力奋斗。文学杂志《克拉丽达德》(*Claridade*)的主编巴尔萨泽·洛佩兹·德·席尔瓦等文化人致力于提高克里奥尔语的地位，特别是克拉丽多索斯(Claridosos)尤为积极。但是，他们的目的在于明确“佛得角性”，而绝非想把克里奥尔语官方化，也没有想为此进一步完善克里奥尔语。那是因为，即使承认人人在说、民间口口相传下来的克里奥尔语是佛得角的文化支柱，也不见得必须在官方机构使用它。

如上所述，在日常生活中，绝大多数的人使用克里奥尔语，但克里奥尔语缺乏作为官方语言的资源。由于葡萄牙语被认为是符合佛得角国家利益的语言，尽管独立时70%的人属于文盲(无法用葡萄牙语进行读写)，但它还是被选定为官方语言。当然，葡萄牙语被选定为官方语言还有其他原因。例如，人们认为葡萄牙语是能够保障经济发展的语言，而且正如葡萄牙语在佛得角被视为“国际语”一样，佛得角人也非常重视与国际社会的关联(除了葡萄牙和巴西，还包括安哥拉、莫桑比克、几内亚比绍等原葡萄牙殖民统治下的非洲国家)。将葡萄牙语官方化这一决策具有现实主义倾向和未来指向性，同时也是重视历史的表现。此外，佛得角人(尤指上层阶级)将自己的思考和思想转化为文字时所使用的是葡萄牙语，他们对葡萄牙语的执念也是不可忽略的一大因素。

围绕克里奥尔语官方化的问题，在佛得角也产生过争论，这主要源自佛得角人的身份认同(identity)。人们普遍认为独立后如果将被称为“佛得角语”的克里奥尔语选定为官方语言，葡萄牙语自然就会受到忽略。官方化的争论日趋激烈。举一个极端的例子：刚独立时，民众热情高涨，甚至能看出为了炫耀脱离葡萄牙的统治而实现独立，他们想和殖民者的语言——葡萄牙语保持距离。

在1979年的“明德卢会议”上，人们首次就克里奥尔语的官方使用问题进行了正式讨论。明德卢是位于圣维森特岛北部的港口城市。当时尚未开展足以支撑制定佛得角语言政策的相关研究，举行“明德卢”会议只是便于国内外研究者聚集在一起交换意见，这为今后的研究做出了重大贡献。这是因为参加此次会议的研究者们对非洲语言的书写法进行了研究，并制定了克里奥尔语正字法[①]的试行方案。

图 1　明德卢

（注：明德卢是位于圣维森特岛的港口城市，同时也是佛得角的文化中心）

身兼文化大臣等多个要职的语言学家兼作家曼努埃尔·韦加（Manuel Veiga）于 1987 年出版了克里奥尔语版的长篇小说《泉》（*Oju·Dagu*），这部小说中使用了会议上制定的正字法。遗憾的是，由于使用了葡萄牙语中没有的书写法，其所受的批评多过赞美，本书也因此没能得到普及。但是，人们还是对作者的积极性给予了高度评价。曼努埃尔·韦加在其 2006 年生病期间也为克里奥尔语的官方化做出了不懈的努力，但有人质疑他这么做是为了销售自己的作品。

下一个具体的动向是 1987 年的扫盲运动。在瑞士合作机构的援助下，佛得角教育部开展了成人扫盲运动。此次运动的成功之处在于，除了克里奥尔语之外，葡萄牙语作为官方语言也被列入了扫盲的范畴。在教育第一线要求必须使用规定的书写法。书写法由专家制定，2 年后提交了相关成果。人们认为此次专家的提案比明德卢会议的正字法更加出色。在所谓“第一次共和制”时期，即从 20 世纪 70 年代后半期到 20 世纪 80 年代末，在这些语言、教育等相关领域专家的共同努力下，克里奥尔语的地位已经从“方言”上升到“语言”。

但是，1989 年的正字法也未能马上获得相关政府部门的批准。1993 年他们又成立了新

① 关于制定佛得角克里奥尔语正字法的历史进程，详见佩雷拉（Pereira）的网络论文。

的研究会，研究会的成果终于在 1998 年获得了政府批准。1998 年的提案正是后来成为“政令 67 号”的“阿尔法贝托 · 乌弗第亚诺—佛得角文字的统一字母表”（Alfabeto Unificado para a Escrita do Caboverdiano），通常简称为 ALUPEC。

与其说 ALUPEC 是正字法的最终版本，不如说是其规定了使用的文字、辅助符号的种类及其使用方法。制定 ALUPEC 的目的不在于消除各岛屿不同克里奥尔语之间的差异，形成统一的语言，而是尊重每一种克里奥尔语。政府规定检验 ALUPEC 有效性的期限为 5 年（截止到 2003 年 12 月 31 日），并将此后的 5 年作为观察 ALUPEC 的使用情况和变更所需的期限。由于没有强制要求使用 ALUPEC，也有不少人以自己的书写方式记录克里奥尔语，例如互联网上的博客等。

由于政府承认了 ALUPEC 的权宜性及社会文化价值，在 2008 年末召开的克里奥尔语集会中得出最终能将其制度化（常规化）的结论。在这种环境下，2009 年 1 月 22 日召开的阁僚评议会批准了将 ALUPEC 制度化的法令。政府还设立了协助执行 ALUPEC 的机构。不可否认的是，这一系列的新动向是实现佛得角克里奥尔语官方化的强大后盾。

ALUPEC 的基础是常被人诟病的语源型正字法（以葡萄牙语的正字法为原型）和遵照 1 音素等于 1 文字原则的音韵论型正字法的折中方案。ALUPEC 由 23 个单字母及 4 个双字母（两个字母代表一个音素）组成，并区分大小写。小写字母有“a、b、d、dj、e、f、g、h、i、j、k、l、lh、m、n、nh、ñ、o、p、r、s、t、tx、u、v、x、z”。这里需要指出的是，每一个双字母对应 1 个音素。因此，在葡萄牙语中“s”根据语境可读作 /s/ 或 /z/，但在克里奥尔语中通常读作 /s/。

同样，“g”在葡萄牙语中可读作 /g/ 或 /ʒ/，但在克里奥尔语中通常读作 /g/。值得注意的是，和葡萄牙语相比，克里奥尔语中没有“c”，但有“k”，后者用于标记 /k/，而“s”用于标记 /s/。因此，克里奥尔语不需要葡萄牙语中用于标记二者的“c”，但从“dj、lh、nh、tx”这 4 个双字母中可以看出克里奥尔语和葡萄牙语的关联。和葡萄牙语一样，在克里奥尔语中“lh”和“nh”也读作 /ʎ/ 和 /ɲ/，“dj”则用来标记葡萄牙语中没有的破擦音 /dʒ/（葡萄牙语中“j”表示摩擦音 /ʒ/）。有趣的是，“tx”表示现代葡萄牙语中没有的破擦音 /tʃ/，过去语源派主张用三字母“tch”标记，音韵派则主张用“c”标记。但是，研究者们认为用 3 个字母标记 1 个音素不太合理，而且葡萄牙语的“c”可读作 /k/ 或 /s/，如果用“c”标记破擦音 /tʃ/ 就会对葡萄牙语的学习造成困扰。因此，“tx”可以看作双方妥协的结果。最后“ñ”是用来标记和葡萄牙语无关的软口盖鼻音 /ŋ/。

图 2　用克里奥尔语写的海报——晚会邀请函

从佛得角历史及目前的政治局势来看，首先很难想象将葡萄牙语从官方语言中剔除的后果。但是，对克里奥尔语的期待大幅提高也是事实。若泽·马里亚·佩雷拉·内韦斯（José Maria Pereira Neves，1960— ）自 2001 年起担任佛得角总理，他曾表示：希望在其任职期间实现克里奥尔语的官方化。副教育大臣奥塔维奥·塔瓦雷斯（Otávio Tavares）承认葡萄牙语为官方语言，同时也呼吁需要实施将克里奥尔语作为母语而将葡萄牙语作为第二语言的特权教育。或许是一时失言，这位副教育大臣曾经因为将葡萄牙语和法语称作“外国语”而被记者追问本意[①]。

追溯过去，1999 年召开的修宪讨论会对克里奥尔语的官方化问题进行了认真的探讨，但还是差一步，没能实现克里奥尔语官方化这个目标。当时的佛得角社会未能完全消除对克里奥尔语的不信任感。以知识分子为主的群体认为克里奥尔语有适合其存在的地方，官方化等问题没有谈论的必要，这些问题应暂时放在一边。这种观点在他们心中根深蒂固是不争的事实（但他们并非反对使用克里奥尔语。反对官方化并不等于反对克里奥尔语）。

2002 年 7 月召开的“提升佛得角语地位的论坛”再次说明将克里奥尔语官方化的必要性（这是为了改变双语局面而迈出的一步）。在此次论坛上，佛得角国民议会议长阿里斯蒂德斯·利马（Aristides Lima）强烈呼吁：给予国民用克里奥尔语学习、撰写公文的权利，承认克里奥尔语具有与葡萄牙语同等的尊严（Veiga, 2006: 33）。

如上所述，人们仍在继续努力使政府迈出最后一步（克里奥尔语法制化）。官方语言的选定在相当大的程度上是国内外政治势力博弈的结果，就此意义而言，以总理为首的现政府（佛得角非洲独立党是执政党）积极推进克里奥尔语的官方化是利好因素。在不久的将来，佛得角或许会成为拥有两个官方语言的国家。其实早在 2009 年 2 月的国会修宪讨论会

① 详见佛得角日报 *Voz di Povo*，2007 年 9 月 26 日网络版。

上，佛得角非洲独立党就提议将克里奥尔语设立为官方语言（但是，关于以哪一个岛屿的语言变体为标准的问题是否有统一意见仍是未知数。为了实现标准化，最大的在野党——争取民主运动（Movimento para a Democracia）呼吁国民投票。政府对此的态度是，佛得角的克里奥尔语是一个整体，因此不需要为了选定某一变体为标准化样本而进行国民投票）。

可以用一句话来形容上述佛得角的语言状况："由葡萄牙语统治，由克里奥尔语君临。"从文学角度来看，其效果的确并不坏，但这种表达也可能是为了掩盖双语局面下的歧视本质。为了创造"葡萄牙语和克里奥尔语共同统治，共同君临"的新局面，应事先预测法律制定的趋势，策划具体的行动方案。非洲国家的语言政策中司空见惯的"宣而不战"不应该在佛得角重演。佛得角人为了从葡萄牙语的"语言侵蚀"中保护克里奥尔语做出了长期努力，怀疑克里奥尔语的官方化甚至会将所有努力化为乌有，是一个极为愚蠢的行为。

三　几内亚比绍共和国

（一）"黑色通天塔"

下面将目光转向大陆一侧。和佛得角一样，几内亚比绍共和国也位于西非，北邻塞内加尔，南邻几内亚共和国，国土面积只有 3.615 万平方千米。这个国家如同"沼泽地"，大海、河川和陆地的界限不清，人类能够居住的地方少之又少。由于气温高、湿气大，在殖民地时期该国对于葡萄牙人来说犹如"白人的墓地"。

大约 30 年前[①]，几内亚比绍经过 10 多年的解放战争终于推翻了葡萄牙的殖民统治，实现独立。当时，国际社会纷纷对其投以赞许和期待的目光。但之后，这个国家每当被海外媒体报道时几乎都会伴有国民的不幸等内容。20 世纪 80 年代，几内亚比绍经历了多次政变。最近受到世界各国关注的是，1998 年 6 月爆发并持续 11 个月左右的内战和 2003 年 9 月爆发的军事政变等。从经济指标上也能看出这个国家属于世界上最穷的国家之一。因此，每当提及几内亚比绍就会令人心痛不已。

目前几内亚比绍的政治、经济处于困境当中。从语言这一侧面来看，也可以用"复杂"来形容。如果觉得"复杂"这一词不足为奇，那么让我们回想一下 20 世纪前半期葡萄牙行政长官西蒙斯·兰德塞特（Simoes Landerset）用"黑色通天塔"来形容几内亚比绍复杂的语言状况。这个表达是否适用于 21 世纪暂且不谈，但即使是到了 21 世纪，其复杂的语言状况依旧如故。

详述之前，我们先对几内亚比绍的语言状况做一个简单的介绍。目前几内亚比绍国内

① 按原书出版时间计算。下同。（译者注）

主要使用3类语言：作为官方语言，享有崇高地位的葡萄牙语；虽然和葡萄牙语比较总会受到歧视，但在国民当中得到广泛普及的克里奥尔语；据推测大约有20种的民族语言。这些语言形成3种阶层，它们在发挥各自不同的社会功能的同时，构建了几内亚比绍的语言生态链。

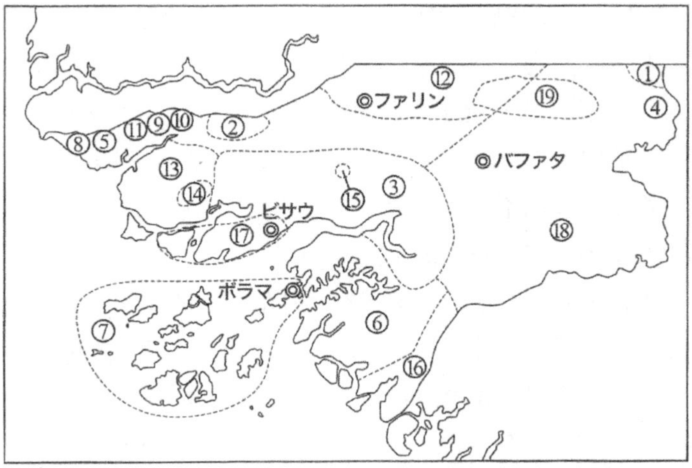

图3　几内亚比绍的语言地图（不包括葡萄牙语和克里奥尔语）

（二）没有进展的普及——葡萄牙语

几内亚比绍曾经是葡萄牙的殖民地，葡萄牙语是殖民地时期几内亚比绍实质性的官方语言，而且独立后几内亚比绍也继续沿用葡萄牙语作为官方语言。但是，在殖民地时期，葡萄牙政府没有把太多精力投入到对几内亚比绍人的教育中，几乎没有培养出会说葡萄牙语的人。尽管如此，几内亚比绍政府还是做出了和佛得角政府一样的选择。从而出现了一种国民当中几乎没有母语使用者的官方语言。

但是，即使到了独立30多年后的今天，在讨论当初的选择是否正确时，我们也很难做出评判。只能说考虑到当时的状况，实在别无其他选择。这个表述可能不是很合适，但独立后的几内亚比绍政府并没有做出最佳选择，而是采取了“苦肉计”。当时指挥独立运动的领袖头脑中本身就没有具体能够取代葡萄牙殖民体制的国家形象。因此，他们不仅没能在非洲建立新的国家体制，而且也只能继续延续老体制。

下面简单回顾一下独立前几内亚比绍的国内情况。独立前，葡萄牙政府为了向全世界表明葡萄牙并不是一个种族主义国家，协同天主教会对非洲人实施了“适度”的欧洲式教育。因此，在几内亚比绍的学校教育中，非洲社会被认为是没有文化、语言、历史的社会。但是，在天主教学校上学的只有极少数改信天主教的当地居民，自始至终忠实于传统的人并没有上天主教学校。甚至可以说，在 10 年解放战争中接受高等教育的几内亚比绍人比过去 5 个世纪的葡萄牙殖民统治时期还要多①。

当时，葡萄牙人即使身在几内亚比绍，首先也会想到用葡萄牙语交流，只有沟通不畅时才会用受葡萄牙语影响的克里奥尔语变体。只不过，葡萄牙人虽然嘴里说着克里奥尔语，但和佛得角一样，克里奥尔语在殖民地时期饱受葡萄牙人的歧视，被禁止用于教学场所。

当时的学校以欧洲学校为原型，并非用于国民教育，而是作为行政场所，试图使少数当地居民“脱非入欧”。由于学校处于与普通民众的生活相隔离的状态，克里奥尔语也理所当然地被排除在外。葡萄牙人把非洲的传统看作“文明”的相反概念——“野蛮”。到现在还对克里奥尔语持否定态度的不仅有葡萄牙人，还有几内亚比绍人。他们认为克里奥尔语是“错误的葡萄牙语”，这是殖民统治的负面遗产。

在葡萄牙语未能普及的情况下，由指挥独立战争的几内亚和佛得角非洲独立党在解放区建立的学校，克里奥尔语比葡萄牙语更实用。扫盲教育也是用克里奥尔语开展，而不是葡萄牙语，而且领导者们意识到克里奥尔语有助于建设几内亚比绍。同时，民族语言数量过多，对超越国境也较敏感。换言之，一旦跨境就不再是国（民）语，而是属于国际语。领导者们认为几内亚比绍人团结一致就是与葡萄牙人的有力对抗，并将殖民统治下所形成的语言视为被解放的语言。现在，克里奥尔语是国民统一的象征，同时也是能够证明自己是几内亚比绍人的一种语言。

早在独立前有关官方语言的讨论就已如火如荼。众所周知，当时指挥几内亚比绍和佛得角走向独立的领袖阿米尔卡·卡布拉尔也支持将葡萄牙语作为官方语言（卡布拉尔并没有歧视克里奥尔语，而是把它叫作“我们的语言”）。阿米尔卡·卡布拉尔是出生于几内亚比绍的佛得角人，是几内亚和佛得角非洲独立党的领袖，在理论层面和外交层面对两国的独立发挥了非常重要的作用，因此闻名海外。出版机构现在仍在出版关于他的传记和研究书籍。阿米尔卡·卡布拉尔把解放战争定义为文化行为，他的伟大之处还在于已预料到独立后语言政策的

图 4　阿米尔卡·卡布拉尔

① Cá（2000）指出，1471—1961 年，几内亚比绍仅有 14 人获得大学毕业资格，而 1963—1973 年的 10 年时间里，获得大学毕业资格的有 36 人。

重要性，并对语文政策的制定有着非常重要的影响。

卡布拉尔之所以主张将葡萄牙语作为官方语言，不仅是因为他曾经留学葡萄牙，熟知葡萄牙文化，更重要的是出于非常现实的考量，即克里奥尔语和民族语言中缺乏现代社会不可或缺的词汇和表达（他举了“重力速度”“平方根”等例子）。对他而言，葡萄牙语是葡萄牙人留给几内亚比绍为数不多的“有价值的东西”。在解放战争期间，克里奥尔语和民族语言曾用于教学，但由于它们未能获得官方语言的地位，独立后彻底沦落为辅助葡萄牙语的角色。

几内亚比绍在宣布独立时就将葡萄牙语作为官方语言，而且直到今日还一直将葡萄牙语用于司法、行政、教育、大众传媒等领域，而且在各类文书中葡萄牙语占据垄断地位，在以外国人为主的宾馆和餐厅也用葡萄牙语沟通。关于独立前的语言状况虽然没有相关的统计数据，但关于独立后的情况目前已有多名研究者粗略统计了各语言的数据。1979 年的语言调查是独立后实施的唯一一次语言调查（Macedo, 1989: 35）。该调查显示，葡萄牙语使用者人数只占总人口的 5%—6%；居住在首都比绍的传教士费拉罗（Ferraro）的报告显示则更低，仅有 2%（Ferraro, 1991: 118）；而平托的预测值为 11%（Pinto, 2001: 48）。不管哪一个数据，可以肯定的是，在葡萄牙语圈的非洲五国中，几内亚比绍是葡萄牙语使用者比例最低的国家，无论通过哪个数据，我们都能看出葡萄牙语没有成为几内亚比绍国民在日常生活中使用的语言。不仅如此，由于殖民地时期实施分离主义教育方针，直到如今对葡萄牙语的抵触情绪仍然深深扎根于几内亚比绍的社会土壤中。

葡萄牙语既然不是普通国民的语言，那么会是上层阶级的语言吗？的确，总统、阁僚阶层及高级官员都会说葡萄牙语（如果不会说就不可能获得那么高的社会地位）。所谓的文化人也一样。就此意义而言，葡萄牙语或许可以说是上层阶级的语言。但即便如此，在日常生活中他们也不会自然而然地用葡萄牙语交流。

因此可以说，葡萄牙语在几内亚比绍就连上层阶级的语言都算不上。几内亚比绍独立后，能用葡萄牙语的场合和说葡萄牙语的人都非常有限。因此，说现阶段葡萄牙语只是在名义上发挥官方语言的作用也不为过。几内亚比绍的葡萄牙语是少数上层阶级仅在非常有限的场合使用的语言。

换言之，目前的实际情况是，和殖民地时期相比，葡萄牙语的普及率没有太大的变化，也没有什么进展。虽然学校的数量有所增加，但办学质量没有提高。虽然独立已有 30 年，但国会议员中也有不精通葡萄牙语的人（其中一些议员在国会场合用克里奥尔语发言），他们被要求进行语言进修。政府公文用的是葡萄牙语，报纸用的也是葡萄牙语，几年才出版一次的小说用的还是葡萄牙语。但是，即使是用葡萄牙语撰写文章的人，在日常生活中也用其他语言进行交流。与其说几内亚比绍是讲葡萄牙语的国家，不如说是用葡萄牙语写作的国家。

受其影响，人们每当提起独立后的几内亚比绍时总会说：它是非洲普及葡萄牙语最失败的案例。究其原因，既有几内亚比绍政府的责任，也有葡萄牙政府对其求援消极应对的影响。葡萄牙语的普及需要更加强烈的政治意志。

但是，在图书营销活动中，葡萄牙语图书经常会被销售一空，由葡萄牙文化中心主办的语言课程也常年招收学生、教师、高级官员。由此可见，人们充分认识到掌握葡萄牙语是提高社会地位的必要条件。对于许多几内亚比绍人而言，葡萄牙语是他们想掌握的语言，并且他们也不见得有从葡萄牙语手中夺回官方语言地位的具体动机。然而现状是葡萄牙政府的反应相当迟钝。虽然驻守 500 年，但葡萄牙和几内亚比绍仍旧缺乏文化交流，对此几内亚比绍哀声一片（尽管用葡萄牙语发言）。葡萄牙人经常批判法国文化中心积极开展的文化活动等相关工作。但是，在批判他国的文化政策之前，首先应该做好自己该做的事情。

另外还要指出，在几内亚比绍，几乎没有开展对当地葡萄牙语的研究。与安哥拉和莫桑比克相比，这反映出几内亚比绍的葡萄牙语普及率低的事实。

图 5　持续混乱的几内亚比绍首都比绍

（三）“通天塔”之国的桥梁语言——克里奥尔语

如前节所述，葡萄牙语使用者在总人口中所占比例相当低，从而导致葡萄牙语一直未能发挥地方通用语的作用——使说不同语言的群体之间的交流成为可能。取而代之的是，从 1963 年的解放战争至今，基于葡萄牙语词汇形成的克里奥尔语（在当地叫作“Kriol”或“Kiriol”）在城市和农村等全国范围内被广泛地使用。那是因为，游击战士在和农民进行沟通时使用的是克里奥尔语，而且那个时期领土范围内人口迁移频繁（换言之，解放战争初期，作为不同民族之间的地方通用语——克里奥尔语还没有发挥很大的作用）。在几内亚比绍独立之后，葡萄牙语的普及化进程也与几内亚比绍社会的城市化或现代化进程相并行，并一直持续至今。

即使没有具有法律约束力的语言政策，克里奥尔语也把被葡萄牙语（没有被普及的官方语言）及众多民族语言分裂的国民联系在一起。可以说克里奥尔语在统一各民族群体方面发挥了核心作用。目前尤其在比绍、杰巴、巴法塔、法林等城市地区，克里奥尔语是居民在日常交流中唯一使用的语言，而且还常用于电视、广播的娱乐节目，以及流行音乐的歌词、漫画、电影等所谓的大众文化作品中①。

从上述马塞多和费拉罗的报告中我们可以得知克里奥尔语使用者的比例，前者的报告中克里奥尔语使用者为总人口的 44%，后者的报告中则为 75%。费拉罗列出的统计数据任何一项都出处不明，在此意义上来说，和 1979 年的语言调查相比，费拉罗的数据缺乏可信度。但在 1979 年到 1991 年的 12 年时间里，克里奥尔语确实得到普及，考虑到这一点，“75%”的数据也并非毫无根据。

据“Ethnologue”统计，克里奥尔语母语使用者大约有 10 万人，更有 60 万人是和其他语言并用的。从这些统计数据可以看出，克里奥尔语使用者绝对多过葡萄牙语使用者。另外，最大的民族语言巴兰塔语（Baranta）使用者比例占总人口的 25%，从而可以明确克里奥尔语是在几内亚比绍使用人数最多的语言，关于这一点，下面会再提及。

塞内加尔南部卡萨芒斯地区也在使用夹杂着葡萄牙语词汇的克里奥尔语。众所周知，这种克里奥尔语和几内亚比绍的克里奥尔语是方言关系，而且佛得角的克里奥尔语和几内亚比绍的克里奥尔语之间的确有显著的共同点。可见，西非三个国家都在使用这种葡式克里奥尔语，因此，葡式克里奥尔语可以看作该地区的一大语言。

但是，和下面谈论的民族语言一样，克里奥尔语也仅是被给予“国民语言”（Língua Nacional）这一抽象地位而已，而且对于这样的地位，宪法中并未做出明文规定。目前几内亚比绍没有具有法律约束力的综合性语言政策。指挥解放战争并于 1973 年 1 月被暗杀的阿米尔卡·卡布拉尔遗留的“独立后应把葡萄牙语作为官方语言，而不是克里奥尔语”的观点勉强成了迄今为止的大方针。因此，虽然是国内使用人数最多的语言，但克里奥尔语未能被给予像官方机构使用的葡萄牙语那样高的社会地位，结果导致几内亚比绍人的语言使

① 几内亚比绍文学研究者奥格尔（Augel）指出，文学方面除了克里奥尔语民间故事集 *Zunbai*（1979）和 *Wolli*（1995）之外，还出版了诗集 *Cable*（1996）。音乐方面，20 世纪 70 年代初期若泽·卡洛斯·施瓦兹（José Carlos Schwarz）用克里奥尔语演唱歌曲并取得了巨大成功。电影方面，几内亚比绍导演弗洛拉·戈麦斯（Flora Gomes）在 *Mortu Nega*（1987）等一系列的作品中使用了克里奥尔语。漫画方面，20 世纪 80 年代以后儒利奥（Júlio）兄弟通过“三个恶人”系列广获好评。

用处在极其不合理的“说而不写、写而不说”的状态之中（Couto, 1997: 2）。

独立后，巴西教育学家保罗·弗莱雷（Paulo Freire）利用克里奥尔语尝试着实施了扫盲教育和学校教育（克里奥尔语官方化），但因贫困导致的教材不足、领导人的漠不关心（认为现代化等于欧洲化）等未能取得成效，也没有留下很大的成果。此外，在国外机构的援助下，政府利用克里奥尔语开展了儿童扫盲教育。例如，在若干个被选定的小学低年级课堂中，利用克里奥尔语进行实验性授课，通过这一做法，学生们在学业上取得了一定的进步。但遗憾的是，这并非可持续性的实践活动。实际情况是，政治不稳定、内战不断、公务员的工资拖欠等原因导致学校职能本身就不齐全。

1987年国民教育部实施了基于“1文字等于1音素”原则的正字法提案，并用于《圣经》的翻译和民间故事的记述等。但由于受过葡萄牙语扫盲教育的人排斥接受第二次扫盲教育等，后来就没有被普及。因此，直到如今，人们仍然按照个人喜好书写克里奥尔语。1987年的《克里奥尔语统一表记提案》中所使用的文字共有24个：“a、b、c、d、e、f、g、i、j、k、l、m、n、ñ、n¨、o、p、r、s、t、u、v、w、y”。其中成为议论（批判？）内容的是破擦音的书写问题，即“c”（/tʃ/）和“j”（/dʒ/）的书写问题。虽然遵守了“1文字等于1音素”原则，但在葡萄牙语正字法中“c”则表示/s/和/k/两个不同音素，从而二者之间产生了分歧。

近期官方化的具体动向有，意大利神父、语言学家路易吉·苏坎坦布雷罗（Luigi Scantamburello）在比热戈斯群岛利用克里奥尔语和葡萄牙语实施了双语教学。1999年以后苏坎坦布雷罗还使用了独创的正字法，今后该正字法是否会被采纳备受关注（由于更多地考虑到与葡萄牙语的关联，打破了“1文字等于1音素”原则。例如，/tʃ/写为“tć”，/dʒ/写为“dj”。此外，还吸收了3种葡萄牙语硬口盖音书写方式“ch、lh、nh”）。与此同时，部分佛得角人想把ALUPEC用于几内亚比绍的克里奥尔语，但几内亚比绍的国民在情感上应该不会允许他们这么做。另外，每日1小时左右的新闻广播节目也算是克里奥尔语官方化的一例。

在几内亚比绍废除葡萄牙语，仅以克里奥尔语为官方语言是不现实的。如果这样做，在只用葡萄牙语的学校，会再次发生学生留级的情况，而克里奥尔语教学所需的基础设施现在也没有完善。因此，葡萄牙语仍然是必不可少的一门语言（如果现在将英语或法语作为官方语言，那么风险也未免太大）。就算目睹位于比绍的法国文化中心的活跃景象，几内亚比绍人也会以“法语的威胁”作为借口而首选葡萄牙作为移民地。从这一点来看，不能过低评价人们对葡萄牙和葡萄牙语的亲近感。

但与此同时，还要相信克里奥尔语和民族语言的潜力，它们正努力成为官方语言。事实上，仅以葡萄牙语为官方语言的国家也会遭遇很多困境。随着国营电视台的开设（1989

年 9 月）及更多的葡萄牙企业的入驻，1990 年以后葡萄牙语逐渐彰显出其影响力。此外，脱克里奥尔语化促进了克里奥尔语和葡萄牙语连续体的形成。因此，法国克里奥尔语学家阿兰・金（Alain Kihm）等研究者预测几十年后克里奥尔语将会消失（Kihm, 1994: 7−8）。但人们也不应该为几十年后的预测而甘愿忍受现状。克里奥尔语是国民当中普及度最高的语言，象征着国民统一。因此，不能充分发挥克里奥尔语的潜力才是不现实且不合理的语言政策。

（四）看不见的基础——民族语言

仅从葡萄牙语和克里奥尔语的关系来看，几内亚比绍和佛得角的语言状况没有太大差异。两国在语言状况上的较大差异主要体现在民族语言上。原本属于无人岛的佛得角随着克里奥尔语的形成、发展，逐渐废除了民族语言。与此相反，几内亚比绍仍然有很多人坚持将民族语言作为母语。可以说，如果不提民族语言，就无法谈论几内亚比绍的语言状况。

首先，关于民族语言的数量众说纷纭：几内亚比绍克里奥尔语学家科托（Couto）认为几内亚比绍有 15 种以上的民族语言，其中巴兰塔语、富拉（富尔富尔德）语、曼丁戈语的使用者人数相对多一些（据 1979 年的语言调查显示，它们分别占总人口的 25%、20%、10%）（Couto, 1993: 45）；据国际 SIL 官方网站“Ethnologue”统计，包括葡萄牙语和克里奥尔语在内，几内亚比绍共有21种语言①；目前为止数量最多的是几内亚比绍语言学家英通博（Intumbo）对民族语言数量的统计，他认为有 30 种非洲语言和方言，并指出向几内亚比绍东西南北方向行驶五六十千米就能抵达另一个语言区域（Intumbo, 2004: 3）。几内亚比绍的民族语言属于尼日尔—刚果语系的大西洋—刚果语族或曼德语族。

如前所述，随着克里奥尔语在比绍等城市地区的迅速普及，把克里奥尔语当作自己母语的居民越来越多了。但农村地区至今仍属于民族语言的世界，各民族语言搭建了人们生活的基础。现在仍有不少几内亚比绍人出生在以某一种民族语言为第一语言（母语）的共同体或家庭里，他们不是通过学校教育等正规途径学习语言，而是经父母传授。民族语言是各民族团结的根基，在村落及近邻的婚礼、葬礼、宗教仪式等传统仪式中使用。当移居城市的人回到故乡时也会用民族语言跟家人和朋友交流。此外，基督教会也积极使用民族

① “Ethnologue”上几内亚比绍有以下几种民族语言，后面的“(　)”内是语言的谱系分类和大致的使用者人数。伐折罗语（大西洋—刚果语族，4220）、巴格伦语（大西洋—刚果语族，8170）、巴兰塔语（大西洋—刚果语族，36.7 万）、巴萨里语（大西洋—刚果语族，475）、巴约特语（大西洋—刚果语族，2025）、比亚法达语（大西洋—刚果语族，4.142 万）、比热戈斯语（大西洋—刚果语族，2.7575 万）、菲尔普语（大西洋—刚果语族，2.2 万）、朱拉语（大西洋—刚果语族，5996）、卡桑加语（大西洋—刚果语族，650）、科比阿那语（大西洋—刚果语族，650）、曼丁戈语（曼德语族，15.42 万）、曼贾克语（大西洋—刚果语族，17.23 万）、曼卡尼亚语（大西洋—刚果语族，4.855 万）、曼索安卡语（大西洋—刚果语族，1.43 万）、纳卢语（大西洋—刚果语族，8150）、帕佩尔语（大西洋—刚果语族，12.555 万）、富拉（富尔富尔德）语（大西洋—刚果语族，24.513 万）、索宁克语（曼德语族，6470）。

语言，例如用民族语言做弥撒、编写宗教教材等。但事实是，在学校的课堂内外都不鼓励使用民族语言。简而言之，克里奥尔语和民族语言存在于两个不同的世界。

尽管如此，城市地区的克里奥尔语使用者并没有轻视或歧视民族语言。独立后，为了普及葡萄牙语，总统确实曾要求国民减少民族语言的使用（Couto, 1997: 2），但和克里奥尔语一样，民族语言也是国民语言。为了表明和当地居民同属于一个群体，到访农村地区的政治家和商人都积极使用民族语言（也使用克里奥尔语）。虽然国内对民族语言的官方化问题也做过探讨，但至今没有出台具体政策。20 世纪 80 年代，巴兰塔语、曼丁戈语等主要民族语言除了被用于成人扫盲教育之外，只出现在几个广播节目中。

殖民地时期，政府除对少数词汇进行过讲解之外，几乎没有做任何有关民族语言的调研，也没有做语法记录。独立后这一状况也没有太大改变，在众多民族语言中，只有富拉（富尔富尔德）语和曼丁戈语在几内亚比绍以外的西非地区被广泛使用，相关研究也正有序进行。除此之外，对几内亚比绍的其他民族语言尚未进行详细调查。

位于首都比绍的国立调查研究院正在进行主要民族语言的描述研究，目前尚未发表相关成果。这些民族语言和克里奥尔语一样，没有正字法的提案，并且书写率也低于克里奥尔语。因此，民族语言被人们忽视。但值得注意的是，这并不意味着民族语言不被使用，其中也有巴萨里语等使用者人数不足 500 的语言，这些就是所谓的“危机语言”。对于这些使用者人数不断减少的民族语言来说，葡萄牙语对它们构成了“威胁”，但不要忘记克里奥尔语同样也在“威胁”着这些语言（虽说如此，但在语言方面，克里奥尔语也受非洲语言的影响）。

几内亚比绍国土面积狭小，但多种语言能够共存有赖于其所处的地理位置。历史上，它曾是人们为了躲避大帝国勃兴时期实施的侵略而选在西非的避难所。近几年，频繁的国内人口迁移使得语言分布状况变得复杂。例如，首都比绍北部安特莱·博诺（Antler Bono）地区在宣告独立时仍属于帕佩尔人，但随着克里奥尔语和巴兰塔语使用者的迁移，当地居民变得至少会说 3 种语言（Intumbo, 2004: 6–7）。有趣的是，克里奥尔语并没有完全统治该地区的其他民族语言，帕佩尔语、巴兰塔语等也被人们用于日常生活。

根据上述内容可知，几内亚比绍是使用 3 种语言的国家，在非洲这或许不足为奇。这里所说的“3 种”是指社会功能语言——唯一官方语言葡萄牙语、在国民当中广泛普及的地方通用语克里奥尔语，以及有大约 20 种的民族语言。和葡萄牙语相比，克里奥尔语属于“低威望”的语言；而和民族语言相比，克里奥尔语在社会上又有广泛的使用领域，可以说是“高威望”的语言。换言之，几内亚比绍可称作二重双语或三语分用（triglossia）的国家。

四 结论

为了脱离葡萄牙的殖民统治而实现独立，佛得角和几内亚比绍曾共同战斗，但独立后两国的命运大相径庭。佛得角既没有非洲土著语言，又远离大陆，从而脱离了“非洲”。独立后的佛得角积极向欧洲靠拢，从而政治局势趋于稳定，经济也得到持续发展。此外，佛得角还成功实现克里奥尔文化的商品化，活跃在世界舞台上的佛得角歌手就是很好的例子。

几内亚比绍保留了浓厚且多样的非洲语言文化特色，例如至今还保留着多达 20 种的民族语言。语言的多样性体现出来的活力是几内亚比绍文化的魅力所在，但不得不说目前能看到的只有复杂、混乱等消极的一面。

佛得角应在葡萄牙政府的协助下积极推进葡萄牙语的普及工作，大陆地区现在仍有入学后才第一次接触葡萄牙语的七八岁儿童，但葡萄牙语教学法依旧没有太大改善。从当前的世界趋势来看，官方教育机构的英语教育、有利于地区发展的法语教育显得更加重要（在佛得角，法语是第一外语，英语是第二外语）。

更重要的是，是不是应该更加勇敢地朝着克里奥尔语官方化大步迈进呢？社会上也有出于对克里奥尔语的爱护而反对其官方化的倾向，但一种语言在没有国家这个坚实后盾的背景下能否幸存于全球化时代还是个疑问。考虑太多或许只会造成混乱，但仅仅满足于现状就无法实现语言的民主主义。佛得角政府需要的是迈出最后一步的勇气，在野党则需要考虑全体国民利益后再做出判断，而不是根据党利党略提出只对本党有益的反对意见。

几内亚比绍的语言状况比佛得角复杂，需要解决的问题也更多。普及葡萄牙语的工作迟迟没有进展，要解决这个问题需要大量的时间和精力。几内亚比绍应早日结束混乱的政治经济局势[①]，为教育事业倾注国民的力量。在普及葡萄牙语时需要注意的是，不能像过去一样只顾着批判法国政府采取的积极的法语普及政策，而是应取其精华。从所处的地理位置来看，几内亚比绍人也需要学习法语。

克里奥尔语早已成为国民的地方通用语，我们有必要对克里奥尔语的使用做进一步的探讨。毫不夸张地说，克里奥尔语早已覆盖全国各地，将这个语言编入国家运营体系是非常现实的做法，相反，继续无视其存在才是非现实的。和佛得角相比，几内亚比绍的克里奥尔语官方化进程落后很多，应该认真反省。

民族语言是几内亚比绍文化的基础或根源，应尽早开展相关研究，并制定维持和发展这些民族语言所需的相应政策。当然，也需要对在学校教育中使用民族语言的问题进行论证。那么，持续至今的“自由放任主义”（laissez-faire）是不是也该结束了呢？

---

① 2009 年 3 月 2 日，几内亚比绍武装部队总参谋长巴蒂斯塔·塔格梅·纳·瓦伊（Batista Tagme Na Waie）在军队总部大楼发生的爆炸中身亡。随后几内亚比绍总统若昂·贝尔纳多·维埃拉（João Bernardo Vieira）也在首都比绍遇袭身亡。几内亚比绍若想实现稳定的政治局势还需要一段时间。

佛得角和几内亚比绍都保留着克里奥尔语这一共同的文化遗产。对于佛得角人来说，克里奥尔语是母语，如同身份认同的标志；对于大多数几内亚比绍人来说，克里奥尔语虽然不是母语，但正如几内亚比绍社会学家卡洛斯·洛佩兹（Carlos Lopes）所说，它是“几内亚比绍的现代性之根源”。两国若能充分发挥克里奥尔语这一媒介语言原有的特点，在文化方面，甚至是在外交和经济等方面进一步深化合作，将是非常令人欣喜的事情。

遗憾的是，现阶段两国始终停留在关于克里奥尔语起源的“争论”上，没能发挥克里奥尔语的纽带作用。对于佛得角和几内亚比绍而言，克里奥尔语是非常珍贵的文化遗产。给予克里奥尔语一片天地，使其得以生存的日子何时才能到来呢？

附录　图3中日语对应中文

“ファリン”（法林）、“バファタ”（巴法塔）、“ビサウ”（比绍）、“ボラマ”（博拉马）。图中数字分别表示：①伐折罗语（vajra）②巴格伦语（Bagnun）③巴兰塔语（Baranta）④巴萨里语（Bassari）⑤巴约特语（Bayot）⑥比亚法达语（Biafada）⑦比热戈斯语（Bijagós）⑧菲尔普语（Velp）⑨朱拉语（Djola）⑩卡桑加语（Kasanga）⑪科比阿那语（Kobiana）⑫曼丁戈语（Mandinka）⑬曼贾克语（Manjaco）⑭曼卡尼亚语（Mankanya）⑮曼索安卡语（Mansoanka）⑯纳卢语（Nalu）⑰帕佩尔语（paperu）⑱富拉（富尔富尔德）语［Fula（Fulfulde）］⑲索宁克语（Soninke）。

中部非洲

原比属殖民地

多语言使用与教学语言
——刚果民主共和国的语言问题

■ 梶茂树

一　引言——国名

刚果民主共和国，即刚果（金）曾经是比利时的殖民地，在 1971—1997 年被称为扎伊尔共和国；在 1971 年之前被称为刚果民主共和国；而在更早一段时期则被称为刚果共和国。除了刚果（金）之外，刚果河对岸的刚果共和国也叫刚果[①]。刚果（布）曾经是法国的殖民地。下面先简单回顾、梳理刚果（金）的历史。

1884—1885 年，在德国首都柏林召开了一次国际会议，即柏林会议（Berlin Conference），欧洲列强为进一步瓜分非洲领土制定了若干规定。该会议的主导者是比利时时任国王利奥波德二世。通过柏林会议，他侵占了位于非洲中心的一大片土地，那片土地就是现在的刚果（金），但在当时它还不属于比利时殖民地，而是国王利奥波德二世的私人领地，叫作“刚果自由邦”（法语：Etat indépendent du Congo，英语：Congo Free State）。之所以是“自由邦”，是因为那里虽然是利奥波德二世的私人领地，但始终坚守保障外国贸易从业者、传教士等自由活动的原则。

但是，利奥波德二世的统治过于残暴，遭到各国谴责。于是，1908 年，利奥波德二世将该私人领地转交给了比利时政府。至此，比属刚果正式成立，并于 1960 年 6 月 30 日宣告独立，国名命名为“刚果共和国”。之后于 1967 年改名为刚果民主共和国，1971 年时任总统蒙博托·塞塞·塞科（Mobutu Sese Seko，1930—1997）发起了摆脱欧洲列强的统治，实现精神独立的恢复民族“真实性”（authenticité）的运动，并一度将刚果民主共和国改名为扎伊尔共和国。1996 年爆发的内战最终使蒙博托政权垮台，1997 年洛朗·德西雷·卡比拉

① 简称刚果（布）。（译者注）

（Laurent–Désiré Kabila，1939—2001）掌握了政权，并宣布就任总统，随后将国名恢复为刚果民主共和国。后由其儿子约瑟夫·卡比拉（Joseph Kabila Kabange，1971— ）担任总统一职接管国家政权，国名依然是刚果民主共和国。

刚果（金）和刚果（布）都被称为刚果。这是因为，在大西洋沿岸居住着一个庞大的民族群体——刚果族。当时欧洲人乘船来到这里，是最早到达该地区的人。他们最先接触到的就是刚果族人。刚果族广泛分布在安哥拉北部、刚果（金）和刚果（布）。用英语等罗马字书写时，“Kongo”表示刚果族，“Congo”则表示国名。为了避免混淆，在国名后面加上首都名称进行区分，所以，比属刚果（或刚果民主共和国）简称为刚果（金），法属刚果（或刚果共和国）简称为刚果（布）。

下面笔者将考察刚果（金）的语言状况及其历史。

二　语言状况

刚果（金）有着多种多样的语言，但这些语言的地位和作用并不相同。和其他多数非洲国家一样，根据社会地位可以把刚果（金）的语言分为 3 种：部落语、通用语、官方语言。其中，刚果语、林加拉语、斯瓦希里语、卢巴语这四大通用语被称为国语。与以往相同，2006 年颁布的刚果（金）现行宪法①第一条中做了如下规定。

●法语是官方语言。

●刚果语、林加拉语、斯瓦希里语及卢巴语是国语。国家为这些语言的平等发展提供保障。

●其他语言是刚果文化遗产的一部分，国家为保护这些语言提供保障。

在历史发展进程中，这个现行规定经历了多次改革。在对其进行讲述之前，首先让我们了解一下目前刚果（金）的语言状况。

（一）部落语

刚果（金）的国土面积为 234.5 万平方千米，在非洲是继苏丹、阿尔及利亚之后的第三大国家。人口约 6000 万。在这片辽阔的国土上，正在使用的语言超过 200 种②。从语言的谱系分类看，大部分语言属于尼日尔—刚果语系贝努埃—刚果语族班图语支，使用人数约占

① http://www.presidentrdc.cd/constitution.html.

② 例如，国际 SIL 的数据库（http://www.ethnologue.com/show_country.asp?name=CD）中列出的是 214 种，其中包括法语和已成死语的恩格贝语。

全国总人口的 80%。其余 20% 是属于尼日尔—刚果语系乌班吉语族的语言及属于尼罗—撒哈拉语系沙里—尼罗语族中苏丹语支和东苏丹语支的语言。这些语言主要分布在刚果（金）北部及刚果河北侧（见图 1）。当上述班图语支、乌班吉语支、中苏丹语支、东苏丹语支语言之间亲缘关系较近时，相互理解成为可能，但当亲缘关系较远时，则会变得难以理解。当然离开同一个语言谱系，凭借各自的语言根本不能达到沟通的目的。

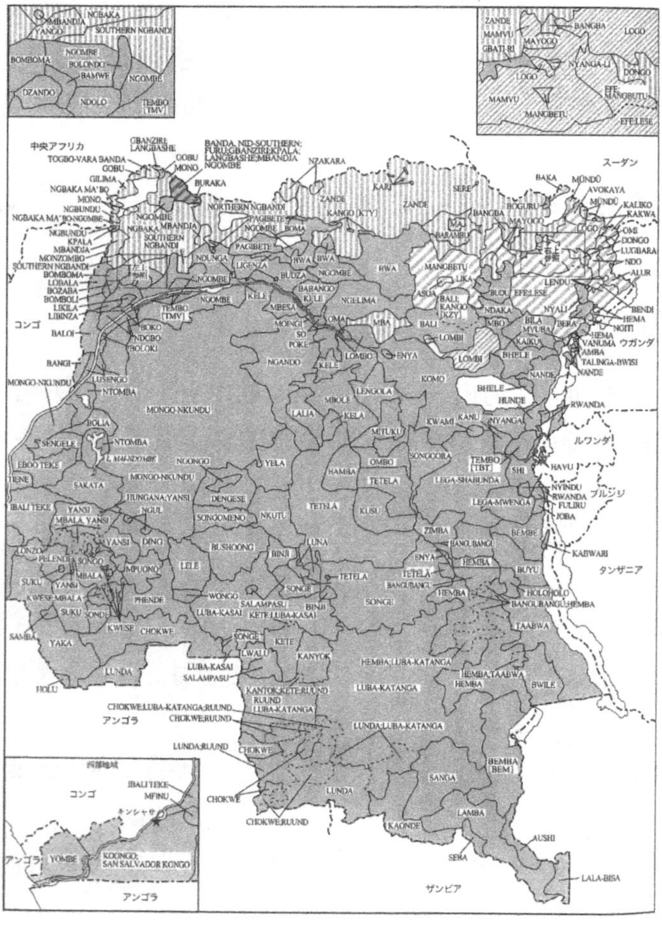

图 1　刚果（金）的部落语（根据谱系分类划分）①

（二）通用语

刚果（金）有四大地区通用语，这些通用语将刚果（金）一分为四（见图 2），即东部地区的斯瓦希里语（Kiswahili）、南部地区的卢巴语（Luba）、西北部地区的林加拉语（Lingála）、西部地区的刚果语（Kikongo）。如前所述，宪法将这些语言规定为国语。这些

① 根据 http://www.muturzikin.com/cartesafrique/carteafriquecentrale.htm 的地图绘制而成。

语言早在欧洲人到来之前就已被用于维护多个部落之间的关系，并在殖民地时期得到了进一步发展，只是发展水平参差不齐。下面将简单介绍这些语言。

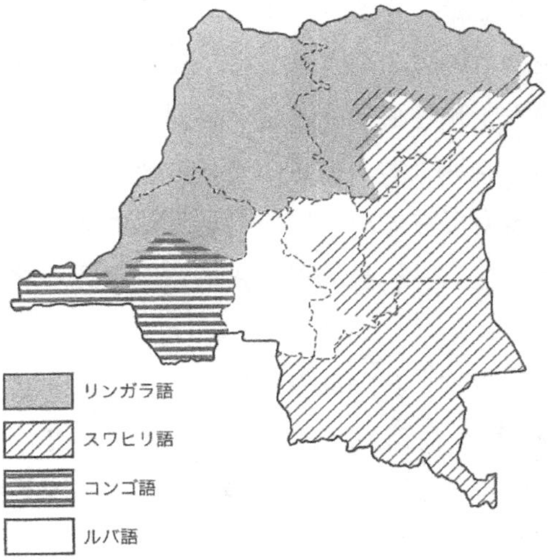

图 2　刚果（金）的四大地区通用语（国语）

1. 斯瓦希里语

东非的肯尼亚、坦桑尼亚沿海地区是斯瓦希里语的发祥地，从肯尼亚、坦桑尼亚直到刚果（金）东部都在使用斯瓦希里语（但在乌干达西南部、卢旺达及布隆迪，城市以外的地区几乎不使用斯瓦希里语）。这主要是从 19 世纪后半期到 20 世纪，阿拉伯人从根据地桑给巴尔移居大陆，以及在刚果自由邦时期，雇用桑给巴尔士兵等所导致。但主要通过基督教传教士的传教活动和学校教育，斯瓦希里语得以真正普及。此外，在沙巴省（原加丹加省），为了开发矿山，大量雇用了周边部落的人，斯瓦希里语作为他们的通用语得到了发展。

刚果（金）的斯瓦希里语经常被称为金瓦那语（Kingwana），这种情况主要出现在东部地区（原高扎伊尔省），但笔者从未耳闻（主要依据笔者在中东部基武省的经历）。

斯瓦希里语与后述林加拉语是刚果（金）国语的有力候补。理由是，同林加拉语一样，斯瓦希里语没有部落基础，但与林加拉语不同的是，斯瓦希里语具有书写体系等先进的语言配置。这里所说的语言配置是针对东非的斯瓦希里语而言的，而非指在刚果（金）属于先进水平。因此，从国际合作的角度来看，斯瓦希里语可以说是非常好的选择，但在刚果（金）无法操纵该语言。这对于刚果（金）来说是一个难题。此外，由于斯瓦希里语是由东非的阿拉伯、斯瓦希里商人传入刚果（金）的语言，因此，尤其在林加拉语使用者看来，使用斯瓦希里语的人都较为精明，需要格外注意。

2. 卢巴语

卢巴语主要在刚果（金）南部地区的西开赛省和东开赛省使用。卢巴语原本是卢巴族的语言（沙巴省也有很多卢巴族人居住）。16 世纪至 19 世纪，卢巴族人建立了卢巴王国，他们使用的卢巴语威望较高，周边的库巴族和特特拉族也在使用卢巴语。19 世纪末，在此建立传教基地的天主教传教士也在使用卢巴语。但是，作为现代通用语的卢巴语之所以得以发展，很大程度上有赖于欧洲人实施的矿山开发和铁路建设等工程。当地人也因此流动起来，卢巴各族和周边民族聚集在城市地区，对通用语的需求也随之增加了。当地人和殖民地政府官员之间也使用卢巴语。有趣的是，跟后述刚果语一样，卢巴语还被称为基图巴语（Kituba）①。

卢巴族逐渐壮大，和刚果族、芒戈族等一样，成为刚果（金）最主要的民族。殖民地时期，卢巴人顺从殖民统治而广受殖民地行政官员的好评，加之他们的受教育程度也较高，因此他们在当时就有较高的存在感。而那时的卢巴语还是刚果（金）唯一的国语候补，但现在来看它成为国语的可能性几乎为零。

3. 林加拉语

林加拉语是一种在基桑加尼到金沙萨的刚果河中游一带发展起来的通用语，是在布班基语、芒戈语、洛克雷语（Lokelé）等地区部落语的基础上逐渐形成的，其中也有许多来自刚果语和斯瓦希里语的外来语②。首都金沙萨与刚果族的领地接壤，由于从刚果河中游流入的人口较多，20 世纪初林加拉语就已经成为通用语。以林加拉语为通用语的国家并不仅限于刚果（金）。刚果（布）北部的一半地区也属于林加拉语圈。此外，在中非南部、苏丹西南部，以及近年来在安哥拉北部，也有很多人把林加拉语作为通用语。

和其他 3 种通用语相比，林加拉语有自己独有的特点。第一个特点是，林加拉语是刚果（金）军队的官方语言。在殖民地时期的军队创始阶段，由于需要从各个地区征集兵力，也曾使用过一段时间的斯瓦希里语、豪萨语等，但林加拉语从很早就开始作为军队的官方语言了。近几年，出生于东部斯瓦希里语圈的卡比拉当上总统之后，这一情况发生了很大变化，但至少在蒙博托时期以前，林加拉语都为军队的官方语言。因此，在刚果（金）国内，林加拉语与军队形象紧密相连，同时受军人粗鲁形象的影响，人们对林加拉语也有相同的

---

① Polomé 指出，基图巴语采用了很多卢巴语词汇，但正如后述的那样，它们都以刚果语为基础。详见 Edgar C. Polomé. "Cultural Languages and Contact Vernaculars in the Republic of the Congo". *Language, Society, and Paleoculture.* Stanford University Press, 1982, pp.1–14。

② 通常认为，各种语言中，在开赛河河口到乌班吉河河口一带使用的布班基语（Bobangi）是林加拉语形成的基础。但最近金沙萨教育大学的莫挺格亚（Motingea）提出不同意见，他认为不是布班基语，而是在曼坎扎（Mankanza）附近使用的姆本加语（Mbenga）才是林加拉语形成的基础。André Motingea. "Aux Sources du Lingala,cas du Mbenga de Mankanza Nouvel Anvers". *African Study Monographs Supplementary Issue*. University, 2008.

印象，在斯瓦希里语圈尤其如此。而且，在蒙博托时期，林加拉语还是单一政党——人民革命运动党（Mouvement Populaire de la Révolution，MPR）的官方语言。蒙博托本人使用的语言不属于班图语支，他是乌班吉语支的恩格班迪族人，但也能说一口非常标准且流利的林加拉语。

林加拉语的另一个特点是，它主要被用于刚果（金）的现代音乐中。非洲许多地区的现代音乐都非常发达，其中刚果（金）尤为突出。刚果（金）的现代音乐不仅在国内，还在肯尼亚、坦桑尼亚等东非国家，甚至在喀麦隆、马里等西非国家也有着绝对的人气。刚果（金）的现代音乐中主要使用的是林加拉语。很多人为了听懂歌词内容，开始对林加拉语产生兴趣，并在不知不觉中学会了林加拉语。也有不少人是原本住在和林加拉语没有任何关系的地区，后来通过歌曲学习林加拉语。这种情况不仅出现在刚果（金）国内，在国外也是如此。

与斯瓦希里语等其他语言相比，林加拉语存在的问题是语言结构相对单薄。这与通用语中常见的语法和词汇的简化有关。例如，一方面，林加拉语中缺乏班图语支语言通常所具有的名词等级［更准确地说，刚果（金）的斯瓦希里语口语中也几乎没有名词等级］。而另一方面，教会和学校使用的林加拉语中却有名词等级。这是把基地设在曼坎扎（Mankanza，原新安特卫普）的司各特派[①]传教士，尤其是德·布克（De Book）在参考周边语言的结构后，对这种“落后”的林加拉语进行修改，并完善其语法和词汇后形成的一种语言。这种林加拉语被称为学校林加拉语（Lingala Scolaire）、文言林加拉语（Lingala Litéraire）、古典林加拉语（Lingala Classique）等。

4. 刚果语

刚果语是生活在刚果河下游的刚果族所使用的语言。准确地说，刚果语是 20 多种语言、方言的总称，原本不存在“刚果语”这一语种。刚果语不仅分布在刚果（金），在其南部的安哥拉北部地区，以及北部的刚果（布）也有所分布。

这里所说的刚果语并非指作为部落语的刚果语，而是指发展为通用语的刚果语。这个通用语过去被冠以各式各样的名称。在大西洋沿岸地区被称为菲奥特语（Fiote），这似乎是指早期在与葡萄牙商人的交涉中形成的皮钦语。此外还有基图巴语（Kituba）、吉克湾语（Kikwango）、商业刚果语（Kikongo Commercial）、政府刚果语（Kikongo ya leta）等。这些语言是在远离大西洋海岸的奎卢—宽果（Kouilou Kwango）地区，以刚果语的方言为基础形成的通用语。在这些名称当中，“政府刚果语”能较好地反映出该语言的特点。“leta”是指法语的“l'état”（国家）。“政府刚果语”即发展为殖民地行政官员与当地人之间沟通与交流

① 将本部设在比利时首都布鲁塞尔的司各特（Scheut）地区的天主教教团。1865 年由神父 Theophile Verbist 创建。

的手段，还用于刚果河对岸的刚果（布）首都布拉柴维尔到大西洋沿岸一带，又被称为莫努库图巴语（Monokutuba 或 Mumukutuba）。

值得注意的是，以上 4 种语言中，没有一个部落将斯瓦希里语和林加拉语作为母语。而与此相比，刚果语和卢巴语究其本源分别以刚果族和卢巴族的语言为基础。这一点有别于斯瓦希里语和林加拉语。

在部分地区，一些语言在有限的范围内起着通用语的作用，例如刚果（金）北部的赞德语。但这些语言并不具有和四大通用语相同的地位，故不能被称为国语。

（三）官方语言

刚果（金）的官方语言是法语。所谓官方语言，是指在法律、行政、学术等国家官方场合通行的语言。但由于刚果（金）的通用语被一分为四，没有全国通行的通用语，法语便充当起了这个角色。

三　佛拉芒民族主义与殖民地的语言问题[①]

刚果（金）的语言中带有其殖民地宗主国比利时的深刻烙印，在殖民地时期尤为明显，这一时期比利时传教士对刚果（金）的语言发挥着主导作用。众所周知，在比利时，法语和佛拉芒语之间存在对立关系[②]。19 世纪以前，比利时南部的煤炭、钢铁等行业非常繁荣，在此背景下说法语的瓦隆人成了社会的统治阶层。但到了 19 世纪后半期，佛拉芒人的民族主义运动逐渐开始抬头。此外，抵达殖民地刚果（金）的绝大多数传教士都是佛拉芒人，他们的民族主义思想也被带入刚果（金）国内。

佛拉芒民族主义者所追求的是他们原有的自然性。这是历史之必然，自然性是神灵赋予他们的。对他们而言，不自然的、邪恶的事物通常来自法国及法语圈。其象征是，当时在佛兰德地区乃至整个比利时人们如特权般使用法语。

例如，温克（Vinke）出生在佛兰德地区，是一名活跃于 19 世纪后半期的传教士。作为白衣传教会（White Fathers）[③]中的一员，他来到了位于坦噶尼喀湖西岸的基地，当他看到其他法语区的神父非常重视当地的通用语——斯瓦希里语后，产生了强烈的违和感。斯瓦希里

---

① 后文的讨论主要基于 Michael Meeuwis. “Flemish Nationalism in the Belgian Congo Versus Zairian Anti—Imperialism: Continuity and Discontinuity in Language Ideological Debates”. Jan Blommaert. Ed. *Language Ideological Debates*. Mouton de Gruyter, 1999, pp.381–423.

② 比利时的官方语言有 3 种：法语、佛拉芒语（荷兰语）、德语。宪法中也规定这 3 种语言为国语。其中，德语使用者仅占总人口的 1% 左右，从地区来看，他们又属于法语圈。因此，涉及法语和佛拉芒语的对立关系时，德语可以忽略不计或将其包含在法语圈中。因为事实上，人们在正式场合通常使用法语。

③ 1868 年由阿尔及利亚的阿尔及尔大主教 Charles Lavigerie 创建的天主教教团。Lavigerie 后来成了枢机官。虽然英语中人们熟悉 White Fathers，但在法语圈则是以佩雷斯·布朗（Pères Blans）为人所熟知。

语虽说是通用语，但对于当地人而言，它并非原先就有的语种，而是从外部传进来的。而且，斯瓦希里语也是最近几年才开始在当地流通。对于温克而言，当地的斯瓦希里语如同故乡佛兰德地区的法语。于是，他把斯瓦希里语抛在一边，潜心于当地部落语的研究。

继温克之后，大约又过了 9 年，即 1893 年耶稣会的班·亨夫托本（Ban Henfutoben）来到了位于金沙萨南部的刚果族居住地。在当地，刚果语，即非奥特语被当作通用语来使用，但在他看来，这是一种在当地人与欧洲人等外来人之间相互接触中形成的不纯正的语言。于是和温克一样，他也潜心于部落语——刚果语的研究。同样出生于佛兰德地区的圣心派[①]传教士富尔斯塔尔特（Hurstaart）于 1900 年来到了位于西北部的芒戈族地区，在那里林加拉语被当作通用语来使用。对于他而言，这是落后的语言，而且也不是当地人原有的语言。于是，他潜心于当地人原有的语言——芒戈语的研究和普及工作。

但并非所有佛拉芒语区的传教士都在当地的基督教会及教学中推行部落语教育。例如，将根据地设在东部地区的白衣传教会主要通过斯瓦希里语开展传教活动。此外，司各特派的德·布克和圣心派的富尔斯塔尔特差不多在同一时期、同一地区活动，比起部落语，德·布克也更加重视通用语林加拉语的实用性。正如前所述，他追求林加拉语的纯正化。虽然富尔斯塔尔特和德·布克在对林加拉语的看法上存在很大分歧，但对法语则一致“避而不谈”。需要注意的是，佛拉芒民族主义所主张的纯粹性、当地主义是非常理论化且理念化的概念，不仅仅是讨厌法语这一层面上的问题（事实上，富尔斯塔尔特留下了大量的著作，其中大部分都是用法语撰写的）。

四　殖民地化、基督教会，以及教育语言[②]

比利时政府及实业界之所以对殖民地产生浓厚兴趣，是因为殖民地有着丰富的天然资源、可作为劳动力的人力资源，以及殖民地本身所具有的市场性。为了这些，殖民地政府开始重视教育，并把这个任务委托给了基督教会。事实上，殖民地政府早已疲于统治比本国大 80 倍的殖民地，根本无暇顾及教育。

基督教会同样对殖民地有着浓厚兴趣，但其动机有别于政府和实业界。为了让人们理解神灵的教诲，并把它传播给更多的人，大多数传教士——如前述的佛拉芒人认为必须重视教育。为此，他们认为应该使用当地人的母语——部落语，而不是欧洲人的法语和佛拉芒

① 圣心派（英语：Sacred Heart，法语：Sacré Coeur）是罗马天主教的一个流派。

② 本节和下一节的资料主要基于 Edgar C. Polomé. “The Choice of Official Languages in the Democratic Republic of the Congo”. *Language, Society, and Paleoculture.* Stanford University Press, 1982, pp.17–37. Barbara A.Yates. “The Origins of Language Policy in Zaire”. *The Journal of Modern African Studies*, 1980（18）, pp.257–279。

语，也不是刚果语和林加拉语等通用语。与此相对，为了自身事业，实业界则希望当地人学习法语和佛拉芒语。于是，鉴于同样是多语种背景的当地人交流的需求，殖民地政府认识到通用语的必要性，并鼓励地方行政官员学习地区通用语。

在教育问题上，殖民地政府和教会之间基于利害关系在表面上达成一致，二者缔结了多项协议，政府也为教会提供了各种优惠条件。例如，1906 年刚果自由邦和梵蒂冈之间缔结的协议成为之后所有协议的基础，主要内容具体如下。

（1）按照以下条件，刚果国（当时还不是正式的殖民地，属于刚果自由邦）为天主教会提供宗教活动所需的土地。

（2）各教会建设为当地人实施教育的学校。

（3）课程及教学遵从殖民地总督的意见。比利时的两种国语，即法语和佛拉芒语为必修课程。

（4）教会定期向殖民地总督汇报学校的构成、学生人数、教学进度等。

（5）殖民地总督拥有教会监督官任免权。

（6）传教士尽可能开展有关地理、民族、语言等的研究，并提交报告书。

（7）政府为各教会提供 100 公顷的耕地，而且，可根据需要增至 200 公顷。

（8）政府为教会提供活动所需的经费。

（9）在相互协调的框架下，教会和政府应对各种事务。

可见，在行政上由政府负责监督学校，但教育第一线的内容实际上全权委托给教会负责。这是即便经历了各种政治动荡，也仍然延续至今的原则。

值得注意的是，这里所指的教会原则上仅限于比利时的天主教会。《柏林条约》是各国所有的教派活动得以在刚果（金）顺利进行的有力保障，但当时的刚果（金）政府想通过只为比利时教会提供优待政策的方式，试图排除来自国外的影响。比利时是天主教国家，在刚果（金）开展宗教活动的教会都是天主教。即便新教教会（主要是英国人和美国人）获得了与天主教会同等的地位，那也不过是独立前的事情。

关于在教育过程中应该使用哪种语言的问题，政府和实业界的需求（法语、佛拉芒语、通用语）与教会的主张（部落语）不一致。1924 年政府主张必须借助母语来实施教育。但同时又需要与欧洲人接触，因此主张居住在城市地区的非洲人还应学习法语。1926 年、1929 年、1938 年的法律还规定，从小学 3 年级开始开设法语课程，从中学开始用法语授课，并开设了部落语课程。1948 年规定小学用母语且尽可能用通用语授课。于是，虽然在农村地区学不了法语，但在部分城市地区还是能够学到的。对于刚果（金）的教育而言，1954

年是有纪念意义的一年。在这一年里，刚果（金）的教育首次获得了与比利时的教育同等的待遇。于是，刚果（金）从小学一年级开始用法语授课，同时受比利时的影响，开设了第二语言——佛拉芒语的课程。此外，还开设了通用语课程。

由于非洲语言在教育中饱受忽视，欧洲人也开始发出担忧的声音。于是，1959 年，中学制定了非洲语言和文化的教学计划。但由于当时国家处于独立前后的混乱时期，未能付诸实践。

五　语言统一问题

正如开头所述，刚果（金）有多种多样的语言。语言的多样性对于许多人，尤其是对殖民地的行政官员来说是其处理国家事务的障碍。于是，为了确定若干个语种——既有文字，又具有科学性的语言，研究者们积极开展了相关工作。例如，时任鲁汶大学教授、世界著名民族学家，同时兼任王室殖民地研究所事务总长的德容格主张应把 4 种通用语中的卢巴语作为刚果（金）唯一的国语①（由于卢巴族顺从殖民统治而广受殖民地行政官员的好评）。

20 世纪三四十年代，政府听取其意见之后开展了各种讨论。圣心派传教士、语言学家富尔斯塔尔特神父提出如下主张。

（1）必须借助母语实施教育。如果用外来语取代母语，即便它是刚果（金）的语言也会适得其反。

（2）用母语以外的语言实施教育将会进一步拉大上层阶级和普通民众之间的差距（当然，卢巴语比法语更合适）。

（3）优待刚果（金）的某一种语言，将会遭到其他被忽视的语言使用者的反感。尤其是刚果族和芒戈族，以及已确立林加拉语和斯瓦希里语地位的城市地区的居民。

（4）被选上的非洲语言会引起刚果（金）上层阶级的关注吗？还是用于行政和经济活动的法语更受青睐呢？

（5）将卢巴语作为国语之际，该从哪里聘请上千名教师呢？

富尔斯塔尔特神父还是一位佛拉芒民族主义者，因而他会理所当然地坚持部落语。不

---

① E. de Jonghe. “Vers une Langue Nationale du Congo”. *Bulletin des Séances de l'Institut Royal Colonial Belge*, 1935（6）, pp.340–351.

仅如此，他还支持语言复数主义。他主张对国家的行政区域进行重新布局，即不是语言与行政区划和教区匹配，而是后者应与前者保持一致。

此后，虽然行政区划有所调整（进行调整不是出于语言原因，而是出于政治原因），但与过去相比，刚果（金）的国语现状原则上没有任何改观。

六　刚果语的边缘化[①]

那么，刚果（金）独立后的情况如何呢？独立后的刚果（金）语言与殖民地时期截然不同。当时殖民主义席卷整个非洲大陆，为了脱离殖民主义和新殖民主义的统治，非洲大陆将通用语和部落语都看作非洲语言，从而消除了殖民地时期二者之间的对立。于是，对立关系出现在非洲语言和法语之间。结论可概括为法语的优先化，以及刚果语的边缘化——包括通用语和部落语。

所谓边缘化，换言之就是无视或疏忽。例如，在教育领域，独立后（确切地说是从1962年开始）到1974年为止，从小学一年级开始将法语作为教育语言。这显然比殖民地时期退步了。而且，1974年实施的改革中规定，小学前两年使用地区通用语授课。但从另一个角度来看，这也可以说是刚果语的边缘化，以及法语的优先化。这是因为从小学第3年开始，刚果语既不是教学语言，学校也没开设相关课程（大学文学系的语言学课程另当别论）。因此，现代知识与学问同刚果语之间无法产生交集。而且，很有可能出现“低级的是刚果语、高级的是法语”之类的现象。

媒体中也出现了相同情况。刚果（金）的电视新闻通常用法语和四大通用语播报，但其中最重要的显然还是法语。法语播报时间是30分钟，每一种通用语则是各10分钟左右，具体内容用法语播报，简报或摘要则用通用语播报。而且，用法语播报的画面也更容易引起观众的兴趣。这种做法最终会让观众觉得法语比刚果语更有价值。

刚果（金）是一个独立的国家。在蒙博托时期，为了实现精神独立、恢复本我而一直坚持“真实性”运动。这样的国家为什么明里暗里使自己的语言边缘化，以及使法语优先化呢？（奇怪的是，在此次“真实性”运动中，除了把法语式国名和人名改为扎伊尔式以外，对其他有关语言的部分没有做任何说明。）

作为对此部分的回应，有以下几种说法：法语是国际语，刚果（金）重视国际关系；出于地区之间的竞争心理，很难选择一种能够取代法语的语言；刚果（金）在金融、外交、军事等方面获得法国和比利时的援助，并希望其继续提供援助等。

---

① 本节讨论基于和金沙萨的国立人文科学研究所刚果研究家乌菲拉（Wufela）的讨论及其论文（Wufela, 1992: 36–54）。

此外还有语言自身的问题。刚果的任何一种语言都不具备能够取代法语的实力。由于对此部分的回应已超出本章的研究范围，不再赘述。但需要指出的是，每一种语言的结构都非常复杂，判断其优劣并非易事。的确，像通用语等由不同语言背景的人经过长时间的努力形成的语言，虽然有磨去棱角易于学习的部分，但部落语的复杂性依旧难以言表①。总之，语言结构本身就非常复杂，因此只要愿意，任何表达都可以借助语言来实现。

图 3　小学读本②

刚果（金）的国际关系和语言结构的问题，和刚果语的边缘化现象有一定关系。但这些不是造成刚果语边缘化的根本原因。那么根本原因是什么呢？正是执政者的政治态度。总而言之，目前登上权力宝座的人不希望通用语、部落语等刚果语走进政治、法律、学术等领域。究其原因，他们是通过法语建构并维持目前自身地位的。对他们而言，法语并不仅仅是交际手段，它更是一种能够提高社会地位，获得名声、权力的手段。假如普通的刚果语走进政治、学术等领域，那便意味着这些领域对任何人都可以开放，他们的特权地位就会因此受到威胁。这是一件比较麻烦的事情。因此，执政者们无论如何都想避免此类事情发生。

这种想法或许有点不怀好意。事实上，他们也未必意识到这一点。如果这种说法欠妥，

① 关于非洲部落语的复杂性有如下几篇拙稿。梶茂树：《非洲的语言简单吗？——基于班图语支土柔语（Tooro）的句法结构和声调的关系进行验证》，中部大学国际人类学研究所编，2007 年，第 44—51 页。

② 法语版标题为 Il Plent，林加拉语版为 Mvúa。编者、出版社、出版年份分别为 Marie Webbes，Afrique—Editions，Kinshasa，1989。出版了法语、刚果语、林加拉语、卢巴语、斯瓦希里语等几个版本。图 3 中右图为法语版、左图为林加拉语版。

那么再来看看下面的说法。众所周知，对于刚果（金）人来说，刚果（金）的语言非常重要。但对于制定和执行政策的上层阶级来说，这些政策实施后最终涉及的并不是他们自己，而是普通民众。因此，无论怎么讨论，无论制定多么完美的方案，一旦进入实施阶段，他们就会敷衍了事。

正如前文所述，从 1974 年开始，小学一、二年级不再用法语授课，而是用通用语授课。这样一来，部分上层阶级的人士就不让自己的孩子上普通的学校，而是选择上不受政府限制的私立学校，或者上法国和比利时的学校。这是一件极讽刺的事情。

在刚果（金），这种事情不仅发生在语言方面，其他各个方面也时有发生。例如在金钱方面，拥有一笔钱的刚果（金）人想把钱存到欧洲的银行，而不是国内银行。这样一来，国内资金就会无法回转，产业发展也会受限。于是，大臣呼吁国民把钱存在国内银行。但是，如此呼吁的人却把自己的钱存在了欧洲的银行。这也是上层阶级和普通民众相背离的自我矛盾的一面。

笔者不知道该如何解决这个问题。在刚果时曾关照过笔者的研究所所长（他是自然科学专家）指出，这其实属于哲学问题。只是在涉及语言层面时，国立人文科学研究所的乌菲拉（Wufela）指出，首先有必要将 4 种国语提升到和法语一样的位置，即官方语言的位置（Wufela, 1992: 50）。正因为法语是官方语言，具有很高的威望，所以大家才会如此执着。因此，只要把林加拉语等国语也作为官方语言就能解决问题。为此，先将这些国语引入市政府窗口等公共服务，再逐渐引入学校教育。并且，还要改变法语和刚果语在报纸、广播、电视等中所占的比例。此外，建立研究刚果语的语言文化研究所，积极开展研究，积累资料，利用这些语言构建现代用语体系，给政府部门建言献策。

有些事情可能的确比较渺茫，但在音乐等方面，比起法语，林加拉语确实占有压倒性的优势。可见，法语并非在刚果（金）的所有领域都占优势。手段方法暂且不论，今后需要努力的方向就是逐步增加这样的领域。

七　结论——自我矛盾会解除吗?

概观刚果（金）的语言政策史就会发现，人们站在不同立场各抒己见，而且越是纯粹，越容易引起自我矛盾。

以传教士为例，他们主要是部落语的推崇者，但结果如何呢？我们来看一下班 · 亨夫托本在刚果语地区做了什么。他排斥刚果（金）的通用语，而推崇部落语，但所使用的语言是他首次赴任的基桑图地区的刚果语。来到宽果地区后，他还想在远离基桑图地区 300 千米的宽果地区也使用基桑图地区的刚果语。富尔斯塔尔特也一样。他排斥作为地区通用语的林加拉语，而推崇部落语——芒戈语。他所使用的芒戈语是芒戈语圈西北部的伦昆多语（Lonkundo）。他将这种语言作为标准芒戈语努力推广普及。但是，芒戈语圈很大，即使处在同一芒戈语圈，人们相隔也较远。因此，即便排斥林加拉语，在当地人看来富尔斯塔尔特所使用的也并非他们原来的语言。

战后，刚果（金）上层阶级的情况与此正相反。他们站在欧洲的对立面，一边大喊反对法语，一边又越发深陷其中。这是自相矛盾的，他们虽然主张对刚果语的复权与拥护，但那是通用语，既不是他们赖以依靠的部落语，也不是母语。原本应该积极推崇部落语的人，反而疏远了它，从而部落语就逐渐被人们边缘化了。

刚果（金）跟其他很多非洲国家一样，部落语、通用语、官方语言分别用于不同的阶层。不管喜不喜欢，我们都要承认这个事实。因此，逐一确认各个阶层的语言所发挥的作用，并且实际使用这些语言，才是解决这一矛盾的方法。

附录 1　图 1 中日语对应中文

"中央アフリカ"（中非共和国）、"スーダン"（苏丹）、"左上参照"（参照左上）、"コンゴ"（刚果）、"ウガンダ"（乌干达）、"ルワンダ"（卢旺达）、"ブルンジ"（布隆迪）、"タンザニア"（坦桑尼亚）、"アンゴラ"（安哥拉）、"ザンビア"（赞比亚）、"西部地域"（西部地区）、"キンシャサ"（金沙萨）。

附录 2　图 2 中日语对应中文

"リンガラ語"（林加拉语）、"スワヒリ語"（斯瓦希里语）、"コンゴ語"（刚果语）、"ルバ語"（卢巴语）。

东　非

埃塞俄比亚

文字是何人之物？
——以埃塞俄比亚各语言的文字化为中心

■ 柘植洋一

一 埃塞俄比亚的语言状况

（一）引言

一抵达埃塞俄比亚首都亚的斯亚贝巴，生疏的文字便映入眼帘，陌生的语音从广播里传出。这些是阿姆哈拉语的文字和语音（埃塞俄比亚文字）。从机场进入市区的途中，还能看到用罗马字标记的非英语文字——奥罗莫语。到达宾馆后，一打开电视又看到另一种语言——提格利尼亚语。上述提到的语言是埃塞俄比亚的 3 种主要语言。然而，走到街上看到长相、体型、肤色各异的人，他们与自己的伙伴交流时所用的语言又和这 3 种截然不同。虽然阿姆哈拉语在全国通用，但由于历史原因，一旦离开大城市到地方，当地语言仍然是人们交流的常用语言。虽说如此，但他们又不都是单语使用者，根据和周边人的交流方式，一个人使用多种语言的情况屡见不鲜。

关于上述埃塞俄比亚的语言使用情况，本章将从以下 3 点展开论述：①处于多语言使用之中；②没有殖民地宗主国的语言；③拥有固有文字。

①是与其他多数非洲国家共同存在的问题。在此不赘述个人或民族的多语言使用情况。②和③在非洲属于例外情况，除了埃塞俄比亚等极少数国家和地区以外，其他国家在古代没有文字，使用文字的历史也并不悠久。因此，有关非洲语言的文字记录无法追溯到古代，但埃塞俄比亚至今还保留着公元前 1000 年的文字记录，并且其固有文字一直沿用至今。

本文主要围绕文字所发挥的（过去所发挥的）作用，考察埃塞俄比亚各语言之间的关系。

（二）埃塞俄比亚的语言

埃塞俄比亚学泰斗卡罗·康蒂·罗西尼（Carlo Conti Rossini）形容埃塞俄比亚为“民族博物馆”（museo di popoli）①。这个词准确地反映了历史、宗教、文化、语言均不相同的埃塞俄比亚各民族在不同环境下的生存状态。和其他多数非洲国家一样，埃塞俄比亚也属于多民族、多语言国家，常用语言多达 80 种以上。美国语言学家格罗弗·赫德森（Grover Hudson）则指出埃塞俄比亚有 75 种语言，分别为 12 种闪米特语族（Semitic）语言、19 种库希特语族（Cushitic）语言、23 种奥摩语族（Omotic）语言、20 种尼罗—撒哈拉语系语言，以及 1 种尚未被分类的语言（Hudson, 2004）。其中，闪米特语族的吉兹语（Ge'ez）和戈法特语（Gafat）、库希特语族的夸拉语（Kwara）和凯拉语（Kaila）是死语，目前仍然在使用的有 71 种。尚未被分类的语言是 20 世纪 80 年代发现的翁果塔语（Ongota）。翁果塔总人口为 89 人，到了 20 世纪 90 年代初，会说翁果塔语的只剩下 19 人，翁果塔语是一种濒危语言（Fleming, 2006）。1994 年，埃塞俄比亚国情调查显示，埃塞俄比亚有 77 种语言，其中不包括翁果塔语（见表 1）。此外，“Ethnologue”也对世界语言分布情况做了统计，并列出了 89 种语言（其中 5 种为死语）。但和前两者不同，“Ethnologue”把英语和埃塞俄比亚手语也统计在内（Gordon, 2005）。上述 3 组数据之所以会不同，主要是因为将语言的变体看作不相同的语言，还是看作方言之间的差别，例如把奥罗莫语算作一种语言（赫德森与国情调查），还是分为 3 种语言（“Ethnologue”）②。

从分布情况来看，闪米特语族语言主要分布在埃塞俄比亚中央高原地区。例如阿姆哈拉语、提格利尼亚语等，它们是支撑埃塞俄比亚基督教（埃塞俄比亚正教）文化传统的语言。哈勒尔语仅在被城墙包围的伊斯兰东部城市哈勒尔市使用。库希特语族语言广泛分布在闪米特语族语言周边。分布最广、使用人数最多的是奥罗莫语，它越过国境，在肯尼亚也被使用。在东南地区使用邻国索马里的官方语言——索马里语。尼罗—撒哈拉语系语言分布在西部苏丹国境线两侧。在西南地区一角奥摩河周边地区，人们使用奥摩语族语言。过去人们认为奥摩语言属于库希特语族，现如今奥摩语族已经独立门户，自成一派（见图 1 和表 2）。

（三）使用者人数

通过表 1 可知，在 1994 年的国情调查中，使用者人数超过 1000 万的两大语言是阿姆哈拉语和奥罗莫语，占总人口的六成以上。其次是提格利尼亚语（北部）、索马里语（东部）、古拉格语（中部）、西达摩语及沃莱塔语（均为南部至西南部）等 5 种语言，使用者人数超

① Carlo Conti Rossini. *Etiopia E Genti D'etiopia*. Bemporad, 1937, p.169.

② Hudson（1999）对埃塞俄比亚国情调查中的各民族人口数量、母语人口数量的统计方法上存在的问题做了相关论述。

过 100 万。使用者人数不足 1 万的语言也不在少数，共有 22 种[①]。

表 1　1994 年国情调查中埃塞俄比亚的语言、母语人口数量和民族人口数量[②]

语言名称	母语人口数量	民族人口数量	语言名称	母语人口数量	民族人口数量
阿姆哈拉语（Amharic）S	17372913	16010894	甸西尼奇语（Dasenech）C	32064	32014
奥罗莫语（Oromo）C	16777975	17088136	捷克语（Czech）O	24106	23772
提格利尼亚语（Tigrinya）S	3224875	3284443	萨霍语（Saho）C	22759	23258
索马里语（Somali）C	3187053	3139421	哈勒尔语（Harer）S	21283	22884
古拉格语（Gurage）S	1881574	2290332	迪兹语（Dizy）O	21075	21888
西达摩语（Sidamo）C	1876329	1842444	多尔兹语（Dorze）O	20782	28969
沃莱塔语（Wolaytta）O	1231674	1268445	马洛语（Malo）O	20151	20181
阿法尔语（Afar）C	965462	972766	希纳沙语（Shinasha）O	19734	32660
哈迪亚语（Hadiyya）C	923957	927747	斯里语（Suri）N	19622	19616
加莫语（Gamo）O	690069	719862	奥达语（Oyda）O	16597	14059
盖德奥语（Gedeo）C	637082	639879	马扬语（Majang）N	15152	15329
卡法语（Kapha）O	569626	599146	乃加汤语（Nyangatom）N	14177	14201
坎巴塔语（Kambaata）C	487654	499631	茂语（Mao）O	13657	16226
乌旺吉语（Awngi）C	356980	397494	畲语（She）O	13116	13164
克罗语（Curro）O	313228	331477	阿尔戈巴语（Argobba）S	10860	62912
戈法语（Gofa）O	233340	241818	扎伊塞语（Zayse）O	10172	10842

① 根据埃塞俄比亚统计局的人口统计资料推算，2006 年埃塞俄比亚总人口数将达 7500 万，预计比 1994 年度增加 2200 余万。当然这些数据也会发生较大变化。

② 基于 Hudson（2004）Table1。

续表

语言名称	母语人口数量	民族人口数量	语言名称	母语人口数量	民族人口数量
本奇语（Bench）O	173586	173149	法达西语（Fadashi）N	8715	7323
阿里语（Aari）O	158857	155065	瑟麦语（Tsamai）C	8621	9699
康索语（Konso）O	149508	153407	哲尔古拉语（Zergulla）O	7625	390
哈密尔语（Hamille）C	143369	158225	恰拉语（Chara）O	6932	6976
阿拉巴语（Alaba）C	126257	125894	莫斯亚语（Moshiya）C	6624	9205
古姆兹语（Gumuz）N	120424	121481	迪迈语（Dime）O	6501	6189
贝尔塔语（Berta）O	116084	118670	博迪语（Body）N	4570	4685
科伊拉语（Koyra）O	103879	107586	阿尔伯莱语（Arbore）C	4441	6662
廷巴洛语（Timballo）C	82803	86499	纳奥语（Nao）O	3656	4004
耶姆萨语（Yemsa）O	81614	165770	穆鲁西语（Murushi）N	3278	3254
努埃尔语（Nuer）N	64907	64527	卡查玛语（Kachama）O	2682	2735
巴斯克托语（Basketo）O	57，894	51089	库纳马语（Kunama）N	1883	2003
莫查语（Mocha）O	54894	53846	克曼特语（Kemant）C	1650	172324
玛律语（Male）O	53779	46458	科玛语（Koma）N	1435	1552
梅恩语（Me'en）N	52015	52808	干朱拉语（Ganjule）O	1390	1142
吉多莱语（Gidole）C	50328	54339	梅鲁语（Meru）O	989	1195
肯塔语（Konta）O	48987	49625	西达语（Shita）N	301	290
阿扭瓦语（Anywa）N	45646	45656	加秘利语（Gamiri）N	144	184

续表

语言名称	母语人口数量	民族人口数量	语言名称	母语人口数量	民族人口数量
哈梅尔语（Hamel）O	42838	42448	克威古语（Kwegu）N	103	165
马拉喀语（Maraco）C	36612	38093	库阿玛语（Kwama）N	99	140
卡宾那语（K'abeena）C	35783	35065	戈巴特语（Gebato）N	78	67
布尔吉语（Burji）C	35731	46552	马班语（Mabaan）N	25	21
高瓦达语（Gawwada）C	32698	33945	其他语言	139047	110555
总计	53104380	49672424			

注：语言名称后面的字母表示语言谱系。S=闪米特语族，C=库希特语族，O=奥摩语族，N=尼罗—撒哈拉语系。

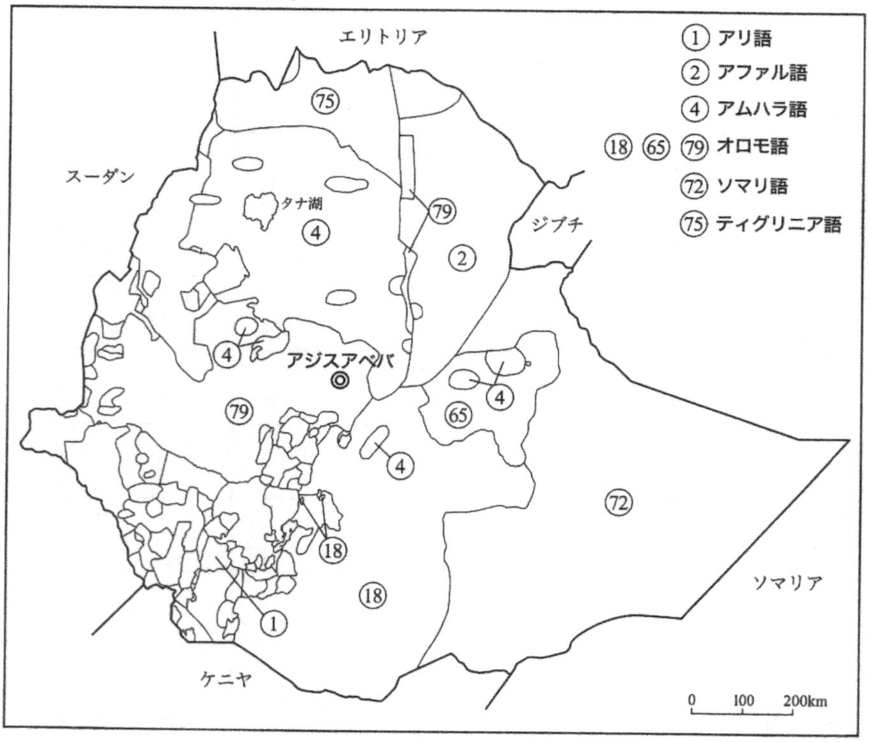

图 1　埃塞俄比亚语言地图①

① B. F. Grimes. "Ethnologue". SIL, 2000.

表 2 埃塞俄比亚语言词形的异同

	吉兹语	提格利尼亚语	阿姆哈拉语	奥罗莫语	索马里语	阿里语	迪迈语
我	’anä	’anä	əne	ani	ani	ita	Ate
你（男）	’antä	nəssəxa	Antä	ati	adi	haana	Yaa
你（女）	’anti	nessəxi	Anči	ati	adi	haana	Yaa
他	wə’ətu	nəssu	əssu	inni	Isa	noo	Nuu
她	yə’əti	nəssa	əsswa	isee	Iya	naa	Naa
1	’ahadu	hadä	And	tokko	kow	wollaqa	Wokkil
10	‘assärtu	‘assärte	assər	kudan	toban	tamma	Tame
头	rə’əs	rə’əsi	Ras	mataa	madax	mata	Mate
口	’af	’af	Af	afaan	Af	afa	Afe
什么	mənt	’əntay	mən	maal	Max	haara	Ayi
水	may	may	wəha	bishaan	Biyo	noqa	Naqa
犬	kälb	kälbi	wəšša	saree	Ey	aksi	keene

注：考察闪米特语族（吉兹语、提格利尼亚语、阿姆哈拉语）、库希特语族（奥罗莫语、索马里语）、奥摩语族（阿里语、迪迈语）内部及各语族之间的异同。

由表 1 和表 2 可知，各语言的民族人口数量和母语人口数量非常相近。例如，阿里族人口数为 15.5065 万，其中以阿里语为母语的有 15.8857 万人；努埃尔族人口为 6.4527 万，其中以努埃尔语为母语的有 6.4907 万人。有趣的是，阿姆哈拉族人口数和以阿姆哈拉语为母语的人口数分别为 1601.0894 万和 1737.2913 万，而奥罗莫语分别为 1708.8136 万和 1677.7975 万。两大语言呈现出截然不同的倾向：以阿姆哈拉语为母语的非阿姆哈拉人超过 100 万；与此相反，大约有 30 万奥罗莫人以其他语言为母语。虽然原因不明，但至少跟阿姆哈拉语在国内占主导地位有一定关系。事实上，对于这些使用者人数多的语言而言，这两组数据之差并没有太大的意义，但如果参数变小则反之。最具代表性的例子有阿尔戈巴语和克曼特语。阿尔戈巴族人口为 6.2912 万人，其中以阿尔戈巴语为母语的有 1.086 万人，占总人口的 1/6；克曼特族人口为 17.2324 万人，其中以克曼特语为母语的有 1650 人，不足总人口的 1/10。这是因为，在语言学上，阿尔戈巴语和阿姆哈拉语非常相近。此外，目前已经找不出使用克曼特语的单语者，即使是 60 岁以上精通克曼特语的人也只是在祷告时或私下才说。联合国教科文组织进行的有关濒危语言的调查显示，翁果塔语和阿尔戈巴语濒临灭绝。此外，克威古语（Kwegu）、穆尔勒语（Murle）、克曼特语、萨波语（Shabo）4 种语言也极有可能面临灭绝[①]。

（四）与意大利语的关系

埃塞俄比亚没有长期遭受外国殖民统治的历史，这在非洲属于例外。正因为如此，埃塞俄比亚没有凌驾于民族语言之上的殖民地宗主国语言。曼涅里克二世（Menelik II，1889—1913 年在位）时期的埃塞俄比亚疆域版图就已经与现在基本一致。当时欧洲列强向非洲发动了猛烈攻击，而埃塞俄比亚在阿德瓦战役中击败了意大利侵略者，把埃塞俄比亚从殖民地的边缘挽救回来，维护了埃塞俄比亚的主权独立。1936 年，在意大利军队的攻势下，皇帝海尔・塞拉西一世（Haile Selassie I）被迫流亡国外。1941 年，在英国的帮助下，塞拉西皇帝回国再次执掌大权。在其流亡期间，意军宣布吞并埃塞俄比亚，将其并入意属东非殖民地。此外，索马里兰及厄立特里亚也是意属东非殖民地。意大利语是意属东非殖民地的官方语言，但也仅持续了短短 5 年时间，意大利语最终未能凌驾于埃塞俄比亚的语言之上。不仅如此，其对阿姆哈拉语等埃塞俄比亚语言几乎没有造成任何影响。事实上，意大利语的影响仅体现在词汇方面，在形态和句法方面几乎毫无影响。阿姆哈拉语中的外来语主要有“pasta”（pasta，意大利面、意大利面食）、“occholoni”（nocciolina，花生）、“makkiyato”（macchiato，玛奇朵）、“märkato”[②]、“bandera”（bandiera，旗帜）、“mäkina”（macchina，汽车）、“gazeta”（gazzetta，报纸）等。这些外来语的数量不是很多，而且其中不少是在意大利占领时期之前就已被借用的词汇。欧洲语言中，过去对埃塞俄比亚影响最大的是法语，当时被用于小学教育中，但现在对埃塞俄比亚影响最大的是英语，被用于中高等教育中。除这些欧洲语言以外，受古时候伊斯兰教的影响，埃塞俄比亚语言中源自阿拉伯语的词也较多。另外，阿姆哈拉语中借用日语的有“karate”（空手道）、“judo”（柔道）等极少数词，但尚未发现日语中借用阿姆哈拉语的词。

① Leyew（2003）对克曼特语的情况做了详细的阐述。
② mercato，梅尔卡托（亚的斯亚贝巴等大型市场）。

二 埃塞俄比亚文字史

埃塞俄比亚是非洲为数不多的拥有固有文字的国家，已有2000多年文字记载的历史。当时只有吉兹语一种文字，到了19世纪后半期，阿姆哈拉语等文字才开始在普通百姓的日常生活中普及。在古代，文字是少数上流阶层的专有物，在寻常百姓中普及经历了很长一段时间。直到最近几年，阿姆哈拉语以外的文字才开始得以推广普及。下面笔者将对其历史渊源进行追溯。

（一）最古老的文字记载

埃塞俄比亚的文字记载中最古老的是南阿拉伯语文字。在古代，阿拉伯半岛南部（现也门）和埃塞俄比亚关系密切。厄立特里亚与埃塞俄比亚提格里州相邻，在那里发现了很多刻有南阿拉伯语文字的石头。在南阿拉伯历史年表中有关南阿拉伯语文字的部分存在各种争议，但基本可以肯定南阿拉伯语与公元前5世纪以后南阿拉伯赛伯伊王国的语言非常接近。从文字记载的内容来看，以祝文居多。但由于祝文有一定格律且篇幅短小，几乎无从了解该语言的整体面貌，以及当时社会的状况和人们的精神世界。除此之外，再无其他直接相关的文献资料，从而无从考证这个时期还使用了哪些语言。

（二）埃塞俄比亚文字与吉兹语

埃塞俄比亚第一个系统整理的文字资料中使用的是吉兹语。阿克苏姆王国（The Kingdom of Aksum）建立于3世纪前，首都为埃塞俄比亚北部的阿克苏姆（现提格里州）城。4世纪，在国王埃扎那（Ezana）的统治下，阿克苏姆王国进入极盛时期，埃扎那统一了埃塞俄比亚北部，征服了南阿拉伯的一些王国。此外，他还改奉基督教，将其定为国教。这一时期在红海进行的贸易渐趋繁荣，这也促进了阿克苏姆王国的崛起。吉兹语是阿克苏姆王国时期的官方正式书写语言，同时阿克苏姆王国还使用了从南阿拉伯字母发展起来的文字。这个文字就是现在仍然在阿姆哈拉语等语言中使用的埃塞俄比亚文字。埃扎那还积极进行文字改造，阿克苏姆王国取消了先前只有纯粹辅音字母的拼法，实行了一套新的、能标出元音的拼音方案（见表3），相关记录主要有国王的碑铭等。此外，在当地僧侣的协助下，其把希腊文的《圣经》翻译成吉兹语。但由于多年的混战，以及16世纪伊斯兰教势力的猛烈进攻，数百座教堂和修道院遭到劫掠或焚毁，严重破坏了埃塞俄比亚历经10多个世纪留下的许多基督教古文献。阿克苏姆王国灭亡之后，库希特语族的埃塞俄比亚人建立了扎格维王朝（Zagwe Dynasty），且仍然以吉兹语为官方语言。

表 3　埃塞俄比亚文字表（部分文字）

መ mä	ሙ mu	ሚ mi	ማ ma	ሜ me	ም mə/m	ሞ mo
ረ rä	ሩ ru	ሪ ri	ራ ra	ሬ re	ር rə/r	ሮ ro
በ bä	ቡ bu	ቢ bi	ባ ba	ቤ be	ብ bə/b	ቦ bo
ከ kä	ኩ ku	ኪ ki	ካ ka	ኬ ke	ክ kə/k	ኮ ko

和日语的假名一样，埃塞俄比亚文字也属于音节文字。表 3 中第一列为基本形，其他列为活用形。

（三）所罗门王朝的复兴——吉兹语和阿姆哈拉语

13 世纪后半期，耶库诺·阿姆拉克（Yekuno Amlak）推翻了扎格维王朝，建立了“埃塞俄比亚帝国”，并作为传说中埃塞俄比亚建国始祖曼涅里克国王（以色列的所罗门国王和希巴女王之子）的合法继承人宣告所罗门王朝（Solomonid Dynasty）的复兴。到末代皇帝海尔·塞拉西一世为止，所罗门王朝对埃塞俄比亚进行了长达 700 年的统治。其间，宫廷中使用的语言是阿姆哈拉语，书写时使用的基本上也只有吉兹语一种。可见，成为死语的吉兹语虽然不用于日常交流，但会专门在官方场合使用。这与拉丁语在欧洲中世纪所发挥的作用极其相似。埃塞俄比亚至今留存许多宗教文献和皇帝编年史等吉兹语文献，其中最重要的是前述的埃塞俄比亚民族史诗《国王的荣耀》（*Kebra Nagast*）。

然而，阿姆哈拉语虽然也用于书写，但不具有官方语言的性质。现存最古老的阿姆哈拉语资料是 16 世纪赞颂皇帝的诗歌。除此之外，阿姆哈拉语仅用于《圣经》的注释和巫术文献等。但在 17 世纪耶稣会的传教活动中，阿姆哈拉语受到了人们的关注。耶稣会为了对抗埃塞俄比亚正教会，把天主教文献翻译为吉兹语，同时把《圣经》等文献翻译为阿姆哈拉语（Cohen, 2005）。他们的传教活动势头猛烈，加拉维德沃斯皇帝一度改奉天主教，但最终被其孙法西勒德斯（Fasiledes）阻止，传教士们也随之被驱逐。遗憾的是，当时翻译成阿姆哈拉语的文献资料均未留存下来。

（四）阿姆哈拉语登场

19 世纪中叶，特沃德罗斯二世（Tewodros II，1818—1868）结束了埃塞俄比亚的百年内乱，重新统一了国家，他的政权仍然被许多人认为是建立现代埃塞俄比亚的先驱。特沃德罗斯二世将阿姆哈拉语当作国家统一的必要手段，并首次用阿姆哈拉语而非吉兹语撰写了皇帝编年史。不仅如此，他还允许新教传教士开展传教活动，传教士们从欧洲带来了大量阿姆哈拉语版《圣经》。到了曼涅里克二世时期，即相当于日本明治时代后半期，阿姆哈拉语完全取代了吉兹语。20 世纪初，通过阿菲沃尔克·戈布拉伊俄斯等作家的努力及报纸等的发行，阿姆哈拉语作为书面语逐渐成熟。

在实施现代教育之前，扫盲教育只有以下两种形式：一种是埃塞俄比亚正教会在教会人员培训学校开展的埃塞俄比亚文字及吉兹语的教育，另一种是伊斯兰学校面向教徒开展的阿拉伯文字及阿拉伯语的教育。

除了用阿拉伯文字记录埃塞俄比亚东部城市哈勒尔的哈勒尔语的少数资料以外，几乎没有留下任何有关其他语言的记录。

三 阿姆哈拉语中心主义——作为官方语言的阿姆哈拉语和其他语言

（一）阿姆哈拉语的官方化

1930 年，海尔·塞拉西一世称帝后，为了建设以皇帝为中心的现代埃塞俄比亚国家，他大力推行改革。作为其手段，在语言方面积极推进阿姆哈拉语中心主义。其中，1955 年海尔·塞拉西一世执政 25 周年之际颁布的新宪法中有关官方语言的规定具有划时代意义。1931 年制定的埃塞俄比亚第一部宪法以大日本帝国宪法为蓝本，没有与语言相关的规定。在新宪法第 125 条中，首次明确规定“帝国的官方语言为阿姆哈拉语”。“官方语言”在阿姆哈拉语中是“mädäbännya qwanqwa”，意为“正规语言”，与英语宪法中的“official langnage”相对应。在众多埃塞俄比亚语言中，只有阿姆哈拉语在法律上被明确授予特殊地位。可见，阿姆哈拉语以外的语言事实上都被完全无视。

这个时期，在旧宪法中增加了过去没有的和语言相关的一些条款肯定有其原因。虽然无法对其展开详述，但从 1955 年这一时间节点来看，我们可以把目光转向与厄立特里亚的关系上。1952 年，厄立特里亚与埃塞俄比亚组成了联邦制国家，并于 1962 年成为埃塞俄比亚的一个省。厄立特里亚宪法规定提格利尼亚语和阿拉伯语为官方语言，但从新宪法第 125 条中也能看得出，埃塞俄比亚中央政府强有力的阿姆哈拉语中心主义立场，以及在厄立特里亚的语言方面也落实该体制的决心。

当埃塞俄比亚摆脱意大利的统治实现独立后，它大力推进教育现代化，并将阿姆哈拉语作为教育语言在全国范围内使用。但是，教育迟迟没能普及。鉴于这种情况，埃塞俄比亚政府大力推进教育体制改革，并于 20 世纪 60 年代尝试扫盲和普及教育，但均收效甚微。这一时期扫盲教育的特点是，“阿姆哈拉语”扫盲，这完全背离了实现“读写自己语言”的初衷。当时阿姆哈拉语口语已经在全国范围内得到普及，但根据 20 世纪 70 年代联合国教科文组织的统计，阿姆哈拉语扫盲率仅达到 7%，处于极低水平。于是，1972 年在教育与艺术部的基础上，埃塞俄比亚创建了国立阿姆哈拉语学院（National Academy of the Amharic Language），这可以看作为实现阿姆哈拉语从单纯的“官方语言”向“国语”转变而采取的有效措施。

（二）阿姆哈拉语以外语言的文字化

除了阿姆哈拉语以外，只有索马里语、阿法尔语、提格利尼亚语可以用于官方场合，例如无线电广播节目等，而且原则上不承认阿姆哈拉语以外的文字。以下举措也同出一辙：翻译《圣经》时，基本上不允许基督教传教士使用埃塞俄比亚文字；虽然允许居民在日常接触中使用当地语，但在传教活动中只能使用阿姆哈拉语①。埃塞俄比亚政府限制民族语言的使用，只允许其在私下使用，文字（埃塞俄比亚文字）被政府或皇帝所霸占，不允许民族语言文字化，即不允许民族语言进入官方场合。政府允许使用的文字也只有埃塞俄比亚文字。使用非埃塞俄比亚文字（多为罗马字），就是反对埃塞俄比亚帝国，反对阿姆哈拉语。反对埃塞俄比亚文字，被认为是一种反体制的反抗行为。因此，无文字语言的文字化在现实层面上也受到了很大阻碍。

那么，埃塞俄比亚是在怎样的动机下推行（或正在推行）无文字语言的文字化的呢？根据以上实例，大体可归纳为宗教（主要是基督教）和民族主义两大类，前者为外在因素，后者为内在因素。如果积极推行文字化的人是该语言的使用者，那么很多时候这两者紧密相连，很难分割。此外，还有选择埃塞俄比亚文字，还是罗马字的问题。这不仅仅是该文字是否符合该语言的书写符号系统的问题，更是关系到对前述霸占文字的立场问题。基于这些，下面笔者将考察使用率仅次于阿姆哈拉语的两大语言——提格利尼亚语和奥罗莫语的文字化过程。

（三）以提格利尼亚语为例

提格利尼亚语主要在埃塞俄比亚最北部提格里州和邻国厄立特里亚使用，目前使用人数大约有 440 万。在厄立特里亚国内使用的 9 种语言中，提格利尼亚语的使用人数最多，提格利尼亚语在埃塞俄比亚属于仅次于阿姆哈拉语、奥罗莫语的第三大语种。

从 19 世纪末开始，人们逐渐利用埃塞俄比亚文字书写提格利尼亚语。这一行为当初并不是提格利尼亚人的自发行为，而是基督教传教士们的功劳，他们出版的也几乎都是和基督教相关的书籍。厄立特里亚长期处于意大利的统治之下，因此学校教育分为面向意大利人和面向当地人的两种体系，其中面向当地人的教育水平非常低。1941 年，意大利和埃塞俄比亚的战争落下帷幕，厄立特里亚成为英国托管地，并在英国统治期间加大了教育力度，在基督教徒多的地区以提格利尼亚语、在伊斯兰教徒多的地区则以阿拉伯语为初等教育的教学语言②。需要特别指出的是，这个时期出版的提格利尼亚语周刊杂志《厄立特里亚周报》（*Eritrean Weekly News*）发挥了重要作用。它不仅仅传播新闻，而且通过报纸版面形成了各

① 引自 1944 年皇帝敕令第 3 号。

② 西部巴伦图地区（Barentu）使用库纳马语。另外，中等教育中使用英语。

种类型的提格利尼亚语文体。被称为“提格利尼亚语之父”的沃尔德布·沃尔德马里亚姆（Wäldeab Wäldemariam）发挥了关键作用。在埃塞俄比亚联邦时期，厄立特里亚刊发了提格利尼亚语和阿拉伯语报纸，并且将阿姆哈拉语列入教学科目。但随着与埃塞俄比亚关系的变化，即 1962 年合并为埃塞俄比亚的一个省之后，这一状况发生了很大改变。换言之，成为埃塞俄比亚的一个省意味着处于从属地位，自主权被剥夺，主要体现在：在语言方面，必须得遵照埃塞俄比亚中央政府的指示，优先使用阿姆哈拉语；在教育方面，引进了埃塞俄比亚的教育制度，将阿姆哈拉语作为教学语言（Taye, 1991,1992）。

之后，随着帝政垮台、社会主义体制的建立，人们开始主张各民族语言平等。但实际上提格利尼亚语没能崭露头角，提格利尼亚语在教育第一线所占的比例也极其微小。对此，为厄立特里亚的独立而战的厄立特里亚人民解放阵线（Eritrean People's Liberation Front, EPLF）力求实现提格利尼亚语等语言的独立[①]。

1991 年推翻埃塞俄比亚社会主义政权后，厄立特里亚于 1993 年举行了公民投票，结果高票通过脱离埃塞俄比亚的提议，并于同年 5 月 24 日宣布独立。厄立特里亚政府为厄立特里亚的 9 种语言提供了平等的法律地位，并将提格利尼亚语和阿拉伯语作为工作语言（实质性的官方语言）。这两种语言同时又是埃塞俄比亚提格里州的工作语言。之后，提格利尼亚语作为名副其实的书面语巩固了其坚实地位。人们一贯使用埃塞俄比亚文字书写提格利尼亚语。这是因为，使用埃塞俄比亚文字书写提格利尼亚语元音没有任何问题，而书写吉兹语和阿姆哈拉语中唯一没有的辅音时，只需追加一种新文字就能解决问题。

（四）以奥罗莫语为例

奥罗莫族人口数量跟阿姆哈拉族不相上下。但在以阿姆哈拉人为主的社会，奥罗莫人的社会地位低于人口数量比它少的提格利尼亚人，属于三流民族。到了 20 世纪 60 年代，随着奥罗莫民族主义的兴起，奥罗莫人开始积极尝试用文字书写奥罗莫语。其中，出版首部奥罗莫语著作的奥尼西莫斯·内斯布（Onesimos Nesib）和独创奥罗莫文字的谢赫·巴克里·萨帕洛（Shaykh Bakri Sapalō）是两位先驱者。

奥尼西莫斯·内斯布出生于 19 世纪中叶，后被卖去当奴隶。恢复自由之后，他在马萨瓦（厄立特里亚北部港市，东临红海）的瑞典传教团学习，他的才能逐渐得到了大家的认可。后来在瑞典留学期间，他依然刻苦学习。学成之后回到马萨瓦，他继续潜心于《圣经》的翻译工作，并完成了《新约圣经》《旧约圣经》的奥罗莫语翻译（1899 年于瑞士出版，见图 2）。当时奥尼西莫斯·内斯布使用的是埃塞俄比亚文字的改良版。这是因为，埃塞俄比亚文字是 7 元音文字体系，所以如果不做改良，就不适合标记有 5 个短元音、5 个长元音，

---

① 1977 年 1 月 EPLF 提出的纲领中有以下两条内容：主张厄立特里亚各民族语言具有平等地位；“为了从无知的黑暗中解救厄立特里亚人民而和文盲做斗争”。

即有 10 个元音的奥罗莫语。如何用埃塞俄比亚文字标记奥罗文字是奥尼西莫斯的难点所在。后来奥尼西莫斯·内斯布饱受迫害，但仍然坚持在故乡埃塞俄比亚西部乌奥雷戈地区从事传教活动，并于 1931 年去世。除了《圣经》译本以外，奥尼西莫斯还留下了多部著作，其中值得关注的是《教育之初——教奥罗莫语缀字法的书》(1894 年出版)。这本书中除了用埃塞俄比亚文字练习书写奥罗莫语和有关基督教的内容以外，还有传统的诗词、警句、传说等奥罗莫人口口相传的文艺作品。虽说是由基督教团出版，但也有歌颂奥罗莫传统宗教神灵的歌曲。由此可见奥尼西莫斯对奥罗莫文化及奥罗莫语的深深热爱。通过他的这些努力，部分地区也开始了奥罗莫语教育，在意大利统治时期，奥罗莫语还被定为教育语言。但如前所述，海尔·塞拉西一世复位之后，规定只有阿姆哈拉语一种教育语言，同时禁止传教士在传教活动中使用奥罗莫语。随后奥罗莫人向埃塞俄比亚中央政府请愿，希望政府批准他们使用埃塞俄比亚文字，但未能如愿。由于埃塞俄比亚中央政府的阿姆哈拉语中心主义，奥罗莫语著作的发展之路也就被封死了 (Bulcha, 1995)。

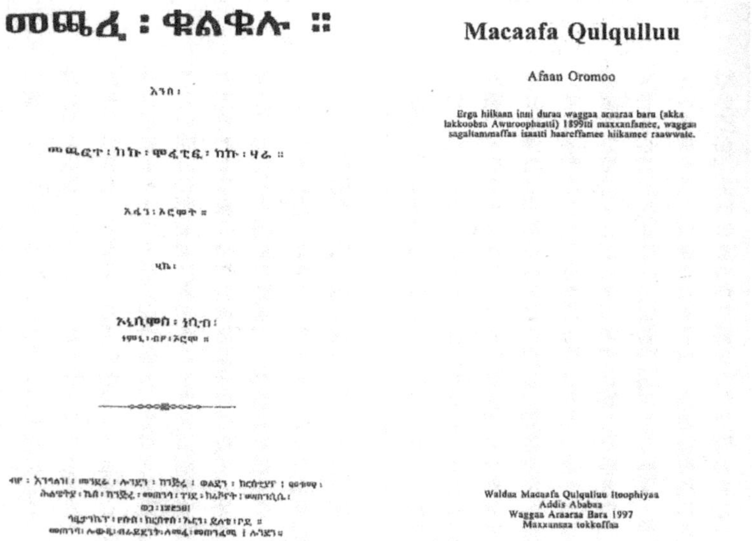

图 2　奥尼西莫斯译奥罗莫语版《圣经》(1899) 和用 Qubee 字母撰写的奥罗莫语版《圣经》(1997)

谢赫·巴克里·萨帕洛 (Shaykh Bakri Sapalō, 1895—1980) 是伊斯兰教教师、诗人，是一位非常杰出的人物。除了母语奥罗莫语以外，他还精通阿姆哈拉语、阿拉伯语、意大利语、英语等多种语言。他设计的文字体系忠实地反映了奥罗莫语的音素体系，但他如何设计出这样的文字则不详。可以肯定的是其有明确动机，即作为奥罗莫人用文字写出自己的母语——奥罗莫语。在帝政时期，作为奥罗莫民族主义者，谢赫·巴克里·萨帕洛被长期幽禁。他发明的文字，在一段时间内，在一定程度上仅限于埃塞俄比亚东部的哈勒尔周边地区使用。奥罗莫文字的创作原理和埃塞俄比亚文字一样，它们都属于音节文字，但字形则完全不同，有自己的独特风格。和奥尼西莫斯文字也不同，萨帕洛文字能够区分元音的长短。尽管萨帕洛文字已经非常出色，但由于用文字书写阿姆哈拉语以外的语言，以及采用非埃塞俄比亚文字等是与政府方针完全背道而驰的做法，因此萨帕洛文字最终也未能走出私人领域①。

20世纪70年代，奥罗莫人掀起的民族独立运动变得更加猛烈。独立运动的核心——“奥罗莫解放阵线”（Oromo Liberacion Front，OLF）成立于1973年，在帝政时期至社会主义体制时期积极开展了各项运动。作为其中的一环，他们提倡用罗马字书写奥罗莫语，从而实现奥罗莫语的文字化。1974年革命前后，在社会主义政权的新政策下，无线电广播节目中开始使用奥罗莫语，而且用埃塞俄比亚文字书写的奥罗莫语也得到了认可。借此，由信息文化部主办的报纸《黎明》（*Bariisaa*）（隔周刊）正式发刊。报纸中使用的基本上是奥尼西莫斯文字。尽管可以在广播和报纸上使用奥罗莫语，但中央政府并没有积极推广普及奥罗莫语，奥罗莫语出版物的数量也并不多。

如上所述，政府允许在部分场合使用奥罗莫语，但奥罗莫人渴望独立的呼声日益高涨，独立运动的目的也从早期的寻求自治逐渐转变为脱离阿姆哈拉中心而实现独立。于是，出现了前述“奥罗莫解放阵线”等若干个组织，海外学子们也在积极参加各项活动，但他们使用的是罗马字。在当时，用埃塞俄比亚文字书写奥罗莫语已获得政府的许可，但他们坚持使用其他文字。这表明他们的立场——反对以阿姆哈拉人为主体的中央政府。于是1991年门格斯图政权（Mengistu）被推翻后，奥罗莫人在现有的几种文字体系中采用了以32个罗马字为基础的新体系，并将这些字母作为本民族的正式书写语言。过去用埃塞俄比亚文字无法做到的词义区分，使用奥罗莫语字母（奥罗莫语字母叫作Qubee字母）后都将成为可能，例如奥罗莫语中的“**gara**”（向、朝、往）和“**gaara**”（山）等短、长元音的对立，以及“**badaa**”（坏）和“**baddaa**”（高原）等单辅音和双重辅音的对立。

四　社会主义时期——语言平等与作为“工作语言”的阿姆哈拉语

（一）作为工作语言的阿姆哈拉语

在这一节中我们回到社会主义时期，再以阿姆哈拉语的定位为中心，考察埃塞俄比亚

① 请参照“奥罗莫文字”（オロモ文字）（柘植洋一执笔），河野、千野、西田编：《语言学大辞典》别卷《世界文字辞典》，三省堂，2001年。

政府的语言政策。1974 年推翻帝政之后，以军人为主体的新政府实行了社会主义体制，并于 1987 年制定新宪法，成立了埃塞俄比亚人民民主共和国。宪法第 116 条规定阿姆哈拉语为“政府的工作语言”。阿姆哈拉语中的“工作语言”为“yä—səra qwanqwa”（工作的语言），英语则为“working language”。新政府在政府报纸 *The Ethiopian Herald*（1987 年 1 月 30 日）上刊登了有关宪法草案的说明，上面写着：“为了促进劳动者的共同进步及强化劳动者的阶级连带性，我们需要一门通用语。故宣布阿姆哈拉语为国家的工作语言。同时，宪法为各民族语言的平等发展提供保障。”上述文字是对宪法第一百一十六条前半部分“在不触犯本宪法第二条第五项的前提下……”，以及第二条第五项“埃塞俄比亚人民民主共和国促进各民族语言的平等、发展、尊重”的说明。从而，埃塞俄比亚首次正式承认：埃塞俄比亚的各民族在语言方面也享有平等的权利。此外，其还指出通用语的必要性，并将阿姆哈拉语作为通用语。这是因为，人们可以在各种场合随意使用任何一种语言，然而国家层面无法保证这样做不会带来任何不利影响，从而认识到将通用语作为国家统一手段的必要性。之所以会选择阿姆哈拉语作为通用语，是因为阿姆哈拉语长期以来用于书面语，而事实上其也一直在发挥着通用语的作用。由此可见，选择阿姆哈拉语也是必然的结果。但从使用者人数来看，奥罗莫语也具有同等资格，因此对于奥罗莫人来说，阿姆哈拉语成为通用语只不过是阿姆哈拉语中心主义的体现而已。虽然阿姆哈拉语的法律地位发生了变化，但和其他语言的关系依旧如故。于是，宪法特意避开“官方语言”这一术语，新起了一个名字——“工作语言”。

虽然政府承认了各民族语言的平等地位，但想在社会、教育、大众传媒等领域使用这些语言并不容易。下一节对扫盲运动做了详细阐述，并列出阿姆哈拉语等 15 种语言。从扫盲运动来看，政府对扫盲的具体细节还没有做好充分准备，而且也看不出中央集权体制下的政府想积极推广这些语言的意图。同时，除了提格利尼亚语、奥罗莫语以外，无论在意识层面，还是在现实层面，其他语言也不具备相应条件。二者相互交织，最终未能解决宪法的基本理念或原则与现实相背离的问题。在此前提下，迎来了一个新时期。

（五）扫盲运动

1974 年，造成众多伤亡的权力斗争因门格斯图·海尔·马里亚姆（Mengistu Haile Mariam，1937— ）掌权而终止。之后，埃塞俄比亚正式宣布实行社会主义，并以史无前例的规模开展了扫盲运动。

首先，1975 年埃塞俄比亚政府停止中高等教育，开始实行下放政策。政府组织 6 万名教师和学生参加“协同发展运动”（Development Through Cooperation Campaign，阿姆哈拉语叫作 Zemecha），并把他们送到了地方。这一举措与埃塞俄比亚社会主义体制下的一大事件——扫盲运动相关。1979 年开始，由政府主导的大规模扫盲运动的对象是成人文盲。1991

年政府垮台之前，共组织了 12 次扫盲运动，大约 1700 万人注册（其中一半约女性），其中 1200 万人通过了考试。参与这一运动的志愿者有教师、学生、公务员、军人、主妇、宗教团体等，人数达 150 万。为了这项运动，政府发放了 2200 万部教材，并准备了涉及农业、健康、土木等领域的基础辅助教材 900 万部（Ofcansky and Berry, 1993）。

1980 年，笔者第一次来到埃塞俄比亚，当时这项大规模的运动正如火如荼地进行着，报纸等媒体也连日报道。国营阿姆哈拉语日报《亚的斯泽门》（*Addis Zemen*）开设专栏“从黑暗到光明”，并刊登了读者来信，人们在信中用歪歪扭扭的字体传递了重拾文字的喜悦。此外，报纸还开设专栏“致新读者们”，并面向新扫盲对象刊登了简单易懂的阿姆哈拉语文章。埃塞俄比亚的这项全国性扫盲运动获得了联合国教科文组织的高度评价，埃塞俄比亚同年被授予“国际阅读协会扫盲奖”（International Reading Association Literacy Prize）。

此次扫盲运动跟帝政时期的扫盲运动极为不同的是，帝政时期扫盲运动的目标是人们能够读写阿姆哈拉语。与此相比，此次还将阿姆哈拉语以外的语言列入扫盲的对象，这也是改善地方教育的重要一环。扫盲运动最初从阿姆哈拉语、奥罗莫语、提格利尼亚语、沃莱塔语、索马里语这 5 种语言开始，并于 1981 年增加了坎巴塔语、哈迪亚语、盖德奥语、库纳马语、蒂格雷语（Tigre）5 种语言。在此基础上，次年再增加苏尔特语（Surte，古拉格的一种）、阿法尔语、西达摩语、卡法语、萨霍语。最后共有 15 种语言被列入扫盲计划。使用这 15 种语言的人口占埃塞俄比亚总人口的九成（库纳马语、提格利尼亚语、萨霍语分布于厄立特里亚）。

阿姆哈拉语以外的语言被列入计划具有划时代的意义。作为向下一个阶段过渡的重要准备阶段，对其本身应予以高度评价。但同时其也存在以下 5 点问题。第一，虽然编写了民族语言的入门教材，但没有准备好后续的教材，即后续的衔接体系还不完善。不仅如此，那些是以阿姆哈拉语教材为蓝本翻译的教材。第二，在初等学校教育中只能使用阿姆哈拉语。因此，接受扫盲教育后，即便学生想再接受正规学校的教育，学校也已经没有了民族语言的一席之地。第三，学习者认为书面语就是阿姆哈拉语，而且具有强烈的学习意识：要学就学对社会生活有利的阿姆哈拉语，而不是民族语言。换句话说，实施者和学习者的立场存在分歧。第四，采用民族语言的其中一种方言，有时不容易让学习者所接受。第五，15 种语言虽然可以覆盖大部分人群，但其他 60 多种语言则被完全忽视了[①]。

① 根据联合国教科文组织的统计，2005 年 15 岁以上男性扫盲率为 50%，15 岁以上女性扫盲率为 22.8%。

五 从社会主义体制垮台到联邦制国家——为了各民族语言更加广泛的使用

（一）新宪法规定

1991 年以“埃塞俄比亚人民革命民主阵线”（Ethiopian People’s Revolutionary Democratic Front, EPRDF）为首的势力推翻了社会主义政权。埃塞俄比亚成立了过渡政府，1995 年埃塞俄比亚联邦民主共和国成立。如前所述，1993 年经全民公决，厄立特里亚脱离埃塞俄比亚宣告独立。1994 年 12 月埃塞俄比亚联邦民主共和国制定新宪法，维护联邦各民族的权利。新宪法第三十九条“民族、部落、人民的权利”中有如下内容：

> ①埃塞俄比亚的所有民族、部落、人民无条件享有分离权等自我决策的权利。
>
> ②为了体现文化、发展文化、振兴文化，以及延续历史，人们享有说自己的语言、写自己的语言，以及发展自己语言的权利。

上述第三十九条第二项中对语言问题做了特别说明，并在第五条“语言”中列出以下 3 项具体规定：

> ①国家承认埃塞俄比亚的一切语言都具有同等地位。
>
> ②规定联邦政府的工作语言为阿姆哈拉语。
>
> ③依照法律规定，联邦的成员可以自行确定各自的工作语言。

可见，法律为所有语言的平等地位提供保障。在此基础上，阿姆哈拉语被授予联邦政府实质性官方语言的地位[①]，各个州则将各自的语言作为工作语言[②]。

（二）工作语言的选择

埃塞俄比亚联邦民主共和国正如其名，是一个联邦制国家。其主要由 9 个民族州组成，此外还有亚的斯亚贝巴和德雷达瓦 2 个自治行政区。它们依照法律规定明确了各自的工作语言。其中以阿姆哈拉语为工作语言的地区最多，共有 7 个（阿姆哈拉州、阿法尔州、本尚古勒—古马兹州、南方各族州、甘贝拉州、亚的斯亚贝巴市、德雷达瓦市）。此外，奥罗米亚州的工作语言是奥罗莫语，哈勒尔州的工作语言是哈勒尔语和奥罗莫语，索马里州是索

① 第一百零六条规定，“阿姆哈拉语版宪法拥有最终法律解释权”。

② 许多政府出版物也将“工作语言”叫作“official language”。“工作语言”其本身就是比较陌生的词，因此政府出版物中一般会选择比较形象的“official”。

马里语，提格里州的工作语言是提格利尼亚语[①]。选择工作语言时，基本上会选择该地区使用者人数最多的语言，如果没有则以阿姆哈拉语为工作语言。有时初等教育中使用的语言，与各州内部的工作语言不同。例如，南方各族州的工作语言是阿姆哈拉语，但在南方各族州的一些地区，初等教育中以沃莱塔语和西达摩语为教学语言[②]。

今后，不少地区的初等教育和大众传媒中必然会使用当地语言。阿姆哈拉语随之也会从教学语言变成一门课程。这意味着阿姆哈拉语的地位相对下降，这一情况持续下去会导致怎样的结果呢？只要阿姆哈拉语还属于全国通用语，那么阿姆哈拉语从国家层面来说仍然是必备的语言能力。然而在地方，会跟现在一样，各个地区使用阿姆哈拉语的程度参差不齐，而且对阿姆哈拉语的需求也会发生变化。这给社会和政治所造成的变化是一个非常重要的问题。埃塞俄比亚应贯彻其高调宣言的平等原则，同时还应维持联邦制。在这条路上，其又将面对巨大的考验。

六　阿里语的文字化

（一）阿里人和阿姆哈拉语

最后笔者以南方各族州南奥莫地区的阿里语为例，对无文字语言的文字化问题进行考察。2007 年 12 月开展语言调查时，在该地区中心金卡小镇的主干道两旁发现了新招牌（见图 3）。2006 年 11 月份时还没有这个招牌。这是为了纪念始于同年 9 月的千禧年（埃塞俄比亚日历 2000 年）而设立的。目的在于，在新世纪来临之际，向人们展示民族平等和统一的埃塞俄比亚。4—5 米高的招牌上画有居住在该地区的 16 个民族，他们穿着传统服装，旁边用阿姆哈拉语和英语（罗马字）写着各民族名称。这些民族的语言都没有对应的文字，新教传教士利用部分语言开展了《圣经》的翻译工作，且已完成部分内容。

① 资料显示，阿法尔州有 2 种工作语言，即阿姆哈拉语和阿法尔语。其最终目标是以阿法尔语为工作语言，目前只是暂时把阿姆哈拉语当作工作语言。

② 各民族和地区的教育中母语使用的差异请参照 Cohen（2000）。

图3　南奥莫地区各民族的立式招牌

图3中上数第3行左数第2个是阿里族，阿里族是在这些民族当中人口最多的一个民族。在阿里族，小学就用阿姆哈拉语授课，甚至都没有阿里语课程。从现状来看，很难看出阿里人有文字化的内在动力，目前至少看不出有任何外在动力。内在指的是，立足于本民族、立足于自我。阿里有十几万人，社会经济形态以农业经济为主导，以根茎作为食用部位的阿比西尼亚红脉蕉和咖啡是阿里的主干产业，阿里通过这些产业保持经济的稳定增长。此外，阿里族人的母语——阿里语也没有濒临灭绝的危险。无论是从邻近语言的关系来看，还是从与上层语言阿姆哈拉语的关系来看，阿里语不会受到任何绝对优势语言的威胁。一个多世纪以前，曼涅里克二世将阿里人居住的地区划入埃塞俄比亚版图。在这一个多世纪以来，阿姆哈拉语渗透到阿里人的世界。阿里人不仅和其他民族交流时使用阿姆哈拉语，有时和阿里人交流时也会使用阿姆哈拉语。

阿姆哈拉语对阿里语的影响不是很大。阿里语会话中经常会使用阿姆哈拉语，而且，阿里语固有词汇中没有的“读”“教”等动词，也借用了阿姆哈拉语词汇。此外，过去阿里语使用的是20进法的数词形式，例如20=“一人完成”、40=“二人完成”等，现在已经几乎不用这种形式，而是被阿姆哈拉语的数词形式取代了。除了这些词汇方面的影响，在音韵、形态、语法方面阿里语几乎没有明显受阿姆哈拉语影响。

（二）文字化的道路

阿里语的文字化始于新教传教团的传教活动。20世纪20年代，首位传教士来到了埃塞俄比亚边境阿里人居住的地区，并于 20 世纪 50 年代开始了传教活动（Cotterell, 1973）。为了通过阿里人自己的语言传递神灵的旨意，尤其是为了翻译《圣经》，他们在阿里语的书写上采用了埃塞俄比亚文字，并潜心于《圣经》的翻译工作。《新约圣经》的出版，代表这一成果已经显现。他们还潜心于《旧约圣经》的翻译工作。但是，他们现在面临一个很大的问题。

2006 年 11 月，我来到了金卡小镇。等待我的是阿里《圣经》翻译团队的 3 名核心成员。他们就目前存在的问题，想听听我基于语言学角度的分析。他们在福音派（Evangelical）卡雷・海伍特（Kare Haywoot，“生命之语”）教会长期从事阿里语翻译工作。虽然已完成《新约圣经》的翻译，但阿里人很难读懂，阿里文《圣经》也未能得到普及。目前，他们和天主教等其他教会的人一同进行《旧约圣经》的翻译工作。但是，他们因摆在面前的大难题而感到苦恼，并向从事阿里语研究的我寻求帮助。

我认为好不容易把《圣经》翻译成阿里语人们却“读不懂”的最大原因是，他们在实行文字化时使用了埃塞俄比亚文字。对于多数阿里人来说，埃塞俄比亚文字就是阿姆哈拉语，二者很难分割。用埃塞俄比亚文字书写其他语言本身就很让人费解。另一个原因是，即使解决了这个难题，用借用的文字书写阿里语时难免也会遇到困难。阿里语和阿姆哈拉语属于不同的语言谱系，音韵体系也大不相同。阿里语的辅音中有阿姆哈拉语所没有的入破音，并有 10 个元音，包括 5 个短元音和 5 个长元音。然而，埃塞俄比亚文字只能区分 7 个元音。虽然翻译团队想方设法解决了这个问题，但阿里读者们总是会受到阿姆哈拉语式阅读的干扰。从理论上来看，只要抓住该文字的书写原理和从语音向文字转换（转抄）时的对应关系，无论什么样的方式都不会影响阅读。但文字也属于文化现象之一，读者若想跨越那个框架，就会面临很大的困难。

（三）为了谁、为了什么实行文字化?

听完他们热情洋溢的话之后，我感到十分吃惊。他们实行阿里语文字化的目的仅仅是方便进行基督教的传教活动。也就是说，他们并没有打算在阿里人的生活中推广、普及文字。他们没有考虑到，文字化不仅仅是作为被动地了解神灵旨意的手段，同时还是用自己的语言传递信息的手段。尽管这对于以传教为最大目的的组织来说是理所当然的事情，但着实让我感到意外。

笔者手上有一本小册子，里面有很多尚未成熟的图画（见图 4）。这是用埃塞俄比亚文字撰写的阿里语启蒙教材，书名是《用于书写阿里语的文字》。这是一本告诉大家如何用埃塞俄比亚文字书写阿里语的教材。前半部分以插图的方式讲解单词及与其对应的埃塞俄比亚文字，后半部分则是十分工整的阿里语文章。这部教材的编写方式和用于阿姆哈拉语扫盲教育的入门教材相同，大约编写于 20 世纪 80 年代，作者不详。当时人们是如何看待这本教材的呢？关于这一点，今后还需进一步调查。但可以肯定的是，这一趋势现在已经不复存在了。阿里人的人口数量和居住领域的面积都不及奥罗莫人和提格利尼亚人。然而，阿里语也没有濒临灭绝。因此，对于他们来说，用文字写出自己的母语会有什么样的意义呢？从现实方面来看，一个人在掌握阿姆哈拉语的基础上，再掌握一门英语，将来在社会和经济方面会有很大作为。用母语接受教育，或者接受有关母语的教育，其积极影响是潜移默化的，但这一点很难让人意识到。

图 4 《用于书写阿里语的文字》的封面和第 1 课内容

基于这种现状，阿里人会积极考虑用自己的文字传播自己宝贵的文化和语言吗？孔索语的使用者人数和阿里语几乎相同，他们积极开展了扫盲教育，并创造出诗词、故事等文学作品。奥尔伯里（Albury）指出，最初孔索语也用于基督教的传教活动，但后来其逐渐把目光转向自身的现状（Ahlberg, 2000）。造成阿里语、奥罗莫语、孔索语之间差异的原因是什么呢？关于这一点，需要结合初等教育的现状进行详细的考察，并且今后的发展动向也值得我们持续关注。阿里人真的需要文字吗？还是不需要呢？

（本章是科研课题 19520334 的阶段性研究成果）

附录　图 1 中日语对应中文

“アリ語”（阿里语）、“アファル語”（阿法尔语）、“アムハラ語”（阿姆哈拉语）、“オロモ語”（奥罗莫语）、“ソマリ語”（索马里语）、“ティグリニア語”（提格利尼亚语）、“エリトリア”（厄立特里亚）、“スーダン”（苏丹）、“タナ湖”（塔纳湖）、“ジブチ”（吉布提）、“アジスアベバ”（亚的斯亚贝巴）、“ケニヤ”（肯尼亚）、“ソマリア”（索马里）。

数百万人的“少数派”
——以沃莱塔（埃塞俄比亚）为例

■ 若狭基道

一 沃莱塔的背景

沃莱塔（Wolaytta）是位于埃塞俄比亚西南部南方各族州的一个地区，距离首都亚的斯亚贝巴约 400 千米，面积约为 3500 平方千米，在此居住（过去居住）的民族名称也叫沃莱塔。

地区现指行政区域，沃莱塔地区相当于古代自行拥立本国国王，并独立使用本国货币的沃莱塔王国。在埃塞俄比亚帝国领土扩张、现代埃塞俄比亚国家构建的进程中，沃莱塔王国于 1894 年被孟尼利克二世（Menelik Ⅱ）征服，成为埃塞俄比亚帝国的一部分。在此过程中，孟尼利克二世曾遭到沃莱塔王国民众的强烈抵抗。

目前在沃莱塔地区使用最广泛的语言是沃莱塔语。虽然沃莱塔语的使用区域与过去的政治统一体相重合，但行政区域划分与语言使用区域划分并不一致，不可一视同仁。本文将基于此观点进行分析。在语言的谱系分类上，沃莱塔语属于亚非语系奥摩语族。权威观点认为，亚非语系包括 6 个不同的语族：闪米特语族、埃及语族、柏柏尔语族、乍得语族、库希特语族、奥摩语族。此外还有，库希特语族和奥摩语族不可分割，以及可再细分库希特语族的观点[①]。正如这些不同观点所示，在亚非语系的分化和演变过程中存在诸多不明之处。据笔者浅见，这些语族的谱系关系相当疏远，并不是说精通某一种语族（的语言）就能理解其他语族（的语言）。

沃莱塔地区一直保持相对独立的地位，但并非不与外界交流。北部地区与哈迪亚族和坎巴塔族、东部地区与西达摩族和奥罗莫族等使用库希特语族语言的民族来往，南部和

① 有关亚非语系的概述参考 Hayward（2000: 74–98）。

西部地区的人则以各种奥摩语族语言为母语，这些语言在谱系分类上与沃莱塔语非常接近。而且，沃莱塔地区与外界的战争也不鲜见。普遍认为“沃莱塔”[①]的名称来源于“混合（walahett-）”一词。据说沃莱塔族由各地区不同民族通婚所产生的混血种族或混血民族形成。现阶段，沃莱塔地区与中央政府的关系，以及与其他地区的关系当然非常重要，但同时也不能脱离全球化大背景。

如上所述，沃莱塔地区一方面保持其独立性和独特性，同时又受周围环境的影响。本文将概观沃莱塔地区的语言使用情况。

二　日常生活中的沃莱塔语

截至2008年3月，沃莱塔地区由12个瓦拉达（warada）和3个凯特玛（ketema，小镇）组成。当时笔者开展语言调查的城市叫作博迪提（Boditi或Boditu）。现将在这座城市里的经历及对它的印象记录如下[②]。

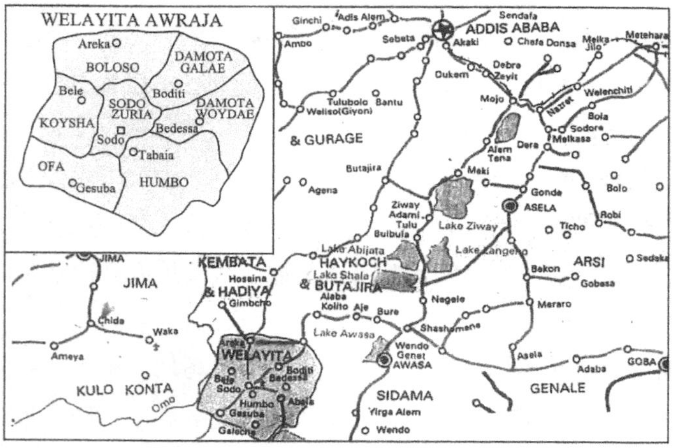

图1　沃莱塔地图（由7个瓦拉达组成时期的地图）[③]

① 本文采用的是目前当地教科书中使用的沃莱塔语书写法。“c”表示喉头化的无声后部齿茎破擦音[tʃ']，“j”表示有声后部齿茎破擦音[dʒ]，“q”表示喉头化的无声软腭闭塞音[k']，“x”表示喉头化的无声齿茎闭塞音[t']，“y”表示有声硬腭摩擦音[j]，“ch”表示无声后部齿茎破擦音[tʃ]，“dh”表示喉头化的有声齿茎闭塞音[d']，“ny”表示有声硬腭鼻音[ɲ]，“ph”表示喉头化的无声双唇闭塞音[p']，“sh”表示无声后部齿茎摩擦音[ʃ]，“ts”表示喉头化的无声前齿摩擦音[s']，“zh”表示有声后部齿茎摩擦音[ʒ]，“'”表示声门闭塞音[ʔ]。其余部分以国际音标（International Phonetic Alphabet，IPA）为准，音标没有大小写之分。此外，也有几处不同于笔者的音韵解释，但不影响本文的论点，故遵从当地教科书的书写法。另外，虽然不用于当地的书写，但必要时使用连字符表示形态素之间的分界线。

② 埃塞俄比亚日历1999年末（大约2007年8月下旬至9月上旬）以前，沃莱塔地区由7个瓦拉达组成。笔者所居住的博迪提隶属于达莫图戈雷瓦拉达。

③ Wana Wagesho（埃塞俄比亚日历1994年12月）Yä—Wolayətta Həzəb Tarik（第2版）亚的斯亚贝巴，Bərhanənna Sälam出版（阿姆哈拉语版著作。标题表示“沃莱塔民众的历史”），第70—211页。

首先感受到的是，沃莱塔语非常频繁地被用于日常生活中。平时自然而然听到的大都是用沃莱塔语进行的对话。笔者在路上曾多次被孩子们围观起哄，当时他们用的大部分语言也都是沃莱塔语。这或许是理所当然之事。可见，在埃塞俄比亚以外的地区，知名度几乎为零的“小众”语言被一代代传承下来。在不久的将来，地球上的一大批语言将面临消失的危机①。

沃莱塔语通过口口相传的方式而得以留存传承。人们还创作出沃莱塔语流行歌曲，歌词里面频繁出现较难的传统表达方式，这无疑是一种新的文学创作，同时也是沃莱塔语具有顽强生命力最为有力的证明。笔者在另一篇拙文中介绍了歌手麦基内・苏尔加多（Merkine Shulgado）演唱的歌曲，供感兴趣的读者参考②。之后，邦吉・布伦杰、阿莱马耶胡・札萨等歌手也陆续出道。

沃莱塔当然也有逐渐消失的传统艺术。其中具有代表性的就是传统的口传文艺——“谜语”③。笔者在城市地区至少见过几个人，他们小时候猜过很多谜语，但现在基本都忘光了。谜语中使用的措辞与日常口语有些不同。因此，即使谜语被人们逐渐遗忘，也不会成为沃莱塔语兴盛的反例。

常年居住在沃莱塔地区的其他民族有时也会讲沃莱塔语。当然，语言能力因人而异，沃莱塔语不太流利的人也不在少数。但其中也有一些人能讲一口流利的沃莱塔语，其流利程度令人惊叹。

笔者当时居住在博迪提的宾馆，老板一家是阿姆哈拉族，他们讲的是阿姆哈拉语，但除了一人以外都能流利地讲沃莱塔语。这是因为，老板常年以不会讲阿姆哈拉语（在埃塞俄比亚国内被广泛使用）的农村人为客户，孩子们则从小和沃莱塔的孩子一起长大。虽然不清楚“在家里和自己的祖父是怎样交流的”，但发生纠纷时他们能够发起连珠炮般的反击，着实厉害。在亚的斯亚贝巴，如果说自己在调查沃莱塔语、学习沃莱塔语等，就会有人用蹩脚的沃莱塔语搭话，所以我一般闭口不语。因此，起初以为他们也和我一样，但这是一个极大的误会。

---

① 关于这一问题请参照：Crystal, David. *Language Death*. Cambridge University Press, 2000。
另外，藤本武在《马罗——生活在非洲大山里的人们》（选自绫部恒雄监修，福井胜义、竹沢尚一郎、宫脇幸生编：《撒哈拉以南非洲》，明石书店，2008年，第63—79页）中指出，在距离沃莱塔不远的马罗地区使用的马罗语（maro）被邻近的戈法语（Gofa）所替代，“成了少数语言”。

② 若狭基道：《欣赏非洲音乐吧——从流行歌曲看非洲的生活——<19>说吧，说吧（Yaagoo Yaagoo）》，《月刊非洲》2002年第42卷11号，第30—31页。若狭基道：《欣赏非洲音乐吧——从流行歌曲看非洲的生活——<20>哈德・哈迪亚（Hadee Hadiyaa）》，《月刊非洲》2002年第42卷12号，第28—29页。两篇经修改后均重新刊登在多摩非洲中心编：《来自非洲流行歌曲的诱惑》，春风社，2007年，第98—103页。

③ 沃莱塔的“谜语（qan"ishiyaa）”和日本的谜语有很大不同。例如，“Qaari qambballo qakka ekka.”（把上蹿下跳的猴子踢出去！）的谜底是“Qarxxa xaphooni suquwaa dukka.”（去墙角大便吧）。重点在于以毒攻毒和押韵。详见若狭基道：《沃莱塔的谜语》，《非洲文学研究会会刊 MWENGE》2005年第34号，第5—8页。

这家宾馆的大部分员工都是地道的沃莱塔人，他们用沃莱塔语交流，而且和老板一家交流时也很自然地使用沃莱塔语。对于老板一家来说，这一切好像都是理所当然之事。即使是精通阿姆哈拉语的人，当他遇到麻烦事需要辩解时也会很自然地使用沃莱塔语。虽然并非完全不用阿姆哈拉语，但从利害关系来看，似乎可以更加频繁地使用阿姆哈拉语，这或许只是日本人的感受吧。

除了阿姆哈拉族以外，笔者还认识居住在（曾经居住在）博迪提的其他民族。其中也有很多精通沃莱塔语的人，他们的流利程度远超笔者。此外，笔者经常会遇到这种情况：明明自己是为了调查沃莱塔语而来，却发现和不是沃莱塔族的朋友用沃莱塔语聊天。

基于这种情况，在沃莱塔讲沃莱塔语的人未必就是地道的沃莱塔语使用者。这就是无法从语言地图等途径直接获取到的信息之一。

多个民族可以自由使用沃莱塔语，究其原因是沃莱塔人对其他民族宽容的心态。沃莱塔人允许其他民族使用沃莱塔语，并积极、主动地教他们说沃莱塔语。的确，“很多时候，语言作为与民族紧密结合在一起的附属品，是组成民族的重要且不可或缺的根本因素”，而且“最重要的是，首先通过语言确保同族意识和他族意识”的情况也不少见[①]。其实，听外人蹩脚地讲自己民族的语言是一件令人不快的事情[②]。尽管如此，他们依然能保持宽容的心态，是因为来自自身优势的从容和自豪（不同民族之间交流时通常使用强势民族的语言），还是来自（据说）从太古时期多民族混居形成的沃莱塔根深蒂固的传统观念，我们不得而知。但结果是，促进了沃莱塔语的广泛使用。

与此相比，城市地区的沃莱塔语使用者则对自己民族的语言不抱有任何信心。他们异口同声地说道：“乡下的沃莱塔语既标准又优美。”“你如果去农村地区做调查，收获将会更多。”[③]

---

① Trudgill, Peter. *Sociolinguistics:An Introduction.* Penguin Books, 1974.（P.特拉吉尔著，土田滋译：《语言与社会》，岩波书店，1975年，第59—60页）。本文引用了土田滋的翻译版本（第62—63页）。

② 土田滋：《为了立志于外语实地调查的人们》，《月刊语言》1978年第7卷第9期，第30—36页。第32页中写道：据部分调查人员反映，他们曾遇到过“由于发音太差，被敷衍了事”或“被委婉地打发走”的情况。与此相反，青木晴夫在《追随走向消亡的语言——印第安文化的挽歌》（岩波书店，1998年，最初由三省堂出版，1972年）一书的第50页中介绍了一段小插曲：他们“听力好”，因此认为“可以教”他们。除了语音学的素养以外，或许还考虑到了其他方面的因素。从这一段小插曲中可以看出，他们不希望别人学习自己民族的语言时怀着半途而废的心情。

③ 这一认识与过去日本的方言意识、城里人嘲笑地方口音的情况正相反，这种现象本身就颇为有趣。柴田武在《日本的方言》（岩波书店，1958年）第110页中指出，日本方言自卑感的根源在于“明治中期以后的标准语教育”。此外，正如第4节中所述，在沃莱塔，“标准语”教育走向了不一样的方向。

图 2 博迪提市场附近的后巷

认为家乡和农村地区的语言更标准是城市地区沃莱塔语使用者意识到语言变化的引证。事实上，阿姆哈拉语的影响尤为显著。这部分将在第 5 节详述。

人们越是过度保护，语言面临的灭绝危险也就越大。这是因为，人们认为与其让年轻一代只学到一知半解的程度后乱用，还不如不教他们（Tsunoda, 2005: 61）。令人讽刺的是，从整体来看，越是以宽容的心态对待年轻一代的语言变化（“乱象”），语言就越容易传承下去。当然，沃莱塔的情况有所不同，人们并不是因为意识到了这些问题，而仅仅是出于城市生活的需求不得不对语言变化相当宽容而已。但从结果来看，现如今沃莱塔语仍旧作为充满活力的语言得以留存下来。毋庸置疑，其背后与这些现象息息相关。

三 学校里的沃莱塔语

近年来，人们普遍关注自身使用母语接受教育的权利。在高呼“国际化”的今天，这在多民族国家并非易事，但埃塞俄比亚意识到了该权利的重要性。埃塞俄比亚宪法第五条明确规定，埃塞俄比亚的诸语言拥有平等地位及各自治体拥有可自行规定官方语言的权利。事实上，学校教育中也在使用沃莱塔语。

笔者参观的博迪提的公立小学（8 年制）原则上要求 4 年级以下的所有课程全部使用沃莱塔语授课，而且沃莱塔语课程教学持续到 8 年级。另一所私立小学虽然以英语授课为其特色，但使用沃莱塔语授课的沃莱塔语课程教学也持续到 8 年级。这所学校聚集了各民族的孩子，这些孩子在日常生活中自然而然地学会了沃莱塔语，根本无须父母担心。

沃莱塔语教学所需的教科书由地区政府提供。上述私立学校在沃莱塔语课程教学中也使用这些教材①。过去沃莱塔语几乎不用于书写②，即便写，通常也用埃塞俄比亚文字③，而且现在的学校教科书中使用的是拉丁文字。发行年份不同可能会有细微差别，但总体而言，书写方式基本相同，起到了“正字法”或“规范”的作用。但是，这种书写方式并非得到了权威人士的认可，而是经参与教材编撰的几名教师商量后“临时”决定的。笔者曾经咨询过学校里的几位相关人士，都只得到上述回复。例如，埃塞俄比亚日历 1995 年（2002 年或 2003 年）发行的教科书中将声门闭锁音“7”改为“'”。虽然加以注释，但大家也未必会知晓，不过这也印证了前述事实。

过去沃莱塔没有文字记载的传统，沃莱塔语的扫盲教育始于近几年（埃塞俄比亚日历 1985 年，即 1992 年或 1993 年）。笔者的一位主要语料提供者出生于 1961 年，是一位获得了大学文凭的知识分子。他没有正式学过沃莱塔语的书写方法。当然，包括他在内，但凡受过一定教育的人都能模仿着写出沃莱塔语。笔者也收到过几封这样的信件（最近还收到过电子邮件），信件内容很充实，已达到读者能够充分知悉和理解的程度④。

但尤为重要的是，总体而言，现阶段人们本身就不太用沃莱塔语书写，这是事实。例如，沃莱塔的政府机关发行了冠以沃莱塔语的《巴卡利亚》（*Bakkaaliyaa*，表示“晨星”的意思）杂志，但里面有一半以上是用阿姆哈拉语撰写的报道。此外，也有沃莱塔语版《圣经》和法令，但都未能被广泛传阅，究竟有多少人会看呢？ 2002 年州教育局发行了 4 种沃莱塔语小册子，内容主要以寓言为主，但笔者只在学校图书馆见到过。这些小册子与其说是供大家赏析，不如说是更适合学生阅读的课外读物。沃莱塔本身就没有多少出版物在市面上流通，但在城市地区的旧书店等地方还是能看到很多阿姆哈拉语和英语书籍，但基本看不到沃莱塔语书籍。笔者随意观察了一些沃莱塔语使用者，但未发现他们在私人通信和备忘录中积极使用沃莱塔语。

---

① 此外，地区政府还编写了在沃莱塔周边使用的加莫语（Gamo）和道洛（Dawro）（都属于奥摩语族）教科书，用于各地区的母语教学。

② Adams, Bruce A. *A Tagmemic Analysis of the Wolaitta Language*. the University of London, 1983, p.31. 但在该书第 278 页中介绍，虽然基本上没有在市面上销售，但实际上在 1943 年时就已经出版了沃莱塔语版的《约翰福音》。

③ 事实上，埃塞俄比亚文字现在也用于沃莱塔语的书写。对于普通的沃莱塔语使用者来说，他们更习惯用埃塞俄比亚文字。笔者的一位主要语料提供者（出生于埃塞俄比亚日历 1935 年，即 1942 年或 1943 年）虽然也能用埃塞俄比亚文字书写沃莱塔语，却无法用拉丁文字进行读写，尽管他们的英语读写没有任何问题。此外，在当地销售的沃莱塔语版《圣经》和沃莱塔流行歌曲录音带的商标上，有时也能看到用埃塞俄比亚文字书写的沃莱塔语。

④ 但从细节上来看，信件和教科书的装订方式有很大不同。因此，从语言学的角度来说颇有意思。例如，不知道为什么很多时候长元音用短元音，即用一个元音字母表示。此外，有关沃莱塔文字使用的详情请见若狭基道的《从文字论看沃莱塔语（或田野工作者现在应做的工作）》（选自盐原朝子、儿玉茂昭编：《没有书写习惯的语言的书写》，东京外国语大学亚非语言文化研究所，2006 年，第 201—242 页）。

归根结底，这些都是没有真正认识到沃莱塔语书写的必要性所造成的。其实并非沃莱塔语没有书写的必要性，而是和日本相比，人们在日常生活中没有依赖文字也是事实。迫于书写的需求，他们有时难免也会使用文字。但实际上是，只要会写阿姆哈拉语和一点英语，生活上就不会有任何不便之处，于是就只用这些文字而不用其他的了[①]。

究其背后原因，是能熟练用阿姆哈拉语阅读的人很多，但能熟练用沃莱塔语阅读的人还很少。另外，虽然可以将教科书作为学生学习沃莱塔语的主要媒介，但教材的编写还需不断摸索尝试。与此相比，阿姆哈拉语已具备相当成熟的书写规范[②]，人们书写任何语句和文章都得心应手。因此，将来广泛普及沃莱塔语，开展扫盲教育时，情况随时可能会发生变化。如果《达莫图戈雷瓦拉达财政・经济・开发协调事务所统计及人民研究团队 人民研究5年计划［埃塞俄比亚日历2000—2004年（2007年9月起5年）］》第6页的内容可采信，那么埃塞俄比亚日历1999年（2006年或2007年），瓦拉达的小学入学率已达到98%[③]。因此，这种小心推测绝非虚无缥缈之谈。

但是，笔者认为，日常生活中可以很自然地用沃莱塔语书写的日子不会马上到来。假如到了所有人都能在学校学习沃莱塔语书写法的时代，他们就都会写沃莱塔语了吗？如果在沃莱塔不懂阿姆哈拉语，也会给日常生活造成诸多不便，详情将后述。若想通过继续深造来出人头地，那么英语是必学语种，此部分也将后述。与其学习仅适用于有限地区的沃莱塔语，不如优先学习和使用英语等语言。但这并不意味着丢弃沃莱塔语口语。沃莱塔语作为口语今后也会继续传承下去。但是，学习如此复杂的沃莱塔语书写法来进行书写的必要性何在？用阿姆哈拉语（和英语）可以应对几乎所有的生活场景，更何况阿姆哈拉语（和英语）是必学内容。

必须得用沃莱塔语特有的书写方式来进行书写的倒是有一个，那就是沃莱塔文学。虽说是文学作品，但它并不是一开始就被文字化了的小说，而是历经几代人口口相传的口传文艺的一种。正如爱德华・萨丕尔（Edward Sapir）[④]所指，沃莱塔文学是“不能转移到”异

① 但是，文盲也绝对不在少数。据达莫图戈雷瓦拉达公所给笔者出示的2008年的资料《达莫图戈雷瓦拉达财政・经济・开发协调事务所统计及人民研究团队 人民研究5年计划［埃塞俄比亚日历2000—2004年（2007年9月起5年）］》第45页记载，瓦拉达（尚不确定这里指的是包括博迪提在内的原达莫图戈雷瓦拉达，还是不包括博迪提的现达莫图戈雷瓦拉达）的文盲率（尚不确定依据哪种语言的读写来认定文盲）为43%。

② 虽说是这样，但实际上和笔者在教科书上所学的装订方式大不相同的也不少见。

③ 但是，该资料第21页中指出，一年级至四年级在籍学生人数为2.14万，五年级至八年级在籍学生人数为1.2801万，九年级和十年级在籍学生人数为0.722万。据公所的人说，这只是瓦拉达的数据。随着年龄的增长，跨区学习或在城市学习的人数也会增多，从而导致表面数据减少，但实际入学人数增加的现象。这是可能性很大的事情。此外，还听说有不少中途退学的学生，这同样也有很大的可能性。

④ Edward Sapir. *Language: An Introduction to the Study of Speech*. Harcourt, Brace and Company,1921, pp.222–223. 爱德华・萨丕尔著，安藤贞雄译：《语言——言语研究序说》，岩波书店，1998年。本章参考了安藤贞雄的翻译版本（第383—385页）。

质语言媒介的、“特指语言的艺术”，是以“语言具有的特定结构”展现的、“暂且无法翻译”的文学形式。笔者在第 2 节中提到的沃莱塔语的“谜语”就属于这种文学形式。此外还有各种类型的传统歌曲。

日本语言学家河野六郎的以下言论也富有启发性。“有了文字之后就不再使用大众的语言，因为有阿伊努族长篇叙事诗形式的……就将其作为文字。换言之，文字并不是一出现马上就可以用来书写的。”[①]

几乎所有语言都存在口语和书面语之分。无论什么样的语言，用口语体撰写的文章恐怕都不适合阅读。一种语言如果有口语体，那么只要添加书写法就能马上用于书写，这种观点是行不通的，因为还要有书面语的写作规范。

沃莱塔也是相同的情况。大部分沃莱塔人都认识到作为口语的阿姆哈拉语和作为书面语的阿姆哈拉语并不一样，而且，他们凭直觉也认识到，只是用口语体撰写沃莱塔语是不可行的。那么，沃莱塔语需要什么样的写作规范呢？

在此阶段，文学也能发挥很大的作用。前述河野以阿伊努族长篇叙事诗为例，指出了书面语形成过程中文学作品的作用。

如上所述，文学在书写法的形成、改善、沿用的过程中起到了至关重要的作用。回过头来看，沃莱塔现在处于什么样的状况呢？的确存在只能用沃莱塔语品味的文学作品（萨丕尔认为是“过于多愁善感且不长久”[②]的文学作品）。但人们是否想把它流传、传阅下去呢？人们是不是认为只要口口相传下去就足矣了呢？如果是这样，这些文学作品有没有很好地被传承下去呢？文学一开始就得到重视了吗？据笔者观察，答案是否定的。

书写法能否落到实处取决于各种因素，因此不能简单地下定论。目前沃莱塔语的书写备受冷遇，这与人们对文学作品漠不关心的态度不无关系。

四　周边语言和沃莱塔语

沃莱塔语中有很多用现代沃莱塔语无法解释的固有名词。这些名词有可能来自古代沃莱塔语或周边语言。例如，博迪提附近有个叫“Jagge”的地方，但沃莱塔语中很少有以“j”开头的词语，因此“Jagge”很有可能来自外来语。此外，据参与调查的语料提供者判断，很多人名也来自外来语。正如第 1 节中所述，沃莱塔周边地区多种语言并存。因此，人们自然会推测沃莱塔语也可能受到这些语言的某些影响。阐明这类问题是今后研究的课题。

此外，藤本武（私信）指出，居住在沃莱塔西部地区的马罗人（Maro）去首都亚的斯

① 河野六郎、西田龙雄:《文字贔屓》，三省堂，1995 年，第 116 页。
② 爱德华·萨丕尔著，安藤贞雄译:《语言——言语研究序说》，岩波书店，1998 年，第 388 页。

亚贝巴的时候，会住在沃莱塔社区。据说他们交流时用的是阿姆哈拉语和沃莱塔语。沃莱塔语有时在周边各民族之间还能起到通用语的作用，不过这种情况相当罕见。

为了便于理解，本章一直在使用“语言”一词，但其实存在一些问题。在语言谱系分类上，所有沃莱塔周边“语言”都跟沃莱塔语密切相关，尤其在沃莱塔南部地区和西部地区使用的语言或多或少都和沃莱塔语有相似点。马罗人之所以精通沃莱塔语，是因为他们精通和沃莱塔语的语言结构非常相似的戈法语（Gofa），戈法语是马罗的优势语言。马罗语和戈法语也有一定的相似之处。因此，有观点认为不能把这些看作独立的语言，而是应把它们看作某一种语言的方言群。出现这个问题或许源自政治因素。我们可以测试相互理解度并用数值将其表示出来，但仅凭这一点就判断这些语言是一种独立的语言或方言群都不切实际[①]。由于这是带有政治性质的问题，笔者没发现区分这个地区的语言和方言有什么重要意义。

1999 年发生的一件事情使区分语言和方言有了重要意义。那就是沃加戈道语（Wogagoda）事件。沃加戈道由沃莱塔（Wolaytta）、加莫（Gamo）、戈法（Gofa）、道洛（Dawro）民族（均为沃莱塔周边的民族）的首字母组合而成。沃加戈道语是在这 4 种民族语言的基础上，人为创造的混合语言。沃加戈道语事件最终引发了武装暴动，造成数名人员伤亡。笔者当时在日本，过了很久才得知此事，而且从未考虑过加入埃塞俄比亚政治论战。由于笔者的朋友也被卷入其中，对于笔者而言，这是一个相当鲜活的事件，但对此笔者并没有过多谈论。现在已经时过境迁，人们的关注度也开始逐渐变淡。如果是介绍接触过该事件的瓦纳·瓦格肖（Wana Wagesho）的著作[②]及在此书中提及的埃塞俄比亚人权理事会第 27 次特别报告（埃塞俄比亚日历 1992 年 4 月 6 日，即 1999 年 12 月 16 日）的内容，应该不会有什么问题。但是，上述著作和报告没有按照事件发展的先后顺序进行叙述，同时也存在一些不明之处。笔者根据自己的理解将事件的梗概归纳如下。

当时，沃莱塔并非一个独立的地区，而隶属于南方各族州的北奥摩地区，学校里用沃莱塔语授课。但是，从埃塞俄比亚日历 1991 年 5 月（1999 年 1 月或 2 月）左右开始出现了问题。起因是强制要求用人为创造的混合语言——沃加戈道语授课。对此持反对意见的教师

---

① Dixon, R. M. W. *The Rise and Fall of Languages*. Cambridge University Press, 1997, pp.7−8. 罗伯特·迪克森著，大角翠译:《语言兴衰论》，岩波书店，2001 年，第 7—8 页。该书指出，“排除一切政治方面的因素，就能较容易地判断在某一状况下应看作是一种语言，还是多种语言。只需让某一种语言（变体）的使用者听对方的对话或看对方的文章，并检验其理解度就可以”，“如果大部分内容都不能理解，或只能理解 10% 左右，就是不同的语言；能理解大部分内容，即 70% 及其以上，就是某一种语言的方言”，还指出“几乎不存在两种语言的相互理解度为 50% 左右的情况”。当方言形成连续体，而两端的方言之间互不相通，或者只有同一方向的方言之间才显示出较高理解度，那么它们“可看作是‘同一种语言’”（参考译文为大角翠的翻译版本第 10—12 页）。但是，如果以此标准做出判断，政治上就会引起诸多争议。

② Wana Wagesho（埃塞俄比亚日历 1994 年 12 月），*Yä—Wolayətta Həzəb Tarik*（第 2 版）亚的斯亚贝巴，Bərhanənna Sälam 出版（阿姆哈拉语版著作。标题表示“沃莱塔民众的历史”），第 70—211 页。

和公务员遭到逮捕，并受到解聘、降职处分。于是，沃莱塔的民众团结起来一致反对，为了向国家请愿，他们选出 8 位长老为代表。埃塞俄比亚日历 1991 年 9 月 22 日（1999 年 5 月 30 日），长老们在请愿书中写道：希望在沃莱塔也可以使用沃莱塔语，而不是人为的沃加戈道语；希望可以将沃莱塔作为一个独立的地区。

沃莱塔的民众多次请愿，但意见均未被采纳。地方高官们对反对他们的民众继续实施镇压。

埃塞俄比亚日历 1992 年 2 月 28 日（1999 年 11 月 8 日），学生们在沃莱塔的中心城市索托（Sotho）举行示威游行，要求政府释放没有经过法院判决就被拘留在警察局的教师，同时要求政府对语言问题做出合理解释。可是，等待他们的却是枪炮。多位市民听到枪声后急忙赶过来，但也不幸中弹身亡。此次游行造成了重大人员伤亡，导致沃莱塔 246 所学校停课。

埃塞俄比亚日历 1992 年 3 月 13 日（1999 年 11 月 23 日），来自州政府的 3 位高官下达指示，要求学校复课。聚集在校园里的索托综合中等学校的学生们向州高官提出抗议，要求那些杀害同胞、伤害同胞，使同胞沦为残障人士的高官接受政府的监管，如果满足这个条件，他们就复课。于是，把校园围得水泄不通的士兵们开始对一群学生和居民施加暴行，造成 1 名 11 年级的女学生身亡。

以上是沃加戈道语事件的梗概。埃塞俄比亚人权委员会发布的专题报告显示，此次事件的结果是：283 人遭受人权蹂躏，7 人死亡，11 人中弹。

虽然仅凭瓦纳的著作不能完全了解此次事件，但至少通过他的文字能够判断出地方政府高官的态度是引发骚乱的最主要原因。这或许不是起因于本文所介绍的语言本身的事件。但是，通过此次事件能够了解沃莱塔人对语言的态度，同时又为通用语的规定提供广泛借鉴。换言之，他们虽然对其他语言和多种语言抱有宽容的心态，但无法容忍自己的语言不被人们所认可。而且，他们觉得没有必要再规定一种只能在部分地区通用的新通用语。此外，除了可以在学校使用沃莱塔语以外，上述请愿书还要求政府保障沃莱塔地区的独立地位。虽然存在语言变体现象，但沃莱塔人坚信沃莱塔是一个完整的统一体。因此，无论沃莱塔语和加莫族、戈法族、道洛族的语言多么接近，在他们看来都是外民族语言。布莱辛格（Brenzinger）[①]指出，当时为了北奥摩地区的学校教育而人为创造了通用语——沃加戈道语，但最终以失败而告终。缺乏政治一体感和民族一体感是沃加戈道语普及失败的原因之一。不管别人怎么看，对于沃莱塔人而言，自己民族的语言和周边语言有着显著区别。

---

① Brenzinger, Matthias. “Language Endangerment Through Marginalization and Globalization”. Sakiyama Osamu. Ed. *Lectures on Endangered Languages:2—From Kyoto Conference 2000.* ELPR Publication Series C002, 2001, pp.91–116 & p.111.

以上结论平凡至极。但正因为平凡，才具普遍性。或许沃加戈道语事件属于极端事件，但在多语种社会，随时随地发生此类本质相同的事件并不足为奇。今后应从这样的视角看待沃加戈道语事件。

五　阿姆哈拉语和沃莱塔语

阿姆哈拉语是埃塞俄比亚的官方语言，属闪米特语族。在笔者所居住的沃莱塔城市地区，很多时候即使完全不懂沃莱塔语，只要会说阿姆哈拉语就足够了。实际上，有一些外地人虽然在沃莱塔居住多年，却几乎不会说沃莱塔语。他们虽然不懂沃莱塔语，但是日常生活也没有任何不便。可见，沃莱塔人对阿姆哈拉语的重视程度。

即使生活在沃莱塔，只要不是长期处于一个非常封闭的环境，就有必要学习阿姆哈拉语。大部分电视和广播节目都在使用阿姆哈拉语，而且与其他地区的人交流时（尤其是干线道路沿线，那里游客比较多）也离不开阿姆哈拉语。甚至可以说，如果不懂阿姆哈拉语就会给收集信息、掌握知识，以及就业等各个方面带来不利影响。和沃莱塔语相比，阿姆哈拉语在国家层面占据绝对优势。

当然，阿姆哈拉语在学校教育中也备受重视。第 3 节中提到的公立小学从 2 年级开始在各个年级开展阿姆哈拉语教学。以英语为特色的私立小学也同样从 1 年级开始在各个年级使用阿姆哈拉语开展阿姆哈拉语教学。此外，在 4 年级以前的理科和算数课堂上，采用阿英兼用的教学方式。音乐、美术、体育等实践技能课程也使用阿姆哈拉语授课。原则上沃莱塔的高中须使用英语授课，但同时也在教授阿姆哈拉语课程。

其中也有不太擅长阿姆哈拉语的人，而且也有虽然擅长，但是没有自信的人。第 3 节中介绍的主要语料提供者出生于 1961 年，他能讲一口流利的阿姆哈拉语，但是据他所说，他上小学以前几乎没说过阿姆哈拉语。像他这样的孩子在农村地区尤为常见。第 3 节脚注③中介绍的另一位语料提供者出生于 1942 年（或 1943 年），据他所说（笔者尚未当面确认），他的家人当中也有不会说阿姆哈拉语的人，所以每次回家乡他都会用沃莱塔语跟他们交流。可见，过于依赖阿姆哈拉语很危险。然而尽管如此，就整体而言，阿姆哈拉语在沃莱塔通用是事实。

沃莱塔语使用者似乎并没有特别厌恶阿姆哈拉语。即使问了也未必知道他们真正的想法，不过给笔者的印象是，他们或许是因为意识到了阿姆哈拉语的必要性，所以就很自然地接受了这个语言，而且不是因为阿姆哈拉语占了优势，所以沃莱塔语就处在了生存危机之中。正如第 2 节所述，沃莱塔语现在也被广泛使用。这就是沃莱塔语使用者对两种语言的并存状态极其宽容的原因之一。

就语言结构而言，沃莱塔语受阿姆哈拉语的影响是不争的事实。例如，用沃莱塔语也能写出数字，但数字及其派生词的形态和用法比阿姆哈拉语复杂，长单词也较多，“(在)一九七五年”用阿姆哈拉语①表示如下［逐字逐句是“一九・七十五(在)”]：

（1）b-asra zät'äňň säba amməst

（在）- 十　九　七十　五

用沃莱塔语②表示如下：

（2）issi　sha'-a-nne　uddufun xeet-a-nne

一（OBL.）　千 -ABS. 和　九（OBL.）　百 -ABS. - 和

laappuntamm-a-nne　ichchash-u　laytt-aa-ni

七（OBL.）　十 -ABS. 和　五 -OBL.　年 -OBL.M.SG. -（在）

笔者收集的教科书中出现了几处年号，可能是因为沃莱塔语比较复杂，读者几乎无一例外地都读错了，然后马上用阿姆哈拉语纠正，这或许只是偶然现象。不过，年号本身就不常用沃莱塔语，虽然沃莱塔语也能表示较大的数字，但比较少见。事实上，一位数通常也用阿姆哈拉语表示。笔者还观察到，在交谈过程中一出现阿姆哈拉语的数字，他们就会把语言自动切换为阿姆哈拉语③。

现在（或者很早以前）给孩子起阿姆哈拉语名字的人并不少见，有趣的是人名的排列方式。沃莱塔没有姓氏，只有本人的名字，必要时将父亲的名字，以及祖父的名字作为姓氏。此外，将祖父的名字、父亲的名字、本人的名字依次排列，这是沃莱塔语原有的排列顺序。根据文章脉络，本人的名字发生格变化，祖父和父亲的名字则用斜格表示。例如，下例中“Guttull”为父亲的名字，“Gujuub”为本人的名字：

① 本文采用的是 Leslau 在 Reference Grammar of Amharic（Harrasowitz, 1995）中所述的阿姆哈拉语书写方式，这种书写方式现已被广泛普及。只是将文字下方的下标点（表示重读音节）改为上标点。文字上方的“ˇ”表示腭化，“ä”表示窄的 [a]，“a”表示宽的 [a]。其他原则上均以 IPA 为准。另外，必要时用连字符“–”表示形态素之间的分界线。

② 沃莱塔语例句中的缩略语分别为：ABS.=Absolutive（绝对格，无标的代表形）、M.=Masculine（男性）、NOM.=Nominative（主格）、OBL.=Oblique（斜格，修饰后续的名词性成分）、PF.=Perfective（完成体）、SG.=Singular（单数形）。数字表示人称。

③ 笔者曾多次目睹过沃莱塔语母语使用者之间交谈时把沃莱塔语切换为阿姆哈拉语的场景。或许是因为比起沃莱塔语，更擅长阿姆哈拉语的笔者也在场，总之具体原因不详。

（3）Guttull-o	Gujuub-a	be'-aas.
（人名）-OBL.	（人名）-ABS.	看 -PF.1SG.

"我看见了 Guttull · Gujuub"

（4）Guttull-o	Gujuub-oi	y-iis.
（人名）-OBL.	（人名）-NOM.	来 -PF.3M.SG.

"Guttull · Gujuub 来了"

但是，近年来由于受到阿姆哈拉语的影响，名字的顺序颠倒过来的情况也不少见。例（3）和例（4）中，"Guttull" 也可以是本人的名字，同样 "Gujuub" 也可以是父亲的名字。这是不合常理的表达。沃莱塔语中前置于名词性成分的名词修饰成分原则上采取斜格形式，位于名词句句尾的名词性成分原则上根据在该名词句中的作用发生格变化。因此，即使想用阿姆哈拉语式的顺序表示人名，也只能是如上例所示。例（4）中，来的是 "Guttull"，却用主格表示 "Gujuub"，可直译为 "Guttull 的 Gujuub 来了"。如果按照沃莱塔语原有的顺序解释，那么就会是符合常理的表达，但这种分析已无任何意义。女性人名中意义和形态的交融现象更加显著。例（5）中，与男性主格人名名词保持 "一致" 的是女性形动词。

（5）Dalggit-i	Anjjull-oi	y-aasu.
（女性人名）-OBL.	（父亲的名字）-NOM.	来 -PF.3F.SG.

"Dalggit · Anjjull 来了"

不仅如此，沃莱塔语还频繁借用阿姆哈拉语词语。例如，常见的有：用 "jammar-" ① 代替 "doomm-"（开始），用 "gwaddanyny-aa" ② 代替 "lagg-iyaa" ③ 等。笔者的沃莱塔语语料提供者常年居住在首都亚的斯亚贝巴，刚开始以为他们经常混用阿姆哈拉语是因为这个原因，在当地了解到的情况也基本相同。1938 年出版的马蒂诺 · 马里奥 · 莫雷诺（Martino Mario Moreno）④ 的词汇集里面也收录了 "ǧammar- 'cominciare'（开始）"（没发现相当于 "doomm-" 的词）。据此可以推测，从很早以前开始，阿姆哈拉语词语混用现象就已经非常普遍了。

① Cf. 阿姆哈拉语 "ǧammara"（他开始了）。
② 连字符前面为词干、"-aa" 为代表形的绝对格形词尾。Cf. 阿姆哈拉语 "gwaddäňňa"（友人）。
③ 友人（连字符前面为词干、"-iyaa" 为代表形的绝对格形词尾）。
④ Moreno, Martino Mario. *Introduzione Alla Lingua Ometo*. Mondadori,1938, p.145.

阿姆哈拉语也有其他闪米特语言所没有的特点，这或许是受沃莱塔语的直接影响[①]。总体而言，阿姆哈拉语对沃莱塔语的直接影响更大。但并未听说因此造成沃莱塔语和阿姆哈拉语之间的强烈摩擦。对于一些人来说，尤其是对于偏爱阿姆哈拉语的人来说，这或许是多语言共存的理想状态。

客观而论，这两种语言的地位差距悬殊。无论是使用者人数，还是通用范围，沃莱塔语都远不及阿姆哈拉语。此外，远离沃莱塔地区的埃塞俄比亚民族虽然学习阿姆哈拉语，但他们学习正规的沃莱塔语几乎不太可能。在经济活动方面，总体而言，懂阿姆哈拉语的人会更有优势。长此以往，二者之间的差距就会更加明显。如果沃莱塔语使用者对此感到强烈的不公平，从而演变成狭隘的民族主义将会怎样呢？谁都不能保证当前绝妙的平衡在未来能一直保持下去。

六　英语和沃莱塔语

对于沃莱塔人来说（不如说是对于每个埃塞俄比亚人来说），除了阿姆哈拉语以外，还有一门需要掌握的语言，那就是英语。

在埃塞俄比亚，高中和大学的课程基本用英语授课，英语是升学必修课程。笔者在第 3 节、第 5 节中介绍了以英语为媒介语言开展教学活动的沃莱塔私立小学，他们采取的正是重视英语的教育方针。学校规定从 1 年级开始统一以全英文教授英语课程，数学和理科则可以阿英兼用。学校还要求，除了阿姆哈拉语和沃莱塔语课程以外，5 年级到 8 年级的全部课程用英语授课。公立小学虽然没有如此彻底，但从 2 年级开始也开设了英语课程，并且 5 年级到 8 年级的数学、理科、社会课程均需使用英语授课。

笔者还观察到以阿姆哈拉语为母语的人在交谈过程中经常掺杂一些英语单词的现象，这或许偏离了沃莱塔语这一主题。例如，“如果 failure”“非常 comic”等。而且，在阿姆哈拉语广播节目中也听到过“totally”等词。这些人或许有着相当高的学历。不过，笔者也曾遇到过没怎么上过学的沃莱塔农民跟自己说“Please sit down.”的情况。这些例子说明英语已经渗透到埃塞俄比亚的各个领域。

尽管英语教育极为火热，但也未必人人都精通。事实上，很多人都不擅长英语。

可能是因为这个原因，笔者在当地听到很多嘲笑这些人的笑话。其中不乏一些如果

① 柘植洋一：《阿姆哈拉语》，选自龟井孝、河野六郎、千野荣一编：《语言学大辞典 第 1 卷 世界语言编（上）》，三省堂，1988 年，第 451—454 页。其中在第 452 页中指出，阿姆哈拉语中有很多库希特语族的词汇。此外，Comrie, Bernard 的 *Language Universals and Linguistic Typology, Syntax and Morphology*（*2th*）（Basil Blackwell，1989）（伯纳德·科姆里著，松本克己、山本秀树译：《语言共性和语言类型》，羊书房，1994 年，第 222—223 页）中指出，阿姆哈拉语语序受库希特语族语言影响。

不熟悉当地文化和阿姆哈拉语的表达习惯就无法理解的高级别内容。这些笑话说明许多人的英语水平已达到某种熟练程度。例如，餐厅男服务员报一道鸡肉菜名时会说“This is kokkoro—(kokekokko—) .”（这是咯咯喔）。大家之所以会哄堂大笑，是因为都听懂了“this is ~”。可见，“英语帝国主义”已不再是夸大其词的说法了[①]。

在沃莱塔和亚的斯亚贝巴，许多人顺其自然地接受了英语是国际语的事实，而且，他们想当然地认为只要是外国人就会说英语。据我观察也的确如此，大部分到访沃莱塔（埃塞俄比亚）的外国人都用英语交流。因此，经常有人用英语跟笔者搭话，还有人提出让笔者教他们英语，或者建议用英语跟他们交流。

笔者在亚的斯亚贝巴的时候曾经遇到过一些埃塞俄比亚人，和他们交流时只能用英语。他们是出生于索马里州的索马里人，所以不太会讲阿姆哈拉语，但基本能听懂笔者说的英语。

可见，如今英语在沃莱塔（埃塞俄比亚）是一门非常重要的语言。

七 其他语言和沃莱塔语

关于沃莱塔的语言使用现状，本文到此先告一段落。除了埃塞俄比亚以外，沃莱塔语还受到过其他外国语言的影响。

例如，沃莱塔语的卡车、大型车辆为“kaam-iyaa”（连字符前面为词干，“-iyaa”为代表形的绝对格形词尾），源自法语或意大利语的“camion（卡车）”。而且，笔者原以为第 5 节例（5）中出现的“Anjjullo”是典型的沃莱塔语，但据一位语料提供者说，该名字也源自意大利语[②]。意大利曾经短暂地统治过埃塞俄比亚，而且过去法语比现在更受重视。有多少语言真正融入了沃莱塔人的日常生活中，目前还不得而知。但可以肯定的是，它们都发挥了各自的作用。阿姆哈拉语的词语中源自这些语言的词语也出乎意料地多。

在沃莱塔语中，笔者还发现了少量形似阿拉伯语的词语。“大蒜”在沃莱塔语中是“tuumm-uwaa”（连字符前面为词干，“-uwaa”为代表形的绝对格形词尾），它和阿拉伯语的“thaum-”[③]（大蒜）是什么关系呢？而且，还听说有人把“口译”说成“turjjumaan-iyaa”

---

① 即便如此，英语也不可能取代沃莱塔语。这是因为，对于埃塞俄比亚人来说，英语虽然是他们所熟悉的外语，但它也绝不可能取代自己的母语。Brenzinger, Matthias. “Language Endangerment Through Marginalization and Globalization”. Sakiyama Osamu. Ed. *Lectures on Endangered Languages:2—From Kyoto Conference 2000*. ELPR Publication Series C002, 2001, p.93.

② 但是，沃莱塔语中也有“anjjull-”（分赠、施舍）等动词。因此，笔者认为此观点缺乏说服力。“angelo”（天使）。

③ 此处阿拉伯语中，“th”表示无声齿间摩擦音、“j”表示有声后部齿茎破擦音。

（连字符前面为词干，“-iyaa”为代表形的绝对格形词尾），比起阿姆哈拉语（“tärgwami，astärgwami”），该词更接近阿拉伯语（“turjumaan-”）。由于阿拉伯语（闪米特语族）和沃莱塔语都属于亚非语系，前者（大蒜）或许应该从比较语言学、系统论的角度来进行探讨①。

此外，据一位主要语料提供者反映，沃莱塔语好像还跟希腊和匈牙利的语言有过接触。由于笔者不太了解这些国家的历史和语言，无法举出具体的例子。这将是一个非常值得研究的课题。

八 结语

本文以埃塞俄比亚沃莱塔地区的沃莱塔语、阿姆哈拉语、英语等为例，介绍了多种语言各司其职、和谐共存的现状。虽然人们的语言能力参差不齐，但大部分沃莱塔语使用者在日常生活中都能灵活运用这 3 种语言。本文还指出，沃莱塔周边地区是多种语言汇聚的区域，这些语言与沃莱塔语并存，但大部分沃莱塔语使用者对它们并不熟悉。此外，还指出多种语言虽然可以同时并存，却无法融合在一起。这些语言之间的差距悬殊，也发生过因语言问题引发的悲剧，但从现状来看，多语言使用是必然趋势。

据估算，沃莱塔语使用者人数远超 100 万。尽管如此，这也只不过是埃塞俄比亚总人口数的百分之几而已。沃莱塔语究竟还是不是埃塞俄比亚的主要语言和大语种？此外，在第 5 节结尾部分所述的对语言差距的不满随时都有可能爆发。可见，目前沃莱塔地区的多语言使用是建立在绝妙平衡之上的。

本文大部分数据和内容来自沃莱塔语描述性研究及笔者的观察，因此，尚存在诸多不足之处。但值得肯定的是，笔者向人们展示了沃莱塔地区迄今为止不为人知的真实情况，以及只有在沃莱塔才能获得的一些信息。希望本文能对今后的相关研究有所帮助。

九 谢辞

笔者开展的沃莱塔实地调查获三菱信托山室纪念奖学财团（现三菱 UFJ 信托奖学财团）、平成十三及十四年度（2001—2002 年度）科学研究经费②、平成十六及十八年度（2004—

① 后者（口译）有可能不是闪米特语固有名词。

② 基础研究（B）(1) 课题“多语言国家埃塞俄比亚少数语言记述及语言接触研究”，编号：13571039，课题负责人：金沢大学教授柘植洋一。

2006年度）科学研究经费[①]，以及平成十九年度（2007年度）科学研究经费[②]的资助。在此深表谢忱。

① 基础研究（B）（1）课题“基于库希特—奥摩语族少数语言调查研究及地理信息系统的数据库构建”，课题编号：16401008，课题负责人：山口大学副教授乾秀行。

② 青年课题（B）课题“沃莱塔语（埃塞俄比亚）及其周边语言记述性研究”，课题编号：19720093，课题负责人：笔者。

东　非

旧英属殖民地

语言的多样性与身份、民族及国家①
——肯尼亚的语言动态

■ 品川大辅

一 导入：肯尼亚——非洲三大语系的汇聚之地

笔者要探讨的肯尼亚共和国位于东非的中部，赤道横穿其国土，西边是作为尼罗河源泉的维多利亚湖，东边则是自古以来与阿拉伯世界贸易往来繁盛的印度洋；北边与埃塞俄比亚，西边与苏丹、乌干达，南边与坦桑尼亚接壤，且沿着东经 41 度线与索马里交界。详见图 1 和表 1。

表 1 肯尼亚的语言地图 语言名称对应表（Gordon，2005）

地图上的编号	语言名（汉）	语言名（英）	表号码
1	博尼语	Boni	1/d
2	博兰纳语	Borana	1/g
3	布库苏语	Bukusu	3-1/a

① 笔者的专业是尼日尔—刚果语系下属的东北班图诸语的语言记录，自 2004 年 3 月起到本文撰写时已被派驻肯尼亚首都内罗毕一年半，其间获得了仔细观察该地区语言状况的机会。本文的大部分内容都是基于该时期以及 2007 年 9 月笔者的调查和观察所得出的。旅居内罗毕期间，笔者受到了各方关照，无法在此一一罗列致谢，特别是以下人士在笔者撰写本文内容时给予了笔者不可或缺的启示：迈克尔·古洛莫夫博士（内罗毕大学文学系）、奥斯曼·法拉先生（东北州成人教育负责人）、赛蒙·连科里希埃先生（关于桑布鲁语的语言使用）、伊莱利·恩巴布教授（肯雅塔大学）、宫城裕见子女士［盛（Sheng）的资料收集］、宫本律子教授（秋田大学）。当然，文中可能出现的错误全是笔者的责任。此外，笔者还要感谢为笔者的研究提供各种有形无形便利的日本学术振兴会内罗毕研究联络中心的所有职员。

续表

地图上的编号	语言名（汉）	语言名（英）	表号码
4	布尔吉语	Burji	1/a
5	丘尼语	Chonyi	3-3/g
6	楚卡语	Chuka	3-2/d
7	达赛纳奇语	Daasanach	1/b
8	达哈罗语①	Dahalo	1/1
9	迪戈语	Digo	3-3/f
10	杜卢马语	Duruma	3-3/e
11	东尼亚拉语	East Nyala	3-1/e
12	恩布语	Embu	3-2/c
13	恩多语	Endo	2/e
14	加雷·阿珠兰语	Garreh-Ajuran	1/h
15	基库尤语	Gikuyu	3-2/b
16	基利亚玛语	Giryama	3-3/d
17	古西语	Gusii	3-1/g
18	伊达霍·伊斯哈·提力奇语	Idakho-Isukha-Triki	3-1/b
19	卡伦金语	Kalenjin	2/d
20	康巴语	Kamba	3-2/a
21	库里亚语	Kuria	3-1/h

① 也有人认为它属于东库希特语族。本文参考了 Brenzinger（1992: 137）。

续表

地图上的编号	语言名（汉）	语言名（英）	表号码
22	马拉戈利语	Maragoli	3–1/c
23	下波科莫语	Lower Pokomo	3–3/c
24	卢奥语	Luo	2/i
25	卢希亚语①	Luyia/Oluluhua/Luluhya	3–1/d
26	马赛语	Maasai	2/j
27	马拉科特语	Malakote	3–3/a
28	梅鲁语	Meru	3–2/g
29	穆威比·穆桑比语	Mwimbi-Muthambi	3–2/f
30	北图根语	North Tugen	2/g
31	尼奥雷语	Nyore	3–1/f
32	奥基埃克语	Okiek/Akie	2/c
33	奥尔马语	Orma	1/i
34	波科特语	Pökoot	2/a
35	朗迪耶语	Rendille	1/e
36	萨巴奥特语	Sabaot	2/b
37	萨加莱语	Sagalla	3–3/h

① 卢希亚语（Luyia，Oluluhya，Luluhya）属于班图语支的语言，是居住在维多利亚湖和埃尔贡山之间的卢希亚人（Luhya）使用的语言。“卢希亚语”也被翻译成“卢西亚语”“卢伊亚语”。为了避免混淆，本文统一使用译语“卢希亚语”。（译者注）

续表

地图上的编号	语言名（汉）	语言名（英）	表号码
38	桑布鲁语	Samburu	2/k
39	桑涅语	Sanye	–
40	索马里语[①]	Somali	1/f
41	苏巴语	Suba	3-1/i
42	斯瓦希里语	Swahili	3-3/k
43	泰塔·达比达语	Taita-Dabida	3-3/i
44	塔莱语	Talai	2/f
45	塔维塔语	Taveta	3-3/j
46	泰索语	Teso	2/1
47	扎拉卡语	Tharaka	3-2/e
48	图尔卡纳语	Turkana	2/m
49	上波科莫语	Upper Pokomo	3-3/b
50	亚阿库语	Yaaku	1/k

① 索马里语是索马里（索马里民主共和国）的国语和官方语言。

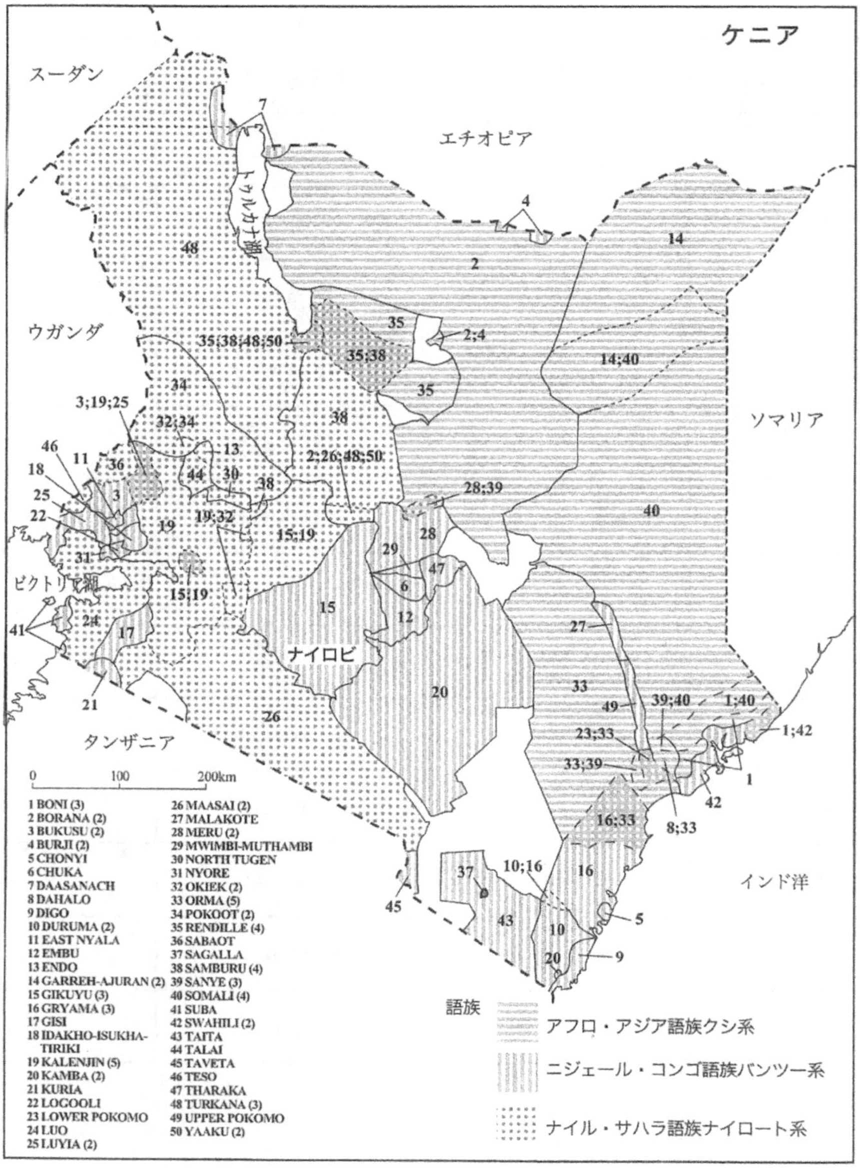

图 1　肯尼亚的语言地图

肯尼亚的以上地理名片本身就强烈诉说着该国语言多样性的一面。在从维多利亚湖到印度洋的赤道以南地区，人们使用着班图语支的语言。班图诸语也被称为构成世界上最多语言数的尼日尔—刚果语系的代表性语言集团。肯尼亚国土的东北部生活着使用库希特语族（Cushitic）语言的人们，该语言与邻国索马里、埃塞俄比亚广为使用的各语言系统相同。在横断西域的非洲大陆“裂谷”，即东非大裂谷（Great Rift Valley）的底部平原生活着以尼罗特（尼罗—撒哈拉语系）各语言为母语的民族集团①。

一个国家存在多种语言，如果在非洲的特殊语境下思考这种状况，那么并非一件令人吃惊之事。但是，除了非洲固有的四大语系中的柯伊桑语系，其他三大语系几乎均等分布于肯尼亚国内。这种语言状况，可以说是比较特殊的现象。本文首先介绍肯尼亚各语言的语言学分类。

二 多样的民族语言

“Ethnologue”是汇集有关全球的语言使用者数、语言系统、语言学描述信息的数据库，根据该数据库统计结果，肯尼亚共有 61 种语言（Gordon, 2005）。其中，除了作为官方语言的旧殖民地宗主国的英语，以及自殖民时代起移居到城市的印度籍居民所使用的印度—雅利安语言（印欧语系）的四大语言②，其余为 56 种非洲土著语言。众多肯尼亚人将这 56 种语言中的一种作为自身的第一语言，即母语。

（一）亚非语系 库希特语族

首先，可以列举广泛分布在北非以及阿拉伯半岛的亚非语系③的12种语言，这些语言属于同一语系的下位集团的库希特语族，除了达哈罗语，其他语言均属于东库希特语支（见表2）。库希特语支的语言在埃塞俄比亚南部和索马里的广大地区被使用，如博兰纳语④分布在跨越埃塞俄比亚国境的广大区域，索马里语在埃塞俄比亚和索马里国境广泛分布，两种语言均为各自国家的主要语言，同时也是肯尼亚国内使用者众多、稳定性较强的语言。

表2 库希特语族语言（Gordon，2005）

语言名（汉）	语言名（英）	使用者数	子分类
a. 布尔吉语	Burji	7000（1994）	Highland
b. 达赛纳奇语	Dassanach	2500（1980）	Omo-Tana
c. 埃尔莫洛语*	El molo	8（1994）	

① 关于使用尼罗特语支以及库希特语支语言的肯尼亚北部畜牧民的生活、文化，日本的非洲研究者有众多研究成果。其中，集大成的有田中二郎、菅原和孝、佐藤俊、太田至他编（2004）。

② 分别为以下 4 种语言：古贾拉提语（Gujarati）、卡奇语（Kachchi）、空卡尼语（Konkani, Goanese）和（东部）潘加比语（Panjabi, Eastern）。

③ 关于亚非语系，本文参考了 Hayward（2000）。

④ 在埃塞俄比亚，一般统称奥罗摩语（Oromo）。也称为奥罗摩语博兰纳方言。

续表

语言名（汉）	语言名（英）	使用人数	子分类
d. 博尼语	Boni	3500（1994）	Omo-Tana, Rendille-Boni
e. 朗迪耶语	Rendille	32000（1994）	
f. 索马里语	Somali	420354（2000）	Omo-Tana, Somali
g. 博兰纳语	Boran（a）	152000（1994）	Oromo
h. 加雷・阿珠兰语	Garreh-Ajuran	128000（1994）	
i. 奥尔马语	Orma	55000（1994）	
j. 瓦阿塔语	Waata	5000（1980）	
k. 亚阿库语	Yaaku	50（1983）	（East Cushitic）
l. 达哈罗语	Dahalo	400（1987）	（South?/ East? Cushitic）
805812			

注：表中的星号（*）表示已经消亡或者难以避免消亡的语言，使用人数一栏中的括号内为数据查询年份，后同。

一方面，肯尼亚使用库希特语族语言者不到总人口的 10%。其中，包含应被称作小众语言（minority language）的语言，也有不少不断衰退的语言。比如，在 20 世纪之前在肯尼亚山北麓拥有母语使用者社区的亚阿库语，被移居到这里的马赛族畜牧民带来的马赛语（Maasai）所取代。这种语言交替（language shift）的背后，区域层面的文化、经济因素发挥着重要作用。使用亚阿库语的集团，原本以狩猎采集为生，并不拥有较高经济价值的财产。与之相对，新来的马赛人集团拥有耕牛等财产，这些财产作为不同民族之间通婚（intermarriage）的婚资发挥着重要作用。亚阿库的女性嫁给马赛族男性的有不少，但是亚阿库的男性因为没有经济价值较高的家畜等财产而难以与马赛族女性通婚。因此，在 20 世纪 30 年代初，亚阿库人召开了民族会议，会议上决定引进与马赛族相同的畜牧业，停止使用自己的母语，让自己的孩子将马赛语作为第一语言学习。当然，这种语言交替并非彻底迅猛进行的，在初始阶段马赛语作为地区通用语在亚阿库人之间使用，20 世纪 80 年代约仅有 10 位长老拥有亚阿库语的知识。但是，现在亚阿库语正逐渐消亡，据说亚阿库语的末裔们使用残留了亚阿库语词汇和音韵特征的马赛语变种（穆科戈多·马赛语）（Brenzinger, 1992: 213−236）。情况各不相同，埃尔莫洛语被替换成桑布鲁语的变种，埃尔莫洛语已经丧失了自己的使用者（Brenzinger, 1992: 237−250）。此外，生活在拉姆岛的人使用斯瓦希里语的主要方言之一。在与该岛邻近的北部沿岸地区，人们使用的达哈罗语以吸纳沿岸斯瓦希里语各特点的形式发生变化，其使用者处于与斯瓦希里语双语并用的阶段，且与斯瓦希里语同化的倾向越发强烈（Brenzinger, 1992: 137−155）。

（二）尼罗—撒哈拉语系 尼罗特语族

属于尼罗—撒哈拉语系的 13 种语言广泛分布在肯尼亚西部，就如同南北横穿肯尼亚西部一般。这些语言均为东苏丹语支（East Sudanic）尼罗特诸语（Nilotic），而且分属于东、西、南三大下位集团[①]。代表性语言中，东尼罗特各语言有马赛语、桑普鲁语、图尔卡纳语，西尼罗特各语言有卢奥语，南尼罗特各语言有卡伦金语。（见表 3）卡伦金语和卢奥语是主要语言，即便是在肯尼亚国内，两种语言的使用者数也均过万。只是，卡伦金语是语言群相对应的总称，作为语言其还可细分为南迪语、吉普希吉斯语、可尤语、图根语、马克威特语（相当于表 3 中的恩多语和塔莱语后的上位名称）[②]。

表 3　尼罗特诸语（Gordon，2005）

语言名（汉）	语言名（英）	使用人数	子分类
a. 波科特语	Pökoot/Suk	264000（1994）	Kalenjin, Pokot
b. 萨巴奥特语	Sabaot	143000（1994）	Kalenjin, Elgon
c. 奥基埃克语	Okiek/Akie	数人（1980）	Kalenjin, Okiek
d. 卡伦金语	Kalenjin	2458123（1989）	Kalenjin, Nandi-Markweta
e. 恩多语	Endo/Markweta	80000（1997）	
f. 塔莱语	Talai/Markweta	38091（2000）	
g. 北图根语	Tugen, North	144000（1987）	

① 关于尼罗—撒哈拉语系的下位分类，本章主要依照 Heine, Nurse（2000）.

② 参照稗田乃（1988）。

续表

语言名（汉）	语言名（英）	使用人数	子分类
h. 奥摩提克语	Omotik	50（1980）	（South Nilotic）Luo
i. 卢奥语	Luo	3185000（1989）	
j. 马赛语	Maasai	453000（1994）	Ongamo-Maa
k. 桑布鲁语	Samburu	147000（1994）	
l. 泰索语	Teso	279000（2001）	Teso-Turkana
m. 图尔卡纳语	Turkana	340000（1994）	
7531264			

注："奥基埃语"的使用人数尚无准确数据，故表格最后一行的总使用人数中不包含该项数据。

卢奥语及卡伦金语各语言分布在维多利亚湖的东北部地区，作为该地区的主要语言被广泛使用。特别是卢奥语在同一地区地位优越，部分邻近民族有被其同化的倾向。而在东尼罗特语支的各语言当中，以被称作马语支（Maa）的桑布鲁语和马赛语为代表的各语言沿着东非大裂谷分布在北起肯尼亚北部南至坦桑尼亚的广大地区。两种语言虽然存在词汇层面和部分接辞形式上的差异，但总体而言是可以相互沟通交流的。因此，从肯尼亚北部的图尔卡纳湖到坦桑尼亚的中北部的东非大裂谷地带，可以说是一条通过尼罗特语支特别是马语支的语言连接在一起的广袤大陆的腰带。

（三）尼日尔—刚果语系　班图语支

赤道以南地区的多数语言属于尼日尔—刚果语系的班图语支，"Ethnologue"里列举了27种语言（见表4—表6）。这个数量是肯尼亚的非洲三大语系中最多的，使用者人数至少也占肯尼亚总人口的半数。就地理上而言，各语言以Ⅰ维多利亚湖沿岸、Ⅱ包括内罗毕在内的中南部、Ⅲ包括印度洋沿岸西南部的三大地区为中心分布。据班图各语言分类的古典研究文献M. 格恩里（Guthrie, M.）的《班图各语言比较研究》（*Comparative Bantu*）考证，三大地区分别对应使用Ⅰ库里亚语群（Kuria Group，E10）、马萨巴—卢希亚语群（Masaba-Luhya Group，E30），Ⅱ基库尤—康巴语群（Kikuyu-Kamba Group），Ⅲ尼加—泰塔语群（Nyika-Taita Group）的地区。此外，在从Ⅲ这个区域内的拉姆岛、马林迪、蒙巴萨一直到坦桑尼亚国境的印度洋沿岸地带，使用由斯瓦希里语的多样地理变种而构成的斯瓦希里语群（Swahili Group，G40）。

1. Ⅰ大湖集团

表 4 班图语支大湖集团的语言（Gordon，2005）

语言名（汉）	语言名（英）	使用人数	子分类
a. 布库苏语	Bukusu	565000（1987）	J,30 Luhya
b. 伊达霍・伊斯哈・提力奇语	Idakho-Isukha-Triki	306000（1987）	
c. 马拉戈利语	Logooli/Maragoli	197000（1987）	
d. 卢希亚语	Luyia	3418083（1989）	
e. 东尼亚拉语	Nyala, East	35000（1980）	
f. 尼奥雷语	Nyore	120000（1980）	
g. 古西语	Gusii	1582000（1994）	E,10 Kuria
h. 库里亚语	Kuria	135000（1994）	
i. 苏巴语 *	Suba	129000（1994）	
6487083			

现今的班图语支，一般将维多利亚湖沿岸地区的各语言视为一大语言群，即大湖集团（Interlacustrine Group）。它们包括在坦桑尼亚、乌干达、卢旺达、布隆迪，以及刚果民主共和国东部使用的边缘语言，它们与库里亚语群和马萨巴—卢希亚语群的关系也很近。卢希亚语、古西语、库里亚语是这个集团的代表性语言。此外，从小众语言的视角来看，让人兴致盎然的是苏巴语。如表 4 所示，尽管苏巴的民族人口很难说极少，但苏巴语仍是难以回避消亡的语言。这是与之毗邻的尼罗特籍大民族卢奥族社会、文化的同化所带来的语言交替的结果。这里所说的“同化”，并非指共有碎片式文化价值的部分同化，而是指可称之为“卢奥化”[①]的共同体层面的大变化。比如，苏巴原有的男子割礼消失，其文化仪式和生活方

① 在 Brenzinger（1992: 213–236）中有一个表达叫“Luoization”。此外，关于苏巴语的衰退，参照宫本律子：《苏巴语调查报告——维多利亚湖消亡中的班图语事例》，《非洲报告》2000 年第 30 期，第 20—23 页。

式变得几乎与卢奥完全相同。实际上拥有苏巴血统的人本身也公然对外宣称自己是卢奥人，这种现象极端表现在肯尼亚的国情调查问卷中。苏巴族虽然是政府公开承认的 42 个民族之一，但是在国情调查问卷中，苏巴语的上位范畴并非班图语支，而是与卢奥族一起被归为尼罗特诸语①。

2. Ⅱ中央肯尼亚集团

在包括首都内罗毕在内的肯尼亚中南部、肯尼亚山麓以南，存在以梅鲁语、基库尤语、康巴语等为代表的语言系统详尽的系列语言群。自古以来它们被称作基库尤—康巴语群，也被称作中央肯尼亚集团（Central Kenya Group）。代表这一集团的上述 3 种语言，均为拥有 100 万使用者的国内屈指可数的大语言，它们各自还拥有被作为广播等媒体语言的功能。特别是基库尤语广泛分布在内罗毕的近郊，曾经是整个肯尼亚使用人数最多的民族语言。

表 5　班图语支中央肯尼亚集团的语言（Gordon，2005）

语言名（汉）	语言名（英）	使用人数	子分类
a. 康巴语	Kamba	2448302（1989）	E.20Kikuyu–Kamba
b. 基库尤语	Gikuyu	5347000（1994）	
c. 恩布语	Embu	429000（1994）	
d. 楚卡语	Chuka	70000（1980）	E.20Kikuyu–Kamba,Meru
e. 扎拉卡语	Tharaka	112000（1994）	
f. 穆威比・穆桑比语	Mwimbi-Muthambi	70000（1980）	
g. 梅鲁语	Meru	1305000（1994）	
9781302			

关于这个语言群，特别值得一提的是相互间的高度语言相似性。典型的例子是基库尤语和康巴语之间，即便使用各自的语言也能进行某种程度的沟通和相互理解。严密地说，在使用梅鲁语—基库尤语—康巴语的地带，邻接的语言变种之间在保持着某种程度的相互理解的同时，语言也在渐次发生变化，即构成所谓的方言连续体（dialect continuum）。比

① 1989 年的国情调查的信息来自 *Kenya Factbook*（15th edition, 1997—1998）等。此外，42 个民族这种分类，据可追溯的资料，可推测为依照殖民时代（20 世纪 30 年代）的土地划分法，但似乎其分类本身缺乏民族学、语言学的确切依据（来自肯雅塔大学的伊莱利・恩巴布教授）。

如，作为在肯尼亚山到内罗毕北部被使用的语言，表 5 列举了梅鲁语、穆威比・穆桑比语、扎拉卡语、楚卡语、恩布语、康巴语、基库尤语这 7 种语言。但是，实际上该地区至少还有 16 种方言变种，它们之间的"语言的界线"未必清晰①。

3. Ⅲ沿岸地区的各语言

在这个地区使用的语言，可大致分为尼加（Nyika）语支的语言群与斯瓦希里语的多样方言群两大系统。原本取自"草原"之意的尼加，往往作为米基肯达族（Mijikenda）而被熟知。这个名称，在该语言群中意味着"9 个村落"（miji= 城镇，kenda= 九），指的是基利亚玛语、迪戈语、杜卢马语、丘尼语、康巴语、吉瓦纳语、拉巴伊语、利贝语、卡乌玛语这 9 种语言变种构成的语言群。其中，使用人口规模最大的集团是基利亚玛语，除了在坦桑尼亚国境附近使用的迪戈语和杜卢马语，其他 7 种语言之间似乎没什么大的差异。只是，这 7 种语言变种与使用地区稍远的迪戈语和杜卢马语之间的相互理解有一定难度（Gordon，2005）。

此外，斯瓦希里语的各方言中具有代表性的是拉姆方言（斯②Kiamu）、蒙巴萨方言（斯 Kimvita）、马林迪方言（斯 Kimambrui）等。这里值得注意的是，这些方言与作为肯尼亚国语而被标准化的斯瓦希里语不仅是国语与方言的差异，在语言形式上也存在差异。在此，我们虽然无法详细探讨它们之间的差异，但我们可以指出它们在各个层面的差异。比如，从词语当中的辅音③、元音（wangi/wengi"许多人"、mwendani/mwandani"伴侣"）等音形上的差异到指示词形式的差异（li–lo/hi–lo"那个"、hi–ni/hi–i"这个"）④、完了的态以及过去时的表达⑤等语法层面的差异（例子均为蒙巴萨方言 / 标准斯瓦希里语）（Khamis, Said 2000: 11–21）。

表 6 班图语支沿岸的语言（Gordon，2005）

语言名（汉）	语言名（英）	使用人数	子分类
a. 马拉科特语	Malakote	8000（1994）	E.40 Nyika, Malakote
b. 上波科莫语	Pokomo, Upper	34000（1994）	E.40 Nyika, Pokomo
c. 下波科莫语	Pokomo, Lower	29000（1995）	

① 来自肯雅塔大学的伊莱利・恩巴布教授。
② 以下，我们将用"斯"来明确标记使用了标准斯瓦希里语的语言名称、用语，以及斯瓦希里语语句之处。
③ katta/kata，"切、剪"，yakwe/yake"他（她）的"。
④ 此外，li–lo/hi–lo 是名词类别编号 5，hi–ni/hi–i 是名词类别编号 9，它们在语法上一致。
⑤ atwambizile/alituambia"他（她）对我们说过"。

续表

语言名（汉）	语言名（英）	使用人数	子分类
d. 基利亚玛语	Giryama	623000（1994）	E.40 Nyika, Mijikenda
e. 杜卢马语	Duruma	247000（1994）	
f. 迪戈语	Digo	217000（1994）	
g. 丘尼语	Chonyi	121000（1994）	
h. 萨加莱语	Sagalla	10000（1980）	E.40 Nyika,Taita
i. 泰塔·达比达语	Taita-Dabida	203389（1989）	Kilimanjaro Bantu
j. 塔维塔语	Taveta	14358（1989）	
k.（沿海）斯瓦希里语	（Coastal）Swahili	131000（1994）	G.40 Swahili
1637747			

（四）语言类型学概观

与上述历史相关性不同，我们还可以通过语言自身的结构性特征来比较语言之间的异同。比如，可以通过音节构造、词语的构成类型、基本语序等标准来寻求各语言的类型化。这种基于语言“类型”的语言研究方法叫作语言类型学（linguistic typology）。表 7 我们将列举各语系的基本类型学特征，来展示各系统典型语言结构上的多样性。

表 7　各系统典型语言的例句（Heine, 1976: 48–50）

语言名	例句	语法结构
朗迪耶语（库希特语族）	ani Loil’ ó an taha arg’ì n doona （I cows your see want） 我想看你的牛	S+O[N–Poss]+V+Aux
图尔卡纳语（尼罗特诸语）	es’áki dkile aki’ ólikin ŋaat’úk kon （want（3.sg.）man see（inf.）cows your） 一个男人想看你的牛	Aux+S+V+O[N–Poss]

续表

语言名	例句	语法结构
标准斯瓦希里语（班图语支）	Bwana anataka kuona ng' ombe wako （man want（3.sg.）see（inf.）cow your） 我们主人想看你的牛	S+Aux+V+O[N−Poss]

注：表中图尔卡纳语的例子中，动词的词干位于句中、主语之后，但谓语主要部分的助动词在句首，可以将其视为 VSO 语序的一大类型。

表 7 所列举的是，各语系的语言中表达"某某想看你的牛"之意的例句。表中的例句均由 5 个单词构成，但值得我们关注的一点是 3 种语言的语序各不相同。一方面，库希特语支的朗迪耶语，谓语（V+Aux）（想看）位于句末，主语名词（S）、宾语名词（O）先行，即所谓的 SOV 语顺。这与日语的基本语序相同，而且如 { 看 arg'in+ 想 doona} 一般，谓语以"动词 + 助动词"的顺序排列也与日语相同。另一方面，班图语支的斯瓦希里语则采取英语那种 SVO 的语顺，相当于助动词部分的"anataka"处采用后接表示具体内容的动词（不定词）"kuona"的语序。世界上约八成语言都是将上述语序作为自己的基本语序，但除了卢奥语，尼罗特语支的语言则采用谓语部分在句首的 VSO 语序。换言之，仅从语言结构上极为表面的语序特征层面来看，这 3 种语支的语言也显示了相互不同的特征。除此以外，库希特语支的语言是后置词（相当于日语的格助词）类型，而其他是前置词类型；班图语支的语言完全用接头词来表示名词单复数，而其他语言则倾向于用接尾词来表示。这些语言结构上的多样性一目了然（见表 8）。

表 8　各系统的一般类型学特征（Heine,1976）

特征	库希特语族	尼罗特诸语	班图语支
基本语序	SOV	VSO/SVO	SVO
侧置词	后置词	前置词	前置词
动词句	动词—助动词	助动词—动词	助动词—动词
名词结构	接尾词中心	性别：接头词 数量：接尾词	接头词中心
（优势）句结构	补充部分—主要部分	主要部分—补充部分	主要部分—补充部分

续表

特征	库希特语族	尼罗特诸语	班图语支
其他特征	语序的自由度	ATR 带来的元音调和	名词等级体系

当然，各系统的语言差异并非仅仅表现在语序及语言的内部结构层面。比如，在尼罗特语支的语言中元音一般两套各 5 个，拥有共 10 个或 9 个元音[①]的语言体系。两套元音，一套是前舌元音 i、e、a、o、u（舌根前进式 [+ATR]）[②]，另一套是后舌元音 ɪ、ɛ、a、ɔ、ʊ（−ATR）。听觉印象上，前者有弹性回音，而后者稍显粗鲁（至少笔者这么认为），但对于不懂这种语言的人而言，有时很难区分两者。再则，这个元音体系一般具有被称作元音调和（vowel harmony）的现象，这里以桑布鲁语为例，"ŋ-kɛma""火（单数）"→"ŋ kémá-ʃi""火（复数）"、"l-ɔrɔrá−ni""集体住宅、单数"→"l-orora−ni""同（复数）"，无论是哪个例子，单数形式中的 [−ATR] 元音复数形式时均被替换成相对应的 [+ATR]。这是因为词干中拥有的 [+ATR] 元素（这里是复数标识 -ʃi/-ni）被连接，元音都要遵循 [−ATR] 被替换成 [+ATR] 的规则。因此，一直以来遵循该规则的语言的词汇中虽然不会混杂着两类不同元音，但实际上有时候它们拥有更复杂的规则。

此外，在班图语支中，名词可以分为 15—20 个集合，名词属于哪个集合通过接头词来表示，即存在所谓的"类名词"（noun class）。这些语言中存在着语法一致（grammatical agreement）现象，即与名词语法相关的谓语动词、形容词等要素会根据名词所属的类别变化词形。基于这种特征，类名词系统往往被拿来与印欧语言中名词的性别（gender）相比较，比如，德语的名词存在男性、女性和中性三种类别。与此相对，班图语支中的名词，粗略地说，它的分类是德语的 5—7 倍。此外，分类的标准，原本反映了"人类""植物""抽象名词""场所"等基本意思范畴[③]。比如，在达比达语中，表示"人类"的名词被分为用接头词 m（u）-（单数）/βa-（复数）来标识的集团 [mu-ndu / βa-ndu "人（单数/复数）"]，表示"植物"的名词被分为用接头词 m（u）-（单数）/ mi-（复数）来标识的集团 [mu-ɗi / mi-ɗi "树（单 / 复）"]、抽象名词被分为用 βu- 来标识的集团（βu-kongo "生病"）。再则，用这个接头词可以相对自由地从动词派生出名词（mu-ɗiβa "猎人" <-ɗiβa "打猎"），从名词派生出名词（mu-kongo "病人"）（标记中的 β 是有声双唇摩擦音，ɗ 是先将舌头放在 d 的位置闭合声带降低舌头前一刻开放声带吸入气息的音）。

① 弛缓元音中如果缺乏与 a 相对应（严密地说，是没有与 a 的舌根位置对立）的元音时，算作拥有 9 个元音的语言体系。

② "Advanced Tongue Root" 的缩写。

③ 只是在如今的班图各语言中，这种分类标准已经极为暧昧不清。

如此，这 3 种语支的语言，在语言结构上迥然不同，而且各自具有复杂的特征。因此，假如母语为库希特语族的人想要充分掌握班图语支的语言，那么是非常困难的。但是，对语言结构本身感兴趣的人可能会在这种语言多样性面前兴奋不已。

（五）手语

以上我们概述了肯尼亚人使用的丰富多样的民族语言，但是所谓“语言”并非仅限于有声语言。作为肯尼亚的土著语言，我们不应忘却的还有手语。手语容易被视为应付场面的一种肢体动作和手势，但手语是一种将手势与意思相结合的“词语”，词语被规律地排列成句子，最终成为拥有结构性和分节性的了不起的“语言”。在肯尼亚广泛使用的手语中有肯尼亚手语（Kenyan Sign Language，KSL），众多聋哑人将其视作第一语言。我们并不清楚它是如何产生、发展的，但至少它并非欧美手语的翻版，可以说它是某些社区的聋哑人为了相互交流所使用的语码在肯尼亚各地广为传播并逐渐成长起来的较为成熟的自然语言。然而，众人在教育现场所使用的并非这种肯尼亚手语，而是将其与有声语言英语的语序完全一致后的英语化手语（Signed Exact English，SEE），它被作为教育媒介来使用。这是用肯尼亚手语的词语代替英语的语序，即所谓的人工语言。因此，这种手语对于聋哑人而言是一个不小的负担。无法充分接受通过第一语言的教育现状和对于有声语言中的“母语 = 各民族语”的“教育媒介语言 =（优势民族语 +）英语”的关系平行对应，这点让人兴致盎然。但是近年，为了解决聋哑人在教育现场中语言上的困难，开始出现了应将肯尼亚手语作为教育媒介引入教育现场并将其标准化的动向，这个动向今后的发展值得我们关注。

三 语言政策

如果我们思考第 2 节探讨的语言的多样性，那么就不难想象旧宗主国英国殖民政府以及独立肯尼亚政府所直面的语言政策问题并非一件易事，对肯尼亚国民而言也是一个重要的问题。特别是独立之后的语言政策与国家的根本直接相关，其重要性不言而喻。其渗透在各个方面，比如，上述这种多样的民族政治及社会平等的确保、公共机关的顺畅运营、国家未来优秀人才的培养等。

（一）国语和官方语言

肯尼亚的现行宪法中并没有明确规定该国的国语。宪法中有关公共语言的条款有 3 条，即作为议员资格的斯瓦希里语和英语的运用能力（第三章“国会”，第 34 节“议员资格”），国会运营中斯瓦希里语和英语的使用［第三章“国会”，第 53 节“（国会中的）官方语言”］，作为规划认定资格的斯瓦希里语的充分运用能力（第四章“市民权”，第 93 节“归化成为肯尼亚国民的资格"）[①]。但是，除了这些宪法条目，肯尼亚首任总统乔莫·肯雅塔（Jomo Kenyatta，1893—1978）曾积极推广斯瓦希里语（Mbaabu, 1996:59），斯瓦希里语也作为通用语跨越迄今为止的民族壁垒在肯尼亚国内被广泛使用，这些事实使得"斯瓦希里语是肯尼亚的国语"这个认知成为国民共识。此外，姆瓦伊·齐贝吉（Mwai Kibaki，1931— ）总统就任以来成为悬案的宪法修正讨论的过程中提出的新宪法草案[②]的以下表述于2002年被认同，这可以视为再次公开肯定肯尼亚国民对国语和官方语言的意识。

第二章 "共和国"，第8节"语言"

一、共和国的国语为斯瓦希里语。

二、共和国的官方语言为斯瓦希里语和英语。

三、国家对肯尼亚国民的语言的多样性和手语表示敬意，并予以奖励、保护。

四、国家奖励为视觉障碍的国民发展和使用盲文和其他合适的信息传达手段。

此外，关于官方语言，如新宪法草案所示，除了斯瓦希里语，英语也担负着这个功能。在政府部门、公共传媒、高等教育、基本的经济活动中英语的使用占压倒性优势，说英语在都市作为官方语言担负着实际功能也不为过。但是，这里必须要指出的事实是，能够用足够规范的形式使用拥有优越地位的英语者仅限于接受过高等教育的精英（Kembo-Sure, Mwangi, Ogechi, 2006: 46−47）。因此，对不少人而言，英语的交流所能表达的内容有限，且发音也不得不受到母语的极大影响。即便如此，需要英语作为交流工具的环境也不少，如果特指城市居民，那么可以说英语已成为其日常使用的语种之一。

（二）斯瓦希里语

那么，我们在把国语这个概念定义成通过公共权威规定的国家语言时，它就担负着作为国民国家简历的构成部分的象征性意义。被众多国民日常使用的国民通用语式性格的语言，担负着作为在公共机构、教育媒介等中使用的公认的官方语言的功能，同时作为国语被国家认可。这种图式，在近代国家的框架中被广泛认可。宛如被视作不言自明的"作为象征的国语 = 国民日常使用的语言"这种关系是以两者重叠为条件成立的。但是在肯尼亚，作为国语的斯瓦希里语并未充分反映这种关系。

作为东非的土著语言被广泛使用的，且被赋予国家权威的斯瓦希里语，对于全体国民

① The Constitution of Kenya（2001）.

② 通称"Bomas Draft"，于2004年3月15日被采用。草案被采用后，总统被削减的权力由政权执行部独断专行地改变，因此在2005年的国民选举中新宪法草案被否决了。因此，从2007年直到现在，肯尼亚一直持续着独立时起草的旧宪法体制。语句的出处是《民族日报》(*Daily Nation*)，2004年3月26日版。

而言未必是能自由使用的语言，这乍一看相逆的事实可以从以下 2 个层面来解释说明。其一，斯瓦希里语在肯尼亚传播的历史过程这个层面；其二，"作为国语的斯瓦希里语"这个语言规范（norm）的层面。

1. 斯瓦希里语在肯尼亚的传播

作为广域通用语的斯瓦希里语，在 1895 年，即 19 世纪中叶肯尼亚成为英国的"东非保护国"时，就在内陆地区广为传播。通过寻求内陆的象牙和奴隶的商队，以及其后来自德国和英国的传教士的宣教、布教，在沿海地区受到阿拉伯文化的影响而形成的斯瓦希里语传播到内陆的坦桑尼亚、乌干达、旧扎伊尔等东非全境，扩大了其通用范围（Mbaabu, 1996: 41–48）。但是，这种新传播的语言是在交易的过程中为了民族间交往（inter-ethnic communication）而产生，它并没有供内陆的人日常使用的必然性，在原本没有主要商队通道的肯尼亚北部，可以说斯瓦希里语的影响本身就很薄弱。也就是说，对于这种地方的居民而言，与斯瓦希里语的历史性接触经验有限，且他们的母语与斯瓦希里语的语言系统不同，可以说不具有主动与斯瓦希里语亲和的环境。

2. 作为规范的斯瓦希里语

我们再把目光转向肯尼亚斯瓦希里语的现状，我们发现肯尼亚存在各种地区性或社会性语言变种，且很难将这些语言变种整体称为"斯瓦希里语"。一方面，我们可以列举通过上述过程传播，在肯尼亚的内陆地区广为使用的变种内陆斯瓦希里语（Upcountry Swahili）。从肯尼亚—皮钦语—斯瓦希里语（Kenyan Pidgin Swahili）这个别称，我们也可以发现它是来自印度洋沿岸的斯瓦希里语通过与肯尼亚各地的土著语言接触而发展起来的各种语言变种的总称。另一方面，我们已经提及，在原来的斯瓦希里语即所谓的沿海斯瓦希里语也有着各种地理性变种。因此，即便说到"斯瓦希里语"，其多样性也存在相当大的幅度，关于这些变种，无论是作为母语还是作为第二语言都拥有作为日常语言使用的一定人数。

如果要问"作为肯尼亚国语的斯瓦希里语究竟是其中的哪一种呢？"，那么严密地说，其答案"不是其中任何一种"。某种语言为了拥有公共地位，通常需要以某种形式的标准化（standardization）。也就是说，需要规定该语言的表记法（书写方式）、语法和词汇的规范，即"正确的斯瓦希里语"，其基础是在坦桑尼亚的桑给巴尔岛使用的斯瓦希里语乌古贾方言（斯 Kiunguja）。自 1930 年领土间语言委员会［Inter-territotial Language（Swahili）Committee，ILC］开始推行标准化后，其标准化被不断推进，我们将这种规范的语言称作标准斯瓦希里语（Standard Swahili，斯 Kiswahili Sanifu）。换言之，如果我们使用上述表达，那么要承认在"作为象征的国语"与"国民日常使用的语言"之间存在着实际差距。但是，如果我们抛开"规范"这个概念，那么受到民族语言影响的各种斯瓦希里语的变种不仅正被众多国民所使用，而且它确确实实发挥着超越民族的、作为交际工具的作用。

（三）教育媒介语言

在了解公共语言现状时，该国语言教育的历史能提供极其重要的前提知识。在此，我们聚焦教育媒介语言的问题，探讨上述语言状况的历史背景。

20 世纪二三十年代是英国殖民时代初期，当时在学校教育中使用民族语或斯瓦希里语甚至会获得奖励。比如，在 1929 年领土间语言委员会成立前举行的殖民地教育负责人会谈中，决定将斯瓦希里语作为初等教育阶段的教育媒介语言，1935 年肯尼亚教育省颁布了在初等教育的最初 4 年使用民族语，在接下来的 2 年间用斯瓦希里语的法令。到了 20 世纪 40 年代，这个可称之为优待斯瓦希里语的方针却遭受重大更改。1942 年政府咨询委员会提交的问答中，提出了以下 2 点，即对民族语教育的强化和殖民地通用语从斯瓦希里语到英语的快速转换。乍一看，这个报告兼顾了当地各民族，但实际上是打着重视民族语教育的旗号企图相对弱化广域通用语斯瓦希里语，有研究认为其主要着眼点在于阻止超越殖民地统治下的各民族的集结（Mbaabu, 1996: 80–87）[①]。事实上，该报告虽然指定20种民族语为教育媒介，但是同时期的教材编撰所使用的语言只有其中 5 种。无论如何，从该时期起斯瓦希里语在学校教育中的使用开始慢慢受限，民族语教育的推进只是暂时的名义，在教育现场英语的比重却日益加大。左右这个趋势的是，20 世纪 50 年代后半期开始实验性推进、其后得到独立肯尼亚政府的认可，被称作“对新初等教育的指针”（New Primary Approach）的课程计划。在这个计划中，从初等教育的第一年起以英语为教育媒介的方针稳固下来，在独立期的20世纪60年代后半期，几乎所有的小学在低年级开始通过英语实施教育。即便是现在，英语也能作为官方语言发挥其优越性，这也是重要背景。

1976 年，政府开始允许民族语在初等教育的头 3 年作为教育媒介，以及在初等教育结业时的毕业考试必修科目中增加斯瓦希里语（Mbaabu, 1996: 128）。因为前者，现在的体系被确定——最初 3 年用当地民族语，之后以英语为教育媒介。此外，关于后者，毕业考试是享受高等教育的最初关口，因此成为提升作为课程的斯瓦希里语重要性的一大契机，该提案于 1985 年[②]得以实施。之后，斯瓦希里语在学校教育中的地位或多或少地得到改善。只是，在这里值得一提的是，独立之后直到现在，斯瓦希里语未被指定为课程计划中的教育媒介语言。在这里我们可窥见如今作为肯尼亚国语的标准斯瓦希里语不太稳定的重要原因。

（四）“母语”教育

本节我们概览了肯尼亚政府的语言政策，在本节最后我们将简单谈谈民族语教育的问题。

---

① 此外，第二次世界大战后奔赴战地的非洲军人回到故乡开始进行独立运动。这时，（彼此母语不同的）非洲军人的通用语斯瓦希里语被用作国民统一的媒介。

② 此外，在 1985 年之前的 7—4—2—3 学制被改为现行的 8—4—4 学制，1985 年也是肯尼亚的教育体系大变革之年。

如前所述，现行的教育制度认可初等教育入学后的头 3 年将当地民族语作为教育媒介，且作为课程保证一个星期有 5 次授课时间。2002 年版的小学教育大纲中将这称为“母语”教育①。

但是，这个名称与通常意义上的母语的定义不同。这种教育系统中制定的“母语”，指的是“上学圈”（catchment area）的“优势语言”，实际上是指通过教育省选定的 22 种民族语（见表 9）。肯尼亚教育研究所使用这些语言编写了“一起学习我们的语言吧”（斯 Tujifunze Lugha Yetu，TLY）系列教材，这些系列教材被学校作为教材使用。但是，这些教材并未涵盖所有国民的第一语言。被选定的语言中班图语支有 12 种语言，尼罗特诸语有 9 种语言，而库希特语族只有 1 种语言。即便抛开库希特语族语言的使用人数不到总人口一成这个事实，也难以否定被选定语言比例的失衡。

表 9　肯尼亚的教材使用语言（Mbaabu, 1996: 147）

1. Luhya* Bantu	12. Swahili Bantu
2. MaragoliBantu	13. Kalenjin* Nilote
3. Bukusu Bantu	14. Nandi Nilote
4. Tiriki Bantu	15. Suk（=Pökoot）Nilote
5. Kisii Bantu	16. Sabaot Nilote
6. Tende（=Kuria）Bantu	17. Teso Nilote
7. Kikuyu Bantu	18. Turkana Nilote
8. Kamba Bantu	19. Maasai Nilote
9. Embu Bantu	20. Elmaa* Nilote
10. Giriyama Bantu	21. Luo Nilote
11. PokomoBantu	22. Somali Cushitic

注：13 是包含 14，20 是包含 19 的语言群的总称。至少在名称上重复，具体情况不详。此外，1 的卢希亚语具体对应何种语言变种也不详。

① 参照 Kenya Institute of Education. *Primary Education Syllabus, Volume* 1, 2002。在该大纲中，将“母语”（教育）的首字母大写成 Mother Tongue（education），显示了其与普通名词在语义上的差异。

此外，也有令人兴致盎然的事例。在印度洋沿岸地区的米基肯达各语言的使用地区，仅指定基利亚玛语为“母语”，但是基利亚玛以外的民族集团排斥将语言上相近的基利亚玛语作为教育媒介，而是用斯瓦希里语实施教育。该报告称，这种现象的背后存在以下因素：基利亚玛语并非自己的母语这种意识，对将其作为媒介接受和语言支配相连这件事情的抵抗。无论如何，这种“母语”教育系统升级了原本制度上的矛盾，也暴露了现状中存在的各种问题。

四 语言使用的动态

在自己家乡的当地社区中被作为母语使用的民族语，在与其他民族的交流中被使用的斯瓦希里语，以及在各大城市的学校教育和公共场合被使用的英语，后两者正因为程度有别，即便未必被规范使用，个体将这 3 种语言作为交流的工具日常使用的情景也绝不少见。如同之前概览的，肯尼亚是拥有三大不同语系的多样民族语且官方语言为英语的多语言国家，但是同时国家也允许个人层面的多语言使用。在本小节，我们将参照实例介绍各种语言使用的现状。首先，我们将总结第 2 节中的几个事例所论及的民族语衰退问题的要点。

（一）小众语言的衰退

小众语言的衰退问题，以与全球化的进展形成表里的关系进行着并备受瞩目，可以说这是现代描写语言学研究中最前沿的课题。在第 1 节我们碎片式介绍过肯尼亚的语言更替，以及在语言消亡过程中大家公认的 3 点特征如下：①在语言更替前期，原来的母语与将被取代的新语言之间的双语并用期被许可，在前者消亡之后，其影响也将以某种形式而残存；②语言更替时语言系统关系不同的语言往往直接相关，即语言更替可能是在与语言形式［参见第 2 节的部分（四）］不同的次元形成的；③通过语言更替导入的语言，是规模相对较大的邻近民族语，未必就是具有国家权威的语言。

在思量这些特征时，给予肯尼亚小众语言衰退决定性影响的与其说是（往往如同一般认为的）国家的大语言威胁，不如说是通过近邻集团的接触带来的文化性均质化和地区经济。

（二）乡村的语言使用

如上所述，在肯尼亚的语言特色中，我们首先应该关注的是其多层的语言使用方式。只是，在非城市地区，严密地说在还沿袭着传统生活方式的民族集团未必可见这个倾向。比如，关于肯尼亚中北部的畜牧民族桑布鲁族的语言使用情况，一个名叫赛蒙・连科里希埃的 30 多岁桑布鲁族男性做了如下陈述[①]。

1. **桑布鲁语的事例**

现在尼罗特诸语的桑布鲁语在当地社区使用也极广，或者不如说除桑布鲁语之外语言的使用机会受限。家庭内的使用不言而喻，政府等公共机关、进行牛羊买卖的市场，甚至连教会基本上使用的也是桑布鲁语。他自己会斯瓦希里语和英语，但是他的父母是几乎没有任何斯瓦希里语知识的单一语言使用者（monolingual），在中老年以及学龄前的儿童中桑布鲁语单一语言使用者占绝大多数。能流畅使用斯瓦希里语的仅限于极少部分受过高等教育者、在内罗毕等大城市的就职者，以及在家畜市场上与远道而来的买家进行交易的人等。

虽然桑布鲁语是一种使用者不多的民族语言，但是从这种语言使用状况来看，我们无法找到应该深深担忧其消亡的原因。特别是，语言在下一代得到切实继承这一点，可以充分预测该语言在今后也能稳定存续。但是，社会状况的变化也切切实实影响了可称之为边境的桑布鲁地区，这未必不能成为威胁语言稳定性的因素。如果思考第 4 节的部分（一）总结的实际语言更替的过程，那么对语言的盛衰起到决定影响的社会变化是民族层面的固有性均质化的恒常民族接触。之所以会发生这种状况，在现代化的语境下是因为经济圈乃至生活圈的扩大，但在延续传统生计的桑布鲁，我们认为在不久的将来这种变化急剧发生的可能性不大（即便不能说全无可能）。

2. **“母语”教育与民族语言**

在非洲做过田野调查的语言学家们往往认为学校教育是促使语言消亡的原因[②]。但是，这并非指的是来自英语或标准斯瓦希里语等权威语言的威胁，而是担忧以特定的优势语言为媒介的民族语言教育所带来的影响。即便我们观察非洲的众多语言交替事例是区域层面的优势语言对小众语言的吸收，但这种观点也具有某些妥当性。此外，在肯尼亚，自 2003 年起初等教育免费后，入学儿童的数量飞速上升，据联合国教科文组织的统计[③]，2002 年的初等教育的入学率为 63%，至 2006 年则跃升为 79%。我们姑且不论在教育普及的时代，在现代，学校教育的影响即便是在乡村也不容小觑。但是事实上，至少从肯尼亚的“母语”教育的现状来看，我们可以说它对语言衰退的影响并不大。

其依据首先是原本“母语”教育自身没发挥功能的学校不少。在内罗毕往东约 400 千米的加里萨县，大多数居民的母语都是库希特语支的索马里语。索马里语是作为库希特语族语言唯一入选“母语”教育 TLY 系列教材的语言。2007 年，笔者曾拜访加里萨城镇的中心小学，该小学据说没有实施“母语”教育。学校课表上的“母语”课被挤占为学习斯瓦希

① 根据 2007 年 9 月在内罗毕的采访内容。

② Brenzinger, M. “Language Endangerment Through Marginalization and Globalization”. Sakiyama Osamu. Ed. *Lectures on Endangered Languages:2—From Kyoto Conference 2000*. ELPR Publication Series C002, 2001, pp.51–67.

③ URL: http://stats.uis.Unesco.org/.

里语或英语的拼写，且索马里语也不用作教育媒介语言，从入学那天起就用斯瓦希里语和英语来授课。该校校长称，这是因为 TLY 的索马里语版并未普及，没有教材，而且教师未必就是当地人，因此缺乏能用索马里语授课的人才。如果是这种环境，那么索马里语的存续状况令人担忧，但事实上，当地社区的优势语言是索马里语，而且孩子也较好地继承了索马里语。因此，就这个现状而言，我们很难说索马里语将早晚陷入危机状况。

图 2　肯尼亚东部加里萨的小学（当地语言是库希特语族的索马里语）

此外，即便是在实施“母语”教育的地区，也未发现较小规模民族语言被压迫的情况。在桑布鲁地区，被“母语”教育选定的语言是马赛语，据说上述连科里希埃先生读书时的教科书仅为有关自己民族文化故事的书本。学校的“母语”课上会使用这种教材，但老师用桑布鲁语来授课。此外，学校也开设斯瓦希里语课、英语课和数学课，这几门课使用的是斯瓦希里语或英语（包括数学）的教材，但同样教师也会用桑布鲁语来授课。

有些地方完全没有实施“母语”教育，还有些地方即便部分实施“母语”教育，但教师却用民族语言来授课。无论是何种情况，现状是政府选定的“母语”尚未发挥直接影响，我们这么认为似乎也没什么大问题。这也适用于我们之前列举过的拒绝作为媒介的基利亚玛语（基利亚玛以外的）米基肯达族人民。就这层意义而言，也可以讽刺性地看作“母语”教育系统的功能不全为民族语言的存续带来有利状况。在此，恐怕重要的一点是，无论是何种例子，城市都没有接受大规模的外民族流入，从这层意义上来讲受到经济或文化的干涉也相对较少。有人认为“非洲的小众语言，正因为被忽视才得以幸存”（Brenzinger, 1992: 66），这正是对应上述事实的观点。至少掌握肯尼亚小众语言衰退的关键原因是无法确保本民族的生活圈，以及无法保持相当于母语的民族语言的使用范围。

（三）城市的语言使用

笔者已在前文提及，民族语言、斯瓦希里语和英语的使用现象在城市不是特别显著。

下面笔者将结合全国各地大量人口涌入的大都市内罗毕的现状，探讨城镇多层语言使用状况。

1. 内罗毕的三语使用与语码转换

肯尼亚首都内罗毕是东非最大的城市，其人口已逼近300万①。虽然数据有点老旧，但根据1979年的人口普查，内罗毕的外来人口约有47万，这个数字远高于在肯尼亚国内排名第二的纳库鲁（县）和第三的蒙巴萨（约12万）②。此外，这个数字也占当时内罗毕总人口的半数以上，可以说这种统计如实反映了内罗毕作为多民族城市的性格。

在这种状况下，超越自身民族的交流开始日常化，作为通用语的斯瓦希里语渗透到生活的各个角落。但是，这里所说的斯瓦希里语指的当然是与标准斯瓦希里语不同的内陆斯瓦希里语，有时是指被叫作内罗毕斯瓦希里语（Nairobi Swahili, 也叫作Kinairobi）的语言变种。此外，内罗毕首都功能集中，是东非首屈一指的国际都市，在内罗毕的公共机构、企业、高等教育机构等正式场合，英语的使用占压倒性优势，报纸、电视等媒体的主要媒介语言也是英语，这一点在前面已经提及。通过营造有助于个人社会地位提升的现实地位提升力的城市环境，英语拥有的这种优越性或者说语言权威得到有力保证。

此外，对于原本居住在内罗毕郊外的最大民族基库尤人而言，当地社区的母语使用活跃起来，基库尤语的使用区域也获得充分的保障。笔者刚客居内罗毕时，一位同事兼朋友的基库尤人曾说过以下一段话，令我至今仍（与当时的吃惊一起）记忆犹新。他说："工作上几乎都用英语，回到家用基库尤语。用斯瓦希里语则仅限于和日本研究者交谈时。"

尽管如此，故乡在内罗毕近郊（典型的有基库尤、康巴等）的、相同民族集团的成员组建的家庭等当然会使用母语。

2. 语码转换（Code Switching, CS）与语言使用区域模型

如此，3种语言使用频率的比例中即便存在由社会地位、生活圈中是否保持了民族根基等因素带来的个人层面的差异，这3种交际语码的区分使用，可视为多城市居民的生活常态。如果考虑到这种状况，我们就不难想象一个人的谈话中可能会混杂着复数语码的现象。比如，在用近年来快速普及的手机通话时，刚开始的寒暄是用英语，但随着谈话内容的深入，语言切换成斯瓦希里语或民族语言，这是极为频繁的现象。此外，以下例子是斯瓦希里语报纸*Toifa Leo*③的娱乐栏目的标题，但是我们会发现斯瓦希里语里混杂着英语词汇（见

① 根据肯尼亚国立统计编纂的*Kenya Facts and Figures 2007*，2006年内罗毕的总人口为29.243万。http://www.knbs.go.ke/ downloads/pdf/factsandfigures.pdf.

② Ominde, S. H. *Kenya's Population Growth and Development to the Year 2000 AD*. East African Educational Publishers, 1988, pp.135–136.

③ 出处为*Taifa Leo* 2007年6月23日版和6月30日版的娱乐栏目*Risto za Matineez*（《十几岁的话题》）。由该报刊的记者凯伦·万吉鲁（Karen Wanjiru）所写。

图3）。“Mkivaa mawig, make sure umechana nywele.”（在戴假发之前别忘了梳理自己的头发），讲的是一名时髦女性吵架后假发被扯下来的事。“Sidhani atasahau hiyo experience ya city.”（她不会忘记在内罗毕的这个经验吧），讲的是一名乡下少女来到内罗毕，结果遭遇了只有大都市才有的灾难。像这种句子中词汇层面的语码混用现象在日常的自然会话中也屡见不鲜。

12 MAKALA TAIFA LEO ■ JUNI 23, 2007

Risto za Matineez

Mkivaa *mawig make sure* umechana nywele

Na WANJIU KAREN

图 3　斯瓦希里语报纸 *Taifa Leo* 的娱乐栏目 *Risto za Matineez*①

这种在社会语言学中被称作语码转换的现象，是描述内罗毕的语言使用时的一个重要特征（Overlapping, RO）模型（见图 4），那么 RO 模型中概念性对立的构图就是各语码的语域被明确区分的状况。在这里，我们将其称为语域安定性（Register Stable，RS）模型（见图 5）。我们在第 4 节部分（二）中提及的乡村的语言使用状况可大体对应 RS 模型。当然，如前所述，有些地区对斯瓦希里语（L2）、英语（L3）双方或某方的使用严加限制，但重要的是，民族语言（L2）等语言的语域被较明确地区分开来。或许我们可以在语域明确的坦桑尼亚的语言状况中发现这一点，如坦桑尼亚的当地社区使用民族语言，公共场合使用斯瓦希里语。RS 模型之所以能在坦桑尼亚得以确立，重要的一点是，独立后国家主导的始终如一的语言政策奏效了，特别是在教育现场作为教育媒介语言的地位对国内普及、稳固标

①《十几岁的话题》通篇用盛（Sheng）来拼写。

准斯瓦希里语发挥的作用不可估量。

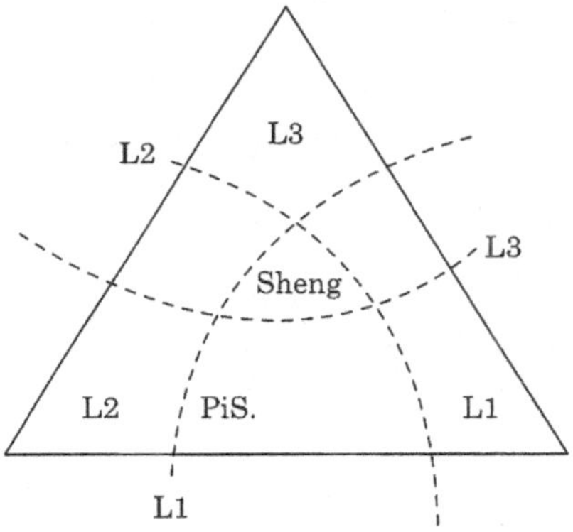

图 4　城市语言使用模型 =RO 模型

注：PiS. 是内陆斯瓦希里语（皮钦语 · 斯瓦希里语，Pidgin Swahili）。

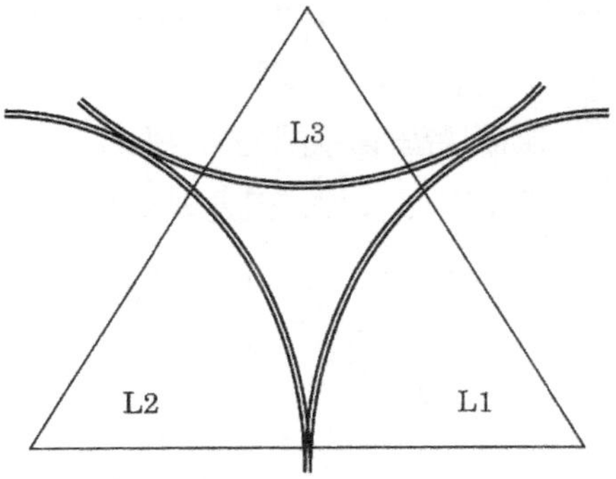

图 5 语域安定性（RS）模型

3. 变化生成的都市语言

内罗毕的语言状况是 RO 模型的三语并用，但能够规范使用标准斯瓦希里语和英语的人口有限，这一点我们之前已提及。近年，也有研究报告指出，移居城市居民的第二代中开始出现不将民族语言作为第一语言来继承的年轻人[①]。基于这种状况，出现了指代这种无论何种“现存的”语言都不具备充分运用能力的人们的“语言性搁浅的人们”（the linguistically stranded）这种令人震惊的言论[②]，但是这个表达果真具有让人接受的妥当性吗？

对现状持这种看法的人们经常提及的斯瓦希里语的恶劣杂种（bastard version）现象有着被称作盛的语言语码。这种语码一般被理解为斯瓦希里语和英语的混合变种（Swahili+English），它确实拥有作为都市青年编创的亚文化式年轻人用语的性格，作为社会中坚力量的壮年层（包括知识分子层）也倾向于将其视为都市青年特有的“世代语”（斯 Lugha ya Kiumri）批判性看待。他们对盛的典型态度是——它是掌握“正确”英语或“正确”斯瓦希里语的一个障碍。

但从社会语言学的角度来说，盛起源于在原本使用内罗毕斯瓦希里语的状况下通过英语或各种民族语言的接触产生的语码转换（CS），可以视其为混合语言语码，是将通过语言接触而引起的 CS，经过流动性语码的阶段，到产生独立语言的机制图示化后的结果（见图

① Githiora, C. “Sheng: Peer Language, Swahili Dialect or Emerging Creole?”. *Journal of African Cultural Studies*, 2002, 15（2）, pp. 156–181.

② Mugane, J. “Necrolinguistics: The Linguistically Stranded”. J. Mugane et al. Ed. *Selected Proceedings of the 35th Annual Conference on African Linguistics*. Cascadilla Proceedings Project, 2006, pp. 10–21.

6)。给予CS语法基础的语言叫作矩阵语言(Matrix Language，ML)，给其语法框架提供词汇的语言叫作嵌入式语言(Embedded Language，EL)。但盛的情况是，其产生阶段的ML是内罗毕斯瓦希里语，El是斯瓦希里语、英语或者基库尤语等民族语言①。此外，ML本身发展到拥有与斯瓦希里语不同的语法规则时，就可以解释为它(并非斯瓦希里语的一种变种)获得了作为语言的独立性，但是现在的盛正游离于这种过程的中间阶段。

图6 语言动态尺度中的盛(Sheng)的定位

Tafadhali maliz*eko* hii stori vile sijaelew*eko* ulitak*eko* kusema nini!

[结构] {tafadhali maliz-*eko* hi-i stori vi-le

"如何""结束"—强调 指示词(近)—(一致)"说"

(一致)—指示词(远)

si-ja-elew-*eko* u-li-tak-*eko* ku-sema nini nini

1. 单(否)—完了(否)— "理解"—强调

2. 单—过去— "—希望"—强调 不定词标示— "说""什么"

[译]拜托了！请不要再讲这些让人摸不着头脑的话了！

我们不得不舍弃详细的说明，但是这里用斜体显示的要素 *-eko* 是来源于班图祖语 *-ag 的动词性接尾词，在现在的众多班图语系语言中都可以找到其对应形。这被认为是原本动词表示的事态的未完了，或者是表示习惯性进行的时间概念的要素，但上面这个例子担负着强调谓语动词的功能。这里重要的一点是，标准斯瓦希里语里与此对应的要素没有得到继承。此外，画下划线的 vile 对应斯瓦希里语的指示词"那个"，但在这个句子里它担负着相当于关系代词的功能。这种指示词被用于表示关系节的现象在东非北部的班图语系民族语言中并不稀奇，但在标准斯瓦希里语里，指示词并不担负此种功能。这种例子显示，歇恩并非仅是一种暂时性流行语言，它在语言形式上正逐渐获得与斯瓦希里语不同的独立性。此外，其独立性似乎整体反映了与其说是由于某种特定的民族语言还不如说是来自各种各样民族语言的影响。严密而言，其是在超越了(特别是班图语系的)民族语言多样性的地

① 关于EL、ML这两个用语以及相关论述参照因对混合语言(Mixed Language，也叫 Split Language)进行理论研究而知名的 Myers-Scotton 的" What Lies Beneath: Split (Mixed) Languages as Contact Phenomena". Matras, Y. and P. Bakker. Eds. The Mixed Language Debate, Walter de Gruyter, 2003。

平上被共有共享的。此外，往往没被标准斯瓦希里语所继承的语言特征才会被反映在盛中。这点才是重要的。

五 展望

本文在介绍肯尼亚民族语言多样性的同时，基于迄今为止的语言政策史概览了现在的语言使用动态。此外，笔者也论述了以下语言现状——虽然面临着丢失文化固有性或者经济自立性的部分民族语言遭遇消亡的困境，但总而言之，人们在乡村会并用各种民族语言。即便在被称作边境的区域，社会变化的波涛也已切切实实地涌入，与此相随的区域社会的变化可能成为今后民族语言存续的重大威胁，这是笔者特别强调的一点。

此外，在城市，我们看到了民族语言、斯瓦希里语和英语在不同场合被多层区分使用的现状。可以说，作为官方语言的英语，其公共威信即便处于偏重给予的环境中，在超越民族语言的交际场合，作为通用语的皮钦语式斯瓦希里语仍旧是不可或缺的。此外，盛作为以此为母体且不断获取更进一步的语言结构性独立性的都市语言，以年轻人为中心被广泛使用。盛一般被视为年轻人用语，但如果被解释为融合了各种民族语言要素的语言语码，那么其使用者不能特化为年轻人。此外，如果结合考虑语言结构层面的“杂烩性”，那么就能理解这个语言语码今后值得关注。但是，关于盛今后能否担负公共功能这一点，似乎认为事实上比较困难较为稳妥。这不仅因为“盛＝年轻人用语＝非规范”这种认识已根深蒂固的社会背景，而且因为促进标准斯瓦希里语的地位提升的机遇近年呈不断高涨的趋势。

2007 年 9 月，在肯尼亚最高学府内罗毕大学的图书馆举行的纪念仪式上，总统姆瓦伊·齐贝吉在其演讲中提及了作为国语的斯瓦希里语的重要性和其地位的提升。这个演讲的目的应该是称赞内罗毕大学为国家所发挥的社会意义，然而他花了一半以上的时间讨论标准斯瓦希里语的问题。这可能除了与本文第 3 节所提及的新宪法草案中的“国语即斯瓦希里语”的明文化有关，还与肯尼亚、坦桑尼亚、乌干达这 3 个东非国家为主的东非共同体（East African Community，斯 Jumuiya ya Afrika Mashariki）的动向有关。2001 年 1 月，共同体以现在的形式正式启动，在它的条文中除了规定英语为其官方语言，还明确规定应该发展作为共同体通用语的斯瓦希里语。此外，在 2003 年通过的非洲联盟（African Union）宪章修改议定书中，重新认定斯瓦希里语为除英语、法语、葡萄牙语、阿拉伯语之外的官方语言。就如同这种定位是象征性的一般，斯瓦希里语近年再次获得国际性功能。

图 7　近年快速普及的手机预付卡的广告牌①

现阶段笔者很难预测这种围绕斯瓦希里语的潮流今后将会给肯尼亚的语言政策带来何种影响。但是，无论是对于民族语言的消长问题，还是对于肯尼亚的斯瓦希里语的标准问题，抑或对于包含歇恩的国民语言的使用问题，语言政策都直接或间接地影响着它们，这已在本文多处提及，包括这种动向，毋庸置疑的是，肯尼亚的语言动态将不断变化，今后其发展变化也会受到世人关注。

附录 1　图 1 中日语对应中文

“スーダン”（苏丹）、“エチオピア”（埃塞俄比亚）、“ケニア”（肯尼亚）、“ウガンダ”（乌干达）、“ビクトリア湖”（维多利亚湖）、“タンザニア”（坦桑尼亚）、“ナイロビ”（内罗毕）、“ソマリア”（索马里）、“インド洋”（印度洋）、“語族”（语系）、“アフロ・アジア語族クシ系”（亚非语系库希特语族）、“ニジェール・コンゴ語族パンツー系”（尼日尔—刚果语系班图语支）、“ナイル・サハラ語族ナイロート系”（尼罗—撒哈拉语系尼罗特语族）。

附录 2　图 6 中日语对应中文

“（部分的）変容”［（部分）改变］、“安定したコード / 言語”（稳定的语码 / 语言）。

① “Kwachua Millioni”（获取 100 万先令吧）中的“Kwachua”是将斯瓦希里语 Chukua（到手）音位转化（metathesis）后的盛的词。

多民族、多语言的社会百态
——乌干达的语言政策与语言使用实况

■ 宫崎久美子

一　引言

2005年乌干达的语言政策出现了新动向。以前乌干达的官方语言只有英语，但现在除英语之外增加了斯瓦希里语，宪法将斯瓦希里语认定为第二官方语言。

在独立之前，乌干达就围绕语言政策展开了诸多讨论，对于多语言国家乌干达而言，出台语言政策和推行语言计划是一个重大课题。特别是，围绕担负国家统一功能的官方语言和国家语言的讨论，虽然在多数情况下无果而终，但其背后有着复杂的语言状况，同时也有着民族和社会所背负的历史。

语言政策反映了语言与社会的关系，可以通过乌干达的语言政策来管窥乌干达的政治、社会的方方面面。本文中，笔者在分析乌干达的语言状况、语言政策的同时，基于调查结果从通用语和民族语之间的关系的角度出发来考察语言使用的实况。

二　乌干达的语言

根据2002年的人口普查结果，乌干达的人口为2400余万①。乌干达有四五十个民族，国际SIL的数据显示，乌干达的语言数为45种，这其中包括手语和已经消亡的两种语言（Gordon，2005）。

乌干达的语言从系统上看，分为班图语支和尼罗语支，其中班图语支的语言占了2/3。大多数语言的地理分布和历史过程复杂，相互之间的界限不清，多为越境语言（Transborder

① Uanda Bureau of Stattics.（2002）Population and Housing Census. UBOS. Online: http//www.ubos.org.

Language）[①]。此外，也有不同系统的语言混杂在一起的例子[②]。

乌干达的语言中，卢干达语[③]是首都坎帕拉的主要语言，使用人口约有300万（见表1）。卢干达语属于班图语支，班图语支之外的人要想掌握卢干达语绝非易事，但第一语言不是班图语支语言的人当中有不少人在坎帕拉掌握了卢干达语。

坎帕拉汇聚了来自全国各地，拥有不同文化、语言背景的人，对于这些人而言，卢干达语是都市生活中不可或缺的语言。卢干达语经常被人拿来与肯尼亚的基库尤语相提并论。这是因为，两者都是首都的语言，且基库尤语作为第一语言在肯尼亚拥有最多的使用人数，这点基库尤语与卢干达语非常相似。生活在首都内罗毕的地方民众没有必要掌握基库尤语，而生活在首都坎帕拉的多数地方民众不得不掌握卢干达语。就这一点而言，卢干达语被称为霸权语言（宫本正兴，2002:395）。

卢干达人在政治、经济方面占据优势地位。即便是在文化方面，国家也早就在卢干达语的发展和振兴方面倾注了精力，文学作品、戏剧、电视剧等用卢干达语制作或出品，它起着作为文化传媒的作用。此外，在乌干达的中等教育中，卢干达语与法语等外语一起成为选修语言科目。

表1　在乌干达被使用的语言与使用人数[④]

语种	语言名称	使用人数
卢干达语	Luganda	3015980
安科莱语	Runyankore	1643193
奇加语	Rukiga	1391442
索加语	Lusoga	1370845
英语	English	1000000

① 这里指的是超越国境作为通用语发挥功能的语言。在乌干达东部，斯瓦希里语作为跨越乌干达和肯尼亚两个国家的通用语被人们所使用。此外，在乌干达北部，斯瓦希里语跨越乌干达和苏丹的国境被人们所使用。

② 比如，尼罗语支语言阿多拉语和泰索语在乌干达东部被班图语支的语言所包围。

③ "干达语"（Luganda）经常被写成"卢干达语"，但是"lu"是接在"-ganda"这个词干前面的接头词，它只是表示语言名称。此外，表示民族名称的接头词是"ba-"，表示他们的土地、领土的接头词是"bu-"，如果分别接在"-ganda"这个词干上，那么就是"baganda"（干达人，复数），"Buganda"（布干达王国）。再则，在卢干达语的书写中，干达语被写成"Oluganda"，首字母"O-"是词首元音。

④ 依据 Ethnologue（2005）的数据绘制而成。

续表

语种	语言名称	使用人数
泰索语	Teso	999537
兰戈语	Lango	977680
马萨巴语/基斯语	Lumasaba/Lugisu	751253
阿可里语	Acholi	746796
阿林加语	Aringa/Low Lugabara	588830
卢安达语	Kinyarwanda	532692
尼奥罗语	Runyoro	495443
托罗语	Rutooro	488024
阿卢尔语	Alur	459000
肯尼语	Lukenyi	390115
卡拉莫琼语	Karamojong	370000
孔乔语	Rukonjo	361709
古维莱语	Lugwere	275608
阿多拉语	Adhola	247577
尼奥莱语	Lunyola	228918
卢希亚语	Luluyia	225378
恩多语	Ndo	200000
卢格巴拉语	Lugbara/High Lugbara	200000
古吉拉特语	Gujarati	147000

续表

语种	语言名称	使用人数
马迪语	Ma’di	130558
库普萨比尼语	Kupsabiny	120000
库玛姆语	Kumam	112629
隆迪语	Rundi	100903
卡夸语	Kakwa	86472
卢里语	Ruruli	68010
古恩古语	Rugungu	65000
巴利语	Bari	60000
布伊希语	Bwisi	53467
南部马迪语	Southern Ma’di	48000
安巴语	Rwamba/Kwamba	16000
努比语	Nubi	14739
伦杜语	Lendu	10000
苏语	Soo	5000
斯瓦希里语	Swahili	2330
印地语	Hindi	2200
伊库语	IK	2200
波科特语	Pökoot	数人
手语	sign language	数人

比起其他民族语，卢干达语拥有更多的使用人口，同时也拥有作为通用语的功能，但是就人们的语言态度而言，卢干达语并不受卢干达人之外的人们的欢迎。这种语言态度也是降低卢干达语成为国语的可能性的一大因素。

接下来，我们来分析一下在非洲各语言中拥有与其他乌干达民族语言不同地位的斯瓦希里语。斯瓦希里语不属于乌干达的任何民族语言，它兼具中立性和东非通用语的实用性，因此多次被赋予了不仅作为官方语言还作为国语的机会。但是，斯瓦希里语总是被获得卢干达民族主义支撑的卢干达语这个竞争对手所阻挠。

在驱逐阿波罗·米尔顿·奥博特（Apollo Milton Obote，1924—2005）总统，实施恐怖政治的伊迪·阿敏（Idi Amin Dada）军事政权期间，斯瓦希里语曾暂时获得过国语地位，但是随着阿敏政权的衰退，斯瓦希里语的地位也回落了。此后的政权也未曾渗透斯瓦希里语，其使用范围也受限。虽然，军队和警察现在还将斯瓦希里语作为通用语来使用，但是很难说斯瓦希里语在一般民众之间也具有通用语的功能。尤其是在首都坎帕拉，卢干达语占据绝对优势。

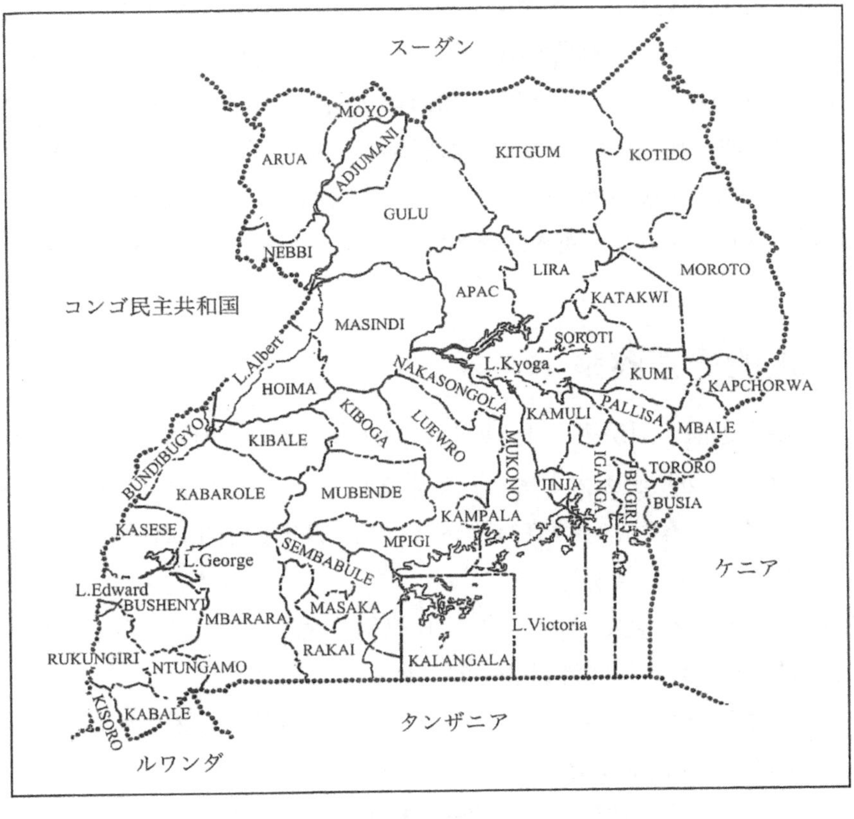

图 1　乌干达的省

在坎帕拉之外的乌干达东部等地，出于商业目的使用斯瓦希里语的人口比其他地区多，且也作为越境语言被人们使用。但是，在农村，人们保存了各自的民族语言，我们并没有发现斯瓦希里语与各民族语言相抗衡的情况。对不从事商业活动的人们来说，学习斯瓦希里语的机会有限。在乌干达北部，斯瓦希里语作为通用语被使用，即便是在坎帕拉，对于不会英语的尼罗语支的人们来说，斯瓦希里语成为他们与其他班图语支人之间的通用语。在坎帕拉等多数地区，斯瓦希里语多被作为不会英语、卢干达语、民族语言的人们之间的通用语发挥作用，但这并不能说明它在日常生活中的通用程度高。

现在，斯瓦希里语虽然是紧随英语之后的官方语言，但与其说将它作为乌干达国内的通用语，还不如说人们更期待将它作为东非各国邻国之间的通用语发挥作用。

此外，英语作为乌干达的官方语言被宪法赋予了公共地位。虽然，宪法规定第二官方语言斯瓦希里语等其他语言也可以在公共场合使用，但是可以说实际上乌干达并没有一种语言可以与英语相匹敌、被广为认可或将英语取而代之。

英语担负着教学语言的重要功能，在城市，自初等教育起一直将英语作为教学语言使用。会说英语，是众多乌干达人的憧憬，英语被视为精英阶层的语言和联系外部世界的语言。此外，几乎没人将英语与殖民地统治相关联，也不太有人对英语持否定态度。

在乌干达，既不存在卢干达语和斯瓦希里语之间的对抗，又不存在类似坦桑尼亚和肯尼亚的斯瓦希里语那种作为独立象征的非洲各语言。这给了殖民地统治者语言英语一个可乘之机。掌握英语完全通过学校教育进行，虽然机会有限，但在乌干达，英语被赋予了统一国民的作用。现在，可以说除英语之外还没有其他任何语言能担负这种功能。

三　乌干达的语言政策

在乌干达独立之前，围绕语言政策的讨论就从未间断过，但往往都无果而终。在多次讨论中，2005 年乌干达政府出台了将斯瓦希里语作为第二官方语言的修正案。独立之后，实质上除英语之外并没有其他语言在乌干达获得过公共地位，在这种情况下斯瓦希里语成为第二官方语言可以说是大势所趋。

语言问题往往与政治相关，也与当时的政权相关联。我们可以看到，在乌干达的历史中，语言政策的变化与政权的交替更迭一起发生。

此外，语言政策与教育也密切相关。在乌干达，基督教宣教团很早就在教育中发挥了重要作用。他们不仅影响了教育政策，也影响了语言政策。

再则，试图回避某个民族优越主义的国民意识和政府的态度一直对乌干达语言政策产生影响。这里所说的某个民族，是指与其他民族相比较，在所有场合都占据优势的干达人。

他们在政治方面持续发挥影响力，针对他们的反干达意识对政府的各种决策产生影响。如此，影响乌干达语言政策的因素不一而足。以下，我们将探讨乌干达语言政策的变迁。

（一）从 19 世纪到殖民地时期

19 世纪末之前，有关语言政策的讨论都是围绕殖民地政府和宣教团展开的，人们着重讨论了斯瓦希里语和卢干达语这两种语言。

当时，在乌干达已经使用斯瓦希里语，在布干达王国内使用卢干达语和斯瓦希里语这两种语言。1870 年，以桑给巴尔岛为活动据点的阿拉伯·斯瓦希里商人们蜂拥至布干达王国，斯瓦希里语作为商业交易用的语言被普及。不仅仅是在布干达王国内部，在其他各王国，斯瓦希里语也作为不同民族之间的交际语言被人们使用。

此外，据说 1875 年英国的探险家戴维·利文斯通（David Livingstone）拜谒了布干达王国的国王爱德华·穆特萨一世（Edward Mutesa I），并获赠了斯瓦希里语的词典。1896 年因泰科尔主教的命令完成了卢干达语的《圣经》，但用斯瓦希里语进行礼拜则在这之前就开始了。斯瓦希里语不仅作为行政、贸易用的语言，作为宗教语言也发挥着作用。

1900 年，乌干达因《布干达协定》成为英国的保护国，在 1912 年之前斯瓦希里语作为保护国的官方语言被殖民地政府和宣教团所使用，1912 年之后官方语言被替换成卢干达语。

当时，基督教宣教团影响着语言政策，也左右着语言政策的相关决策。与布干达王国建立了紧密关系的基督教宣教团在教育政策方面也发挥了重要作用，因为决定权掌握在他们手中。

宣教团进入乌干达远早于殖民统治开始时期。1878 年英国圣公会传教会（Church Mission Society，CMS）来到乌干达，1879 年天主教的怀特教父（White Father's）进入乌干达。所有宣教团体起初都将斯瓦希里语作为教学用语，但后来斯瓦希里语与伊斯兰教相关联，因此也被视为不合适的语言。

此后，基督教宣教团为了用母语实施基督教布道开始导入民族语言。他们在其他东非国家用斯瓦希里语布道，但与布干达王国关系紧密的宣教团采取不同的政策，他们采取拥护布干达王国的语言卢干达语的方针。这个方针，与自 1930 年以来因斯瓦希里语的中立性而试图将其作为官方语言的殖民地政府的方针相对立，因此人们开始对语言政策进行讨论。

在宣教团中处于语言政策讨论中心的是 CMS。在布干达王国的霸权下，他们努力拥护卢干达语，促进其发展，反对使用斯瓦希里语，也开展了摈弃斯瓦希里语的活动。CMS 认为，为了教会和保护国的统一，应该将某种语言作为官方语言，对他们而言，威胁官方语言卢干达语地位的斯瓦希里语并非一种喜闻乐见的语言。

当然，卢干达语要成为保护国的官方语言还存在几大障碍。当时，在乌干达西部各国，《圣经》被翻译成尼奥罗语，1912 年卢干达语成为保护国的官方语言之后，民族语言的使用还在持续。这种对本民族语言的偏重主义和对布干达王国势力扩大的反感，成为试图将卢干达语作为保护国官方语言的 CMS 的障碍。

此外，干达人作为殖民地政府的官吏参与行政事务，这也根植了人们对他们作为政府爪牙的负面印象，也让他们的语言卢干达语带上了负面色彩。卢干达语被贴上了殖民地的语言、压抑的语言等标签，也对人们的语言态度产生了负面影响。

1912 年卢干达语成为保护国的官方语言之后，斯瓦希里语和其他语言就成了“附加”的语言了。1918—1919 年卢干达语的地位被再次讨论。在干达人之外的保护国，将卢干达语作为官方语言遭遇难题，因此即便是殖民地政府也有人认为应该将斯瓦希里语作为官方语言。

反对卢干达语的政府官员们认为卢干达语未得到干达人之外的支持，因此反对将其作为官方语言，其理由诸如卢干达语不易习得、对干达人反感等。他们还主张要重视斯瓦希里语在东非的功能和实用性，应将斯瓦希里语作为永久性官方语言再次引进。

对此，支持卢干达语的一方反对引进斯瓦希里语。他们认为，斯瓦希里语是外来语言，与卢干达语相比，斯瓦希里语与乌干达的班图语支民族语言相似之处少，如果引进斯瓦希里语，那么将破坏乌干达迄今为止的语言习惯。

此后，出于商业目的和其语言的中立性等，支持斯瓦希里语的一方与支持卢干达语的一方也围绕两种语言不断讨论。1925 年，政府曾出台将卢干达语作为班图地区、阿可里语作为北部各州、泰索语作为东部各州官方语言的方案，但是并没有语言被赋予公共地位，支持斯瓦希里语的殖民地政府和支持卢干达语的宣教团之间争论不休。

但是，参与学校教育的 CMS 的影响力很大，他们保证了卢干达语的官方语言地位。1912 年的语言政策在英语之外把卢干达语定为保护国政府的官方语言，不仅在布干达王国，卢干达语也成为托罗罗、布索加、布吉苏等地区的教学语言，用卢干达语印刷的教科书和《圣经》被学校和教会使用。

1925 年的殖民地政府政策提及了在教育中使用民族语言和开发相应教材的必要性，但通过民族语言布道的宣教团在政策出台之前就已致力掌握卢干达语、索加语、尼奥罗语、安科莱语、马萨巴语（基斯语）、泰索语、西尼罗诸语等民族语言，他们将这些民族语言作为初等教育的教学语言，同时编写了相关教材。

1926 年，英国将乌干达、肯尼亚和坦桑尼亚作为一个政治统一体来统治。为此，他们采取了以下方针——将斯瓦希里语也引入当时东非唯一没有公开引进斯瓦希里语的乌干达。这个方针和 1927 年将斯瓦希里语作为教学语言引进的方针一样遭到了宣教团、乌干达精英阶层、南部传统王族和居民们的一致反对。当然，其背后也有对东非共同体的反对。人们担心乌干达也会像肯尼亚一样，通过政治统一，其土地也受到白人的支配。因此，他们并不希望引进可能将这种统一变为现实的斯瓦希里语。

此外，在当时的乌干达南部，斯瓦希里语本身也处在不利的处境当中。在穆特萨一世时代，斯瓦希里语也曾拥有一定的威信，但是人们对将斯瓦希里语带到乌干达的阿拉伯人和斯瓦希里人抱有负面印象。卢干达语中的“斯瓦希里人”（Omuswayiri）这个单词就暗指着巧舌如簧、难以信任之人，如果女性使用斯瓦希里语，那么有时会被视作周旋于各种男人之间的女人。

此外，印度人等亚洲人和他们的佣人之间也使用斯瓦希里语。因为他们雇用文化程度低的人，特别是对南部的人而言，斯瓦希里语被视作不具有识字能力的低收入劳动者的语言。

1928年，教育省长官发布了在布干达王国之外的保护国初期阶段教育课程使用民族语言，最后学年则将斯瓦希里语作为教学语言的声明。与此相对，布干达王国的唐迪·楚瓦二世（Daudi Cwa Ⅱ）强烈反对将斯瓦希里语公开引进布干达王国。他没有反对将斯瓦希里语作为课程在学校教授，但关于将斯瓦希里语作为教学语言引进，则主张应该只有在卢干达语无法担负相应功能时才引进斯瓦希里语①。此外，其他王国也反对引进斯瓦希里语。

当时，南部的宣教团和乌干达人阻挠将斯瓦希里语渗透到乌干达的教育系统中，他们将卢干达语推广到知识分子之间，也致力创作文学作品。1930年，《穆恩诺》②、《艾比法》（*Ebifa*，CMS发行）、《塞卡尼奥亚》（*Sekanyolya*，以内罗毕为活动据点的乌干达精英阶层发行）等报纸杂志相继发行。

与此同时也有拥护斯瓦希里语的动向。宣教团中也有维罗纳教父（Verona Fathers）和非洲内地会（African Inland Mission）等拥护斯瓦希里语。斯瓦希里语是在不同民族之间开展传道活动的高效手段，而且1928年该语言被作为教学语言引进之后，乌干达北部初等教育的入学率也增加了。拥护派以此为理由支持斯瓦希里语③。

保护国政府在麦克雷雷的山丘、乌干达北部和东部创建了学校培养斯瓦希里语教师。斯瓦希里语拥护派的宣教团协助斯瓦希里语教育，在获得赞助的教会学校、乌干达北部和东部的教师培训学校取得一定的成效。当时，政府还为斯瓦希里语教师们提供了3个月的蒙巴萨研修活动。

但是，这种斯瓦希里语的发展随着1933年东非共同体提案的出台而开始受阻。之后，虽然在乌干达的北部和东部，斯瓦希里语仍然被作为课程教授，但是保护国政府并没有做出进一步的努力。

其背后存在斯瓦希里语教师不足、教师培训费用高等问题。此外，1935年就任的米歇

---

① Ssekamwa, J. C. “Language and the Medium of Instruction in Uganda”. *History and Development of Education in Uganda*. Fountain Pulishers, 1997, p.135.

② Munno，怀特教父发行。

③ Ssekamwa, J. C. 认为斯瓦希里语在北部受欢迎的原因有三：其一，人们不认为斯瓦希里语是自己语言的竞争对手；其二，希望当警察和在军队工作的人很多；其三，亚洲人雇用懂斯瓦希里语的劳动者。

尔总督认为，斯瓦希里语的使用给中等教育带来了弊端。他的这个主张也影响了斯瓦希里语的发展。1937 年，坎帕拉的斯瓦希里语教师培训学校倒闭了，斯瓦希里语教师的培养越发困难。

在这种背景下，保护国政府不得不重新执行 1925 年出台的将民族语言作为教学语言的政策。殖民地政府也指出斯瓦希里语是初等教育阶段阻碍英语教育发展的原因，提议应该自初等教育初期起就实施英语教育。

关于成为教学语言的民族语言，保护国政府将卢干达语、卢奥语、卢格巴拉语、尼奥罗语、托罗语、泰索语、安科莱语、奇加语等语言作为区域语言。此外，1947 年之前苏丹的语言学家特纳规整了这些语言的表记法，教育委员会也进行了教科书的编写。

1952 年，曾拜访过东非和中部非洲的纳特田野调查团拜访了乌干达，他们以斯瓦希里语教育妨碍了民族语言与英语教育的发展为由提议废止斯瓦希里语教育。

（二）独立后的语言政策

独立后的语言政策，在沿袭迄今为止的殖民地政府、宣教团的语言政策的同时，根据不同的政权发生变化。以下，笔者将概述独立之后到现在的语言政策。

20 世纪 60 年代，独立后的首届政府——米尔顿·奥博特政权在迄今为止的斯瓦希里语和卢干达语争论中加入了英语。奥博特一贯采取支持英语的态度，他认为英语之外的语言不可能成为官方语言。

1967 年，奥博特明确指出乌干达不存在能够替代英语的语言，要将英语作为国语（虽然用 National Language 来表示，但实际上表示官方语言的 Official Language 之意）（Mukama, 1989b: 180）。奥博特的言论虽然不具有法律约束力，但暗示着将来政府几乎不可能改变支持英语的方针。

以政府的上述见解为契机，人们围绕语言政策展开了讨论，但并没有带来政府政策的改变①。

此外，1970 年奥博特在就任麦克雷雷大学（Makerere University）校长之际，发言指出政府将为非洲各语言设立学校，将努力引进斯瓦希里语教育。但是，虽然大学方面努力完成了任务，政府却没有将计划付诸实践。

在 1971—1979 年的伊迪·阿敏（Idi Amin Dada，1926—2003）政权期间有关国语的讨论也在继续，特别是开始了围绕斯瓦希里语和卢干达语的语言问题的讨论。

当时，各州的代表们就国语的选择问题进行了投票表决，结果 12 名代表投了斯瓦希里

① 在 1970 年乌干达语言协会（Uganda Language Society）举办的克雅博格（Kyambogo）会议上提出希望政府将斯瓦希里语视为国语的要求，并提议有必要教授西尼罗语支的卢奥人学习班图语支语言，而班图语支的人们学习卢奥的语言。

语，4 名代表投了卢干达语[1]。1973 年，乌干达政府宣称将斯瓦希里语作为乌干达的国语。

1967 年，肯尼亚籍政治学家马斯洛伊在麦克雷雷大学演讲时曾预言，斯瓦希里语在乌干达的未来与干达人的衰退和军队的兴起有关。这是因为，干达人才是斯瓦希里语最大的敌人，而籍贯在北部地区的尼罗语支军人是斯瓦希里语的主要支持者[2]。斯瓦希里语的朋友是尼罗语支人，而敌对者是干达人。马斯洛伊的以上观点也体现在围绕国语的投票结果中（Mukama, 1986b: 181）。

但是，1973 年阿敏颁布的政府命令并不具备法律约束力，而且实际上并未实施。此后的政权对该声明也漠不关心，也未渗透到国民当中。有关语言政策的决策，往往在普通国民一无所知中结束。

阿敏政权的抬头，将之前作为劳动阶层语言的斯瓦希里语提高到国语的地位，且渗透到整个国家内。但是，阿敏政权的残暴统治也向人民根植了“斯瓦希里语 = 残暴的语言、军队的语言”这种负面形象。

阿敏政权倒台后，在坦桑尼亚军队占领乌干达时期，斯瓦希里语被进一步普及，它致使恐怖政治终焉。乌干达的斯瓦希里语被视作军队或窃贼的语言，是庸俗粗鄙的，与此相比，英雄般存在的坦桑尼亚军队士兵的斯瓦希里语则被视为高雅的，它消除了之前斯瓦希里语所拥有的负面形象。但是，斯瓦希里语让人联想起阿敏政权的残暴统治，这种负面形象难以抹消，一直根深蒂固地残留在人们的脑海中。

奥博特再次成为总统到再次发生武装政变的第二次奥博特政权期间，围绕国语的公开争论并未能找到突破口。

1980 年，乌干达人民会议（Uganda People’s Congress，UPC）发表意见称：“奖励作为国家统一语言的斯瓦希里语等非洲语言，奖励、推进作为遗产的民族语言的发展和教育。此外，英语继续作为官方语言。”英语作为官方语言获得了地位，而其他民族语没有任何进展，政府也没有发表任何正式声明。

1985 年，在由非洲统一组织（Organization of African Unity，OAU）举办的会议上，教育部部长发言称：“将奖励非洲各语言，将斯瓦希里语作为国语，英语作为官方语言”，以发展乌干达的斯瓦希里语为目标的乌干达斯瓦希里语俱乐部（Uganda Kiswahili Club）主张“应该将斯瓦希里语作为在学校里的教学语言之一予以公开认可”。但是，与这些公开的见

① 给斯瓦希里语投票的州是布尼奥罗、托罗、奇根西、东阿可里、西阿可里、兰戈、北卡拉莫琼、西卡拉莫琼、马迪、泰索、塞贝、西尼罗，给卢干达语投票的州是布吉苏、布科迪、布索加、安科莱。此外，军方代表主张：“如果卢干达语被选为国语，就会产生某一民族优越主义。”东部托托罗省的代表指出：“如果卢干达语被选为国语，那么其他人就会感觉被迫学习卢干达语。国语应该选择斯瓦希里语。这是因为对于乌干达人而言，它不是任何民族的语言。”西尼罗语支的州代表则认为：“如果民族语被选为国语，那么它非但不能统一国家反而会分裂国家。”

② Mazrui, Ali. A. “Language Policy After Amin”. *Africa Report*, 1979, p.20.

解不同，语言政策方面毫无动静。

1986 年，国民抵抗军（National Resistance Army，NRA）攻占乌干达首都坎帕拉，通过国民抵抗运动（The National Resistance Movement，NRM）掌握政权，约韦里·穆塞韦尼（Yoweri Kaguta Museveni，1944— ）新政权诞生。新政权一诞生，人们就可以期待新政权对语言政策有所作为。穆塞韦尼总统本身和萨姆森·巴比·基塞卡（Samson Babi Mululu Kisekka）总理也责备历届政权在语言政策方面的欠缺，他们的动向引起了国民的关注。

政府围绕国语的制定和教学所用语言，开展了有关语言政策的讨论，在 1987 年由国际 SIL 和麦克雷雷大学语言学科主办的会议上，提出了由教育部在学校教育的早期阶段引入民族语的方案，主张不应该将“外来”的语言作为国语，而应该采用可以保持或提升整个国家身份的一种或多种地区语言。

此外，因 1989 年发布的卡卢比报告[①]（“Education Policy Review Commission Report”）和政府白皮书，教育中的语言政策在这个时期再次被热议。卡卢比教育政策批评委员会以促进教育中的斯瓦希里语为目标，特别提议在中等教育中教授斯瓦希里语。

在卡卢比报告之后发布的政府白皮书指出，乌干达的多语言状况加大了国民接受平等的教育和提升识字能力的难度，也妨碍了国家统一。此外，白皮书还指出国民的无知带来的偏见和自我本位主义妨碍了国语的选择，这是民族冲突和经济不发达的根本原因之一。

1992 年出版的政府白皮书的内容如下：

> 在农村，初等教育头 4 年的教学语言为当地的民族语，5 年级之后使用英语。
>
> 在城市，所有课程均使用英语来讲授。
>
> 不管是农村还是城市，斯瓦希里语和英语都是必修科目，但更推荐斯瓦希里语，到了中等教育阶段也延续该政策。乌干达的其他主要语言可以有选择地教授。
>
> 在农村和城市的初等教育阶段教授当地的语言。
>
> 8 年的课程结束后的结业考试用 5 种语言实施。
>
> 应该用识字程序、后识字程序来促进斯瓦希里语的推广。

与之前的语言政策相同，以上语言政策也并非都付诸实践了。比如，有少数学校没有将斯瓦希里语设置为必修科目而在中等教育阶段将其作为选修科目来讲授。斯瓦希里语的师资匮乏、教材不足，可以说实施以上政策困难重重。

关于斯瓦希里语教师的培养，乌干达西部的卡科巴国立师范大学成立了斯瓦希里语系，

① 有关教育政策的报告。报告是用当时的委员会代表卡卢比（Kajubi）的名义提交的。

1992年该系培养了52名毕业生，次年培养了42名毕业生。但是，致力斯瓦希里语系建设的乌干达斯瓦希里语协会直到现在都没有开展具体的活动，且之后乌干达的其他大学也没有再开设斯瓦希里语系①。

此外，麦克雷雷大学语言研究所的斯瓦希里语系开始招聘卡科巴大学斯瓦希里语系的毕业生。虽然，斯瓦希里语系今后的学科进展可预期，但似乎很难说它与其他各语言的学科处于同等体制下。

政府的白皮书发布后，中等教育普通水平结业考试的斯瓦希里语考生数增加了。1993年仅为20人，到了1997年则飙升至251人。但是，如果考虑到乌干达语的考生从5527人增加至8540人的情况，我们就会发现斯瓦希里语的考生数依旧少得可怜②。

关于初等教育中的斯瓦希里语教育，似乎穆科诺省，肯尼亚和坦桑尼亚国境附近的小学在教授斯瓦希里语，但是并未将其作为初等教育结业考试的科目。

此外，农村初等教育的前4年都将民族语作为教学语言，这个政策也产生了诸多问题。特别是，几乎所有的民族语都存在教材、教师缺乏的问题，准备教材和教师所带来的经济负担影响了政策的实施与推行。再则，城市和农村初等教育的教学语言不同是城市和农村学生教育存在差距的原因，这一事实我们无法否定。

（三）现在的语言政策

2005年，乌干达政府对1995年的乌干达共和国宪法第六条进行了修订，新增了第二款内容。下面为宪法中有关语言政策的条款。

> 第六条
>
> 第一款：乌干达的官方语言为英语。
>
> 第二款：在国会允许的情况下，斯瓦希里语可作为乌干达第二官方语言使用。
>
> 第三款：在上述条款下，英语之外的语言也可作为学校、教育设施的教学语言使用，或者因立法、行政、司法需要而使用。

“第二”意味着它是仅次于英语的官方语言，也暗示着斯瓦希里语不可能成为凌驾于英语之上的官方语言。之前宪法也允许英语之外的语言在公共场合使用，但实际上没有任何语言可以与英语相提并论，更别提取代英语了。虽然斯瓦希里语获得了第二官方语言的地位，但是可以说它的实际地位与其他语言并无二致。

① Kagaba Peter. *Promoting Kiswahili in Ugandan Schools : A Report on Progress*. Fountain Publishers, 2000, p.31.

② Kagaba Peter 在 *Promoting Kiswahili in Ugandan Schools : A Report on Progress*（Fountain Publishers, 2000, p.31）中指出，其他语言被调查者人数分别是：德语103（1993年）、97（1997年），阿拉伯语164（1993年）、325（1997年）。

我们很难说斯瓦希里语已作为通用语在乌干达全境发挥作用。可以说，斯瓦希里语之所以会成为第二官方语言有着以下因素：东非共同体、非洲统一组织的立场，回避国际舞台的政治、经济上的制裁等。

斯瓦希里语被宪法赋予了官方语言的威信，今后它将会如何影响人们的语言态度、语言使用呢？也许显露了新动向的语言政策只有在落实为语言计划后，我们才能看到某种变化吧。

四　乌干达的语言使用

（一）城市的语言使用情况——首都坎帕拉的事例

乌干达的语言情况与其他国家的不同之处凸显在其城市中的语言使用上。这是因为首都坎帕拉与其他东非国家的城市有所不同。坎帕拉约有人口 120 万，城市兼具传统特点和殖民地城市特征。

传统特点表现在坎帕拉是干达人的都城，其在接受殖民统治之前就有过一定程度的内部发展；殖民地城市的特征表现在原本非洲人集聚之地设置了殖民地行政基地，来自各地的其他民族构成了都市[①]。可以说，正是这种“双重城市”的性格使得坎帕拉人的语言使用和语言态度更加复杂。

首都坎帕拉的发展可以通过布干达王国的发展窥见一斑。19 世纪初叶，布干达王国急速扩张其版图和领域。布干达王国势力扩张的主要原因有以下几点：太湖地区最老王国尼奥罗王国的衰落、独占与桑给巴尔岛阿拉伯·斯瓦希里商人交易，以及通过对首长任命权的操纵所达成的国王个人的中央集权化和国王的绝对神圣化。

19 世纪后半叶，英国开始了对布干达王国的殖民统治，1900 年殖民地政府与布干达王国签署了《布干达协议》（*Buganda Agreement*）。殖民地政府采取了在建构与布干达王国的合作关系、利用布干达王国的统治机构的同时保存王国的方针。布干达王国作为“乌干达保护国”而扩大了其势力范围。

1962 年乌干达独立，在北部雄霸一方的阿波罗·米尔顿·奥博特出任总理。一方面，布干达传统主义者们标榜“布干达民主主义”，试图脱离布干达王国独立出来。另一方面，奥博特总理追求联邦政府的绝对中央集权化，与拒绝他人政治干涉的布干达王国之间产生了对立。

1967 年，奥博特将爱德华·穆特萨二世（Edward Mutesa II，1924—1969）拉下了总统宝座，废黜了君主制，但后来的约韦里·穆塞韦尼政权让布干达王国复活了。乌干达宪法

① 在松田素二的《驯养都市》（河出书房新社，1996 年）中列举了奥克纳关于都市的分类，坎帕拉被分为具有传统要素和殖民地都市要素的“双重都市”。

对新兴的其他各王国明文规定："国王是'传统的、文化的指导者'，不能干预中央政府和地方政府的行政、立法等一切活动。"

坎帕拉作为殖民地城市，在英国的间接统治下获得了发展。英国保护国政府致力城市的形成，1902 年政府在坎帕拉的丘陵地区和布干达王国政府的中心且象征之地的蒙戈地区划分了界线。

1983 年之后，在恩特贝的政治中心独立后迁到了坎帕拉，在这之前坎帕拉也曾作为保护国政府的行政、商业中心地，以及真正的保护国政府基地发挥着作用。随着殖民地化的推进，坎帕拉排除了布干达王国的传统要素，开始显露了西欧化近代都市的性格特点。而且，坎帕拉发展成一座外来人口聚集的多民族混居城市。

以下，将展示笔者于 2002 年实施的语言使用调查结果①，通过这些结果来看一下坎帕拉的多语言使用现状。调查对象为居住在坎帕拉市内多个区域②的 900 人（男性 471 人，女性 429 人）。

（二）语言使用数量

居住在坎帕拉的人究竟使用多少种语言呢？表 2 和表 3 是针对"你会哪种语言（可以为多种语言）"这个问题，坎帕拉人的回答结果。

表 2　居住在坎帕拉的人的语言使用数量比 1

姓别	1 种 / %	2 种 / %	3 种 / %	4 种 / %	5 种 / %	6 种 / %	7 种及以上 / %
男性	2	25	37	22	8	4	2
女性	6	41	30	15	6	2	1
整体	4	32	34	19	7	3	1

表 3　居住在坎帕拉的人的语言使用数量比 2

民族	1 种 / %	2 种 / %	3 种 / %	4 种 / %	5 种 / %	6 种 / %	7 种及以上 / %
干达人	8	57	25	8	2	1	0

① 采用调查问卷的形式进行。调查问卷用英语制作而成，但对于不懂英语的受访者则使用了斯瓦希里语、卢干达语、尼奥莱语。关于卢干达语和尼奥莱语，得到了受访者的协助。除此之外，受访者有时也适当地使用其他民族语。

② 选取的区域低收入劳动者众多的居住区卡丹加（Katanga）、坎旺卡（Kamwokya）、卡尔埃拉（Karwele）、穆拉戈（Mulago），中层劳动者聚居的麦克雷雷－基伍鲁（Makerere Kivulu），以及精英阶层众多的旧坎帕拉（Old Kampala）、麦克雷雷大学。

续表

民族	1种/%	2种/%	3种/%	4种/%	5种/%	6种/%	7种及以上/%
非干达人	1	13	40	27	11	5	2
整体	4	32	34	19	7	3	1

表2展示了不同性别和坎帕拉人整体的使用语言数量比。从整体来看，坎帕拉人平均会3种语言，从性别来看，男性的使用语言种类比女性多。这与男性的经济活动、社会活动范围广，拥有更多的语言习得机会和必要性有关。女性的活动范围仅限于居住区和其周边地区，与男性相比，女性习得语言的机会受限。此外，教育程度与语言习得、社会参与度密切相关，这也成为产生性别差异的原因。

表3是干达人和非干达人的语言使用数量情况。通过表3，我们发现非干达人比干达人约多用一种语言。干达人都回答使用干达语，而且在本民族语之外还使用其他语言。而非干达人多语言并用，他们最低限度地使用本民族语和干达语。在聚集了众多外来务工人员的坎帕拉，干达语不仅是干达人的通用语，还是坎帕拉外来人口的必备语言。

此外，关于干达语使用情况的问题，约有89%居住在坎帕拉的非干达人使用干达语，其中约有97%的班图语支人、80%的尼日尔语支人使用干达语。由此也可以发现，干达语已成为坎帕拉这座城市的必备语言。

（三）不同场合的语言使用情况

下面，我们结合调查结果来看一下使用者在不同领域和场合是如何区分使用这些语言的。

1. 家庭

表4　坎帕拉家庭中的语言使用

语言民族	谈话对象					
	父母/%	孩子/%	配偶/%	兄弟姐妹/%	祖父母/%	邻居/%
干达语	48	47	49	43	49	69
干达人	41	35	36	35	44	36
非干达人	7	12	13	8	5	33
民族语	41	30	34	28	46	5

续表

语言民族	谈话对象					
	父母 / %	孩子 / %	配偶 / %	兄弟姐妹 / %	祖父母 / %	邻居 / %
英语 + 干达语	3	9	5	7	1	10
英语	3	4	4	7	2	8
英语 + 民族语	2	4	2	9	0	1
干达语 + 民族语	2	2	2	2	2	2
英语 + 干达语 + 民族语	1	2	1	1	0	0
斯瓦希里语	0	1	2	0	1	1
英语 + 斯瓦希里语	0	0	1	0	0	1
干达语 + 斯瓦希里语	0	0	0	1	0	1
斯瓦希里语 + 民族语	0	0	0	1	0	0
其他	0	1	1	1	0	2

注：表中的谈话对象具体为父母 860 人，孩子 434 人，配偶 380 人，兄弟姐妹 879 人，祖父母 792 人，邻居 898 人。

表 4 是坎帕拉家庭中的语言使用情况，是针对在家庭这种领域，对家人和邻居使用何种语言这个问题的调查结果。

通过表 4，笔者发现几乎所有人都在使用民族语。这里所说的民族语是指干达语之外的民族语，如果将干达人的民族语干达语也包含在内，那么民族语在家庭中的使用比例相当高。

居住在坎帕拉的非干达人家庭很少有三世同堂的情况，他们在坎帕拉的生活往往是断断续续的。许多非干达人即便在坎帕拉生活，也与其老家保持着密切联系。因此，可以说，他们在使用民族语时仍保持着家乡、民族的归属意识。

在干达语使用率较高的坎帕拉，在家庭这种更加私密的场合家庭成员之间会使用民族语，但对于邻居使用民族语的比例不到被调查者的 5%。即便是非干达人，也有许多人对邻居使用干达语或并用干达语与其他语言。从这一点我们也可以得知，在多语言并用的坎帕拉，干达语已经成为通用语。

此外，也有些非干达人回答称，他们的第一语言是干达语而非他们自己的民族语。即便是在家庭内部，特别是在干达语和英语的使用比例较高的家庭环境中，也有些人无法获得学习民族语的机会。此外，不同民族间的通婚情况也很常见，这种情况下干达语成为家庭内部通用语也不足为奇。

相对而言，谈话对象是兄弟姐妹时，英语的使用比例要稍高一些，但在家庭内部与干达语和民族语相比，英语的使用比例似乎要低一些。

家庭内部语言使用的结果，一方面显示了干达语在坎帕拉作为通用语其通用程度之高，另一方面也显示了在私人场合人们保持着使用民族语的传统。但是，似乎这些民族语在坎帕拉并不具有建构同属相同文化或语言集团的社区之要素。可以说，人们通过干达语这种通用语完成了参与由不同民族构成的社团，达成了社会、经济目的。

2. 职场和学校

下面来看一下职场和学校中的语言使用情况。表 5 展示了职场中语言使用的结果。在职场，干达语和英语更为多用，从整体来看，干达语的使用比例更高；但从谈话对象来看，干达语和英语的使用形成了鲜明的对比。在跟部下交谈时干达语的使用比例更高，而跟上司交谈时英语的使用比例更高。笔者认为，这是由于像职场这种包含利益关系的人际交往场合，会根据对象而区分使用语言。

表 5　坎帕拉职场中的语言使用

语言民族	谈话对象		
	上司 / %	同事 / %	部下 / %
干达语	25	41	60
干达人	12	25	32
非干达人	13	16	28
英语	41	21	11
英语 + 干达语	14	16	14
民族语	5	5	3
英语 + 斯瓦希里语	4	3	1
斯瓦希里语	3	2	3
干达语 + 斯瓦希里语	2	3	2

续表

语言民族	谈话对象		
	上司 / %	同事 / %	部下 / %
英语 + 干达语 + 斯瓦希里语	2	3	1
干达语 + 民族语	1	3	3
英语 + 民族语	2	1	1
其他	3	3	1

注：表中的谈话对象具体为上司 384 人，同事 476 人，部下 473 人。

在职场使用斯瓦希里语的受访者比例较低，且多数使用者为从事军队、警备等相关工作的人。一般而言，从事此类职业者多为乌干达北部的尼罗语支人，此次调查中回答称使用斯瓦希里语的被调查者也多为尼罗语支人。

此外，我们也发现，商人，特别是与印度人有商业往来者或在印度人手下工作者中也有人在职场上使用斯瓦希里语。虽然，斯瓦希里语的通用度在坎帕拉比较高，但是只在有限的场合担负着通用语的功能。

表 6 是学校中的语言使用情况。1997 年，乌干达引进了初等教育免费（Universal Primary Education, UPE）政策，初等教育的入学率达到 90%。2007 年，乌干达还引进了中等教育免费（Universal Secondary Education, USE）政策，但由于师资匮乏、教室不足，教师水平低下等教学质量问题日益凸显。

表 6　坎帕拉学校中的语言使用

语言民族	谈话对象		
	老师 / %	同学 / %	学弟学妹 / %
英语	92	62	48
英语 + 干达语	5	22	19
干达语	1	6	22
干达人	0	3	14

续表

语言民族	谈话对象		
	老师 / %	同学 / %	学弟学妹 / %
非干达人	1	2	9
英语 + 民族语	1	4	3
干达语 + 民族语	0	1	3
民族语	0	0	1
其他	1	5	3

注：表中的谈话对象具体为老师 287 人，同事 287 人，学弟学妹 287 人。

在乌干达，作为教学语言而获得公共地位的是英语，不仅仅是教学语言，英语也被视为适合在学校使用的语言。九成以上的学生用英语和老师交谈，与学弟学妹们交谈时也是英语和干达语并用，因此英语的使用场合很多。

此外，与职场的语言使用结果相同，学生在与学弟学妹们（在职场则是部下）交谈时更倾向于用干达语。从这些结果可以得知，干达语有时作为威信低下的语言发挥功能，用于和比自己身份地位低的人交谈。

在坎帕拉，包括初等教育的学生，多数学生能流利地使用英语，学生们的日常会话也往往多用英语。不仅如此，坎帕拉的学生们的英语会话、理解能力之高与农村的学生形成极为鲜明的对照。在农村的调查中，几乎所有学生看了英语调查问卷后都难以理解问卷内容，这种问题在学校的课堂上也时有发生。

此外，在城市，多数学生回答学校用英语授课并未对他们造成什么困扰，但在农村，多数学生反映用英语授课导致了很多问题。

关于在学校中斯瓦希里语的使用情况，虽然现在有极少数的学校将斯瓦希里语作为选修课来开设，但是可以说至少在坎帕拉几乎没有渗透到学校和学生中去。究其原因，一方面是斯瓦希里语教师缺乏、教材不足等，另一方面是学生本身更加喜欢干达语和其他外语。

3. 市场

下面看一下市场中的语言使用情况。市场与人们的生活密切相关，同时也是不同民族之间接触较多的场合。如表 7 所示，约八成受访者回答称使用干达语，在坎帕拉的市场中干达语的使用率最高。

但是，在家乡的农村市场中，本民族语的使用率更高，几乎没有非干达人使用干达语的情况。人们不仅依据场合、对象来区分使用语言，而且在城市和农村也区分使用。

表 7 坎帕拉市场中的语言使用

语言和民族	地区	
	城市 / %	农村 / %
干达语	78	40
干达人	39	36
非干达人	39	4
民族语	1	42
英语	7	3
英语 + 干达语	7	1
斯瓦希里语	1	1
干达语 + 民族语	1	1
干达语 + 斯瓦希里语	2	0
英语 + 民族语	0	1
其他	2	11

注：表中分地区具体为城市 593 人，农村 593 人。

在乌干达，斯瓦希里语被认为是在商业活动中使用的语言，其使用场合和对象有限。在国境附近，斯瓦希里语的使用率较高。但是，至少在坎帕拉，担负着商业活动语言功能的是干达语而不是斯瓦希里语。

4. 宗教

表 8 是教会中的语言使用情况。基督教徒们的干达语和英语的使用率几乎相同[①]。多数

① 受访者回答称，在宗教领域，伊斯兰教和基督教除在各自的教会或清真寺使用的语言之外，还有专门用来祈祷用语言。

教会一天举行2次以上的礼拜，而且往往礼拜上使用的语言不同，比如上午是干达语，下午是英语。有些受访者回答称他们会使用自己的民族语举行教会，人口众多的民族即便是在坎帕拉也使用民族语进行礼拜，比如乌干达西部的民族语安科莱语。此外，也有民族语译本的《圣经》。

表8 坎帕拉教会中的语言使用

语言和民族	地区	
	城市 / %	农村 / %
干达语	41	40
干达人	23	33
非干达人	18	7
民族语	3	41
英语	41	3
英语 + 干达语	13	2
干达语 + 民族语	0	3
其他	2	11

注：表中分地区具体为城市517人，农村517人。

多数非干达人回答称会在农村使用民族语。在农村的教会中，往往即便使用干达语或英语版的《圣经》，进行礼拜时也用民族语。此外，村民们的宗教广播节目除了干达语也会使用其他民族语。

最后，问卷也反映了清真寺的语言使用情况。调查结果显示，阿拉伯语和干达语的并用比例很高。这是因为受访者在回答问卷时将自身在祈祷时的语言也包括在内了。如果考虑到在清真寺的祈祷中仅使用阿拉伯语，那么可以认为人们对问卷的问题理解有偏差。

（四）坎帕拉的干达语、英语、斯瓦希里语的使用情况

下面来看一下坎帕拉的干达语、英语、斯瓦希里语的使用情况。如表9所示，在坎帕拉，英语和干达语的使用率相当高。性别差异不太明显，但是男性的斯瓦希里语使用率要

稍高于女性。这反映了斯瓦希里语是通过经济活动而习得的语言，这种机会男性更多。

表 9 坎帕拉的干达语、英语、斯瓦希里语的使用情况

性别	干达语 / %	英语 / %	斯瓦希里语 / %
男性	93.8	88.2	42.8
女性	95.9	89.2	20.7
整体	94.8	88.7	32.6

对于班图语支的人们而言，学习干达语并不困难，但对于语言结构等极不相同的尼罗语支的人而言，学习掌握干达语并非易事。因此，对于既不懂干达语又不懂英语的人而言，相对容易学习的斯瓦希里语可被用作其他班图语支人的通用语。

但是，斯瓦希里语并没有成为乌干达的通用语。在乌干达东部毗邻肯尼亚地区、连接内罗毕和坎帕拉的新干线沿线城镇等区域，斯瓦希里语的通用度较高，但是在西部，当地居民中的托罗人、安科莱人等虽然是班图语支的，斯瓦希里语的通用度并不高[①]。对于外国人和尼罗语支的人们而言，斯瓦希里语作为通用语发挥作用，懂斯瓦希里语的人有很多，但是在日常生活中人们并不使用斯瓦希里语，斯瓦希里语也未成为西部人的通用语。

（五）农村的语言使用情况——东部托罗罗省布塔莱贾的事例

笔者在上一小节论述了乌干达城市的多语言使用情况，下面笔者将分析农村的语言使用情况。以下所使用的数据是笔者在乌干达东部的托罗罗省的布塔莱贾的调查结果。根据2002年的人口普查结果，托罗罗省的人口为55.9528万[②]。托罗罗省的主要民族语为尼奥雷语。调查对象共有562人（男性326人，女性236人）。

（六）语言使用数量

表10是布塔莱贾人的语言使用数量。通过表10，我们发现整体而言，布塔莱贾人平均使用3种语言。从性别来看，男性的语言使用数量多于女性，这与坎帕拉的语言使用数量结果基本相同。

---

① 梶茂树：《非洲的多语言使用——以东非的斯瓦希里语圈的国语问题为中心》，《亚非多语言状况与生活文化的态》，平成十三年度—十六年度（2001—2004年度）科研经费补助金[基础研究（A）(2)]研究成果报告，2005年，第8页。

② Uganda Bureau of Statistics. *Population and Housing Census*. UBOS，2002. http://www.ubos.org.

表 10　布塔莱贾的语言使用数量

语言数	1 种 / %	2 种 / %	3 种 / %	4 种 / %	5 种 / %	6 种 / %	7 种及以上 / %
男性	8.0	25.5	38.0	17.8	7.7	1.8	1.5
女性	26.3	28.0	30.9	9.7	3.4	1.3	0.4
整体	15.5	26.5	35.1	14.4	5.9	1.6	1.1

注：平均使用语言数为男性 =3.0；女性 =2.4；整体 =2.7。

在托罗罗省，除了主要的语言尼奥莱语，人们也使用与尼奥莱语相似的周边地区的民族语。比如，在布塔莱贾，除了尼奥莱语，人们还使用萨米阿语等附近民族的语言，这些语言语法相似，容易相互理解。

（七）不同场合的语言使用情况

下面，再来看一下不同场合语言使用情况的调查结果。

1. 家庭

表 11 是家庭中语言使用情况的调查结果，展示了在家庭这种更为私密的场合人们对家人、邻居使用的语言情况。在城市，家庭内部的民族语使用比例较高。但是在农村，不仅是家庭内部，即便是对邻居也使用尼奥莱语。

此外，像布塔莱贾这种农村，与城市居民相比，人们学习干达语和斯瓦希里语等语言的机会要少得多。

表 11　布塔莱贾的家庭的语言使用情况

语种	谈话对象					
	父母 / %	孩子 / %	配偶 / %	兄弟姐妹 / %	祖父母 / %	邻居 / %
尼奥莱语	91.06	93.29	92.67	83.04	90.84	93.06
干达语	1.97	0.67	1.08	1.07	2.56	3.38
英语	2.50	0	0	7.86	1.28	1.42
尼奥莱语 + 干达语	0.36	0.34	1.00	0.18	0.18	0.36

续表

语种	谈话对象					
	父母 / %	孩子 / %	配偶 / %	兄弟姐妹 / %	祖父母 / %	邻居 / %
尼奥莱语 + 英语	2.15	2.68	2.33	3.57	0.37	0
民族语	0.89	1.01	1.00	1.43	3.66	1.07
尼奥莱语 + 民族语	0.72	2.01	1.33	1.61	0.37	0.36
斯瓦希里语	0	0	0.33	0.36	0.37	0.18
尼奥莱语 + 干达语 + 民族语	0.18	0	0.33	0.18	0	0
其他	0.18	0	0	0.71	0.37	0.18

注：①表中的谈话对象具体为父母300人，孩子559人，配偶298人，兄弟姐妹560人，祖父母546人，邻居562人。
②表中的民族语言，指的是尼奥莱语之外的民族语言。

2. 市场

表12是市场、教会、学校等公共场合的语言使用情况。对于市场和教会，问卷分别设置了农村和城镇[①]相关问题。

表12　布塔莱贾的市场、教会、学校中的语言使用情况

语种	市场		教会		学校		
	农村 / %	城镇 / %	农村 / %	城镇 / %	老师 / %	朋友 / %	学弟学妹 / %
尼奥莱语	86.15	17.52	43.12	13.39	3.75	18.91	42.02
干达语	7.91	49.57	37.61	54.13	1.25	6.72	7.56
英语	2.34	8.55	1.83	23.08	56.25	33.19	21.43
尼奥莱语 + 干达语	0.18	1.07	15.60	1.14	1.67	4.62	7.14

① 对于布塔莱贾人而言，所谓城镇，一般多指姆巴莱、托罗罗等。姆巴莱的主要民族是基斯人，主要语言是基斯语（马萨巴语）。

续表

语种	市场		教会		学校		
	农村 / %	城镇 / %	农村 / %	城镇 / %	老师 / %	朋友 / %	学弟学妹 / %
尼奥莱语 + 英语	0	0	0	0	21.67	15.97	7.98
斯瓦希里语	2.16	7.26	0	2.28	0.42	1.68	1.26
英语 + 干达语	0	3.85	0.23	3.70	7.50	11.34	6.72
尼奥莱语 + 英语 + 干达语	0.18	1.92	0.23	0	4.58	3.78	2.94
民族语	0.54	2.78	0.92	1.42	0.83	0.42	0.84
尼奥莱语 + 民族语	0.54	0.64	0.23	0.28	0.42	1.26	0.42
斯瓦希里语 + 干达语	0	5.13	0	0	0	0	0
斯瓦希里语 + 英语	0	0	0	0	1.25	0	1.26
尼奥莱语 + 干达语 + 民族语	0	0.21	0	0.28	0	0.42	0
其他	0	1.50	0	0.28	0.42	1.68	0.42

注：表中的市场具体为农村 556 人，城镇 468 人；教会具体为农村 436 人，城镇 351 人；学校具体为老师 240 人，朋友 238 人，学弟学妹 238 人。

首先，市场方面，在农村人们使用尼奥莱语，而在与其他民族的接触也较多的城镇人们往往使用干达语。我们发现，不仅仅是在坎帕拉，即便是在其他区域，干达语也作为民族间的通用语被人们使用。在城镇干达语用得更多，这种情况同样存在于教会。

此外，因为布塔莱贾毗邻肯尼亚，所以斯瓦希里语的通用程度要高于乌干达其他地区，但干达语的使用率并未上升。

乌干达的统治扩展到乌干达东部刚好是在 20 世纪初叶。干达将军赛梅·卡库恩古尔（Semei L. Kakunguru）在英国的准许下进入当时的布科迪地区，对乌干达东部实施了干达式分割统治。

1940 年，从布尼奥莱到布图巴贯通姆巴莱的公路开通，这条公路成为带来殖民地政府行政制度的通道，身为殖民地政府官员的将校们带来了文明、经济变化和教育制度。

3. 宗教

1901—1905 年间，赛梅·卡库恩古尔将宗教带到了布尼奥莱地区，据说当时宗教信徒的人数从多到少依次是新教、伊斯兰教和天主教。与其他地区相比，伊斯兰教徒众多，这一点是基督教徒众多的乌干达东部独一无二的特点。

传教团教当地人用干达语阅读《圣经》，农村地区至今仍保留着这个习惯，在农村的教会，人们同时使用尼奥莱语和干达语。在城镇的教会中，干达语用得更多，其次是英语，但城镇的教会汇聚了各族人民，教会的礼拜也在这种复杂的情况中举行。因此，干达语被作为通用语在宗教界使用。

与坎帕拉的清真寺的情况相似，受访者在对问题的理解上存在偏差，许多人将祈祷时用的阿拉伯语理解成使用语言。实际上，在祈祷之外的场合，民族语的使用率很高。

4. 学校

与坎帕拉相同，在学校，英语的使用率高于其他语言。似乎即便是在农村，英语也被视为更适合学校的语言。针对“哪种语言更适合作为教学语言”这个问题，回答为英语的受访者占 77.4%。即便学生们承认使用英语作为教学语言会产生一些问题，但仍旧回答称适合教学用的语言为英语。

此外，针对“希望孩子们使用哪种语言”这个问题，调查结果为尼奥莱语占 39.3%，英语占 44.5%。政府出台政策在农村的初等教育中将民族语作为教学语言使用，但对政府而言，今后亟须解决的课题除如何缩短城乡教育差距之外，还有如何填补与抱有这种语言态度的人们之间的沟壑。

图 2 托罗罗省布塔莱贾纳姆罗村的小学生们

（八）"大"语言和"小"语言

以上，笔者探讨了城市和农村的语言使用现状。通过分析，笔者发现人们过着区分好几种语言的多语言生活。此外，在这种多语言状况下，所谓的"大"语言和其他诸多民族语言之间的关系也清晰明了了。在乌干达所谓的"大"语言，指的是在宪法上被赋予了官方语言的地位、具有威信的英语，以及在坎帕拉等城市和乌干达南部作为通用语被广泛使用的干达语。

近年，有不少声音担忧"小"语言的消亡。乌干达的多数民族语属于这种"小"语言，但无论是通过城市还是农村的事例，我们都未发现这些"小"语言会因为官方语言和通用语等"大"语言而濒临消亡。

在首都坎帕拉，人们区分使用各种语言，几乎所有的人都将干达语作为通用语在诸多场合使用，在家庭或家乡则使用本民族语言。即便是在布塔莱贾这种农村，人们在多数情况下使用民族语尼奥莱语这一单一语言，并未发现干达语、英语或者斯瓦希里语影响尼奥莱语的使用的情况。

如果说有东西影响"小"语言，那么并非它与"大"语言之间的对抗，而应该是它与其他周边语言之间的接触交流。比如，尼奥莱语与周边的萨米阿语语法相似，两种语言可以相互理解。

在笔者开展调查的布塔莱贾的纳姆罗村，从未离开过村子只使用尼奥莱语的人和老年人使用的尼奥莱语，与在使用萨米阿语的布索鲁威村或者使用其他语言的区域逗留过的人所使用的尼奥莱语之间存在语法差异。特别是在语音语调方面，后者的尼奥莱语的语音语调规则简单易学。

类似语言之间的接触与交流会带来上述语法变化，这也成为使本来复杂的语法规则简略化的契机。就尼奥莱语而言，除了语音语调，时态和词汇等方面也发生了简略化现象。如果这种"新的"尼奥莱语渗透到周边民族，那么尼奥莱语的使用者将会更多，即会发生与使用者人数减少这种危机相反的情况。

民族语言也好，官方语言或通用语这种"大"语言也罢，这些语言渗透到人们的语言生活中，也许会朝着有利于使用者的方向发生改变。就乌干达的状况而言，可以说多数民族语并无面临灭绝的危险。

五　结语

在乌干达，"部族主义"和"语言的偏见"这些问题是大家都想回避的问题。对政府而言亦是如此，选择一种语言，避免与其他语言之间的隔阂，可以说这是乌干达迄今为止迟迟未指定国语的一大要因。

关于文化目标，宪法条文规定奖励乌干达所有语言的发展、保全、充实，统一乌干达国民，促进与周边国家的合作，但是语言计划并未付诸实践，也未提及国语。

乌干达并不存在像坦桑尼亚、肯尼亚的斯瓦希里语那种象征独立和解放的语言，人们并不期望实际上担负着通用语功能的干达语成为国语，这种复杂的状况也是导致乌干达不存在国语的原因之一。确定国语本身并不是问题，但无法忽视围绕国语、官方语言的讨论的恶性循环所带来的无序状态在国家统一、国民统一过程中所带来的弊害。

如今的乌干达并不存在国民可以全面参与国家统一和国民统一的语言。即便英语和斯瓦希里语可以用来在国际政治、经济舞台上沟通交流，但是只有少部分人能使用它们，这并非所有人都拥有的平等机会。于政府而言，摸索出一种可以在政府与国民之间进行“表层”交流沟通的语言也是今后的课题。

附录　图 1 中日语对应中文

“スーダン”（苏丹）、“コンゴ民主共和国”（刚果民主共和国）、“ルワンダ”（卢旺达）、“タンザニア”（坦桑尼亚）、“ケニア”（肯尼亚）。

斯瓦希里语的发展与民族语、英语的矛盾
——坦桑尼亚的语言政策和语言状况

■ 竹村景子 小森淳子

为何某种语言会在其他语言出现后逐渐消失？又为何某种语言会超越原本的使用者和使用范围，作为第二语言在其他地方使用，或力压其他语言成为统一的语言？

——路易·让·卡尔（《超民族语》1996 年，第 23 页）

一 引言

斯瓦希里语主要在东非 3 个国家（肯尼亚、坦桑尼亚、乌干达）使用，此外还在索马里的南部，卢旺达、布隆迪、刚果（金）的东部，赞比亚的北部，马拉维的北部，莫桑比克的北部，科摩罗、马达加斯加的北部等地区使用，至今已有 7000 余万名使用者。据推测，斯瓦希里语的使用者将在 21 世纪达到 1 亿。

坦桑尼亚是斯瓦希里语渗透最深的国家，近 100% 的民众都懂斯瓦希里语。1961 年，这个非洲自古以来就有的语言被确定为坦桑尼亚的国家语言[①]，1967 年被确定为官方语言。坦桑尼亚并没有选择旧宗主国的语言——英语，而是赋予了原本只是在斯瓦希里这个地方使用的地方语言——斯瓦希里语"国家权威"，使之成为国民统一的语言。这在撒哈拉以南非洲是罕见之事。这是因为在多数非洲国家，都是将旧宗主国的语言作为治理国家时使用的语言，如英语、法语、葡萄牙语等。

实际上，在访问坦桑尼亚时，笔者为斯瓦希里语的使用频率所震惊，学校、政府、医

① 坦桑尼亚全称为坦桑尼亚联合共和国，是由 1961 年从英国独立的坦噶尼喀（大陆）和 1963 年从英国独立的桑给巴尔（岛屿）于 1964 年合并而成的国家。因此在 1961 年其实还是坦噶尼喀。此外，本文所使用的"国家语言"是日语中历来存在的词"国語"（一国的语言），并非被翻译成表示"国语"或"民族语"的 National Language，而是为了表示"作为国家的语言的斯瓦希里语"这一意义而使用的 Lugha ya Taifa（国家的语言）这种斯瓦希里语的表达方式。

院、银行、邮局……几乎所有的公共部门都使用斯瓦希里语。虽然坦桑尼亚拥有120余个民族，但不同民族的人在相遇时如果使用斯瓦希里语进行交流，那么在交流时不会产生任何障碍。而使用斯瓦希里语本身也为国民所接受，甚至有人表示："斯瓦希里语已经不只是斯瓦希里的地方语言，而是坦桑尼亚全民族的语言。"（竹村，2006）

然而，坦桑尼亚并非完全不存在语言问题。首先，虽然英语在实际使用层面地位仅次于斯瓦希里语，但其作为精英阶层的语言也被认为是必不可少的语言。其次，部分持保护、拥护民族语言立场的民众认为，斯瓦希里语是坦桑尼亚"其他民族语言"成为濒危语言的罪魁祸首。

在本文的第2节，笔者将概观斯瓦希里语在坦桑尼亚的传播和发展史，考察其背后的政治因素。此外，明确作为"一个语种"而被使用的斯瓦希里语，实际上已经成为一个包含多个地区语言特色的"多重的、复合的"存在。在第3节，笔者将着眼斯瓦希里语和其他民族语言的相关性，从语言的使用领域和使用频率，以及人们的语言意识等方面，对斯瓦希里语与民族语言之间的矛盾进行分析，同时考察斯瓦希里语和被视为威胁其语言权威的英语之间的矛盾。通过以上的分析和考察，提炼出"成功利用非洲本土语言统一国家"这一坦桑尼亚所独有的特殊性，以及"与英语和其他民族语言之间的矛盾是多语言国家无法避免的语言问题"这一撒哈拉以南非洲国家的共性。

二　斯瓦希里语发展的历史轨迹和语言政策

（一）斯瓦希里语向内陆地区的渗透——被殖民前的贸易往来与传教士的传教活动

关于"斯瓦希里语究竟从何而来？"这一问题的答案，一直以来没有定论。从语言学角度来说，斯瓦希里语属于非洲固有的语支——班图语支。原因在于，斯瓦希里语与班图语支下的其他语言在语韵上能够相对应，且具备"名词分类""词缀""一致性"三大要素。但是，关于它的起源一直没有确切的说法。比较可信的说法是，在7世纪前叶，因移民和贸易活动，一些来自阿拉伯半岛的阿拉伯人来到了东非沿海地区，与当地土著人进行交流活动（包括联姻），在这一过程中，当地使用的语言——班图语支下的某一个语种，吸收了大量阿拉伯语的词汇，从而形成了现在的斯瓦希里语的雏形。据说"斯瓦希里"这个词本身就来源于阿拉伯语中表示"海岸"意义的单词"sawāhil"。

此外，虽然都统一称作"斯瓦希里语"，但实际上并非所有说斯瓦希里语的人都使用同一种语言。就如日语是众多"地方方言"的集合体一般，斯瓦希里语也是"方言连续体"（dialect continuum）。古斯瓦希里语，如果用斯瓦希里语表示，那么就是"Kingozi"或

"Kingovi"，其使用范围原本在施格瓦亚地区（现肯尼亚塔纳河北面和索马里朱巴河南面之间的区域）。几个世纪之后，使用该语言的人迁移到了非洲东海岸一带，在离海岸线约 1600 千米的地方建立了几个独立的共同体。这些共同体使用的语言虽然都以古斯瓦希里语为基础，但还是逐渐显示出差异，这就是现在"地方方言"的前身[①]。至今为止，不少历史学家、探险家、行政官员和语言学家都对斯瓦希里语的方言进行了分类[②]。虽然这些分类多少存在差异，但大致认为有 16—20 种"地方方言"，有些研究者还认为存在"下级方言"。就这样，在位于索马里南部和莫桑比克北部之间的被称为"斯瓦希里地区"的狭长海岸沿线地带，以及印度洋上的众多岛屿，人们开始使用"各种各样的斯瓦希里语"。

那么，为何斯瓦希里语能够从沿海地区渗透到内陆地区？又为何会被视为"一个语种"？对此，笔者将按照殖民时期前、殖民时期后、独立后、现在这 4 个时期，对斯瓦希里语的发展历史进行考证。

首先，W. H. 怀特利（W. H. Whiteley）将殖民时期前的历史分为两大阶段，本文也基于这个分类。

第一阶段为 1800—1850 年。这一时期，坦噶尼喀的沿岸地带，尤其是巴加莫约等城市是很多商队向内陆进发的起点。当时，人们对象牙、龙涎香、树脂、兽皮等的需求增加，打通通向内陆地区的商贸之路迫在眉睫。在此之前，斯瓦希里语作为沿岸地区商贸活动的媒介语被使用，但随着桑给巴尔岛成为商贸活动的重要据点，通向内陆的商贸之路不断扩大，斯瓦希里语逐渐成为商队必不可少的语言。

第二阶段为 1850 年左右至被殖民统治前。这一时期出现了最早的关于斯瓦希里语的系统性研究，这些研究成了学习其他非洲语言的基础。在 19 世纪 40 年代后半期之前，通过各种各样的研究，欧洲人对斯瓦希里语的认知不断加深，研究者多是为了宣扬基督教而远赴东非传教的传教士。以蒙巴萨为据点的英国 CMS 的传教士克拉普夫（Johann Ludwig Krapf）留下了诸多功绩，如编撰了斯瓦希里语蒙巴萨方言的字典。中非大学联合考察团（Universities Mission to Central Africa，UMCA）于 1864 年在桑给巴尔成立，负责桑给巴尔方言的资料收集和研究工作。中非大学联合考察团的成员史蒂瑞（Steere）指出，在非洲的语言中，没有像斯瓦希里语那样广为人知的其他语言，从马达加斯加到阿拉伯的沿海地区，大家都懂斯瓦希里语，就连住在印度西迪的人们[③]也都会说，不仅如此，斯瓦希里语还作被

① Only, Rajmund. *Swahili—The Diagram of Crises*. Veröffentlichungen der Institute für Afrikanistik und Ägyptologie der Universität Wien，1982.

② 例如，Stigand（1915）、Bryan（1959）、Polomé（1967）、Heine（1970）、Chiraghdin（1977）等。具体可参见 Mkude, Daniel J. "Mtawanyiko wa Lahaja za Kiswahili". *Malaka za Semina ya Kimataifa ya Waandishi wa Kiswahili I-Lugha ya Kiswahili*. Taasisi ya Uchunguzi wa Kiswahil, Chuo Kikuu cha Dar es Salaam, 1983, pp.62–83。

③ "印度西迪的人们"指生活在位于印度西部古吉拉特邦的艾哈迈巴德西南约 3200 千米的卡提亚瓦半岛内森林区的共同体的人（Whiteley，1969: 52）。

为活跃于非洲广阔的热带草原上的商贸活动的媒介语，在那里可以轻松找到能够理解这种语言的人或者译者。因而，对于中非大学联合考察团而言，深入研究并学习斯瓦希里语极为重要。

（二）殖民时期的斯瓦希里语——殖民政府的政策与成为“一个语种”的过程

就在传教士的传教活动如火如荼地进行着的时候，柏林会议决定将坦噶尼喀和桑给巴尔划为德国在东非的领地。作为统治者的德国人，并没有像传教士那样对斯瓦希里语进行研究，或者用斯瓦希里语写书，更不要说研究其他民族语言了。但是，他们把斯瓦希里语作为“帮助统治的语言”使用，德国人花了一番力气，要求即便是下级官员也必须掌握斯瓦希里语，建设学校，积极推行使用斯瓦希里语进行教学的教育。自1893年在坦噶尼喀设立培养下级官员的学校起，入学人数逐年增加，到了1911年，传教士们所经营的学校的学生人数已经达到3万，伴随着学生人数的增加，教科书等也开始量产。此外，在斯瓦希里语报纸的发行上，传教士们也做着努力。由德国新教团（Deutsche Protestantische Mission，DPM）发行的月刊报《海洋与内陆》（*Pwani na Bara*）的发行数量在1914年超过了2000份①。在1914年之前，殖民政府和各村落之间的通信业务全用斯瓦希里语进行，如果向政府提交的文件不是用斯瓦希里语或德语书写的，那么该官员就会被怀疑其是否具备作为官员的能力。

第一次世界大战后，由于德国战败，坦噶尼喀和桑给巴尔成为英国的委任统治地。英国认同了德国在殖民地实施的将斯瓦希里语作为行政和教育用语的语言政策，并将其延续了下去。殖民政府总督亲自宣布，可以从下级官员那里接受用斯瓦希里语写的报告，下级官员和行政部门之间也可以用斯瓦希里语进行沟通，而且至今在坦桑尼亚还保存着向英国人传达斯瓦希里语在殖民统治中的重要性的文件②。

但是，斯瓦希里语的使用范围与德国统治时期有着根本性不同。英国并非允许在所有行政阶段都使用斯瓦希里语，包括最底层的民众。换言之，英国实行的是语言分断政策，即只将斯瓦希里语作为政府向民众传达某事时的媒介语，较高层次的部门之间则使用英语。在教育领域，小学的教学用语是斯瓦希里语，但到了中学及以上的高等教育阶段，英语才是教学用语。同样，在司法领域也实行语言分断政策，初级法院使用的语言是斯瓦希里语，高级法院使用的语言是英语。由于英国发布的这个政策，斯瓦希里语被贴上了“二级语言”的标签。

---

① 1888年，作为第一部用斯瓦希里语编写的报纸，中非大学联合考察团发行了《谈话者》（*Msimulizi*），1894年同样由中非大学联合考察团发行了报纸《每月新闻》（*Habari za Mwezi*）。虽然Whiteley（1969）认为其年份已经无法考证，但Maganga（1983: 93–105）并没有对此提出疑问。《谈话者》也是如今坦桑尼亚内陆地区发行最早的报纸。这些发行工作之后由德国新教团负责，直到1910年其发行了《海洋与内陆》（*Pwani na Bara*）。

② Mwangomango, J. S. M. “Kiswahili Karne ya Ishirini”. *Swahili*, 1972, 42（1）, pp.14–21.

英国政府虽然没有赋予斯瓦希里语语言权威，但考虑把斯瓦希里语作为其在东非的 4 个委任统治地（肯尼亚、乌干达、坦噶尼喀、桑给巴尔）的通用语[①]，因此就有必要制定地区间的标准语。1925 年，应坦噶尼喀殖民政府总督的要求召开了教育会议，会议上对斯瓦希里语标准化问题进行了讨论。随后在 1926 年，拼写法、词汇间的空格问题等许多关于书写的议题被提出。1928 年 6 月，在肯尼亚蒙巴萨举行了殖民地间的区间会议，该会议的最大课题就是将斯瓦希里语标准化。在将斯瓦希里语标准化的过程中，为了解决各种书写问题，即会被认为妨碍斯瓦希里语作为教学用语发展的问题，需要选择一个能避免该问题的方言。实际上，这与我们在前文提到的两个组织有很大的关联。以蒙巴萨为据点的英国国教主张蒙巴萨方言（Kimvita）才是适合作为标准语基础的语言，而以桑给巴尔为据点的中非大学联合考察团推荐桑给巴尔的城市方言（Kiunguja-Mjini）。最终，桑给巴尔的城市方言被认为比蒙巴萨方言更容易推广，因此被选为标准语的基础。桑给巴尔的城市方言随着商贸之路的发展已经渗透到内陆地区，蒙巴萨方言因强调与伊斯兰的关联性而在肯尼亚内作为区分其他民族的象征。

1929 年，政府提出设置一个能够整合 4 个殖民政府的语言委员会，第二年元旦，地区间语言（斯瓦希里语）委员会成立了。该委员会的主要目标是“促进斯瓦希里语的标准化和发展”，为此，出台了例如“统一管理学校的教科书和词典等的出版工作，尽可能保持既存语言或新词汇在使用时的一致性”“所有出版的斯瓦希里语教科书和一般读物，都要根据书写法修改需要更正的地方”等 13 条规定及具体方针。成立之初，委员会的 17 名成员全部都是白人，没有一个斯瓦希里语母语使用者，之后，由于“二战”的爆发等，增加斯瓦希里语母语使用者为成员一事一度被搁置，直到“二战”结束后的 1946 年才被重新提及。

就是这种成员中没有一个斯瓦希里语母语使用者的委员会，其制定的“标准斯瓦希里语”的“书写方法”却被认为是不可撼动的存在。然而，当时存在“已出版书籍的作者的母语并非斯瓦希里语，不仅如此，这些书大多是从英语翻译过来的译著”等问题（Maganga, 1983），还有人认为，“这就是斯瓦希里语衰败的原因。标准斯瓦希里语的语法带有英语的语法性质，从结构到语法都偏向了英语。可以说已经看不到作为标准斯瓦希里语基础的桑给巴尔城市方言的特征了”（Maganga, 1983），甚至在白人中也出现了批评意见：“我们虽然创造了‘标准斯瓦希里语’，但是在这个过程中，斯瓦希里语变成了一种新的语言。”（Maganga, 1983）

虽然如此，委员会一直在为推广“标准斯瓦希里语”而不懈努力着。例如，1933 年开

① 因为要制定统治地的教学用语，所以通用语的确定成为最重要的议题。斯瓦希里语被认为是横跨非洲东部和赤道附近地区的支配性语言，是最适合作为通用语的语言，因此被选为通用语。（Whiteley, 1969: 79）

始编撰词典（于1939年出版[①]），1935年开始在非洲人的学校里举办斯瓦希里语作文比赛，1939年举办斯瓦希里语作家评选大赛，1942年在外国人学校里举办斯瓦希里语作文比赛（Maganga, 1983），等等。此外，正如委员会绝大多数具体方针都与图书出版有关（13条规定中有8条）所表明的那样，出版物中使用的斯瓦希里语有严格规定，学校使用的斯瓦希里语也必须是"标准语"。如此一来，斯瓦希里语朝着成为"一个语种"的方向迈进。

对想要让坦噶尼喀从英国独立的坦噶尼喀非洲民族联盟（Tanganyika African National Union，TANU）而言，这个过程实际上具有十分重要的意义。坦噶尼喀非洲民族联盟的政治理念是"排除阻碍非洲人民统一发展的'部落主义'"，因此他们认为作为与民众交流的语言基础，斯瓦希里语的普及是不可欠缺的。到了20世纪50年代后半期，斯瓦希里语成功成为坦噶尼喀的城市地区和农村的中心地区所有政府机关的使用语言，以及会议的记录文字。"也许斯瓦希里语就是让坦噶尼喀非洲民族联盟的领导者比其他民族集团的领导者，甚至是坦噶尼喀的领导者更为民众所接受的关键因素。"[②]

（三）独立后的语言政策——为了"国民统一"的斯瓦希里语

如前所述，在独立前斯瓦希里语已经被认为是统一新生国家的必要语言。1961年，当坦噶尼喀宣布独立时，立刻就授予了斯瓦希里语"国家语言"的地位，这无疑开启了斯瓦希里语作为帮助"国民统一"的语言新篇章。而给予这一步强有力支撑的是在教育领域彻底使用斯瓦希里语，且将其作为一个教学科目进行教授。在独立前，斯瓦希里语只在小学和普通中学教授。独立后，重点中学、师范学院、大学都能教授，甚至还成为中学教育认定的考试科目之一。由此，对于必须要通过斯瓦希里语考试的高等教育部门来说，便无法进行下去了。

1964年，坦噶尼喀与桑给巴尔合并，组建坦桑尼亚联合共和国。由于近100%的原桑给巴尔国民都以斯瓦希里语为母语，因此对于积极推进斯瓦希里语的语言政策并没有异议。1967年，坦桑尼亚第一任总统朱利叶斯·坎巴拉吉·尼雷尔（Julius Kambarage Nyerere，1922—1999）发表《阿鲁沙宣言》（*Arusha Declaration*）[③]，宣布走乌贾马社会主义道路。同年，将斯瓦希里语确定为官方语言，以及小学教育阶段除英语科目之外其他所有教学科目

---

① 该词典——《标准斯英词典》（*A Standard Swahili-English Dictionary*）（哈佛大学出版社）至今仍被作为斯瓦希里语—英语词典的典范。这部词典的主编是F. 约翰逊（F. Johnson）。由于编撰工作进行到一半时约翰逊就去世了，因此随后的工作都由B. J. 拉特克利夫（B. J. Ratcliffe）负责。

② Abdulaziz, Mohamed H. "The Ecology of Tanzanian National Language Policy". Edgar C. Polomé and C. P. Hill. Ed. *Language in Tanzanian*. Oxford University Press，1980，pp.139-175.

③ 在该宣言中，尼雷尔提出自己所追求的"坦桑尼亚的社会主义"就是"乌贾马"。乌贾马的斯瓦希里语是"ujamaa"，即"大家族主义、共同性、家庭"的意思。尼雷尔表示，坦桑尼亚是农业生产国，为了实现人人平等，要在"传统的共同体精神"的基础上确立集体农场生产制度。然而，在第二次石油危机导致国际收益恶化，批判迫于武力强行建立的"乌贾马村"等种种因素之下，乌贾马社会主义以失败告终，1985年尼雷尔辞去总统职务。之后，坦桑尼亚开始走资本主义经济道路。

的教学语言。乌贾马社会主义以农业的集约化和企业的国有化为支柱，为了达成国民“自主独立”这一最大目标，强调必须保证最低程度的教育水平，达到入学年龄的所有儿童都必须接受小学教育，即便在村落，宣传工作也在不断推进。经过努力，20 世纪七八十年代，坦桑尼亚的小学入学率已经接近 100%，斯瓦希里语的识字率也超过了 90%。也正因如此，坦桑尼亚被联合国教科文组织评为“撒哈拉以南非洲的优等生”。

为了使斯瓦希里语成为不管在什么地方都能够畅通无阻地使用的语言，“国家斯瓦希里语委员会”（Baraza la Kiswahili la Taifa，BAKITA）和“桑给巴尔斯瓦希里语委员会”（Baraza la Kiswahili Zanzibar，BAKIZA）成立了。这两个委员会负责对斯瓦希里语进行全方位的研究，并创造能够满足教育、文化、商业、通信、科学技术等所有领域需要的专业用语。此外，随着坦桑尼亚国家的独立，“地区间语言委员会”的职责和名称也发生了改变，以“斯瓦希里语研究所”（Taasisi ya Uchunguzi wa Kiswahili，TUKI）的形式隶属达累斯萨拉姆大学（1964 年），同样对斯瓦希里语开展各式各样的研究。在桑给巴尔，“斯瓦希里语—外语研究所”（Taasisi ya Kiswahili na Lugha za Kigeni，TAKILUKI）[①] 也进行着类似的调查研究。即使现在，这些研究机构仍在对斯瓦希里语与其他民族语的关联性，斯瓦希里语的语法、词汇、文学等进行着研究。

图 1　桑给巴尔国立大学的“斯瓦希里语—外语研究所”

就这样，斯瓦希里语在法律上被赋予了“国家语言”和“官方语言”的地位，再加上积极保护和发展斯瓦希里语的机构的设置，使得该语言在国内的使用频率与官方语言英语不相上下。教育机构、国会、地方议会、法院、政府办公厅、医院、报纸、电视、广播等

① 现在为桑给巴尔国立大学（State University of Zanzibar，SUZA）的下设机构。

媒体等，无不使用斯瓦希里语，就连街道周围的布告栏、机场等场所的设施设备、超市贩卖的商品也都用斯瓦希里语标识。政治会议、与国外非政府组织的对话会议、国内各种各样的宣传活动[①]也无一不使用斯瓦希里语。非洲大陆现存的2000种民族语中，说斯瓦希里语是唯一有着如此高的政治和经济优越性的语言也不为过。

在文化方面也能证明斯瓦希里语在坦桑尼亚的优越性。例如，我们可以从20世纪80年代坦桑尼亚政府实施的项目中体会到政府想要赋予斯瓦希里语“国民统一的象征”的意图。该项目以保护传统文化为目的，以达累斯萨拉姆大学的斯瓦希里语研究所为中心，记录坦桑尼亚各地的口述文化。虽然国家采取推行斯瓦希里语的语言政策，将其认定为“国家语言”，但与此同时，其他民族语言所持有的丰富的口述文化也属于“国家资源”，应该被世人所熟知，这个想法是该项目的起源。被记录下来的口述文化丰富多彩，被视作“国家文化”，比如民间传说、古代神话、谜语、谚语、金句、格言、儿童歌曲等。为了使全国人民都能够理解，这些口述文化的文字被译成斯瓦希里语后出版发行。以《坦桑尼亚人民的口述文化》（*Fasihi Simulizi ya Mtanzania*）为题的系列出版物分别收录了神话故事、谚语、谜语等。在“前言”和“引言”部分，反复强调了口传文化在非洲传统文化中具有极其重要的地位，但在殖民时期其价值被严重贬低，正因如此，坦桑尼亚国民才应该团结一致，保护并发展国民文化——口述文化。当今，许多被视为濒危语言的民族语言的口述文化，正通过斯瓦希里语被记录下来，这无疑具有重大意义。

在坦桑尼亚，无论多么偏远的农村的居民都听得懂斯瓦希里语。这在多语言国家占绝大多数的撒哈拉以南非洲是无法想象之事。正如前文所叙述，殖民时期被贴上“二级语言”标签的语言，如今已被国民毫无芥蒂地使用，可以说这是将斯瓦希里语培育成国家语言的语言政策的成效。

（四）斯瓦希里语的多重性和复合性——围绕“标准语”与“地方方言”的关系

前文笔者概观了斯瓦希里语在坦桑尼亚的重要性和扬名国内外的语言政策的历史，而这里提到的斯瓦希里语其实指的是“标准斯瓦希里语”。这是因为，在认识到“在斯瓦希里语的普及范围内，如果各自只使用自己的方言，那么是无法相互理解的。但是，殖民政策所规定的标准斯瓦希里语能使交流更加便利，同时能逐渐影响方言，并将其整合在一起”（カルヴェ，1996: 58）这一点之后，斯瓦希里语才算真正渗透到了那些非斯瓦希里语母语使用者之中。如果站在对立立场观察，就会发现在标准语光辉之下，其他斯瓦希里语变种的使用状况和使用领域，以及日常几乎不说标准语的被称为“方言使用者”的人们，即原本

① 例如，“盈利教育”“更好的农业”“全国民的健康”“推进家庭计划”“考虑营养摄取”“从基础开始法律”“给妇女权利”“更好的政治和民主主义”等为了国家发展的各项事业都使用斯瓦希里语进行（ハミス，2005: 24）。

意义上的母语使用者的语言意识，都很少被提及。这是因为对于国家政策来说，把斯瓦希里语认定为“一个语种”，不让国民意识到方言间的差异是很有必要的。

为了考察斯瓦希里语所具有的“方言多重性”，笔者分别于1996—1998年、2007年、2008年，以桑给巴尔岛为中心对斯瓦希里语变种的数量进行了调查①。本文主要对“语言意识调查”“词汇调查”和“语法调查”的部分调查结果进行叙述。

首先，“语言意识调查”结果显示，母语使用者对于标准斯瓦希里语是怎样的斯瓦希里语这种认识并不明确。标准斯瓦希里语，用斯瓦希里语表示为“Kiswahili Sanifu”，但当笔者向居住在桑给巴尔岛和彭巴岛的100名母语使用者询问“Kiswahili Sanifu是指怎样的斯瓦希里语？”时，只有7人回答了“是被标准化了的斯瓦希里语的变种”。此外，21人回答了“是自己居住地斯瓦希里语的变种”，这之中有20人是居住在这两个岛上的本地人；24人回答了“是桑给巴尔城镇斯瓦希里语的变种”；7人回答了“是城市斯瓦希里语的变种”。从该结果可以看出，语言政策上的标准语与母语使用者所认知的“标准的变种”之间有出入。而如果将回答了“完全不知道什么是Kiswahili Sanifu”和“虽然在广播里听到过这个名称但不清楚Kiswahili Sanifu是什么”的人加起来，那么其数量占了总人数的三成以上，这说明“Kiswahili Sanifu”这种说法还没有完全渗透到民众之中（竹村，1999）。

在调查结果中令人感兴趣的是，居住在农村的母语使用者，不管是什么年龄段几乎都对使用地方方言没有自卑感，也不在意标准语对方言的影响和自己使用的变种的变化。当被问到“父母让你或想让你使用的语言是什么？”和“自己让孩子或想让孩子使用的语言是什么？”时，有50%以上的人回答“自己居住地的斯瓦希里语变种”，且这些人中大部分都居住在农村。此外，当被问到“是否认为自己使用的斯瓦希里语会被继承下去？”时，在农村有52人回答“是”（竹村，1999），而在城市有31人回答“是”，这也能说明住在农村的人对语言的变化不敏感。为了证明这种语言意识在10年之后发生了变化，笔者在2007年的调查中，结合个人成长历程和语言使用情况，对居住在位于桑给巴尔岛北部县北部A郡查亚尼村5名60岁以上的男女②进行详细的询问。结果显示，所有人都回答“不管发生

① 1996—1998年的调查为文部省科学研究费用补助金（国际学术研究）资助项目“基于东非地区通用语的文化圈的形成和民族性的构造”（项目负责人：宫本正兴）的阶段性成果。2007年和2008年的调查为文部科学省科学研究费用补助金（基础研究B）资助项目“非洲语言中超民族语言和各民族语言之间的矛盾和平衡——通过语言文化的动态记录”（项目负责人：中岛久）的阶段性成果。

② 5人均未接受过学校教育，在查亚尼村以外地区居住的时间也均不满一年，因此其儿童时期很少有机会接触“标准语”，但他们都收听用“标准语”播放的广播。

什么，查亚尼变种[①]都不会改变，会按照现在的样子一直使用下去”。此外，还能听到“虽然年轻一代中有模仿‘桑给巴尔城市方言’和‘学校教的变种’的声音，但在村里，祖父母、父母、亲戚、邻居使用的都是查亚尼变种，不使用查亚尼变种就是忘本”这样的声音。

其次，“词汇调查”结果显示，现实生活中母语使用者们使用着与收录在标准语字典里不同的词汇。笔者对 30 名桑给巴尔岛北部县的村民和 14 名桑给巴尔镇的居民进行了词汇调查，从调查结果中我们可以发现两者在许多调查项目中出现了差异。例如，两者都不使用在标准语中表示“跳蚤”的单词“funza”，而是使用“kepu”或“chepu”。再如，“番茄”这个单词，住在靠近大陆一侧的（把斯瓦希里语作为第二语言或第三语言学习的）人用“nyanya”表示，而桑给巴尔岛人只用“tungule”表示（竹村，2002）。此外，在对查亚尼村 7 名 60 岁以上的男女进行的调查中，我们能看到像意为“落下，倒下”的动词是“gwa”（标准语却为“anguka”），意为“出发，离开”的动词是“uka”（标准语却为“ondoka”）这样完全不同的表达方式。另外还有元音中插入 [j]（例如标准语中表示“镜子”的“kioo”变为“kiyoyo”），在学校里教授标准语时会下意识发内爆音[②]等许多不同之处。

最后，笔者对查亚尼村 70—79 岁的女性进行了“语法调查”，结果发现她们使用的查亚尼变种与标准语之间有着巨大差异（见表 1），笔者试着列举几例。

表 1 标准语与查亚尼变种的比较

中文	标准语	查亚尼变种
她 / 他在（这里）。	Yupo.	Kawapo.
我砍了树。	Nilikata mti.	Nikata mjiti.
她 / 他去哪里了？	Alikwenda wapi?	Kende wa?
我写了信。	Niliandika barua.	Nyandiki baruwa.
我给母亲写了信。	Nilimwandikia mama yangu barua.	Nimwandikili mama’ angu baruwa.
我没给母亲写信。	Sikumwandikia mama yangu barua.	Semwandikiya mama’ angu baruwa.

① 在查亚尼村等桑给巴尔岛北部的村落中，许多人的祖籍是位于桑给巴尔岛西北方向的通巴图岛。因此当被问到“你认为你说的斯瓦希里语是什么斯瓦希里语？”时，有不少人回答“是通巴图方言（Kitumbatu）”。第二节提到的有关方言分类的以往研究将通巴图方言描述为“只在通巴图岛使用”。然而，在查亚尼村使用的变种与通巴图方言是同一种变种还是它的下位变种，有待进一步查证。在本文的调查中，调查对象称呼自己使用的斯瓦希里语为“Kichaani”，笔者将其译为“查亚尼变种”。

② 在桑给巴尔岛北部县，至少存在 [ɓ]、[ɗ]、[ʄ]、[ɠ] 这 4 种内爆音。

续表

中文	标准语	查亚尼变种
她 / 他读了书。	Alisoma kitabu.	Kasomo buku.
你买了面包。	Ulinunua mkate.	Kununuyu mkate.
我曾经有钱。	Nilikuwa na pesa.	Nyevu na pesa.

两者最大的不同就是过去时的形式。首先，我们关注“我写了信”这句话的“我写了”这一部分。标准语中使用了“niliandika”，可将其分隔为“ni-li-andik-a”（主格接词—过去时接词—动词词根—词尾），而查亚尼变种中使用了“nyandiki”，可将其分隔为“ni-andik-i”（主格接词—动词词根—词尾）。其次，“她 / 他读了书”这句话中的“她 / 他读了”，标准语中使用“alisoma”，可将其分隔为“a-li-som-a”（主格接词—过去时接词—动词词根—词尾），而查亚尼变种中使用了“kasomo”，可将其分隔为“ka-som-o”（主格接词—动词词根—词尾）。从以上例句可以得知，查亚尼变种在过去肯定句中不会插入过去时接词，“动词词根中最后的元音会与动词词尾的元音融合”①。当只会说查亚尼变种的人在主动和笔者这样的外国人聊天时，会尽量使用语法靠近标准语或桑给巴尔城市方言的表现形式，不仅如此，那些受过教育的家庭中因工作等频繁出入桑给巴尔镇的男性也有这种倾向。在“语言意识调查”中发现的与方言使用者的守旧性完全相悖的这一现象，事实上正如前所述，也说明老年人和年轻人都偏向使用标准语和城市地区的变种。“查亚尼变种会变，这是不可能的”，像这种语言意识与实际语言使用中出现的现象之间是有出入的，我们不得不说，受标准语的影响，语言变化已经出现了。

① 有记录称大陆的“姆坦加方言”（Kimtang’ata）也具有该特征。Whiteley（1956）将姆坦加方言定义为“姆里马方言”（Kimrima，使用范围北至位于坦桑尼亚和肯尼亚国境边界附近的希莫尼，南到坦桑尼亚巴加莫约北面的萨达尼）的“南方下位方言”。此外，姆坦加方言与桑给巴尔方言（把它当作桑给巴尔城市地区方言也无妨）存在很大的差异，甚至有不少人认为其更贴近彭巴岛的“彭巴方言”（Kipemba，此处暂不考虑村落变种之间的差异），因此包括语法在内，有必要对坦桑尼亚大陆沿海地区的变种进行调查。

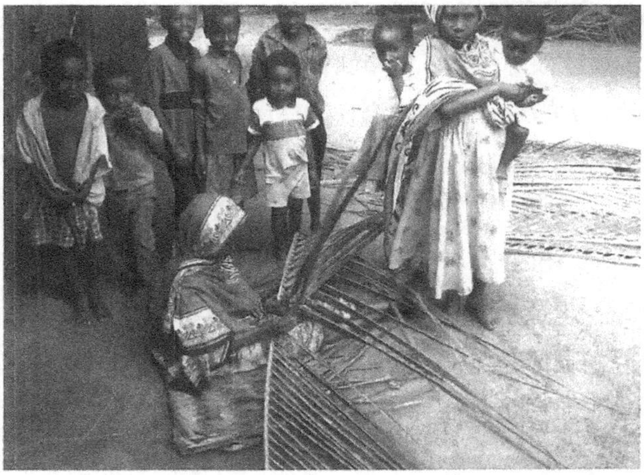

图 2　教笔者斯瓦希里语和查亚尼变种的老奶奶（79 岁）正在用椰子树的叶子做屋顶

"语言意识调查"的结果显示了方言使用者并未抱有自卑感，但从现实中的其他角度看，我们发现并非如此。关于"在桑给巴尔使用怎样的斯瓦希里语？"这一问题，几乎所有人都回答"尽可能模仿镇里的发音"，原因是他们认为"镇里的语言谁都能听得懂""与村里的语言相比发音更好听"等。如前文所述，标准语和桑给巴尔城市方言是不同的变种，但是至少那些认为标准语约等于桑给巴尔城市方言的母语使用者，把自己使用的变种当作自己使用地区方言中的上位变种。这一点反映出了在撒哈拉以南非洲的许多国家里被视为问题的"国家语言对抗民族语言""区域通用语对抗民族语言"的构图，或者下一节提到的坦桑尼亚"斯瓦希里语对其他民族语言"的构图里，实际上存在着"斯瓦希里语对抗斯瓦希里语"的形式。（竹村，1999）

三　斯瓦希里语与民族语言、英语之间的矛盾

（一）民族语言的现状

如前所述，从殖民时期以前开始，斯瓦希里语就被作为通用语在坦桑尼亚普及，经过殖民时期和独立后的政策推动，成为全国通用的语言。作为国家统一象征的语言，斯瓦希里语也被民众广泛接纳。然而，由于斯瓦希里语被授予了"国家权威"，120 余种坦桑尼亚民族语言的地位被降低，发展也受到阻碍。在城市地区和沿海地区，甚至存在日常使用斯瓦希里语导致民族语言衰退或消亡的例子。但是，民族语的盛衰并非完全一致。它们受到自身规模、区域条件、城市化、民族意识等因素的影响，有些处于比较稳定的状态，有些却在消亡的边缘。

从具有国家权威、等级最高的斯瓦希里语到毫无威信、等级最低的语言，坦桑尼亚的语言根据自身的威信程度被等级化（Batibo, 1996: 86−88）。斯瓦希里语下面是拥有“区域权威”（regional prestige）的语言。这些语言是在历史和文化上具有优越性的民族或人口较多民族的语言，具有比较稳定的语言地位，对周围的小众语言有绝对影响力，例如，苏库马语（Sukuma）、尼亚姆维齐语（Nyamwezi）、哈亚语（Haya）、马孔德语（Makonde）、尼亚克育萨语（Nyakyusa）和马赛语（Maasai）等。再低一等的是具有“地方权威”（local prestige）的语言。这些语言的使用人数虽然没有区域权威语言那么多，但是在其所在地社会地位高，也能够影响周围接触得到的小众语言。虽然最高等级的斯瓦希里语让其他民族语倍感压力，但是这些民族语之间，也存在着威信较高语言给威信较低语言施压的现象。换言之，当小民族语言集团和大民族语言集团相邻、共存时，小民族语言首先会受到周围大民族语言的压迫。虽说由于斯瓦希里语的影响，民族语言开始衰退，但是其衰退路径并非完全一致，会因其语言规模和所处环境等因素而异。

1. 斯瓦希里语的渗透和民族语言的衰退

从印度洋沿岸到内陆地区，不仅在以斯瓦希里语为母语的区域，在积极接受“斯瓦希里文化”的地区，斯瓦希里语也在广泛传播。换言之，在受到斯瓦希里语的直接施压而导致民族语衰退的地区，扎拉莫语（Zaramo）、鲁菲吉语（Rufiji）、恩登格雷科语（Ndengereko）、迪戈语（Digo）、多埃语（Doe）和古维莱语（Lugwere）等沿海的民族语正在消亡（Batibo, 1996: 89）。

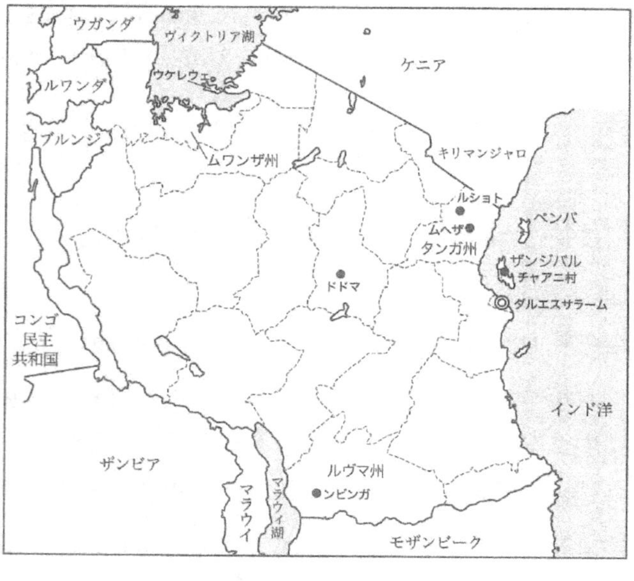

图 3　坦桑尼亚（文中所提到的区域）

根据高村美也子在位于东北沿海地区的坦噶区省海扎县所做的关于邦代语（Bondei）的调查，邦代语也是一种濒危语言。① 根据高村的调查，即使在居民都是邦代族的村落里，年轻人（30 岁以下）也几乎都不会邦代语，只使用斯瓦希里语。中年以上人群虽能够理解邦代语，但在实际对话中常常蹦出斯瓦希里语，即斯瓦希里语的使用频率更高。而只有老年人（70 岁以上）才会完全用邦代语交谈。在对老年人进行采访时，他们表示邦代语对民族身份而言非常重要，希望能够有人继承，但同时他们也明白斯瓦希里语的重要性，猜测在不久的将来邦代语就会消亡。

从沿海地区到内陆地区，我们都能看到斯瓦希里语的渗透和民族语的衰退。米田信子在位于坦桑尼亚西南地区马拉维湖东岸的鲁伍马省姆宾加县对马滕戈语（Matengo）进行了调查。根据她的调查报告，在姆宾加，斯瓦希里语已渗透到家庭内部，马滕戈语的使用范围也越来越小②。关于家庭内部的语言使用情况，在50岁以上的中老年人中，只有约四成的人在对话时只使用马滕戈语，近六成的人会同时使用斯瓦希里语和马滕戈语。在 25 岁以下的年轻人中，近半数在家里只使用斯瓦希里语，只使用马滕戈语的人数约只有一成。像这样，在被称为民族语言“最后一道防线”的私人领域——家庭内部，人们的日常生活用语也是斯瓦希里语，可以说这是民族语言的衰退。

2. 民族语言之间的关系——以乌凯雷韦为例

笔者在位于坦桑尼亚西北方向姆万扎区的乌凯雷韦县对凯雷韦语（Kerewe）进行了调查。调查结果显示，在乌凯雷韦除了斯瓦希里语的渗透和民族语言的衰退，拥有势力且仍被使用的民族语言之间存在着民族语言互相抗衡的有趣局面。以下，笔者将根据调查结果详细介绍凯雷韦语的语言状况③。

乌凯雷韦县是由以位于维多利亚湖南面的乌凯雷韦岛屿为中心的众多岛屿组成的，位于乌凯雷韦岛上的楠西奥是行政区首府。乌凯雷韦县的人口约为 26 万（2002 年的人口普查），主要民族为乌凯雷韦人和吉塔人。17 世纪左右，乌凯雷韦人从维多利亚湖的西岸来到了乌凯雷韦岛并统治了这里，随后吉塔人从维多利亚湖的东岸移居到这里。虽然没有民族

① 高村美也子：《通过坦桑尼亚的民族语言邦代语看多语言状况与生活文化动态》，选自梶茂树、石井溥编：《亚非多语言状况与生活文化动态》，2001—2004 年度科学研究经费补助金［基础研究（A）课题编号：13301027］研究报告书，2005 年，第 115—130 页。根据国际 SIL 的“Ethnologue”1987 年的数据，邦代人的人口只有 8 万，但 Batibo（1996: 88）认为其有“20 万以上”的人口。

② 米田信子：《针对民族语言的语言政策及其影响——以坦桑尼亚为例》，选自田中克彦等编：《语言、国家以及权力》，新世社，1997 年，第 318—335 页。根据米田的研究，马滕戈人的人口约为 8 万。

③ 后面提到的调查结果来自 1997 年笔者在乌凯雷韦进行的关于语言使用和语言态度的调查。调查的具体情况请参见小森淳子：《多民族社会的语言使用实况——坦桑尼亚乌凯雷韦调查报告》，《斯瓦希里 & 非洲研究》，1998 年第 8 号，第 1—27 页。

人口统计，但是一般认为以往乌凯雷韦人占多数，而现在则吉塔人居多。[1]笔者当时前往乌凯雷韦调查是因为怀疑斯瓦希里语已经普及和渗透到坦桑尼亚的角角落落，1977 年，笔者来到连水电都未开通的乌凯雷韦后，发现人们在日常生活中使用的就是斯瓦希里语，真切感受到斯瓦希里语在坦桑尼亚极高的渗透度。即便是小小的村落，也会建造小学，在那里老师会教授斯瓦希里语。在楠西奥实施的调查中，笔者也发现了调查对象都会斯瓦希里语，且在家庭内也用斯瓦希里语进行对话。（见图 4）

图 4　乌凯雷韦的儿童（因为在楠西奥，所以主要使用斯瓦希里语）

根据调查结果，来看一下家庭内部斯瓦希里语的使用状况。表 2 分别显示了高段年龄层（40 岁以上）、中段年龄层（20—39 岁）、低段年龄层（10—19 岁）中回答对家人（包括父母、配偶、子女）“使用斯瓦希里语（只使用斯瓦希里语）”的人数比例。该数据包含同时使用斯瓦希里语和民族语言的比例，以及只说斯瓦希里语的人数比例。如果依照同时使用斯瓦希里语和民族语言的比例，就会发现在低段年龄层中有 56% 的儿童跟父母谈话时使用斯瓦希里语。在中段年龄层中也有 79% 的人对孩子（20 岁以下）使用斯瓦希里语，且其中半数以上只使用斯瓦希里语。从中可以发现，在家庭内部，年轻人使用斯瓦希里语的比例

① 根据国际 SIL 的“Ethnologue”1987 年的数据，乌凯雷韦人的人口为 10 万，吉塔人为 21.7 万。即使该数据包含了乌凯雷韦以外地区的人口统计，吉塔人的人口规模也约为乌凯雷韦人的 2 倍。

较高①。

表 2　回答"使用斯瓦希里语（只使用斯瓦希里语）"的人数比例

年龄层	对父母		对配偶		对子女	
	使用斯瓦希里语 / %	只使用斯瓦希里语 / %	使用斯瓦希里语 / %	只使用斯瓦希里语 / %	使用斯瓦希里语 / %	只使用斯瓦希里语 / %
高段年龄层	3	0	13	3	42	12
中段年龄层	21	5	45	30	79	55
低段年龄层	56	30	—	—	—	—

反过来看，低段年龄层中有 70% 的人对父母只使用民族语或同时使用两种语言，从民族语言使用这一点出发，我们可以说虽然斯瓦希里语渗透到了家庭内部，但其并未完全占据家庭内部语言的位置，而是处在民族语言和斯瓦希里语并用的阶段。

事实上，乌凯雷韦主要的民族语言凯雷韦语和吉塔语（Jita）也在楠西奥被广泛使用。当问到关于语言能力的问题时，乌凯雷韦人表示不管什么民族都至少掌握凯雷韦语或吉塔语一种语言（其中有 71% 的人会说两种语言）。换言之，即便不是乌凯雷韦人或吉塔人，只要在乌凯雷韦长大，都会学习其中一门语言——如此一个活用民族语言的环境。当问到"对乌凯雷韦人或吉塔人使用什么语言？"时，约 20% 的人回答使用斯瓦希里语（包括同时使用民族语言和斯瓦希里语），约 80% 的人回答使用凯雷韦语或吉塔语②。

像乌凯雷韦这种多语言共存的地区，民族语言之间的势力关系也会对语言状况产生影响。在乌凯雷韦，凯雷韦语和吉塔语势均力敌，但由于近年来吉塔人的人口超过了乌凯雷韦人，因此吉塔语逐渐占据优势。从凯雷韦语和吉塔语相互较量的状态可以窥见笔者在调

① 家庭内部使用斯瓦希里语的比例之高与民族也存在着联系。因为调查对象为住在楠西奥的居民，并没有限定民族，所以也包含了其他地方的民族（调查对象中有七成左右为乌凯雷韦人或吉塔人，三成左右为其他民族）。在其他民族的家庭中，对子女使用斯瓦希里语的倾向尤为明显。55% 的对子女只使用斯瓦希里语的中段年龄层中，有 69% 的人自己本身或配偶或双方都是乌凯雷韦主要民族（乌凯雷韦人、吉塔人）以外的民族。例如，调查对象中有苏库马族的夫妻、查加族的夫妻，他们都会使用苏库马语和查加语（同时使用斯瓦希里语），但他们都回答说对自己的孩子只使用斯瓦希里语。30% 的对配偶只使用斯瓦希里语的中段年龄层中，有 64% 的人和配偶是不同民族的。例如，自己是吉塔人而妻子是苏库马人的男性（27 岁）回答自己对妻子使用斯瓦希里语。像这样的民族混居的情形我们常常能在城镇中看到，这也是在这些家庭中使用斯瓦希里语的原因之一。当然，乌凯雷韦人和吉塔人在家庭中也使用斯瓦希里语。

② 该问题的来源是，"家庭内部"之后的私下场所是"家附近"，当被问到在家附近使用的语言时，大部分回答都是"根据对方来选择"。由于很多人回答"对方是乌凯雷韦人就说凯雷韦语，对方是吉塔人就说吉塔语"，才有了这个问题。虽然也有人直接回答"对乌凯雷韦人就用凯雷韦语"，但正如笔者之后会提到的，体现了乌凯雷韦民族语言的现状就是不同民族语言达到了能相互理解的状态。

查民族语言使用状况时发现的令人颇感兴趣的现象，即会话双方分别用凯雷韦语和吉塔语进行对话的现象。

如前所述，出生在乌凯雷韦的人要么会说凯雷韦语和吉塔语这两种语言，要么至少会其中一门语言，且能听懂另一种语言。因此使得“乌凯雷韦人说凯雷韦语，吉塔人说吉塔语”这一会话模式得以成为可能。当然，如果会两种语言，在对话时就会根据对方的情况或现场状况选择适合的语言，选择各自的语言进行对话也是选项之一。这是在两种语言势均力敌、相互较量的环境下才会产生的现象。一旦有一方占据压倒性的优势，优势一方就没有必要去理解劣势一方，或者劣势一方就会被要求使用优势一方的语言，在本次调查中，笔者没有发现这种“强制性”，反而发现可以凭个人意志选择使用凯雷韦语还是吉塔语。具体而言，当被问到“在与吉塔人说话时会用什么语言？”时，有50%的乌凯雷韦人回答“使用凯雷韦语”，37%回答“使用吉塔语”。而当被问到“在与乌凯雷韦人说话时会用什么语言？”时，54%的吉塔人回答“使用吉塔语”，36%回答“使用凯雷韦语”。此外，有不少人在回答时提到，“如果自己说凯雷韦语/吉塔语，对方说吉塔语/凯雷韦语，对话完全可以进行下去”①。

但是，相对而言，吉塔语处于优势地位是不争的事实。例如，笔者首先感受到在楠西奥更常听到吉塔语，相比于凯雷韦语，移居到楠西奥的外来人员更容易掌握吉塔语，多数人表示“吉塔语比凯雷韦语更简单”②等等。这点也能在笔者关于语言能力的调查结果中看到。调查对象中约40%为乌凯雷韦人，约30%为吉塔人，虽然乌凯雷韦人略多，但回答“会说吉塔语”的人占总人数的83%，多于回答“会说凯雷韦语”的人（占65%）（回答两种语言都会说的人占总人数的57%）。无论什么民族，学习吉塔语的人数比例都较高。这点从以下调查结果中也能看到。在父母、配偶都不是乌凯雷韦人（本人也不是乌凯雷韦人）的调查对象中，有28%的人回答“会说凯雷韦语”；而在父母、配偶都不是吉塔人（本人也不是吉塔人）的调查对象中，回答“会说吉塔语”的人达到了69%。由此可知，在乌凯雷韦，与凯雷韦语相比，吉塔语更具有优势地位。

关于乌凯雷韦的民族语言状况，虽说斯瓦希里语的渗透使其使用领域逐渐缩小，但在

---

① 也存在除凯雷韦语或吉塔语之外回答“使用斯瓦希里语”的人。此外，也有人回答就保持与对方不同的语言进行对话，但如果需要让步，会配合对方的语言选择合适的语言。例如，回答对乌凯雷韦人使用吉塔语进行对话的吉塔族男性（32岁）说：“我妻子是乌凯雷韦人，会说吉塔语，但为了‘家庭和睦’，我会跟她说凯雷韦语。”回答对吉塔人使用凯雷韦语的乌凯雷韦族男性（55岁）说：“如果对方吉塔人居多，那么我会使用吉塔语。”像这样根据谈话对象和当时的状况选择凯雷韦语或吉塔语是乌凯雷韦地区民族语的特征。

② 一般人们评价“某一种方言比另一种方言更加简单或难”的时候，并非指语言本身的难易程度，而更多的是指语言的普及程度和使用频率。当然，人们也会因文字体系、繁杂的语法条目、复杂的敬语表现等评价一个语言“很难”，但像凯雷韦语和吉塔语这样基本上属于口语语言，具有非常相似的结构且都属于班图语支，能听到这样的评价是因为吉塔语更常听到，外来人也更容易记住。

家人和邻里之间依然被广泛使用，且很难想象它们会在不久的将来消亡。再深入观察民族语言之间的关系，可以发现目前凯雷韦语被吉塔语的势力压制。如果把前文提到的坦桑尼亚的语言等级拿来进行对照，吉塔语应该属于拥有“地方权威”的语言，会对其周围的凯雷韦语施加压力。即便目前凯雷韦语与吉塔语势均力敌，但由于吉塔人不断移居乌凯雷韦地区，凯雷韦语正受到最高等级的斯瓦希里语和与之共存的吉塔语双方的压迫。

共存的民族语言根据规模的不同直接受到对方的压迫，但规模明显不同的语言之间的压力会更具压倒性。在此我们举例证明。根据安部麻矢在位于坦桑尼亚东北方向坦噶区的卢绍托所做的关于马语（Maa）[①]的调查报告，卢绍托的主要民族为香巴人，香巴语（Shambaa）是卢绍托地区具有压倒性优势的语言[②]。马族虽然也是居住在卢绍托的民族，但其只是一个拥有 3.2 万人口左右的少数民族，香巴语给了马语极大的压力。以下现象可以说明这一点：马族人都要学习香巴语，在与香巴人说话时也必须使用香巴语，而香巴人并不被强制要求学习马语。在这样一个民族语言很强大的情况下，处于相对劣势的语言使用者必须学习优势语言，与优势语言使用者对话时“被强制”使用对方的语言。笔者在坦桑尼亚其他地区也能看到这种现象，像拥有“区域权威”的语言一样，在地区的语言中规模较大的语言常常会给周围的少数语言施加压力。但也不排除部分少数语言会被优势语言吸收的可能。马族人的语言使用报告显示，虽然所有马族人都拥有使用香巴语的能力，但是马族人在家庭内部不使用香巴语，而是使用马语之外的语言，即斯瓦希里语。通过这一点，笔者发现，即便是处于较高等级的民族语言，在面对拥有特别权威的斯瓦希里语时，其地位与其他语言并无差别。

（二）斯瓦希里语与英语的矛盾

无论在坦桑尼亚哪个地区生活，斯瓦希里语都是必不可少的。也就是说，只要会斯瓦希里语就够了，不要说英语的必要性了，我们就连“英语和斯瓦希里语的矛盾”这样的问题都没机会感受。然而，离开普通群众的生活层面，当讨论高等教育时，或者在达累斯萨拉姆观察与全球化紧密相关的坦桑尼亚经济发展趋势时，斯瓦希里语与英语的矛盾就完全显现出来了。

虽然坦桑尼亚的宪法没有关于语言的条例，但自独立以来便规定斯瓦希里语为国家语言、通用语，从地方政府到国会所有的政府机关都要使用斯瓦希里语。但与此同时，英语

---

① 马语又叫作马赛语，是东部非洲马赛人使用的语言，属于东尼罗语族，流通于肯尼亚南部和坦桑尼亚北部。马赛语接近肯尼亚中部桑布鲁人所使用马语（Maa Languages）的桑布鲁语（Samburu language, Sampur）、巴林戈湖东南部及南部所使用的查木斯语（Chamus language，有时亦视为桑布鲁语的方言），以及坦桑尼亚的帕拉库尤语（Parakuyu）。（译者注）

② 安部麻矢：《马族人的语言使用实况》，选自稗田乃编：《语言接触中产生的语言现象》，文部科学省特定领域研究（A）《关于环太平洋的“濒临灭绝的语言”的紧急调查研究 B002 成果报告书》，2002 年，第 8—33 页。根据国际 SIL 的“Ethnologue”数据，香巴人的人口约为 55 万。

也被认为是通用语，与斯瓦希里语一样同在国会使用，并且作为宪法和高等法院的判决书等文书的书写语言。实际上，无论斯瓦希里语作为通用语发挥了多大的作用，英语一直保持着通用语的地位。不仅如此，与斯瓦希里语相比，实质上英语甚至被赋予了更高的地位。这点我们可以从学校教育的教学语言中看出。在坦桑尼亚，小学的教学语言是斯瓦希里语（见图 5），而中学及以上的高等教育阶段，其教学语言仅为英语。作为高等教育中唯一的教学语言，英语的地位之高不言而喻，且其地位一直不可撼动。

图 5　坦桑尼亚某小学的墙壁（用斯瓦希里语写着“教育即解放”）

这种教学语言的存在方式不仅是殖民时期遗留下来的制度产物，也是自独立以来，希望把高等教育的教学语言也设定为斯瓦希里语的这一议题被反复推进的结果。1997 年，政府采用了新的文化政策。该政策主张在所有教育阶段都使用斯瓦希里语进行教学。但实际上一旦到了实施阶段，就发现举步维艰（Mwansoko, 2004: 151–162）。正如第 2 节部分（三）所述，经过多家斯瓦希里语研究机构的努力，斯瓦希里语不仅具备了作为高等教育教学科目的能力，也能够作为教学语言使用。早在 20 世纪 70 年代坦桑尼亚就已经用斯瓦希里语编写了中学教材，如今大学的政治、经济等专业的专业书籍也有用斯瓦希里语编写的（Mwansoko, 2004: 158–159 等）。如上所述，高等教育已经充分准备好接受斯瓦希里语作为教学语言，但即便如此，政策的要求还是没有实现。

斯瓦希里语未能完全成为高等教育的教学用语，原因在于精英阶层虽然一直在呼吁推行斯瓦希里语，但是实际上他们并不热衷于排除英语。对于精英阶层而言，英语是与特权挂钩的语言，英语的高地位有助于他们维持特权，按照政策推动斯瓦希里语发展和享受英语带来的特权是两回事。随着近年来的全球化和经济发展，重视英语的风潮愈演愈烈，最近还出现了用英语教学的私立小学。拥护、推崇斯瓦希里语的人自不必说，就连精英阶层不管其立场如何，都开始把自己的孩子送往私立小学就读（木村，1999：82）。可以说，这样的方针政策和实际行为使得教学语言问题的解决遥遥无期。

斯瓦希里语作为国民统一的象征，也作为发挥无障碍交流作用的语言，几乎获得了完美的地位和语言形态，然而，其唯一的"瑕疵"就是尚未获得高等教育教学语言的地位。如果着眼于斯瓦希里语的发展，那么该"瑕疵"的发展方向将会成为未来斯瓦希里语的地位和立场的试金石。

四 结语

如果用简短的几个词概括坦桑尼亚语言状况的特征，那么就是斯瓦希里语的发展和普及，以及其国民的接受程度和坚如磐石的地位。"斯瓦希里语是坦桑尼亚国民的语言。只要会说斯瓦希里语便可以行走天下。"人们如此评价斯瓦希里语。所有阶层都通过报纸、广播、电视等媒体，了解政治、经济领域发生的事。在坦桑尼亚，语言和统治阶层的断层问题并不明显。非洲固有的语言拥有如此高的地位，不仅与殖民时期之前就有的贸易历史有关，也与殖民时期到独立后的语言政策有着密不可分的关系，虽说有部分是殖民时期产生的"为了殖民统治的政策"，但发展成现在这样的状态也可谓幸运。

也有言论说，坦桑尼亚的语言状况有助于团结120多个民族、稳定独立后的政情、防止内乱[①]，但也正是由于坦桑尼亚没有明显的民族主义和地方主义，以及由此引起的政治对立和斗争等，斯瓦希里语的发展和普及才能有今天的成果。也正因如此，即便有人惋惜各自的母语——民族语言因为斯瓦希里语的影响而发生了某些变化，也没有为了一味维护民族语言使其发展从而排斥斯瓦希里语的动向。

由于斯瓦希里语的普及和渗透，在家庭内部这种极其私人的领域里，人们也或多或少地开始使用斯瓦希里语，民族语言的使用领域也逐渐缩小。然而，民族语言是否会朝着完全消亡的方向发展还是个问号。在地方的私人场合，人们同时使用着斯瓦希里语和民族语，各地都能看到使用民族语的事例，正如乌凯雷韦和卢绍托的例子所示，不同民族语之间的关系左右着其自身的兴衰。

此外，正如第2节部分（四）中提到的，虽然都被称为"斯瓦希里语"，但把斯瓦希里语作为母语使用的地区的方言和标准斯瓦希里语之间也存在着隔阂，各地的斯瓦希里语受

① 参见木村（1999：71）。

到并包容了民族语的影响，而民族语自身也受到了斯瓦希里语的影响，词汇和语法等都在不断变化。在该背景下产生的“新斯瓦希里语”和“新民族语”可能会在各地发展，因此，斯瓦希里语和民族语言的矛盾不能单纯地一分为二，而要从多角度考虑①。

笔者可以断言，从平民之间的交流到国家经营层面，在坦桑尼亚没有斯瓦希里语不能完成的任务，但即便这样，英语依然威胁着斯瓦希里语的地位。在全球化的浪潮和资本主义经济发展过程中，统治阶层和富裕阶层越来越倾向于使用英语，经济差异也通过语言差异体现出来。是一直忽视这一断层现象，助长其发展，还是一边用斯瓦希里语塑造坦桑尼亚的身份一边摸索其发展的方向性？不管哪一种选择都会涉及高等教育的教学语言问题，而该问题今后的发展可以帮助笔者知道未来斯瓦希里语在坦桑尼亚的地位和发展方向。（小森，2003）

附录　图 3 中日语对应中文

“ウガンダ”（乌干达）、“ルワンダ”（卢旺达）、“ヴィクトリア湖”（维多利亚湖）、“ウケレウェ”（乌凯雷韦）、“ケニア”（肯尼亚）、“キリマンジャロ”（乞力马扎罗山）、“ブルンジ”（布隆迪）、“ムワンザ州”（姆旺扎省）、“ドドマ”（多多马）、“ルショト”（卢肖特）、“ムヘザ”（穆海扎）、“タンガ州”（坦噶省）、“ペンバ”（彭巴）、“ザンジバル”（桑给巴尔）、“チャアニ村”（查亚尼村）、“ダルエスサラーム”（达累斯萨拉姆）、“インド洋”（印度洋）、“コンゴ民主共和国”（刚果共和国）、“ザンビア”（赞比亚）、“マラウイ”（马拉维）、“マラウィ湖”（马拉维湖）、“ルヴマ州”（鲁伍马省）、“ンビンガ”（姆宾加）、“モザンビーク”（莫桑比克）。

① 关于斯瓦希里语的变化请参见梶茂树：《为何斯瓦希里语传播到扎伊尔——基于其结构的探究》，《现代非洲的社会变迁——语言与文化的动态观察》，人文书院，2002年，第134—149页。关于受斯瓦希里语的影响民族语言发生的变化请参见研究“新马滕戈语”的米田信子：《马滕戈语的借词和单词的更迭》，《其他方言与共通语的借词的动态关系——非洲与印度尼西亚的情况》，文部科学省特定领域研究《关于环太平洋的“濒临消亡的语言”的紧急调查研究B009成果报告书》，2003年，第31—49页。关于民族语言之间的接触而引发的语言变化请参见小森淳子：《凯雷韦语的描述研究——语法、语言接触带来的变化、语言文化》，京都大学，2003年博士论文。

马达加斯加

MADAJIASIJIA

未完的“国语”
——马达加斯加语与法语的矛盾

■ 深泽秀夫

一　未完的“国语”——“国民语言”和“国家语言”的隔阂

2007年马达加斯加共和国宪法经历第3次修订，在此次修订前，宪法的第四条确定了共和国的格言、国徽、国旗、国玺等，且在最后对语言做了如下规定（Labatut, 2000: 6）：

汉语译文	马达加斯加语为国语。
马达加斯加语原文	Ny teny malagasy no tenim-pirenena.
法语原文	Le malagasy est la langue nationale.

如果不了解马达加斯加的语言和国家，那么看了宪法的第四条，很多读者会认为当今的马达加斯加是“单一语言状况”而非“多语言状况”。其实，这条简短的宪法条例已经展示了马达加斯加特殊的语言状况。这是因为在2007年的修订版之前，宪法中虽然没有对法语的地位做任何规定，但宪法全文不仅使用马达加斯加语撰写，还使用了法语。宪法所有条例都是马达加斯加语和法语双语对照，但第四十八条规定了总统在就任仪式上演说的誓词，而这一誓词仅用马达加斯加语表示，未用法语。换言之，马达加斯加共和国总统在对国民宣誓就职时必须使用马达加斯加语，且无法用其他语言替代。在马达加斯加，不仅在总统就任仪式上，在新国王或女王即位，或者发布新法律时，统治者在民众面前都必须使用马达加斯加语进行“演说”（kabary），这似乎是1897年前一直存在的伊麦利那王国（Imerina）流传下来的习惯和传统（Maurice, 1975）。

当然，规定了“马达加斯加语是国语”的宪法第四条和与总统就任相关的第四十八条并不矛盾。但是，正因为如此，在用马达加斯加语和法语双语撰写的宪法条例中，唯独第四十八条就像故意忘记似的没有法语翻译，着实显眼。

可以说，此处集中体现了马达加斯加的语言状况。马达加斯加语在口头语言的层面上可以作为严格意义上的“国语”，但在书面语言层面，如政府公报、公共教育、纸币、电视、报纸等方面，马达加斯加语与法语并存，只是名为通用语的“国家语言”之一。这一双重性正是当今马达加斯加的多语言状况的表现。此外，就连作为口头语言的马达加斯加语的“国语化”，也是从第一位移民者登上马达加斯加岛到现在1000多年的时间酝酿出的多语言状况下的历史性和人为性的产物，绝对不是给定的东西，也不是自然的东西，这一点必须强调。

马达加斯加开办了许多教会学校，教会学校里小学高年级使用的地理教材是由天主教徒编写的，他们对初中等教育颇具影响力。在该地理教材中名为“国民”（ny firenena）的章节里记述了马达加斯加语与国民的关系。

> 马达加斯加有黑人、白人、褐色人种，有直发、卷发、波浪式头发，有厚唇、薄唇、塌鼻梁、高鼻梁，有细长的眼睛、圆圆的眼睛……无论容貌身材如何，无论穿衣打扮如何，无论生活习惯有多么不同，无论你从哪里来，只要你是这个岛屿的居民，只要你祖祖辈辈使用马达加斯加语，那么你就是马达加斯加的国民。马达加斯加语不是二，不是三，是唯一，是马达加斯加语让我们的岛屿成为一个民族[①]。

然而，如果结合马达加斯加的历史和文化背景来说明“马达加斯加语是国语”这条宪法条例，那又会出现不同于上文的情况。但是，即便身体上、习惯上、起源上有所差异，但该地理教材上马达加斯加岛上的人们只使用马达加斯加语的论调，唤起了马达加斯加语使用者心中被称为语言民族主义的情感。这是因为“国家”（firenena）、“国民”（ny firenena）和“国语”（tenim-pirenena）3个词有一个共同的词，那就是“firenena”，而“firenena”的词根“reny”就是“母亲”的意思。19世纪编撰的《马达加斯加语—法语词典》中对“firenena”一词的解释是“国民、部落、社会团体、人种、种族、家族”（Abinal, 1888:173）。与“统治”这个动词“manjaka”的关系态名词“fanjakana”（政府）不同，“firenena”这个词不包含政治统治组织或统治机构的意思。“firenena”由“母亲”一词派生出来，拥有许多意义，能够涵盖多个社会单位，从而成为能够引起强烈一体感情的单词。因而，宪法上所写的“tenim-pirenena”（国语）不能只是作为支撑马达加斯加国家统治和行政的书面语言的“国家语言”，也必须是以马达加斯加作为一个“国民”的观念为前提的

① Nicole Giambrone. *Ny Nosintsika*. Ambozontany, 1975, p.87.

“国民语言”。

然而，马达加斯加的“国语”并未同时获得“国民语言”和“国家语言”两个地位。作为国民应该共同理解使用的口头语言即“国民语言”，马达加斯加语是唯一的。但是，作为撰写国家文书条例的书面语言即“国家语言”，其与法语的地位是一样的，并且自2007年起英语也被列为“通用语”。为何宪法规定马达加斯加语是“国语”的同时又用法语表述？为何马达加斯加语还未能完全成为“国语”？本文将从历时的角度考察马达加斯加国家与口头语言、书面语言之间的关系。

二　马达加斯加语确立为地区通用语

不管外乡人是去马达加斯加的城镇还是乡村，都会被当地人追问：“你会马达加斯加语吗？”这听起来像是一个不经意的朴素问题，但这个问题有一个前提，体现了提问者的共识，即回答者说的语言和“马达加斯加语”拥有同一个名称，在命名为“马达加斯加语”的语言内部，人们相互之间会说相同的话。如果不是这样，那么对方应该会问：“你懂我们的语言吗？”当然，马达加斯加语的使用者明白在马达加斯加使用的语言并非完全一样，马达加斯加语根据地域、民族的不同拥有不同的词汇、发音和语调，这就是人们日常所熟知的“方言”（fitenim-paritany）。然而，在与外人对峙的瞬间，他们不会认为自己所说的语言是以差异为前提的“方言”，而是坚信自己说的话与说其他“方言”的人一样，都是名为“马达加斯加语”的语言。这一点是确信无疑的。

面积59万平方千米的马达加斯加岛上居住着2000万人，这2000万人中除印度人、巴基斯坦人、科摩罗人、中国人等“外国人”之外，几乎所有人即便有些方言差异也能够互相交流沟通，就如同印度尼西亚岛和菲律宾岛上的人一样。他们把同属于南岛语系印度尼西亚语族（Teny Malagasy，Teny Gasy）的马达加斯加语视作“祖先的语言”（tenin-drazana）使用。在这个广阔的领域里，马达加斯加语的一致性或者共通性的成立，与作为口头语言的马达加斯加语的一致性及作为“国语”的马达加斯加语的成立这两个历史缘由有关。

1500年之前，马达加斯加岛还是一个无人岛，大多数研究者认为，在5世纪到8世纪之间，印度尼西亚系人越过印度洋初次登上马达加斯加岛并定居了下来。词源统计分析法的研究表明，现在马达加斯加的各方言在距今约1500年前是同一种语言[①]。此外，马达加斯加语中存在来源于古代印度梵语的词汇，如月份的名称，但与现在的爪哇语（Javanese）和巴里语（Balinese）等相比数量少得多。这些都是马达加斯加人的祖先所构成的移民集团，是

---

① Verin, P., C. P. Kottak and P. Gorlin. “The Glottochronology of Malagasy Speech Communities”. *Oceanic Linguistics*. 1969, 8 (1). pp.20–83.

他们在印度教文化对东南亚影响很大的8世纪前，从故乡出发来到马达加斯加岛上的证据。①

虽然关于马达加斯加人的祖先从东南亚出发的时间、到达马达加斯加岛的时间、在东南亚的原居住地，以及他们穿越印度洋的航海路线和航海技术，在学界都没有确切的论断②，但是马达加斯加语属于南岛语系，与居住在加里曼丹岛的一些民族的语言有着极高的相似性，这一点是毋庸置疑的。此外，马达加斯加的双胴风箱、竹琴、带有支架的皮艇（见图1）、用牲畜耕地（见图2）等物质文化，以及墓葬仪式等都与印度尼西亚、菲律宾的民族相关性极强，马达加斯加人的祖先中肯定有一部分人是越过印度洋移居到此的。

图1　带有支架的皮艇

注：笔者1986年摄于穆龙达瓦。

图2　马来式农耕

注：笔者1986年摄于安巴通德拉扎卡。

① Otto Chr. Dahl. *Malgache et Maanjan*. Egede-Instituttet, 1951, pp.366−369.

② Otto Chr. Dahl. *Migratrion from Kalimantana to Madagascar*. Norwegian University Press, 1991.

但马达加斯加语在南岛语系中的位置与马达加斯加人祖先的迁徙之间的关系并非本文的主题。重要的是，作为口头语言的马达加斯加语的共通性和等质性源于5世纪到8世纪间的印度尼西亚系人的迁徙，之后还有阿拉伯地区、非洲大陆、印度半岛的移民，此外，这两种性质与16世纪欧洲大陆移民的住、行有关。从不同地方来的移民者一同居住，相互融合，最终为多语言状况的发生奠定基础。虽然马达加斯加语自身属于南岛语系，但其已经包含了许许多多来自梵语、阿拉伯语、波斯语、班图语、斯瓦希里语、英语、法语等语言的词汇①。由于语言和文化中借代和传播现象频繁发生，以这些单词所属的语言为母语的人们可能不一定都移居到马达加斯加。同理，以不同于南岛语系的语言为母语的人也有可能来到马达加斯加。不仅如此，属于南岛语系的人也被认为是不同时代从不同地方移居而来的②。若是如此，那么单纯地认为最初移居到马达加斯加的印度尼西亚人留下了祖先的语言从而成了现代“国语”马达加斯加语这种想法是很危险的。笔者认为有必要思考在这些使用由不同系统组成的母语的人之中，印度尼西亚语系语言被使用的情况。

在这里，重要的是作为不同语言集团间使用的皮钦语或地域通用语言的印度尼西亚语族语言，即“原马达加斯加语”。已经有多个马达加斯加的语言和文化的研究者，通过“通用语”“语言转移”“皮钦化”等术语，唤起了人们对这种现象的关注。

在公元前5000年，有很多来到马达加斯加担任文化传播的使者，他们来自东南亚、印度、新几内亚。他们是卓越的航海家，带来了航海、渔业、贸易等。从民族学的角度看，这些航海家来自不同的文化，但这些文化相互融合，于约1000年前派生出一种单一的文化。他们曾使用不同的语言或同属印度尼西亚语支中的不同语言。也许，这些民族集团中就包含了定期通过贸易交流的商人。没错，这些集团中的某一商人群体的语言，被作为商人之间的通用语使用，这个语言恐怕就是曼加语（Mannjan，居住在加里曼丹岛上的民族的名称及其语言名称）和马达加斯加语两种语言的祖语。换言之，曼加语祖语的口语中，唯一留存下来的就是马达加斯加语的口语③。

现代专家中，大部分就如同J. 波里尔（J. Poirier）和J. 瓦莱特（J. Vallette）所思考的那样，认为在最初的原马达加斯加人之后，梅里纳人又来到了岛上，但人数少的总是不占优势，少数派的梅里纳人最后采用了原住民的语言，两种语言的相似性，促进了语言转移。实际上，“认为梅里纳人与几世纪以前来到岛上的原马达加斯加人使用同一种语言的想法是不切实际的”（J. 波里尔）。这种假说在用历史的维度说明马达加斯加到处使用的现代马达加

---

① Razafintsalama. *La Langue Malgache et Les Origines Malgaches*. TImprimerie Moderne de l' Emyme, 1928.

② 崎山理：《马达加斯加的民族迁移与语言形成——基于民族词汇、植物名称的语义嬗变》，《国立民族学博物馆》第16卷第4号。

③ Wilhelm G. Solheim. “Indonesia Culture and Malagasy Origins”. *Annales de L'Unibersité de Madagascar: Série Lettres et Sciences Humaines TALOHA*, 1965 (1).

斯加语的统一性时是有利的[①]。

马达加斯加的语言形成基于前述词汇、语法现象，如果从外来统治者的语言和土著的被统治者的语言的观点分析，作为最后一批移民的爪哇人虽然在人数上属于少数派，却让远远比他们定居长久的人早开始把爪哇语当作通用语（贸易用语）使用……由此形成以下假说：开始皮钦化的爪哇语变成克里奥尔语，并逐渐进化为现代马达加斯加语。关于爪哇语的皮钦化，正如《支撑语言生命的民族身份——以语言大国尼日利亚为例》和《有无非洲语言所造成的差异——以佛得角和几内亚比绍为例》中所述，南部加里曼丹诸语作为基础语言在词汇方面有着很强的影响力，又如《多语言使用与教学语言——刚果民主共和国的语言问题》所述，在语法方面留有爪哇语法的印记，这就是一般认为的皮钦化的模式（崎山理，1991：756）。

如前所述，南岛语系的人最先来到无人岛，之后他们使用的语言成了岛上使用较多的语言，这一历史的、偶然的过程可以说促进了作为口头语言的马达加斯加语的一致性或共通性的成立。这个形成过程中，以多语言状况为背景的皮钦化以及之后的克里奥尔化都是无法忽视的。

三　作为“国语”的马达加斯加语的成立——伊麦利那王国和马达加斯加语的文字化

来自印度尼西亚等地方的移民，对作为与现代马达加斯加语紧密相连的地区通用语的南岛语系的形成和普及有着很大的影响，但他们并没有将当时的文字一并带到马达加斯加。马达加斯加语的文字化还是 12 世纪左右阿拉伯人将阿拉伯文字和造纸术等（见图 3）带到马达加斯加之后的事。法国东印度洋公司在马达加斯加东南地区的多凡堡（Fort-Dauphin，现称“藻拉纳鲁”）设立了商站，作为商站站长的 E. 督弗拉古（Étienne de Flacourt）于 1648—1655 年居住在马达加斯加。据他描述，在当时的马达加斯加东南地区一带有大量用阿拉伯语学习马达加斯加语书写知识的人。

乌比萨拉在 Veil 地区指那些被称为穆拉比特（Mrabet）的人，以及利用医术、祭祀、巫术行骗的骗子。这两种乌比萨拉分别叫乌比萨拉·乌帕努拉查和乌比萨拉·乌皮兹奇里。乌帕努拉查会用阿拉伯文字写书，他们拥有好几本书，其中包括《古兰经》。就像在欧洲人

① F. Labatue et R. Raharinaribonirina. *MADAGASCAR Etude Historique*. Nathan-Madagascar, 1969.

们懂希腊语和拉丁语一样，他们在写作的同时对阿拉伯语也了解了不少[①]。

图 3　阿拉伯三角帆船［笔者 1989 年摄于马任加（Majunga）］

像这样用阿拉伯语文字书写，使用从阿拉伯传来的造纸技术在纸上书写的马达加斯加语文书被称为斯拉贝（sorabe）。斯拉贝的“斯拉”（sora）是表示“文字、颜色、线条、记号、书写”等意义的名词“siratra”，而“贝”（be）是表示“大的、多的、伟大的”等意义的马达加斯加语的形容词。因此，“斯拉贝”直译为“大的文字”，意译为“伟大的书”。直到现在，7000 多页的斯拉贝仍在马达加斯加东南地区的安泰莫罗（Antemoro）居住区被使用。斯拉贝的内容主要分为两种，一种是关于占卜、日历、巫术的教规书，另一种是记录安泰莫罗人王室等的起源和历史的书。根据这样的斯拉贝，人们可知安泰莫罗人王室从阿拉伯地区来到马达加斯加的时间大约在 14 世纪。然而，根据前面提到的 E. 督弗拉古的记录，不仅安泰莫罗人用阿拉伯文字书写马达加斯加语，从马达加斯加的东南方到偏南方一带也很有可能都使用这种书写方式。

斯拉贝虽然是最初在无文字的马达加斯加社会形成的识字技术，但在安泰穆尔族社会内部传承这项技术的，仅限于被称为卡提博（Katibo）的书写集团的人。实际上，斯拉贝的使用有许多禁忌，且自始至终斯拉贝仅作为极为有限的人所具备的知识和技术。因此，斯拉贝并没有成为政治统治的工具，也与民众读写能力的普及无缘。

此外，位于中央高地的伊麦利那王国的安德里亚纳姆波伊尼麦利纳王（Andrianampoinimerina，1794—1810 年在位）不仅在 18 世纪后半期实现了国内的再次统一，而且将其势力

① Étienne de Flacourt. *Histoire de la Grande Isle Madagasar*. Karthala, 1995, p.233.

扩张到整个马达加斯加岛，他邀请了安泰莫罗的占星术师和咒术师们，试图引进和学习他们的占卜、占星术、医术等。当时，使用阿拉伯文字的书写方法也被传到了伊麦利那王国，开始被以制定拉丁字母表记法的拉达马一世（Radama，1810—1828 年在位）为首的王国内部分民众使用（见图 4）。由此，斯拉贝形成了两个种类或者说两个系统。一种是以东南地区的安泰穆罗人为中心的 12 世纪或 14 世纪开始传承、收藏的斯拉贝，另一种是 18 世纪到 19 世纪中央高地的伊麦利那王国留下来的斯拉贝。然而，伊麦利那王国的书写方法于 19 世纪前半期在基督教传教士的帮助下，最终变成了拉丁字母表记法（Bloch，1968：287-288）。

بِسَمْقَلَ آبِيطَ شِنْيَفَ بِيقِطَ ٠ آرِ رَاٰ أَبُولَنْقَلَ كُوْ
بَرَاسِنْ نُونَقِمْ

رَنَ اِهَىِ ٠ آرِ اِسَى ٠ طَمِنَدَرَنَ طَمِىِ طُورَان
كُوْ ٠ اِبْقَىِهَ لَتَكِيرِيَ رَآرِيَ

انَتِمْرَنْ ٠ وَلَنْقَلَ آبِطِيَلْىَهَ ٠

آرِ يِسَى نِمَرُ لِيِ طَمِنَدَرَنْ ٠ بِمَ اِبِطِيَلَنْقَلَ
آبَ رَآبَهَ ٠

٠ آرِ يِسَى نِمَرُ لِيِ طَمِنَتِمْرَنْ ٠ بِمَ آبِطِيَلَنْقَلَ
آبْرَآبَهَ

آرِ نِمَرُ طَمِىِ طُورَان ٠ طَمِنَدَرَنْ ٠ قَلَ
آبَ يِ بَقَىَهَ آرِ

انَتِمْرَنْ كُوْ ٠ قَلَ آبَ يِ بَقَىَهَ ٠ آرِ

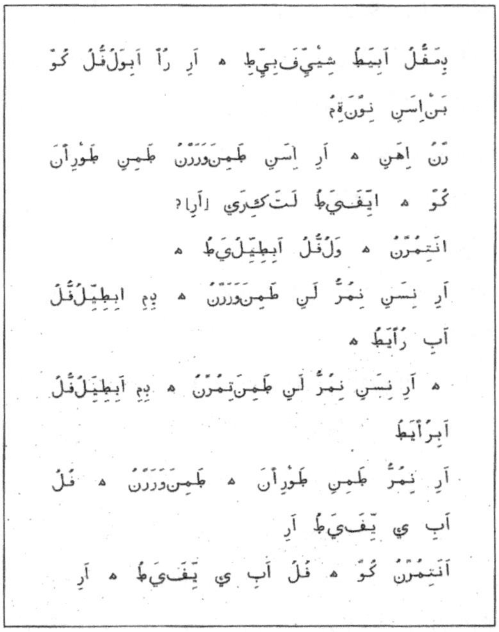

图 4　伊麦利那王国拉达马一世在马达加斯加语拉丁字母表记法学习用阿拉伯文字书写（斯拉贝）时的笔记 [1]

　　关于伊麦利那王国的统治者将马达加斯加语由斯拉贝书写确立为罗马字表记法，并将其普及推广的过程，M. 布朗（M. Brown）记述如下：伊麦利那王国主要居民为梅里纳人，其口语用罗马字书写，该表记法的确立不仅意味着马达加斯加的民众开始识字，还意味着统治或影响马达加斯加全岛 2/3 的伊麦利那王国君主开始被外界认为是"马达加斯加国王/女王"，马达加斯加朝着"国语"的诞生又迈进了一步。

　　拉达马一世同意将阿拉伯文字改为罗马字，并将其作为书写语言。接下来的问题是，各种各样的马达加斯加语的音韵等如何用罗马字的字母表示？拉达马一世非常贤明，主张

---

① Hugues Berthier. *De L' Usage de L' Arabico-Malgache*. Imprimerie G.Pitot et Cie, 1934，p.7.

个别发音用同一个字母表示，个别字母又用同一种发音表示，以避免不必要的文字重复。由此，马达加斯加语拥有了几乎完美的音声书写方式。然而，随后，英语拼法的多样性被摆在了民众面前，现实中使用的文字用何种字母书写开始在传教士间引起激烈的争论，詹姆斯·哈斯蒂（James Hastie，英国大使代表团）和罗宾（Robin，拉达马一世的法国人军事顾问）也经常被卷入讨论之中。为了平息该论争，在罗宾的建议下，拉达马一世决定让辅音按照英文的拼写方式发音，元音按照法语的拼写方式发音。

当拉丁字母表记法已敲定的消息传到伦敦后，伦敦的传教协会直面著名东洋学研究者的批评，他们认为更改罗马字的英式语音表记法不符合英国国家利益。大卫·格里菲斯（David Griffiths，基督教新教的传教士）认为自己的传教士在任何意义上都不是政府的代理人，他义正词严的回答消除了批评："在此谨向各位报告，我们不是为了弘扬英国的国家利益而来的，而是为了提高基督教徒，以及不懂神、不侍奉神的人们的福利。如果（马达加斯加）国王知道我们除了为这个国家的人民谋福利没有任何其他目的，那么国王将会立即命令我们去做（传教的）本职工作。"

对于琼斯（David Jones，伦敦传教协会传教士）和格里菲斯而言，拉丁字母表记法的确立对校对他们收集的许多词汇的拼写方式是不可或缺的。一旦确立了拼写方式后，他们便着手准备学校用的马达加斯加语教材和课程，以及对他们来说是本职工作的《圣经》的翻译工作。在工作日，孩子们 8 点半就会来学校早读，他们 6 点就起床工作，早餐后到中午的空余时间，会请学习成绩较好的马达加斯加人来一起翻译《圣经》。有时他们会单独给王室成员上培训课，也会担任拉达马一世的英文秘书。中午过后，从 1 点一直工作到 5 点。从傍晚开始，他们又会有许多与语言相关的工作，如备课、准备教学问答集，以及制作马达加斯加语赞歌等。星期六的传教用英语进行，星期日的传教则使用马达加斯加语和法语。最初，琼斯和格里菲斯是每星期轮换，一人使用英文，一人使用马达加斯加语进行传教，同时琼斯还负责用法语传教。在首都之外的地方开设学校后，每当星期日，他们一人留在塔那那利佛，一人骑着向拉达马一世借来的马去郊外举行礼拜，同时为了视察学校的教学情况，会到多个村庄进行考察①。

19 世纪 20 年代初确立的用拉丁字母书写马达加斯加语的方法一直延续至今。1835 年，马达加斯加语的《全译本〈圣经〉》《英语—马达加斯加语词典》（见图 5）和《马达加斯加语—英语词典》在塔那那利佛出版发行。与用阿拉伯文字书写马达加斯加语的方法相比，用拉丁字母书写的方法更能够快速普及和确立的理由主要有以下 3 个：①马达加斯加语有很多元音，用阿拉伯文字书写会有许多不便之处，而用拉丁字母书写马达加斯加语，尤其是

① Mervyn Brown. *Madagascar Rediscovered: A History From Early Times to Independence.* Damien Tunnacliffe, 1978, pp.159−160.

梅利纳方言时，很少会使用特殊的书写方式等，能够弥补之前的缺陷；②相比跟随造纸技术一起传入马达加斯加的阿拉伯文字表记法，拉丁字母表记法则是与印刷制书技术一同传入马达加斯加的；③卡提博集团之间采用隐秘的方式继承阿拉伯文字表记法，而拉丁字母表记法针对一般人并在学校教授。此外，19 世纪伊麦利那王国在马达加斯加岛上的领地急速扩张，开始朝着中央集权国家迈进，随之而来的对政府行政人员的信任书、中央政府给代理人的文件、法律文书等的书写要求逐渐增多，使得字母表记法乘风普及。

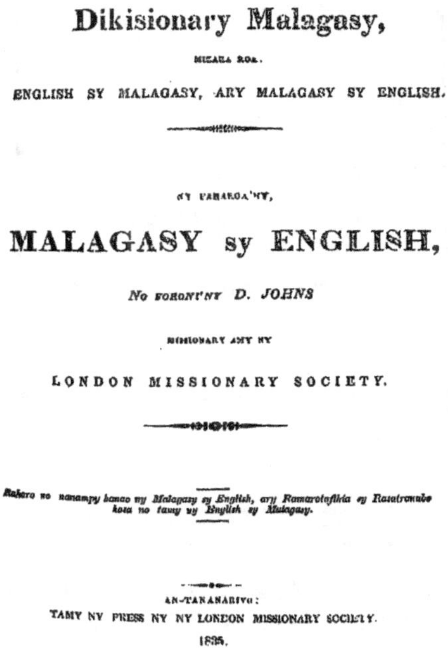
Dikisionary Malagasy,

MIZARA ROA.

ENGLISH SY MALAGASY, ARY MALAGASY SY ENGLISH.

NY FAHAROA'NY,

MALAGASY sy ENGLISH,

No FORONI'NY D. JOHNS

MISIONARY ANY NY

LONDON MISSIONARY SOCIETY.

Rahero no nanampy hanao ny Malagasy sy English, ary Ramarotafikia sy Rasatranabe kosa no tany ny English sy Malagasy.

AN-TANANARIVO:

TAMY NY PRESS NY NY LONDON MISSIONARY SOCIETY.

1835.

图 5　1835 年出版的《马达加斯加语—英语词典》的封面[①]

1880 年，伊麦利那王国开始实施义务教育制度（见图 6），在被法国殖民统治前的 1894 年，拥有 75 万—87 万人的伊麦利那王国已经有 16 万名学生。此外，经由新教和天主教传教士的努力，马达加斯加语的研究取得了飞跃式发展，如新教传教士 J. 理查森（J. Richardson）于 1885 年编撰了《新马达加斯加语—英语词典》，天主教传教士马尔扎克（Victorin Malzac）和阿比纳尔（Abinal）于 1888 年编撰了《马达加斯加语—法语词典》[②]。

19 世纪末，马达加斯加历史上的“国民语言”和“国家语言”以梅利纳方言为中心，确立了马达加斯加语的书写和教育体制，随着伊麦利那王国的统治范围逐渐扩大到马达加

① 使用了 19 世纪 20 年代制定的马达加斯加语梅利纳方言的书写法。

② M. Bloch（1968）op.cit., B. A. Gow. *Madagascar and the Protestant Impact.* African Publishing Company, 1979.

斯加岛的三分之二，到了两者合并成“国语”可能性极高的时间点。然而，1895 年伊麦利那王国在法国的军事侵略前投降，成了法国的保护领地，1896 年，依照法国国民议会的决议，整个马达加斯加岛成为法国的殖民地，在那之后马达加斯加语在它成为“国语”的道路上停滞不前，直到今日仍是“未完的国语”。

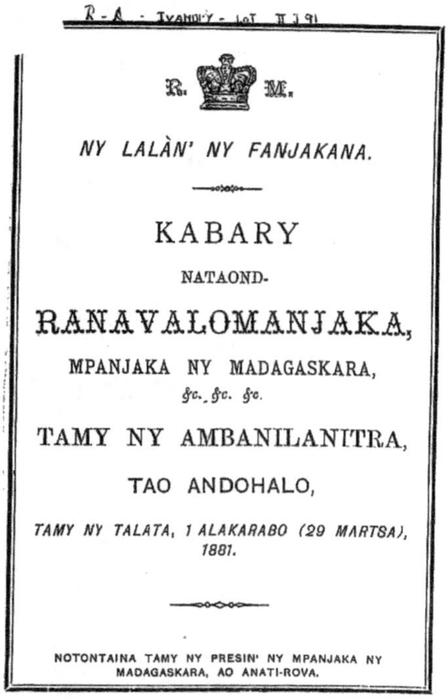

R. M.

NY LALÀN' NY FANJAKANA.

KABARY

NATAOND-

RANAVALOMANJAKA,

MPANJAKA NY MADAGASKARA,

&c. &c. &c.

TAMY NY AMBANILANITRA,

TAO ANDOHALO,

TAMY NY TALATA, 1 ALAKARABO (29 MARTSA), 1881.

NOTONTAINA TAMY NY PRESIN' NY MPANJAKA NY MADAGASKARA, AO ANATI-ROVA.

图 6　1881 年颁布的伊麦利那王国法令集的封面[①]

四　作为法国市民的法语和作为法国臣民的马达加斯加语

1896 年 9 月，曾在印度和西非担任殖民地行政官员的军人约瑟夫・西蒙・加利埃尼（J. S. Gallieni）任马达加斯加第一任总督。任职初期，为了遏制统治地区强势民族的势力，他采用支持其对立民族的“民族政策”（politique de race），并削弱在马达加斯加全境拥有统治权的伊麦利那王国的势力。在法军占领马达加斯加岛后，伊麦利那王国多地爆发反对法国统治的起义，史称“梅纳拉姆巴之乱”（Menalamba）。加利埃尼以追究起义责任的名义，于 1897 年 2 月 28 日将伊麦利那女王流放岛外，由此伊麦利那王国灭亡。同年 10 月，加利埃

① 被用于演讲和成文法律。政府法令，1881 年 3 月 29 日（星期二）马达加斯加国女王腊纳瓦洛娜（Ranavalona）在安杜哈尔对民众发表的演说。

尼在国内保护领地和当地行政官职位上偏向梅里纳人的敌对民族和统治阶层，规定在学校教育中学生必须学习法语。为了在马达加斯加快速确立法国的实际统治地位，加利埃尼等法国统治者认识到采用已经推广全岛的旧伊麦利那王国的制度和组织机构，以及任用接受过学校教育且识字率较高的梅里纳人更有效。于是，他们分阶段撤销了“民族政策”，以致虽然没有重新审视法语学习的义务化，但是连法国教师也被要求学习马达加斯加语。随后，法国人开设了马达加斯加语的夜间培训班，也导入了马达加斯加语能力测试制度，1902 年加利埃尼亲自创立了马达加斯加学院。虽然法语作为学校教育中的必修外语，但是在民众心里已经明白马达加斯加语读写能力的重要性，而这被法国统治者们作为有效的统治工具①。

对于首任总督加利埃尼的语言政策，后任的维克多·奥加尼厄（Victor Augagneur）基于通货膨胀的政治信条从削减财政支出的观点出发，废除了马达加斯加语的夜间培训课，也取消了法国教师学习马达加斯加语的义务。从 1909 年开始，在满足法语会话能力和其他几个条件的情况下，政府授予既作为法国共和国殖民地的“臣民”（sujet）又在法律上作为“原住民”（indigène）的马达加斯加人法国市民权（citoyen）②。换言之，虽然表面上与加利埃尼统治时期的教育政策出入不大，但法语学习的必要性和优越性被明显提高。在学校，法语仍然作为必修外语，而马达加斯加语虽然仍作为马达加斯加岛上的通用语言被纳入国家教育中，但马达加斯加人完全断绝了与“国民”“国家”的联系。

图 7　1901 年东海岸地区的小学和学生

图片来源：F. T. M. 收藏。

① M. エスアベルマンドルウス：《马达加斯加，从 19 世纪 80 年代到 20 世纪 30 年代》，《联合国教科文组织：非洲的历史 第 7 卷》，同朋舍，1988 年，第 345—346 页。

② 截至 1939 年，根据上述条件获得市民权的马达加斯加人的数量约为 8000（Hubert Deschamps. *Histoire de Madagascar*. Berger-Levrault, 1972, p.260.）。

以日本在日俄战争中获胜为开端，日本将现代与传统结合，逐渐发展成一个独立的国家。1913 年，拉韦洛加纳（Ravelojaona）牧师提倡马达加斯加的发展之路应该以日本为榜样，他以“日本与日本人”为题发表了系列演说。在听取了拉韦洛加纳牧师的演说后，住在马达加斯加总督府所在地旧伊麦利那王国的都城塔那那利佛（马达加斯加语：Antananarivo；法语：Tananarive）的医学专业学生、公务员、教职工等成立了 V. V. S 共济会（马达加斯加语中表示“铁、石、芽”的缩略语）。然而，在第一次世界大战中，因“受敌国德国煽动密谋毒杀法国人”的罪名，1915 年末 V. V. S 被殖民政府取缔，被捕者众多，且多人被罢免公职流放国外或强制劳改，受到了严厉的惩罚。以这一事件为契机，殖民当局担心，在公共教育中如果仍与 19 世纪伊麦利那王国一样采用基于梅利纳方言的通用马达加斯加语政策，可能会成为梅利纳人，特别是知识分子滋生马达加斯加民族主义的温床。重新审视后，殖民政府转向了马达加斯加语和法语的双语并用政策。结果，法语的地位从必修外语上升到马达加斯加不可动摇的“国家语言”（Esoavelomandroso, 1976: 105−165）。

V. V. S 事件后民族主义运动沉寂了一段时间，到了 1922 年，随着退伍军人同时也是社会主义家的基恩・拉莱蒙戈（Jean Ralaimongo）从法国回到马达加斯加，民族主义运动再次兴起。拉莱蒙戈要求废除只针对马达加斯加人的固有马达加斯加人审判制度，以及在未缴纳税款、不履行赋役、怠慢耕作等情况下在行政方面不经审判就对马达加斯加人施加 15 天的徒刑或罚金的原住民司法制度这两大不公平的制度。此外，他还在各地开展群众运动，为马达加斯加人争取与法国一致的法国公民权身份。《马达加斯加居民请愿书》要求政府废除原住民司法制度，要求马达加斯加人拥有与法兰西第三共和国一样的社会文化福利，要求法国市民权。围绕该请愿书，1925 年 5 月 19 日在塔那那利佛举行了集会活动，然而那些没有法国市民权的马达加斯加人被禁止参加。以此为契机，民众高喊“自由和集会权力自由！”“打倒原住民司法制度！”等口号，开始在街头游行[①]。

对于这种高调要求法国市民权的行为，1931 年法国殖民地大臣保罗・雷诺（Paul Reynaud）表示：“在殖民地赋予所有人法国市民权是不可能的。”结果，起源于法国市民权获得运动的马达加斯加民族运动，再一次在部分知识分子间爆发，这次他们希望获得国家独立。1934—1935 年，人们不仅公开在报纸上谈论马达加斯加独立问题，甚至标榜独立的马达加斯加语报纸也开始公开发行（同上）。

1936 年 6 月，以法国成立人民战线政府为契机，马达加斯加掀起了劳动组合运动。同年 10 月，塔那那利佛的罐头制造工厂的工人因工资问题举行了有史以来的首次罢工运动。1937 年 3 月，殖民政府根据参加者的法语读写能力，决定是否赋予其组合的权利。以劳动

① M. エスアベルマンドルウス：《马达加斯加，从 19 世纪 80 年代到 20 世纪 30 年代》，《联合国教科文组织：非洲的历史 第 7 卷》，同朋舍，1988 年，第 352—355 页。

组合运动为形式，马达加斯加民族运动出现了新的形式。1929 年开始的世界经济危机使得欧洲的经济开始低迷、海外贸易缩小，随即影响到了马达加斯加，引领民族运动的公务员、实业家、中产阶级等开始撤回财政支援，或者开始探索法国市民权能够带来的实际利益，因而独立运动的势头逐渐减弱（Boiteau, 1958: 323−344）。

可以说，在法国的统治下，法语是唯一使马达加斯加人能够获得市民权和劳动组合结成权的“国家语言”。而拥有法国市民权的人和法国臣民在法国的法律身份仍旧不同，法语和马达加斯加语就是其法律身份的证明。作为法国臣民的马达加斯加人需要遵守的是与法国本土裁判制度、奖惩制度不同的制度，还需要接受法语教育，甚至为了保证能够成为法国市民，从初等教育阶段开始就要接受法语教育。如果马达加斯加范围内的“国民语言”马达加斯加语要完全成为“国语”，那么马达加斯加人必须在马达加斯加的土地上建立自己的国家，除此以外别无他法。

在民族运动的高潮和停滞时期，部分马达加斯加人知晓短时间内实现政治独立的困难性，于是开始摸索其他道路，即构建语言文化民族主义。1937 年，前文提到的发表“日本与日本人”演说的拉韦洛加纳牧师开始用马达加斯加语修订原本只是作为小册子分发的百科全书《马达加斯加的语言与事物汇编》（*Boky Firaketana ny Fiteny sy ny Zavatra Malagasy*）。虽然这并没有动摇法语“国家语言”的地位，但该书的修订不是把马达加斯加语单纯地委托给作为口头语言的“自然”共通性，而是在把马达加斯加语作为“国民语言”的共通性的基础上，为了让人们知道马达加斯加语中蕴藏的丰富文化和历史足迹做的知识性的努力。19 世纪 20 年代，在马达加斯加语的拉丁字母表记法确立之后，通过编写词典和语法书等来研究马达加斯加语的人大多是外国人，而该书是马达加斯加人首次尝试为自己用马达加斯加语编写关于马达加斯加语的词典。虽说如此，这本百科全书并不完全符合编辑和作者原本的意图，1973 年写到 MADAGASIKARA 这一项后就停止出版工作了。这里提到的 1973 年，就是 1960 年马达加斯加共和国独立以来第一任总统菲利贝尔·齐拉纳纳（Philibert Tsiranana，1912—1978）因反法学生运动和镇压学生示威引咎辞职的第二年。

五　恢复“国语”的困难——语言政策的过剩和缺失

1940 年 6 月，法国向德国投降后将马达加斯加总督府交由维希法国[①]政府管理。1942 年 5 月 7 日，英军攻入并占领了马达加斯加北部的港口城市迪耶果—苏瓦雷斯（Diego-Suarez，现名安齐拉纳纳），11 月 6 日马达加斯加境内的所有法军对英投降，次年 1 月，马

① 正式名称为法兰西国，是第二次世界大战期间在德国攻入法国并迫使法国投降后，扶持法国政府要员组建的政府。（译者注）

达加斯加被再次交还给法国，由法国任命总督。第二次世界大战结束的 1945 年，拉沃汉吉（Ravoahangy）和拉塞塔（Raseta）两人被选为法兰西第四共和国第一次宪法制定会议的议员，两人主张马达加斯加应在“法兰西共同体”内自治。1946 年 2 月，以两人为主的“马达加斯加民主复兴运动”（Mouvement Démocratique de La Reénovation Malgache，M. D. R. M）结成，该运动的政治目标是成为“法兰西共同体”内的自治共和国。然而，1946 年 10 月确立的法兰西第四共和国宪法并没有提及殖民地的独立，马达加斯加仍属于法国海外领地。1947 年 3 月 29 日，在塔马塔夫（Tamatave）、菲亚纳兰楚阿（Fianarantsoa）、迪耶果—苏瓦雷斯、塔那那利佛部分地区爆发了反法武装运动，上述“马达加斯加民主复兴运动”的多数成员被追究责任，受到监禁、逮捕、拘役、死刑等处罚。据推算，法国政府镇压该武装运动直接或间接造成了10万马达加斯加人死亡，如此惨烈的镇压行动激起了马达加斯加人的反抗情绪，他们要求脱离法国殖民统治，建立自己的独立国家。1956 年 1 月，第一任总统菲利贝尔·齐拉纳纳被选为法国国民议会的议员。1958 年 6 月，以戴高乐（Charles de Gaule）为首的内阁成立，开始考虑以国家联合的形式代替海外领地，同年 8 月，戴高乐访问马达加斯加，并允诺马达加斯加独立。1958 年 9 月 28 日举行的公民投票中同意马达加斯加成为法兰西共同体的独立国家，同年 10 月 14 日，法国国民议会于 1894 年制定的马达加斯加合并决议正式作废，就此马达加斯加成为法兰西共同体内的自治共和国。1960 年 6 月 26 日，齐拉纳纳成为第一任总统，宣布马达加斯加独立，成立马达加斯加共和国，实行第一共和制度。第二年，在首都塔那那利佛建立了马达加斯加第一所综合性大学——塔那那利佛大学（Antananarivo University），下设文科、理科和医科等专业，而在这之前，马达加斯加只有专科学校。

伊麦利那王国灭亡 63 年后，马达加斯加共和国成立了。马达加斯加语本应该在再次成为“国民语言”的同时，恢复其“国家语言”的地位，成为“国语”之一。然而，第一所综合性大学塔那那利佛大学的教授大多是法国人，他们都用法语进行授课，因而“国语”的完成时间又被推迟了。独立后，“国民语言”马达加斯加语成为初等教育的语言，即属于农民的语言，与此同时，法语作为中高等教育的语言，同时也是公务员、办事员等必须使用的语言。为了培养官僚，必须维持法语“国家语言”的地位。马达加斯加语和法语虽然没有像殖民时期被分为法国臣民的语言和法国市民的语言，但是在新生的马达加斯加共和国内依然成为马达加斯加国民之间等级划分的标志。

1972 年，第一共和制度瓦解，马达加斯加脱离了法国的多重影响开始走社会主义道路。1973 年 5 月退出法国共同圈，辞退国家公务员和公立学校教师中的法国人，1975 年更改国名为马达加斯加民主共和国，采用《社会主义革命宪章》，彻底转向了民族主义色彩浓重的社会主义制度。在语言政策方面，自 1972 年起用马达加斯加语代替法语，作为从小学到大学所有教育阶段的教学语言。这一连串的动作，被认为是马达加斯加人对法国在“独立后”

仍持续在各个方面进行的统治和所占优势的民族主义喷发，被认为是正当的。但是，该激进的马达加斯加民族主义造成了极其严重的后果。第一共和制度瓦解后被指明临时掌权的梅里纳人加布里埃尔·拉马南楚阿（Gabriel Ramanantsoa）排斥法语，采纳了教育全面马达加斯加语化的语言政策，之后，1972 年 12 月至 1973 年 2 月，在东海岸的塔马塔夫市内和西南岸的马任加等地爆发了一系列由马达加斯加人发起的反梅里纳人的暴动。这些地方发生的暴动并非反对用马达加斯加语代替法语，而是反对用以梅里纳方言为基础形成的通用马达加斯加语代替法语。当然，住在塔马塔夫等地的人们也并非认为自己使用的日常语言不是马达加斯加语，也并非认为梅里纳人的语言和通用马达加斯加语不是马达加斯加语。法语对所有马达加斯加人来说都是外语，但是教育的马达加斯加语化对于非梅里纳人来说意味着不可避免地要承认梅里纳人语言的优越性。对于塔马塔夫市内和马任加市内的人们来说，通用马达加斯加语不仅是主张自己日常用语的差异性的语言，而且是政府以这种形式强行告诉人们梅里纳人才是国家领导的候选人，这就同 19 世纪伊麦利那王国用武力征服自己时的情况一样（Covell, 1995: 66−67）①。

QUOTIDIEN D'INFORMATION ET DE LOISIRS

MAlaza

MADAGASCAR

KOLONELY MANANA TOERANA AMBONY AO AMIN'NY PREZIDANSA NALEFA ENY ANTANIMORA

FMF : LA REQUÊTE A ÉTÉ REJETÉE PAR LA CHAMBRE ADMINISTRATIVE

FOIRE INTERNATIONALE DE MADAGASCAR : 76 EXPOSANTS INSCRITS

ANOSIBE : NOVIDIANY 500 AR. ILAY ZAZA MENAVAVA

DANGER POUR LA SANTÉ : LES ENFANTS NE DOIVENT PAS RESTER PLUS D'UNE HEURE DEVANT LA TV

UNE FEMME ARRÊTÉE ALORS QU'ELLE VENAIT D'ACHETER UN BÉBÉ

MILLION NAKA : RAZANAKOTO, PREMIER HEUREUX GAGNANT

Ar 1 000 000

FONJAN'I TSIAFAHY : TAFATSOAKA I SOLO LAVA

tena misy zany !

agences et botika Orange

ZTE A35

10.000

图 8　法语和马达加斯加语双语日报

注：标题“购买婴儿的女性被逮捕”是用法语和马达加斯加语写的。

---

① 笔者发现，系列暴动源于人们对抵制出生于马任加非梅里纳的齐拉纳纳总统且在政治和经济领域试图实现梅里纳人垄断地位的拉马南楚阿临时政权的多重反感。中央高地方言以外的马达加斯加语使用者很有可能将与法语并行教育的通用马达加斯加语作为与自己不同的语言教育课程来教授，也就是说将其视作“不同的语言”和等距离之物。

图 9　乡村小学的教师和学生[①]

注：笔者 1985 年摄于马任加西北地区。

这次暴动既不是针对自 19 世纪 20 年代拉丁字母表记法确立以来，作为“国民语言”已经很成熟的“马达加斯加语”，也不是针对所有马达加斯加语，而是针对梅里纳方言的，这完全是一件出乎意料之事。印度尼西亚独立时，政治家们有意排挤共和国内使用人数最多的爪哇语，而选择印度尼西亚语作为国语。与这种保守的战略不同，在马达加斯加，梅里纳方言最开始用字母书写，且在岛内使用的人数最多，独立后，政府没有经过任何商议直接将梅里纳方言作为“通用马达加斯加语”，并在教育、媒体领域使用，因而招致了反梅里纳人的不满情绪。此外，作为口头语言的马达加斯加语，其拥有的一致性和对话可能性，与法语相比很容易覆盖马达加斯加人之间存在的以“族”为单位的区分和歧视意识，这也是政治家和文化意识形态的天真之处。

最后，从小学初等教育到大学高等教育所有课程都必须使用马达加斯加语进行教学的规定，不是因方言使用者的反对而废除的，而是引发了梅里纳人的不满从内部瓦解的。这是因为“马达加斯加语没有科学技术用语和各个专业的专业术语”，而这会导致教育的马达加斯加语化出现许多问题。诸如这种声音不断地从初高等教育现场发出。其实教育的马达加斯加语化的内部瓦解背后存在两个看不见的问题。

第一，该尝试不认同将法语和英语的单词用马达加斯加语的发音拼读出来，例如“book”（书）读成“boky”，“classe”（班级）读成“kilasy”，“signer”（签名）读成“sonia”，“heure”（时间，时刻）读成“orana”，而是要求所有单词都要马达加斯加语化，甚至还打算

① 教师由政府派遣，由于教室不够，照片里四年级和五年级合并成一个班上课。

驱逐那些用来表示迄今为止在文化和社会中不存在的物质和观念的外来语。因此，作为一种制度，极端语言民族主义化以失败告终，这是理所当然的结果。

第二，马达加斯加语中缺少与现代生活和科学等相关的词汇，也缺少表示抽象概念的词汇。马达加斯加语的动词与南岛语系具有相同的语法特征，存在关系态（relative voice, relative aspect），利用关系态派生的关系名词（relative noun），再按照语法规则可以简单造出一些抽象名词①。在将外来语替换成马达加斯加语的过程中，一个单词就会有多种翻译版本，各种意见不尽相同，最终导致替换失败。结果，所有的外来语只能以单词的形式或是用马达加斯加语音读来表示的形式出现。

令人讽刺的是，教育马达加斯加语化失败后 30 年，当阅读马达加斯加语报纸时，不仅是外国人，就连马达加斯加人自身都会觉得困惑或者困难，原因是马达加斯加语化的外来语越来越多，不断更新，且没有统一的书写方式。因此，要想追寻到该单词原本的词缀和意思非常困难。围绕外来语翻译的混乱，在马达加斯加将法语和英语的图书翻译成马达加斯加语出版的翻译文化，揭示了过去和现在都不存在的历史。文字化的马达加斯加语在马达加斯加人的生活中扎根，这体现在日常生活中使用各种马达加斯加语的文件和通知等上。此外，还出版了许多马达加斯加语的小说、诗歌等文学作品。不过，这些马达加斯加语的作品都是马达加斯加人自己以马达加斯加人为对象写的，这一点不容忽视。不管是法语还是英语，用外语写的书籍被翻译成马达加斯加语的工作和译本的流通，可以说几乎没有。唯一的例外就是《圣经》以及与基督教相关的书籍。而这将我们带回到 19 世纪初马达加斯加语书面化的原点——以创建一个国家语言和国民语言于一体的“国语”为目标②。

2000 年 8 月，马达加斯加发行的所有月刊杂志中最具权威性的《印度洋评论杂志》（*Revue de l'Océan Indien*）中专设了一期以“受伤的教育由谁负责”为题的特辑。该特辑指出 20 世纪 60 年代马达加斯加的识字率和入学率就超过了 50%，在撒哈拉以南非洲遥遥领先。但之后 50 年两组数据都没有明显改观，不仅与非洲其他国家相比马达加斯加的教育水平有所下降，近年来未入学儿童的比例还有增加的趋势，塔那那利佛等城市尤为明显。马达加斯加的教育现状出现了危机，像这种问题一般认为是国家财政、教育体制、家庭经济问题等多方面因素导致的③。该特辑指出，选择学习的语言是造成这种现状的主要原因之一。

---

① 例如，以“jery”（视线，观看）为词根，可以派生出能动态“mijery”（看），也能够派生出关系动态词“ijerena”（回去的时间、地点、方法），最终派生出“fijerena”的关系态名词，即意为“视点”的抽象名词。以“teny”（词汇、语言）为词根，可以派生出能动态“miteny”（说），也能够派生出关系动态词“itenenana”（说话的时间、场所、方式），最终派生出“fitenenana”的关系态名词，即意为“说法”的抽象名词。

② 村落或部落居民家里收藏的书籍中，排名第一的是马达加斯加语的《圣经》和赞歌。在村落或部落，小学生用的教科书往往只有教师一个人拥有。

③ 虽然 2006 年 UNESCO 的数据显示初等教育入学率达 96%，但提倡发展初等教育并接受国际援助的拉瓦罗马纳纳（Ravalomanana）政权的作为颇受质疑。

教育上的语言选择，在曾经被殖民过的国家里都不是容易解决的问题。第一共和制度下采用法语和马达加斯加语两种语言政策的尝试，在社会主义制度下变成了激进的马达加斯加语化。16 年后，第三共和制度在没有缓冲的情况下又重新恢复了法语的地位。对于许多家长而言，马达加斯加语化就是教育衰败的元凶。“我想，一部分私立学校如果能找到立马让学生接受‘法语教育’的解决方法，那么就足够了，”一位教员曾说，“为了避免就这样牺牲几代人，现在是所有相关政党都应该冷静接受现状的时期。所有专业人士在认为孩子们希望用自己的母语学习读写这一点上未必意见一致，但孩子必须掌握第二语言”。今天，由于法语能力的显著差距，教育机会均等面临着重大的危机。出生在不会说法语的贫穷家庭和农民家庭的孩子要想学会第二语言实际上无比困难，这是初等教育过程中一个十分严峻的问题[①]。

图 10　小学一年级学生使用的马达加斯加语教科书的封面[②]

① Noro Razafimandimby. “Un Enseignement Sinisitré, à qui la Faute ? ”. *Revue de l'Ocean Indien*，2000（207）. p.28.

② 标题是“朋友们一起学习吧！”。

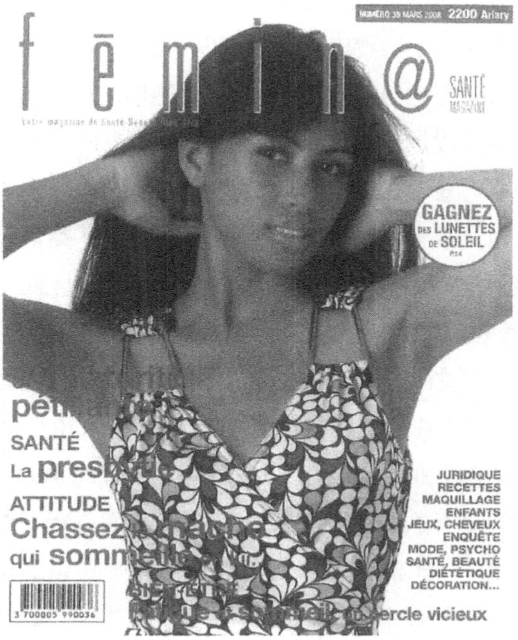

图 11　封面女郎为普通读者的女性流行杂志

注：该杂志只用法语编写。

要求所有教育课程都用马达加斯加语讲授是在 1972 年到社会主义化初期的 20 世纪 70 年代后半期，这一时期被称为“马达加斯加化的时代”（fahagasiana），虽然该时期的政治、经济并没有十分混乱，但是当时的教育质量非常糟糕，至今还留存在现在的马达加斯加人的记忆里。这段痛苦的记忆阻碍了“国民语言”和“国家语言”的统一，阻碍了马达加斯加语成为“国语”的进程。此外，近年来的识字率和入学率的低下不仅将“国家语言”的位置让给了法语，还影响了教育课程中的“国民语言”马达加斯加语的地位。假如马达加斯加语被放到与国家无关的带有方言差异的日常口语领域，那么就意味着宪法中“马达加斯加语是国语”的条文其实陷入成为没有任何效力的空洞语言的危险。

2002 年就任总统的马克·拉瓦罗马纳纳（Marc Ravalomanana，1949—　）在连任后的 2007 年 3 月经过国民投票修改宪法，在第四条“马达加斯加语是国语”补充了一句话“马达加斯加语、法语、英语是通用语”（Labatut, 2007: 6）[①]。如此，马达加斯加拥有马达加斯加语一种国语，拥有马达加斯加语、法语、英语 3 种通用语。不是国家官员、政治家，而是民营企业家出身的拉瓦罗马纳纳总统为了吸引国际投资，营造国际环境，将英语指定为

① 虽然英语变为通用语，宪法条例也依然只用马达加斯加语和法语撰写，英语并未纳入撰写宪法的语言行列。2007 年宪法修订时涉及许多方面，通用语的规定只为其中一项。

通用语。代替以失败告终的过去的法语排除政策，通过英语的通用语化来对抗以法语为媒介的法国的影响力，由此人们不难看出这是总统以经济为中心的独特政策的体现。或者说，英语的通用语化是在法国殖民地化之前的 19 世纪前半期，伊麦利那王国引进了英国的传教团和工匠，试图通过英语来发展国家的潜藏在梅里纳族人民族主义中的历史意识。但这一措施让人想起了奥加尼厄总督将教育课程中的必修外语法语规定为给予法国市民权所必备的语言能力的过去。在拉瓦罗马纳纳总统的这项政策之前，英语已经在中等教育课程中被作为第二外语教授，虽说被指定为新的通用语，但在教育、广播等领域并没有马上发生变化[①]。同时，该语言政策也有助于长时间处于法语圈的马达加斯加人认识到英语作为国际语言的通用性和实用性。换言之，平民出身的拉瓦罗马纳纳总统代替了从法国殖民地时代开始就位居马达加斯加国家权力中心的法语教育精英。比如在 1975 年落选一次后执政长达 23 年的法国海军士官学校优秀毕业生迪迪埃·拉齐拉卡（Didier Ratsiraka，1936— ），他把在美国、加拿大或日本接受高等教育的年轻英语教育精英们重新安置在国家的主要部门并确立了自己的政治地位，这中间的权力斗争色彩非常浓厚。英语通用语化政策以唐突的形式出现在国民面前，约七成的马达加斯加人在对比日常生活中自己使用的语言时，没有发现任何对于在通用马达加斯加语教育中也感受到差异性的农村居民的识字化教育的顾虑。马达加斯加语只不过是有着相互理解的差异，对于在日常生活中在全岛也广泛使用的语言民族主义的形成来说是再好不过的素材，但它还不能成为在独立 50 年的马达加斯加国家内部组成识字精英的基础，且作为国民教育的手段还没有被完善，从而在寻找克服未完的“国语”的路上存在困难[②]。

本文系平成十九至二十年度（2007—2008 年度）科学研究资助项目“基于对话和手语的相互行为分析的马达加斯加语言文化共同构造和差异的比较研究”的阶段性研究成果。

---

① 现在的公立学校课程中从小学一年级开始用马达加斯加语授课，从小学二年级开始用法语授课，且从中学才开始学习的英语将来会从小学四年级就开始教。但是，全国学校都配备英语教师是非常困难的，正如现在教育相关人员所指出的那样，在公立学校的初等教育课程中实施英语教育的时期是不明确的。此外，在英语作为通用语之前，只有极少部分广播和电视节目用英语播放。对于法语圈的马达加斯加人而言，英语只能以其“时尚”和“流行”被年轻人接受。这可以从至今为止没有英文报纸发行，甚至所有报纸都没有设置英文新闻专栏看出。

② 主要的日报中，法语报纸有一种，即 *LES NOUVELLES*，马达加斯加语报纸有 4 种，分别是 *GAZETIKO*、*TARATRA*、*VAOVAO*、*AO RAHA*，法语和马达加斯加语双语报纸有6种，分别是 *MIDI*、*TRIBUNE*、*L'EXPRESS*、*LA GAZETTE DE LA GRANDE ÎLE*、*MALAZA*、*la Vèritè*。但这些报纸在首都和地方城市，以及城市和农村存在明显差异，即便在同一个城市里，马达加斯加语报纸给人的感觉是为没有接受过高等教育的小商小贩和劳动人民服务的。主要报道经济信息的 *MADA JOURNA*, 分享政治、经济、文化、旅行信息的综合杂志 *MADAGASCAR MAGAZINE*, 女性杂志 *FÉMIN@* 等都是彩色印刷的月刊杂志，价格在 130 — 250 日元（合 9 — 17 元人民币）不等，这些杂志都是用法语编辑的，刻画了住在安塔那那利佛且在日常生活中使用法语的马达加斯加人这一文化、教育、经济阶层的存在及其独特的生活方式。

南部非洲

NANBUFEIZHOU

变化中的非洲语言
——纳米比亚的语言概况

■ 米田信子

一 纳米比亚的语言状况

（一）纳米比亚的语言及其分类

根据语言的谱系分类法，纳米比亚的语言可分为 3 个语系，即尼日尔—刚果语系、柯伊桑语系及印欧语系。表 1 所列语言中属于尼日尔—刚果语系的有：奥万博语（Ovambo）、卡万戈诸语（Kavango）、赫雷罗语（Herero）、卡普里维诸语（Caprivi）、茨瓦纳语（Tswana）。严格来讲，这里面包含了不能称为独立语言的一些语言名称。例如，纳米比亚不存在名为“奥万博语”的语言，它只是奥万博人所使用的语言或方言[①]的总称，此外，卡万戈和卡普里维是地名。“卡万戈诸语”和“卡普里维诸语”可概括为“在卡万戈地区使用的语言”和“在卡普里维地区使用的语言”。因此，也没有名为“卡万戈语”或“卡普里维语”的语言，包含在里面的语言之间也不是方言关系。所以这种归类方式让很多少数语言越发难以被人们发现。属于柯伊桑语系的有：柯伊柯伊语（Khoekhoe，亦作 Khoikhoi）和布须曼诸语（Bushmen）[②]。在纳米比亚，以尼日尔—刚果语系和柯伊桑语系的“非洲语言”为母语的人约占总人口的九成。属于印欧语系的有：英语、德语、阿非利堪斯语（Afrikaans）等。纳米比亚的语言见图 1。

① 在纳米比亚，“方言”和“语言”的区别并不明显，因此，通常把这些变体称为“奥万博语的方言”。

② 柯伊柯伊语又称达马拉语（Damara）或纳马语（Nama）。由于“布须曼诸语”中的“布须曼”是蔑称，因此通常称为“桑诸语”（San）。又由于“桑”是“拾荒人”的蔑称，因此也有不少纳米比亚人对此感到反感。基于此，本文采用纳米比亚政府所使用的“布须曼”这一名称。

表 1　纳米比亚的语言与使用者人数比例

语言名称	使用者人数比例	
	1991 年 / %	2001 年 / %
奥万博语（各方言的统称）	50.6	48.0
柯伊柯伊语	12.5	11.0
卡万戈诸语（各语言的统称）	9.7	10.0
阿非利堪斯语	9.5	11.0
赫雷罗语	8.0	8.0
卡普里维诸语（各语言的统称）	4.7	3.8
布须曼诸语（各语言的统称）	1.9	
德语	0.9	
英语	0.8	
其他非洲语言	0.6	
茨瓦纳语	0.4	
其他欧洲语言	0.4	
其他语言	0.05	

注：① 1991 年纳米比亚总人口为 1409920 人，2001 年纳米比亚总人口为 1830330 人。

② 1991 年的数据为 1991 Population and Housing Census. *Report B: Statistical Tables I*. National Planning Commission, Central Statistical Office。2001 年的数据为 2001 *Population and Housing Census*, http://www.npc.gov.na/census/。2001 年的数据中，赫雷罗语的语言与人口比例为 8%，该数据中没有列出小于这个比例的语言。卡普里维诸语的数据是笔者根据人口普查的地区与人口比例计算出来的。由于没有其他语言的相关数据，故空出一栏，不做统计。奥万博语包括恩东加语（Ndonga）、宽亚玛语（Oshikwanyama）、宽比语（Kwambi）、恩甘迪埃拉语（Ngandyera）、科瓦鲁迪语（Kardiika）、科伦加迪语（Korongadi）、温达语（Wunda）等；卡万戈诸语包括宽加利语（Kwangari）、姆布库休语（Mbukushu）、马尼奥语（Manyo）等；卡普里维诸语包括洛齐语（Lozi）、图特拉语（Totera）、斐语（Fe）、姆巴兰戈语（Mbalangwe）、耶依语（Yeyi）、萨比亚语（Subiya）等。

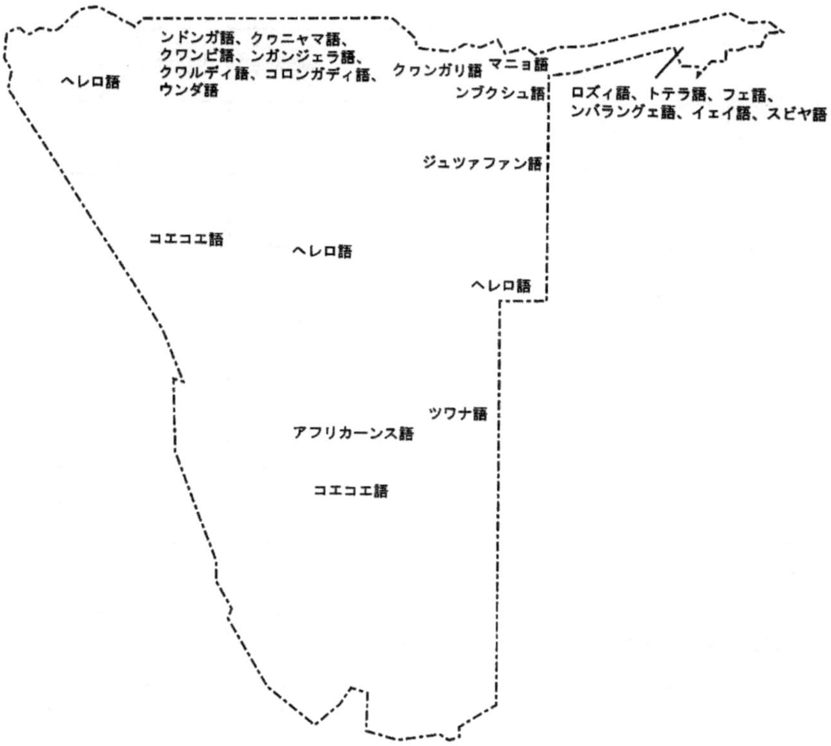

图 1　纳米比亚的语言

在多语言社会，多种语言之间不是杂乱的排列，而是一种有序的前后依存关系。前述纳米比亚的几种语言也不例外。根据不同的社会价值，这些语言形成多层排列。但是，官方语言和其他语言的社会地位差异显著。英语是纳米比亚宪法规定的唯一官方语言，独占“权威语言”的地位。然而，这并不意味着其他语言都地位相同，阿非利堪斯语不同于其他语言。作为纳米比亚独立前的官方语言，阿非利堪斯语如今仍在发挥着各民族通用语的作用。以德语、阿非利堪斯语为母语的欧洲人逐渐把英语作为他们的通用语。然而直到现在，作为非洲人的通用语，阿非利堪斯语比英语更占优势。阿非利堪斯语是种族隔离制度的标志，因此纳米比亚一宣布独立，人们便赤裸裸地表现出对阿非利堪斯语的否定态度。但随着时间的流逝，这种否定态度逐渐被淡化。与种族隔离时期不同，阿非利堪斯语现在已不再是纳米比亚社会的权威语言，政府也没有强制要求使用阿非利堪斯语。这种做法淡化了人们对阿非利堪斯语的否定印象。纳米比亚曾经是德国的殖民地，德语在纳米比亚人心中有着特殊地位。例如，在城市和各旅游景点广泛使用德语，德语路名、英德双语旅游指南和菜单等随处可见。在入境游客中，德国游客一直占绝大多数，但近几年德国以外的游客数激增，因此对德语的需求也逐渐下降。即便如此，德语和非洲语言的社会地位仍然差距显著，而且非洲语言具有阶级性，语言的阶级性将在第 2 节部分（二）阐述。

（二）选择官方语言的背景

纳米比亚宪法明确规定英语为唯一官方语言。对这一选择最具影响力的依据是联合国纳米比亚研究所提出的“官方语言的选择标准”①。主要有以下 8 项内容：

团结国民；
国民认同；
达到精通水平；
具有可行性；
科技术语齐全；
泛非主义；
跨语言交际；
联合国官方语言。

在联合国的大力协助下，纳米比亚摆脱了南非共和国的“不当统治”，成为独立的共和国，并在联合国的指导下，已为应对独立后的各种状况做好政策准备。上述官方语言的选择标准就发表于独立近 10 年前。

在多语言国家，官方语言的选择与普及是非常重要的课题。从有利于普及的角度来看，曾考虑将纳米比亚使用者人数最多的奥万博语和已经普及的阿非利堪斯语作为官方语言。但对于向往独立的纳米比亚人来说，官方语言必须是独立和统一的象征。因此，官方语言必须是中立且与殖民统治无关的语言。奥万博语是“奥万博人的语言”，它不是一种中立的语言。德语和其他非洲语言也如出一辙，而英语则和某一特定民族的关系相对淡薄。从英语与殖民统治的关系来看，英语事实上和阿非利堪斯语一样都是独立前的官方语言，它和殖民统治也不无关系。但是，在阿非利堪斯语“统治象征”的深刻烙印下，英语中殖民统治的印象就被淡化了。

（尽管多次用于殖民统治）英语符合联合国提出的 8 项标准，同时又是中立且与殖民统治无关的语言，因此被选作纳米比亚的官方语言。对此，时任教育部长纳哈斯·吉迪恩·安古拉（Nahas Gideon Angula）做出如下说明（Pütz, 1995: 155−174）：

① Toward a Language Policy for Namibia.（United Nation Institute for Namibia 1981）

如今，我们需要一种能够加强各共同体之间交流的中立语言。从这一点来看，英语属于中立的语言。我们还需要能够把我们与近邻国家联系在一起的语言。当然，我们也需要有利于国际交流的语言。英语无疑是一个比较理想的选择。为什么会选择英语作为纳米比亚的官方语言，大家都清楚了吗？这不是学术上的问题，也不是情感上的问题，实用和实际是我们做出选择的唯一理由。

（三）语言政策——促进英语普及与奖励母语教育

独立后，纳米比亚政府的首要任务是普及教育①。语言教育政策是教育的关键所在，纳米比亚政府通过 1993 年的 The Language Policy for Schools: 1992—1996 and Beyond（以下简称 LPS）发布了相关政策。普及官方语言和提升学力必然是教育的主要目标。此外，独立后的纳米比亚还将学习者的语言和身份认同（identity）列入教育目标中。LPS 指出，无论使用者人数和开发水平如何，国家的所有语言一律平等，并且语言是传承文化和文化身份认同的媒介。LPS 关于母语教育还指出，“教育应该奖励学习者的语言和身份认同。为此，学校至少在小学三年级以前以学习者的母语为教学语言，同时从一年级到最后年级都开设母语课程”。纳米比亚政府提出上述语言教育政策，并积极地将母语融入教育过程中。具体列出 13 种用于教育的语言，其中包括 10 种非洲语言（以下简称为“教育语言”）。教育语言指的是，教学语言或作为外语课程被纳入教育体系中的语言。关于教学语言和外语课程，LPS 做出如下规定：

●教学语言

初等教育的前 3 年通过母语（或地区语言）或英语接受教育。从四年级开始通过英语接受教育。

●外语课程

所有年级的学生都可以选修母语课程，英语则是必修课程。

●教育语言

英语

德语

阿非利堪斯语

宽亚玛语、恩东加语（奥万博语）

宽加利语、姆布库休语、马尼奥语（卡万戈语言）

① Legère, K., R. Trewby, and van Graan, M. *The Implementation of the Namibian Language Policy in Education: Lower Primary Grades and Pre-service Teacher Education*. NERA, 2003.

洛齐语（卡普里维语言）

赫雷罗语

茨瓦纳语

柯伊柯伊语

朱茨湾语（布须曼语言）

1990年，纳米比亚实现独立。20世纪末开始，少数语言使用者的语言权利与语言危机问题引起了全世界关注。纳米比亚政府在制定语言政策时已经意识到这些问题。

但是，每种语言所享受到的优惠政策大不相同。英语作为官方语言自不必说，德语和阿非利堪斯语等主要欧洲语言也被列入教育语言。与此相比，非洲语言虽有二三十种，却只有10种被列入其中。母语未被列入教育语言，即一开始没能获得母语教育机会的学生中，欧洲语言为母语的学生占0.4%，非洲语言为母语的学生占27%[①]。虽然LPS和宪法都明确规定所有语言一律平等，但这些数据已显示出不同语言之间的显著差异。

（四）非洲语言的实际情况

纳米比亚的多语言教育政策，考虑到了官方语言的普及、教育效果，以及学习者的语言和身份认同等问题。但这是一个理想化的政策，实施起来并非易事。

到了1996年，几乎所有学校都要求学生学英语。学校规定从四年级开始将英语作为教学语言，并要求所有年级开设英语必修课程。但是，按计划实施母语教育的只有德语、阿非利堪斯语、奥万博语（宽亚玛语、恩东加语）。1995年以后，很多学校已不再将其他非洲语言列为教学语言，也不再开设相关的外语课程。

1993年发布多语言教育政策后，更多的非洲语言被列入中小学外语课程，师资培训也如火如荼地进行着。1995年笔者在纳米比亚开展调查时，小镇的书店里有一个很小的“非洲语言”专柜，那里摆放着教科书、词汇集和《圣经》。当时就读于纳米比亚大学非洲语言专业的学生人数也超过100。刚独立的纳米比亚爆发出了全新的活力，纳米比亚人对非洲语言教育的未来充满了希望。这也是非洲语言教育的巅峰时期，此后非洲语言的发展势头逐渐减弱。

在选择教育语言的阶段，就已显示出欧洲语言和非洲语言之间的显著差异。即使非洲语言被列入教育语言，在多数情况下也不会用于教育。据统计，1998年通过自己的母

① 教育部发布的教育统计数据中包含每种母语的学生人数。而且，所列出的语言种类也比表1（即Population and Housing Census列出的语言种类）详细。例如，表1中的“奥万博语”，在教育统计中分为“宽亚玛语”“恩东加语”“其他奥万博语”，“卡普里维诸语”分为“洛齐语”“其他卡普里维诸语”。0.4%和27%是笔者根据Education Statistics 1998中每种母语的学生人数计算出来的数据。

语——非洲语言接受初等教育的学生比例达53%①。选修母语课程的学生则更少。以奥万博语以外的非洲语言为母语的学生中，选修母语课程的中学生比例为25%，高中生为15%②。在大学攻读非洲语言专业并取得学士学位，就有资格在高中教授该语言。但开设非洲语言课程的学校正逐渐减少，这意味着即使在大学攻读非洲语言专业，毕业后也未必能找到专业对口的工作。因此，在纳米比亚大学攻读非洲语言专业的学生人数持续减少，到了2000年只剩下6人了。

非洲语言在教育环境方面也没有很大进展。虽然宽亚玛语、恩东加语等语言的教材已较齐备（见表2），但其他语言的教材在数量和种类上都尚不齐全。不仅是数量和种类上，内容上也存在问题。而且，单独用非洲语言编写的教材很少，基本上都是英文教材的翻译版。书中的题材和学生的生活有很大差距，因此很多内容学生都无法理解③。此外，一些简单的英语单词翻译成非洲语言时未必那么简单。例如，英语“house”（家）和“bird”（鸟）的词义和拼写都不难，可用于小学一年级教材，但这些单词在赫雷罗语中是“ondjuwo”和“oṋdera”。由于赫雷罗语教材照搬了英文教材的内容，从初等教育的初始阶段就出现了带有“ndj”等辅音组合和“ṋd”等辅助符号的较难拼写的词语。

表2　Gamsberg Macmillan社统计的非洲语言教材出版情况

语言名称	2000年以前的出版数量	项目资助下的出版数量
宽亚玛语（奥万博语）	95	7
恩东加语（奥万博语）	90	7
洛齐语（卡普里维语言）	58	43
宽加利语（卡万戈语言）	34	43
赫雷罗语	34	43
柯伊柯伊语	30	44
姆布库休语（卡万戈语言）	19	45
茨瓦纳语	17	43

① 笔者根据 Education Statistics 1998（Ministry of Education and Culture 1999）的数据计算。

② 笔者根据 Education Statistics 1998（Ministry of Education and Culture 1999）的数据计算。

③ Kavari, J. U. “Learning and Teaching Problems and Attitudes towards Otjiherero”. Legère, K. Ed. *African Languages in Basic Education*. Gamsberg Macmillan. 1996, pp.225-232.

续表

语言名称	2000年以前的出版数量	项目资助下的出版数量
马尼奥语（卡万戈语言）	17	43
朱茨湾语（布须曼语言）	0	13

注：①由于茨瓦纳语教材已在博茨瓦纳和南非出版，因此不列入该项目资助对象。
②笔者根据2007年7月17日Gamsberg Macmillan社的数据绘制而成。

虽然教材存在这么多问题，但始终没有得到整改。比教材更紧缺的是指导手册等教师常用资料。这与人才不足也有一定关系。教授非洲语言的教师虽然是该语言的母语使用者，但大部分没有接受过专业训练。如果没有专业手册，指导起来就会很困难①。纳米比亚实现独立后，积极开展了非洲语言教材建设工作，但 1995 年以后这项工作就已完全停滞。造成这一局面的很大原因是大部分教育预算都用在了英语教育上。

二　问题出在哪里?

（一）不被期待的非洲语言教育

那么，为什么非洲语言教育无法按计划开展下去呢?

最主要的原因是，“非洲语言教育不被人们所期待”。如果问母语为非洲语言的人“想让孩子通过什么语言接受教育?”，那么大部分人会毫不犹豫地回答“英语”。绝大多数人对选修非洲语言的看法是“想把那个时间用在学习英语上”。这次采访中只有一人回答不是“英语”，他是母语为柯伊柯伊语的纳马人。但这也不意味着他们希望通过非洲语言接受教育。他们所希望的语言既不是母语，又不是官方语言，而是阿非利堪斯语。虽然柯伊柯伊语是教育语言，但实际上只有 2 所纳马人社区小学用柯伊柯伊语授课，其他学校包括低年级在内的所有班级都在使用阿非利堪斯语授课。

在 LPS 中有关英语的部分都用了“必须……”等义务性表达，但关于母语教育则没有用此类表达，而是用了“最好是……”“理想的是……”等。如果不想通过非洲语言接受教育，这种委婉的表达方式就成了最好的借口。教育部规定初等教育的前 3 年可以选择母语或英语作为教学语言，但在由不同母语背景的学生组成的混合班级里，英语始终是可供他们选择的一门语言。教育部还规定原则上以学生的母语为教学语言。但是，LPS 对此没有明文

① Kavari, J. U. “Learning and Teaching Problems and Attitudes towards Otjiherero”. Legère, K. Ed. *African Languages in Basic Education*. Gamsberg Macmillan. 1996, pp.225–232.

规定，于是各个州教育委员会和许多学校将其解释为“选择”。关于外语课程也如出一辙。政府规定各个学校必须给学生提供至少选修 2 种语言的机会，但是很多学校以“最好选修 2 种语言”为借口，只开设了英语必修课程。

（二）种族隔离制度，还是“现在”？

不少纳米比亚人对非洲语言教育持否定态度。他们虽然对自己的语言本身感到自豪，可一旦涉及语言教育的问题，就会立刻表现出否定的态度。

种族隔离时期，纳米比亚采取了班图教育政策。在该政策下，学校开展了非洲语言教育。班图教育政策的目的是促使种族隔离和限制非白人接受教育，因此人们所受的教育只能处于一个非常低的水平。纳米比亚目前实施非洲母语教育的目的是提高教育效果和尊重民族身份认同，这与班图教育政策完全相左。种族隔离制度造成的“非洲语言教育等同于低水平教育”的印象直到现在也根深蒂固。不仅是学生，就连教师也对非洲语言教育持否定态度。用非洲语言授课的教师和教非洲语言的教师都被认为是水平低下的教师，因此大部分未来想当教师的人都不考虑教授非洲语言。

种族隔离时期形成的对非洲语言教育的否定态度是纳米比亚母语教育的重大障碍。笔者也曾多次提及（米田，2002，2005）。种族隔离时期被灌输的印象的确很难消除，但笔者通过反复的调查发现，虽然否定印象形成于种族隔离时期，但使之进一步强化的是独立后的语言状况。

这也印证了纳马人希望把阿非利堪斯语选作教育语言的事实。“为什么不是柯伊柯伊语，而是想通过阿非利堪斯语接受教育呢？”关于这个疑问大部分人的回答是“因为阿非利堪斯语更实用”。英语当然比阿非利堪斯语还实用，但如果用英语，学生们就会听不懂讲课内容。于是，就选了阿非利堪斯语。这是因为，阿非利堪斯语虽然比不上英语，但比柯伊柯伊语实用，而且对学生而言是比英语更为熟悉的语言。阿非利堪斯语是种族隔离制度的标志，因此如前所述，独立初期人们强烈反对使用阿非利堪斯语。但现在的大部分纳马人更希望用阿非利堪斯语上课，而不是自己的母语——柯伊柯伊语。这是因为，比起种族隔离时期的负面印象，人们现在更加重视这个语言所具有的现实利益——“（虽然比不上英语，但）实用”。换言之，虽然种族隔离时期对非洲语言持否定印象，但对于人们来说，更重要的不是这个语言的“现在”吗？

语言歧视不仅仅存在于教育领域，在教育以外的领域也十分普遍。南非规定 11 种语言为官方语言，并采取多语言主义的语言政策。与南非不同，纳米比亚的多语言主义仅限于教育领域，而且，只有英语一种官方语言。如今在纳米比亚如果不懂英语，就无法从事获取满意收入的工作。这也是父母希望孩子接受英语教育的最重要的原因。不仅是就业机会，在信息和公共服务方面，英语和非洲语言之间也有天壤之别。在纳米比亚的大街小巷经常能听到“如果不想在大马路上结束自己的人生，就必须学英语”的声音。正如这句话所反映的，如今想在纳米比亚过上自己向往的生活，英语是必备条件。纳米比亚的语言状况仿佛在告诫人们：“英语以外的语言都是‘不实用的语言’。”比起“不实用”的非洲语言，人们更容易被“实用”的语言所吸引，这是理所当然的事情。

“英语以外的语言”也具有阶级性。相比于非洲语言，德语和阿非利堪斯语在报纸和出版物等的信息量上格外占优势。除英语以外，纳米比亚国内还有很多德语和阿非利堪斯语的图书。在纳米比亚，英语图书在国内出版，德语和阿非利堪斯语图书则分别从德国和南非引进。换句话说，能读这些语言的人就拥有了可以获得“阅读”这一娱乐和信息的途径。与此相比，非洲语言基本上不具备“阅读”条件。而且，在非洲语言中，优势民族使用的语言或使用者人数多的语言和其他语言之间也存在显著差距。在种族隔离时期自不必说，就连现下，人们依旧认为自己的母语比英语及其他语言都“低一等”。

三　纳米比亚的语言权利

这一节笔者将考察语言权利。提起语言权利，首先想到的是少数民族使用自己语言的权利。具体涉及能否使用自己的母语接受教育的问题。如前所述，在纳米比亚只有以“被选择的语言”为母语的人才享有这种权利。他们虽然享有“通过母语接受教育的权利”，但在各个方面也再次受到了语言歧视。于是，他们不再用自己的母语，而是选择通过英语和阿非利堪斯语接受教育。但这并非“因为使用自己所期望的语言接受教育”而能忽视的问题。不实施母语教育所引发的最严重的后果是学力低下和学生辍学。教育部报告中也指出，初等教育过程中学力低下和辍学的学生人数在不断增加。其实使用熟练的英语接受最基础的初等教育所造成的弊端也不难想象。在笔者的采访中[①]，几乎所有小学老师都回答：“比起英语，用母语能让孩子们更好地理解讲课内容。”他们承认通过英语接受初等教育的弊端。如果跟不上学校的教学进度，学生就会失去理应拥有的一种权利，即“学习官方语言的权利”。纳米比亚实施免费初等教育，任何人都享有学习英语的机会。但是如果跟不上教学进度或辍学，就不能享有这个机会。

用阿非利堪斯语授课的纳马人则有所不同。纳马人居住在离母语为阿非利堪斯语的荷裔南非人（Afrikaner）和“有色混血人种”（Coloured）很近的地区，阿非利堪斯语是纳马人在日常生活中经常接触且熟悉的语言。因此，比起英语，用阿非利堪斯语听讲的纳马学

① 2001 年笔者采访了柯伊柯伊语社区、赫雷罗语社区、恩东加语社区、宽亚玛语社区的小学（共 18 所）校长、教师（3—5 名）、学生及其父母（各 10 名），以及各个社区所在的教育州教育委员会非洲语言负责人或初等教育负责人。第 2 节中“想让孩子通过什么语言接受教育？”的提问和第 4 节中对父母的采访结果出自同一时期。

生更容易理解讲课内容。纳马人选择其他语言同样是因为对自己母语持否定态度。归根结底，他们无法对自己的母语持肯定态度。

最理想的是谁都能用自己想用的语言，当然也享有选择母语以外语言的权利。但不应该是因他人或本人导致某一语言没有受到公正的评价或者没有其他选项而不得已为之的“选择”。“使用母语（或想使用的语言）的权利”，不仅包括不被禁止使用的权利，还应包括不会因使用该语言而蒙受重大损失这一项内容。作为前提，纳米比亚（或许多非洲国家）首先是否应该考虑“对自己的语言持肯定态度的权利”或“自己的语言受到公正评价的权利”呢？笔者认为，只有在为自己的母语感到自豪的语言环境下，语言的选择才会具有其本身的意义。创造这种语言环境是目前纳米比亚所面临的重大课题。但从这个国家的种族隔离制度的历史来看，依然任重而道远。

四　非洲语言振兴新动向

纳米比亚的非洲语言教育日渐衰退。对此，政府并没有打算袖手旁观，而是早已采取了相应措施。20 世纪 90 年代后半期，就有学者发表论文对没能按计划开展非洲语言教育和偏重英语教育的现状进行了批判。此外还有，召开相关的研讨会和研究会，以及建设实况调查项目等[①]。受其影响，2000 年以后非洲语言各方面状况都发生了巨大变化。下面将重点介绍其中的主要变化。

（一）教育语言政策修正案

在2003年发表的“The Language Policy for Schools in Namibia”（以下简称为LPSN）中，政府明确提出非洲语言教育现存的问题。1993 年发表的 LPS 修正案[②]前言部分强调了母语教育的重要性，并就至今都未能按照相关政策实施母语教育的问题做了检讨。其中关于母语教育做了以下几点修正。

> ●一至三年级将母语或地区语言作为教学语言。教学语言为英语时，需要获得教育部许可。

① 论文如 Harlech-Jones. “Attitudes of Teachers towards English and Other Namibian Languages-Revisiting a Survey”. Legère, K. Ed. *African Languages in Basic Education.* Gamsberg Macmillan. 1996, pp.90–106. Legère, K. “Languages in Namibian Education: Achievements and Problems” . Legère, K. Ed. *African Languages in Basic Education.* Gamsberg Macmillan. 1996, pp.41–79。调查报告有 Legère, K, R. Trewby, and van Graan, M. *The Implementation of the Namibian Language Policy in Education: Lower Primary Grades and Pre-service Teacher Education.* NERA, 2003 等。

② 教育部指出：“并没有修正，只是将现行的，即将 1993 年发布的政策内容‘贯彻执行了’而已。”（引自教育部、教育开发研究所的采访内容）

- 四年级是教学语言的“过渡时期”。
- 五年级以上将英语作为教学语言，七年级为止还可将母语作为辅助性语言。
- 将英语和另外一门语言（母语或地区语言）作为外语必修课程。

首先，当一至三年级八成以上学生的母语或地区语言相同时，将其限定为教学语言。以英语为教学语言时，必须获得教育部许可。换言之，将过去的“选择”改为“义务”。除了教学语言，对外语课程也做了修正。例如，将英语以外的语言从“选修”改为“必修”，而且由同一种母语或地区语言组成的班级原则上必须选修那门语言。这里用了没有“选择”余地的表述，以此解决因“咬文嚼字”造成的问题。文件的最后还附上了对母语、地区语言、第二语言等术语的说明。

和现行做法一样，修正案要求三年级以前必须用母语授课，四年级时进入新一轮“过渡时期”。此外，从五年级到七年级，以英语为教学语言，同时还可将母语作为辅助性语言。但仅凭 3 年学习，学生尚不具备足以将英语作为教学语言的能力。此外，从四年级开始将教学语言改为英语时所遇到的困难也是造成母语教育停滞的一个原因。修正案对这些问题也做出了说明。

需要特别指出的是，1993 年的 LPS 只有英语版本，而 2003 年的 LPSN 则有英语、德语、阿非利堪斯语、宽亚玛语、恩东加语、宽加利语、姆布库休语、马尼奥语、洛齐语、赫雷罗语、茨瓦纳语、柯伊柯伊语等 12 种语言的版本。母语教育作为基础教育的有效且重要的组成部分，其价值尚未被人们真正了解。如果政府强制实施非洲母语教育，而这个语言又是人们不喜欢的语言，那么这和种族隔离时期的语言霸权没有什么区别。笔者通过对小学家长的采访发现，学校当初决定初等教育前 3 年的教学语言时，就母语教育的教学效果和通过不熟练的英语接受教育存在的问题，没有向任何一位家长做出过说明。即使学校做了相关说明，也不会有家长理解。这项教育语言政策修正案不仅明确说明了母语教育的价值，为了让更多的人，尤其想让非洲语言使用者能够理解，还发行了非洲语言等多语种版本。用非洲语言发布官方公文，不仅说明人们能够看懂公文内容，而且对挽回一直受官方排挤的非洲语言的形象也具有重要意义。

（二）非洲语言提升项目

在非洲语言提升项目（Upgrading African Languages Project）的资助下，纳米比亚政府积极开展了非洲语言教材建设工作。该项目始于 2000 年，由德国国际合作机构——德国技术合作公司资助，旨在通过出版的形式资助小学低年级的非洲语言教育。由于大部分教育经费用于英语教材建设，从而导致其他语种的出版经费大幅削减，其中受影响最大的是非洲语言。该项目以教材建设相对落后的非洲语言为资助对象，旨在改善非洲语言的教育环境，并在初等教育中深入贯彻落实非洲语言教育。

受该项目资助的出版物有两个特征。第一，出版了和英语图书一样的非洲语言图书。英语和其他欧洲语言的出版物不仅种类丰富，内容也很充实。非洲语言的出版物只有教材，种类也相当有限。这种差距使人们质疑：语言本身的价值和功能是否也存在差异。装订方面也一样。过去非洲语言图书中几乎没有图片和彩页，因此给人们留下了粗糙的印象。这也加深了非洲语言本身不及其他语言的印象。这次出版的非洲语言的绘本和教材在内容和装订上都和英语图书一样“漂亮”，这对于纳米比亚的非洲语言来说具有划时代的意义（见图 2）。第二，虽然和英语教材的内容相同，但不是简单翻译，而是根据教学需要，考虑到每种语言的题材和词汇难易度等问题。受该项目资助，共出版了 350 余种非洲语言的教材和读物（见表 2）。正如表 2 所示，不同语种教材之间的差距有所缩小①。

图 2　彩印版教材（从右到左依次是赫雷罗语、柯伊柯伊语、英语）

（三）媒体的变化

2000 年以后，非洲语言不再仅仅出现在教育第一线，这是新动向的特征之一。如上所述，纳米比亚原本没有采取多语言政策，多语言主义也仅限于教育领域。但 2000 年以后，除教育以外的其他领域也开始使用非洲语言。最显著的变化是电视上开始用非洲语言播放

① 该项目终止于 2007 年。相关人员指出这是一项可持续的援助项目，今后也会继续发行出版物。项目终止后将实施商业化模式，即图书不再由项目出资购买后分发给学校，而是由学校或各个州教育委员会自行购买。因此，能否继续出版取决于这些图书的销售情况。项目终止后政府没有增加出版预算的计划，因此图书出版处于经济上没有保障的状态。

节目。纳米比亚广播公司（NBC）将英语作为官方语言，并把所有节目的语言改为英语，能用非洲语言的只有无线电广播节目。从2003年开始，纳米比亚广播公司逐渐开始用恩东加语、赫雷罗语、洛齐语、柯伊柯伊语、宽加利语、茨瓦纳语这6种非洲语言播报新闻节目。现在是一天用2种非洲语言（每种语言每星期各2次）播报30分钟的新闻。

过去除刊登在日报《纳米比亚人》(*Namibian*）上的4页恩东加语专栏和不定期刊登在执政党的周报《新时代》(*New Era*）上的非洲语言报道以外，再没有其他的用非洲语言写的内容。但自从2004年8月《新时代》改为日刊以后，每天会刊登用赫雷罗语、洛齐语、宽加利语、恩东加语等语言撰写的报道。此外，还发行周报《今日纳米比亚》(*Namibia Today*），每期也都刊登用非洲语言撰写的报道。

五 结语

从2000年以后的各种动向中可以看出，非洲语言在教育领域，以及在整个社会中的地位都发生了变化。2003年纳米比亚时任总统萨姆·努乔马（Sam Nujoma，1929— ）在演说中就非洲语言的问题提出了超越现行教育语言政策的观点。例如，应进一步振兴纳米比亚的非洲语言，应进一步完善能够取代英语科技术语的词汇体系，应在国内普及推广柯伊柯伊语和布须曼诸语等“特殊”语言的政策[①]。尽管这些内容没有直接反映在教育语言政策上，但政府试图振兴非洲语言的意图很明确。非洲语言开始出现在一直被欧洲语言所独占的官方公文、新闻报道、电视节目等领域就是其具体表现。这种新动向正逐渐淡化人们对非洲语言的否定印象。

当然，我们不能忽略一个问题，那就是振兴这些非洲语言可能会导致人口更少的民族被剥夺语言权利。正如布莱辛格(Brenzinger) 所指出的，“通过母语教育，少数优势非洲语言获得了教育上的支持。与此同时，由此产生的附加压力就会强加于少数人群的语言上。对于语言学家们为了在正规教育场合使用非洲语言所做的任何尝试我们都应给予高度评价和热烈拥护。但这种做法反而会不知不觉中威胁到未被列入教学语言的其他少数语言”[②]，振兴某一种非洲语言意味着牺牲更小的语言。这一点在非洲语言提升项目中也一样。

但是，研究人员和NGO过分（至少与使用者的语言生活不符）强调语言的差异性，母语教育的发展也因此受到了阻碍。的确，只有有限的几种语言被列入教育语言。在母语未

① Idris, Hélène Fatima, Karsten Legère, et al. “Language Policy in Selected African Countries: Achievements and Constraints”. *Language and Development: Africa and Beyond*. British Council, 2006, pp.27−48.

② 马蒂亚斯·布莱辛格:《边缘化和全球化下的语言危机》,《濒临灭绝的世界语言》, 明石书店，2002年，第83—117页。

被列入教育语言的学生当中，也有不得已通过和自己的母语相差悬殊的语言接受“母语教育”的学生。当然，也有布须曼诸语等需要进一步调查和重新审视的语言。但是，在预算有限的情况下，尊重语言和方言之间的细微差别，并把这些新的语言和方言纳入教育语言的做法未必合适。与其增加教育语言的数量，不如探讨使用相同教材的可能性，并把预算用在教材建设上，这样才能提供更加真实有效的教育。当然绝对没想过把牺牲少数语言说成“不得已”。与其分散精力和预算，或“为了消除语言之间的不公平，索性全部都用英语”，不如充实目前已选定的教材，这样做或许更加现实且有效[①]。每种语言都应受到尊重，不仅如此，判断是否具有可行性也是在考察多语言社会时不可忽视的一个重要视角。

1995 年至今，笔者持续观察了纳米比亚的语言概况。其中最让笔者感到惊讶的是语言变化及其应对速度之快。纳米比亚的语言问题是许多非洲国家共同存在的问题。暂且不论是否有效应对，但至少问题意识以及应对速度是其他非洲国家所没有和不及的，是纳米比亚所独有的特点。与其说制定了一个理想化的政策，不如说朝着理想不断向前进才是我们应给予的高度评价。今后纳米比亚的语言状况会面临怎样的发展趋势？尤其是，非洲语言所处的环境今后会朝着什么方向发展下去？这些都是笔者需要关注的问题。

附录　图 1 中日语对应中文

“ヘレロ語”（赫雷罗语）、“ンドンガ語”（恩东加语）、“クヮニャマ語”（宽亚玛语）、“クワンビ語”（宽比语）、“ンガンジェラ語”（恩甘迪埃拉语）、“クワルディ語”（科瓦鲁迪语）、“コロンガディ語”（科伦加迪语）、“ウンダ語”（温达语）、“マニョ語”（马尼奥语）、“クヮンガリ語”（宽加利语）、“ンブクシュ語”（姆布库休语）、“ロズィ語”（洛齐语）、“トテラ語”（图特拉语）、“フェ語”（斐语）、“ンバラングェ語”（姆巴兰戈语）、“イエイ語”（耶依语）、“スビヤ語”（萨比亚语）、“ジュツァファン語”（朱茨湾语）、“コエコエ語”（柯伊柯伊语）、“ツワナ語”（茨瓦纳语）、“アフリカーンス語”（阿非利堪斯语）。

① 以赫雷罗语的方言辛巴语（Himba）为例，虽然使用者本人认为辛巴语和赫雷罗语为同一种语言，但研究人员和 NGO（即辛巴语使用者以外的人员）通过对辛巴语的调查指出了辛巴语和赫雷罗语的不同。此外，也有人提出需要一本专门的辛巴语教材。但是，编写一本不同于赫雷罗语的辛巴语教材，需要大量的预算和时间。从纳米比亚的现状来看，这种做法并不现实。

11种官方语言政策的理想与现实
——种族隔离制度后南非共和国的语言状况

■ 神谷俊郎

一　引言

提到南非，许多人会有“少数富裕的白人与多数贫穷的黑人”的单一印象，但是现实中白人和黑人社会内外都有更深层的阶层性和多样性。占人口80%的黑人社会可分为四大语言圈，进而细分为拥有独特文化和习惯的大大小小9个民族。被称为阿非利坎人（Afrikaner）的白人，以阿非利堪斯语为其文化核心，与英国血统的白人形成微妙的共存和对立关系。被称为“有色人”的混血居民不足人口的10%，在西部地区形成了独特的社会文化。印度人/亚裔居民保持着印度强有力的传统文化和宗教，同时在东海沿岸城市的商业社会中占有自己的一席之地。此外，还存在诸多小规模的民族社会团体。近年来从周边国家输入的劳务人员和来自中国等东亚国家的移民剧增，这加速了南非社会的多样性和阶层性。

众所周知，1994年纳尔逊·曼德拉（Nelson Mandela，1918—2013）总统就任后，种族隔离制度——基于人种歧视思想的“国家内部殖民统治”迎来了终结，南非从一个以歧视、压榨、压抑为国家统治基础的白人独裁国家，涅槃为一个以全种族共存为国策的民主主义国家。

1996年，新民主宪法开始实施，南非的语言政策也开始“民主化”。宪法条例规定，在种族隔离制度时期的官方语言英语和阿非利堪斯语的基础上，增加了9种黑人语言为新的官方语言，并且这11种语言享有平等的地位。11这一数字，作为一个国家的官方语言数量，在非洲国家中是最多的，而且即便放眼全球也是屈指可数的。此外，新宪法同样倡导尊重国内作为日常用语使用的其他少数语言[①]，这一书面规定与政府自诩的“全球领先”（one of the most progressive in the world）相呼应。

① 包括柯伊桑语系、南亚语系（Austroasiatic Languages）和手语等。

② Website. *South African Government Information: Constitution of the Republic of South Africa*, 1996.

南非共和国宪法　第一章　第六条[①]

1. 国家的官方语言包括：斯佩迪语（Pedi）、索托语（Sotho）、茨瓦纳语（Setswana）、斯威士语（siSwati）、文达语（Venda）、聪加语（Tsonga）、阿非利堪斯语、英语、恩德贝勒语（Ndebele）、柯萨语（Xhosa）和祖鲁语（isiZulu）。

2. 面对历史原因造成的本土语言地位低下，政府有义务采取积极有效的措施提升本土语言的地位并促进其使用。

3. a. 出于语言使用情况、实用性、花费、地方实际情况和平衡各省或大众的语言需求或偏好考虑，中央和各省级政府可以选择任何官方语言作为行政语言。中央政府和各省级自治团体必须使用至少两种官方语言。

b. 各地方自治团体应充分考虑地方居民的语言使用和偏好。

4. 中央和地方政府应通过立法或其他措施，规定和管理官方语言使用。在保证第二条规定的情况下，各官方语言享有平等地位和公平待遇。

5. 南非国家语言委员会应履行“以下”责任：

a. 促进“下列语言”的普及和使用，创造条件提高语言的社会地位。

i. 所有官方语言。

ii. 柯伊语、那麻语、桑语等语言。

iii. 手语。

b. 奖励并保护“下列语言”的尊严。

i. 德语（German）、希腊语（Greek）、古吉拉特语（Gujarati）、印地语（Hindi）、葡萄牙语（Português）、泰米尔语（Tamil）、泰卢固语（Telugu）、乌尔都语（Urdu）等南非广泛使用的语言。

ii. 阿拉伯语（Arabic）、希伯来语（Hebrew）、梵语（Sanskrit）等宗教语言。

新宪法实施后13年，这一“全语言共存”的理想究竟实现了几成？

对于外国人而言，南非理所当然属于“英语圈”。不管是观光旅游还是因商务留在南非，只要使用英语，社交生活就几乎畅通无阻。但是，把英语作为第一语言（母语）的国民实际上不到总人口的8%。多数国民不得不“学习”英语，这是非英语使用者（主要是黑人）进入社会和获取相关信息的巨大障碍。

南非社会涉及人种、民族、社会阶层、地理位置多方面，很难将这些多样性一并网罗概述，而且关于语言政策的历史，政府委员会、团体的设立年份和活动内容，学者们已在许多报告和文献中细述[①]。因此，本文以笔者所在地区的见闻为基础，直面南非人民的种种，重点描述多语言社会下蕴藏的现实。

二 语言状况概要

首先，我们来概观南非的种族结构和使用的语言（见表 1）。根据 2007 年的统计，南非人口约有 4785 万。黑人 / 非裔（Black/African）约占人口的 80%，其次为有色人和白人，各占 9%，印度 / 亚裔[②]占 2.5%。在南非，母语使用者的分布几乎和种族、民族分布一致，这是因为种族隔离制度按照不同种族、民族进行人口登记和管理，并且强制规定人们只能使用各自固定的语言。

表 1 南非的种族分类和比例（2007）[③]

种族	人口 / 人	占总人口比 / %	主要使用的语言
黑人 / 非裔	38079900	79.6%	班图诸语言（9 种语言）
白人	4352100	9.1%	英语和阿非利堪斯语（4:6）
有色人	4245000	8.9%	主要为阿非利堪斯语，城市地区也包含英语
印度人 / 亚裔	1173700	2.5%	主要为英语，也包含南亚语系语言
合计	47850700	100.0%	

其次，再来看 11 种官方语言的使用人数和人口比例（见表 2 和图 1）。非洲的各种语言可以分为几大语言团体（语群）。祖鲁语、柯萨语、斯威士语和恩德贝勒语组成“恩古尼语群”（Nguni），北索托语、索托语和茨瓦纳语组成“索托语群”。恩古尼语群和索托语群都根据语言学的基准划分，因此各语群内部的语言在某种程度上可以互相理解。基于该分类，恩古尼语群使用者的比例为 45.7%，几乎占总人口的一半。索托语群使用者的比例为 25.5%，约占总人口的 1/4。

---

① 关于南非的语言政策日语文献有山本（2002）。书中总结了语言政策的历史和阿非利堪斯语的由来。

② 南非的“亚裔”是指来自印度及其周边国家的移民（的子孙），不包含日本人和中国人等“东亚民族”。

③ 表 1 是笔者根据 Website. *Statistics South Africa: Stats Online: Mid-year Population Estimates*, 2007 整理绘制而成。此外，人口比例合计“100.0%”只是各数字累积相加。除表格中列举的 4 个种族之外，南非还有许多其他种族。

表 2　南非母语使用者的使用人数和比例（2001）①

语言名称			使用人数
班图诸语	恩古尼语群	祖鲁语	10677305
		柯萨语	7907153
班图诸语	恩古尼语群	斯威士语	1194430
		恩德贝勒语	711821
	索托语群	北索托语	4208980
		茨瓦纳语	3677016
		索托语	3555186
聪加语			1992207
文达语			1021757
印欧诸语		阿非利堪斯语	5983426
		英语	3673203
其他			217293
合计			44819777

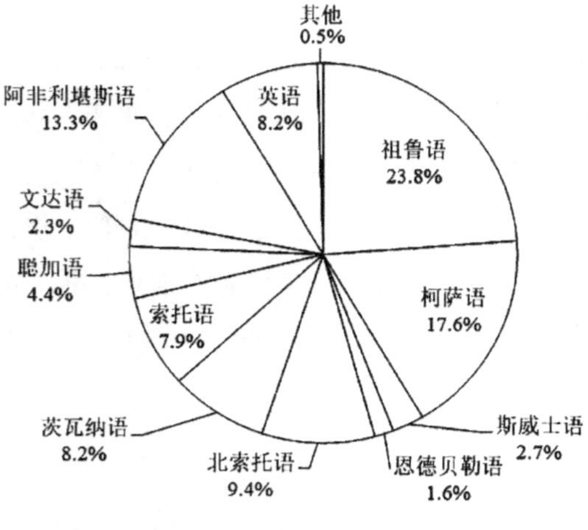

图 1　南非母语使用者的使用人数占比

① 表 2、表 3 和图 1 是作者根据 *Statistics South Africa Census 2001: Digital Census Atlas* 的数据整理绘制而成。原网站的电子地图精确到各省和地区的情况。

我们看一下语言的地理分布和各省母语使用者的人数统计（见表 3 和图 2）。粗略地说，南非西部为阿非利堪斯语地区，东南部为恩古尼语群地区，东北部为索托语群地区，而英语地区和阿非利堪斯语地区遍布全国。此外，不少省都有各自偏好使用的语言。林波波省多使用北索托语，西北省多使用茨瓦纳语，自由省多使用索托语，夸祖鲁省／纳塔尔省多使用祖鲁语，东／西开普省多使用柯萨语，西／北开普省多使用阿非利堪斯语。

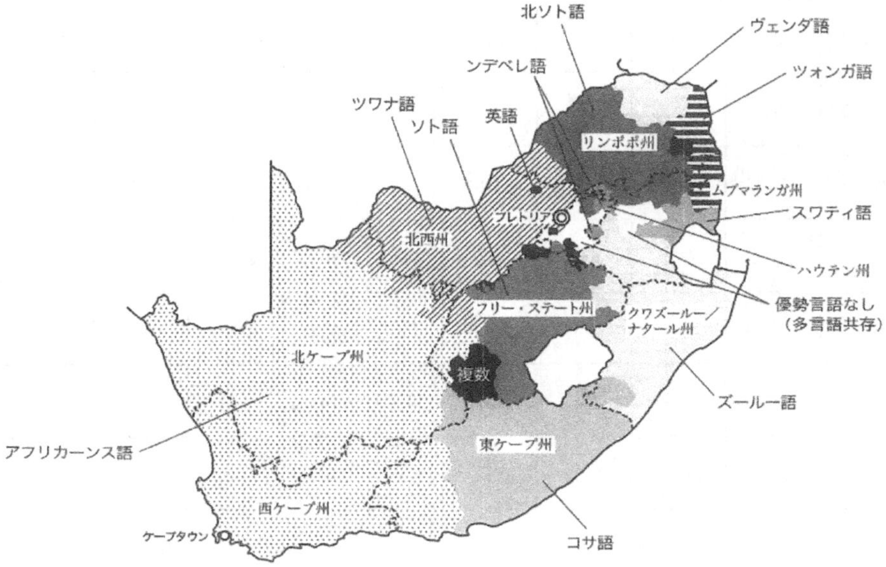

图 2　南非各语言的分布以及各省和主要都市的位置

注：（复数）表示使用者人数最多的语言的人口占比为 25%—50% 的地区，（无优势语言）表示人口占比不足 25% 的区域。

表 3　各省母语使用者的人口统计（2001）

	非洲人/黑人	有色人	印度人/亚裔	白人	合计		非洲人/黑人	有色人	印度人/亚裔	白人	合计
西北省						豪登省					
Af	12449	42638	525	237598	293210	Af	42011	218515	4935	984472	1259933
Eg	8043	2831	8590	26346	45810	Eg	74931	109945	200543	716403	1101822
Zl	68238	61	11	40	68350	Zl	1933009	2644	162	1402	1937217

续表

	非洲人/黑人	有色人	印度人/亚裔	白人	合计		非洲人/黑人	有色人	印度人/亚裔	白人	合计
Xh	240817	191	21	222	241251	Xh	640159	719	115	1743	642736
Sw	17720	30	3	42	17795	Sw	128928	168	29	293	129418
Nd	19442	26	21	30	19519	Nd	208275	324	581	1138	210318
NS	79765	54	0	65	79884	NS	1023033	662	83	885	1024663
SS	216979	340	4	86	217409	SS	1150218	1720	72	803	1152813
Tsw	2058174	8975	69	818	2068036	Tsw	907015	2170	129	901	910215
Tso	109072	26	0	82	109180	Tso	569131	277	44	654	570106
Vd	11301	0	0	16	11317	Vd	159442	142	31	302	159917
其他	19480	127	768	1539	21914	其他	51396	1092	11131	26098	89717
北开普省						自由省					
Af	56477	410011	875	93637	561000	Af	35666	73260	235	214020	323081
Eg	2355	9528	1398	7737	21018	Eg	4350	1920	2.751	22225	31246
Zl	2961	28	3	6	2998	Zl	137842	160	9	83	138094
Xh	53273	306	7	81	53667	Xh	245356	480	20	337	246193
Sw	753	21	0	6	780	Sw	7405	23	0	20	7448
Nd	658	59	12	9	738	Nd	9935	10	12	42	9999
NS	1191	15	0	3	1209	NS	6960	24	0	23	7007
SS	9801	66	0	12	9879	SS	1736140	5880	87	832	1742939
Tsw	330247	3408	16	128	333799	Tsw	183918	1341	3	127	185389

续表

	非洲人/黑人	有色人	印度人/亚裔	白人	合计		非洲人/黑人	有色人	印度人/亚裔	白人	合计
Tso	469	48	0	30	547	Tso	8866	22	0	72	8960
Vd	351	31	0	10	392	Vd	1373	19	0	41	1433
其他	2769	2196	68	859	5892	其他	3361	54	603	967	4985
西开普省						东开普省					
Af	54847	1976534	7845	461522	2500748	Af	24461	426066	1744	149395	601.666
Eg	25042	454408	35472	359738	874660	Eg	18101	46995	15767	153434	234297
Zl	8869	182	20	95	9166	Zl	10937	55	7	30	11029
Xh	1069747	3386	81	737	1073951	Xh	5247383	6573	163	1186	5255305
Sw	1551	132	7	50	1740	Sw	5023	46	0	16	5085
Nd	1144	603	94	374	2215	Nd	3673	106	31	214	4024
NS	1697	130	6	64	1897	NS	2814	60	5	24	2903
SS	31168	179	3	86	31436	SS	154014	123	3	26	154166
Tsw	5234	193	16	78	5521	Tsw	1837	39	5	31	1912
Tso	1415	541	3	105	2064	Tso	690	52	4	58	804
Vd	877	331	8	69	1285	Vd	678	56	9	21	764
其他	5837	2356	1477	9981	19651	其他	4311	238	744	1404	6697
林波波省						普马兰加省					
Af	6580	5801	139	115921	128441	Af	8624	12571	303	164620	186118
Eg	5869	1662	7012	14898	29441	Eg	6784	4852	9931	29678	51245

续表

	非洲人/黑人	有色人	印度人/亚裔	白人	合计		非洲人/黑人	有色人	印度人/亚裔	白人	合计
Zl	35774	93	3	31	35901	Zl	807564	1815	66	424	809869
Xh	14904	17	7	104	15032	Xh	44552	61	14	198	44825
Sw	28406	16	7	12	28441	Sw	988548	1883	117	271	990819
Nd	100538	38	30	42	100648	Nd	345313	169	39	163	345684
NS	2736780	1266	92	413	2738551	NS	341393	446	18	97	341954
SS	55061	30	8	40	55139	SS	126046	162	25	79	126312
Tsw	102815	183	0	62	103060	Tsw	63634	153	3	63	63853
Tso	905090	410	32	171	905703	Tso	391151	208	26	152	391537
Vd	839944	258	41	132	840375	Vd	5000	14	0	41	5055
其他	12671	40	1497	595	14803	其他	6803	98	422	1292	8615
夸祖鲁省/纳塔尔省											
Af	12263	8575	2664	115721	139223	NS	10725	48	81	52	10906
Eg	38158	123927	764382	357200	1283667	SS	64878	67	52	102	65099
Zl	7654116	6359	2132	2084	7664691	Tsw	4923	69	126	107	5225
Xh	332806	440	272	671	334189	Tso	3176	11	30	83	3300
Nd	14930	547	2702	501	18680	Vd	1167	0	33	23	1223
Sw	12680	39	98	90	12907	其他	13742	202	25593	5480	45017

注：①区间为 0—99999，100000—499999，500000—999999，1000000 以上。

②Af= 阿非利堪斯语，Eg= 英语，Zl= 祖鲁语，Xh= 柯萨语，Nd= 恩德贝勒语，Sw= 斯威士语，NS= 北索托语（斯佩迪语），SS= 索托语（南索托语），Tsw= 茨瓦纳语，Tso= 聪加语，Vd= 文达语。

三 各语言简介

南非的土著语言属于班图语支[①]。班图语支分布于非洲赤道以南的绝大部分地区，是同一起源诸语言的统称，主要具有以下共同的语言结构（以下示例均为祖鲁语）。

●名词结构为前缀 - 名词词干。根据前缀的形态和属性，名词可以分为 15 个左右的“类名词”（noun class）。通过改变前缀来表示单数 / 复数，同时也能派生出其他意义的名词。

umu-ntu（cl.1）“人” aba-ntu（cl.2）“人们” ubu-ntu（cl.14）“人性，同情”

isi-khumba（cl.7）“皮” izi-khumba（cl.8）“皮（复数）”

（连字符前为前缀，正式书写时不加连字符）

●动词结构为以动词词根为中心的胶着结构。在动词词根前添加主词缀、时制（tense）词缀、宾语词缀，或在动词词根后添加扩张词缀（使之派生出“使役”“适用”等意义）或词尾元音等，动词便独立成“词”。

Abazail	bazosithengela	thina	izingubo.
名词 /cl.2	动词	代词 / 第一人称	名词 /cl.10
“父母”	“他们会给我们买吧”	“我们”	“衣服”

“ba-za-si-theng-el a” = “cl.2 主语词缀 - 将来时词缀-第一人称复数宾语词缀 - 动词词根‘买’- 适用动词扩充词缀 - 词尾元音”

“父母会给我们买衣服吧。”

●主词缀和宾语词缀必须要与主句中的主语、宾语的名词类型和人称相统一。以上文为例，主语名词“abazali”属于第 2 类名词，相对应的第 2 类名词的主词缀为“ba”。宾语代词“thina”为第一人称复数形式，所对应的第一人称复数形式的宾语词缀为“is”。

下面笔者将具体观察各语言的形态。

① 恩古尼语群中“人们”表示为“abantu”，该词是学术用语“班图语支”一词的语源。但要注意的是，在南非国内“班图”也是对黑人的蔑称。此外，虽然班图诸语言的语言结构存在共同点，但是相互不能沟通。正如英语和德语意思无法互通一样，斯瓦希里语使用者无法理解祖鲁语。

（一）恩古尼语群

作为班图语支的下位分支，恩古尼语群位于最南端，包括祖鲁语、柯萨语、斯威士语、恩德贝勒语。恩古尼语群的一大突出特点是使用被称为吸气辅音的独特辅音①。

［在介绍每个语言前，笔者都会用该语言翻译新宪法开篇的前两行文字来展示每个语言的书写方式—— “We, the people of South Africa, recognize the injustices of our past...”（我们，南非人民，认识到我们过去的不公正……），来展示每个语言的书写方式。］②

1. 祖鲁语③

Thina, Bantu baseNingizimu Afrika,

Siyakukhumbula ukucekelwa phansi kwamalungelo okwenzeka eminyakeni eyadlula;

“祖鲁”是最早被欧洲人所熟知的民族名称之一。祖鲁语是非洲南部使用人数最多的语言，近年来母语使用者数已经超过 1000 万。作为第二语言的使用者数也约有 2500 万④。祖鲁语使用者多居住在夸祖鲁省 / 纳塔尔省，在约翰内斯堡及其周边黑人居住区也有许多人使用祖鲁语。祖鲁语在豪登省城市地区的黑人社会中发挥着通用语的作用。例如，在“出租车 / 小巴士”职业圈内有来自不同民族的务工者，他们的通用语就是祖鲁语⑤。

约翰内斯堡以“黄金之城”著称，这里的金矿开采人员却使用“法纳加罗语”（Fanagalo）进行交流⑥。法纳加罗语是在矿山开采区使用的经特殊变化后的皮钦语，该语言在祖鲁语的基础上增加英语和阿非利堪斯语的词汇，语法极其简化。

2. 柯萨语

Thina, bantu bomZantsi Afrika,

Siyaziqonda iimeko zolwaphulo bulungisa zamaxesha ethu adlulileyo;

柯萨语与祖鲁语一样，同属于恩古尼语群，但柯萨人主要集中在东开普省和西开普省。开普敦和伊丽莎白港等西部大城市的黑人居民几乎都是柯萨语使用者。柯萨语与祖鲁语的差异主要体现在单词和部分辅音的发音上（在恩古尼语群中，吸气辅音种类最多的是柯萨语），但是大体上与祖鲁语相似。当被问到“那些从来没有听到过祖鲁语的柯萨语使用者，第一次听到祖鲁语的时候会理解多少呢？”时，几乎都表示“不能说完全理解，但能够准

---

① 吸气辅音又称“吸气音”“搭嘴音”，可以想象为在面临某个失败时发出的咂嘴音，或模仿红酒瓶塞拔出的声音。这些发音与 k 和 s 等一样，作为普通的辅音使用，同时也与元音搭配形成音节。吸气辅音最早为柯伊桑语系（布须曼语等语言）特有的发音，随着语言交流传入班图语支。书写恩古尼语群语言时使用的字母中，c、q、x 都是吸气辅音（在 IPA 中分别表示为 [|][!][||]）。“柯萨”（Xhosa）的 xh 也属于吸气辅音 [||h]。

② 宪法条例来自 Website, Constitutional Court of South Africa。

③ 语言 / 民族名称前添加的 isi-/si-/se-/tshi-/xi- 等前缀表示“—语”。

④ 引自“Ethnologue”中关于 Zulu 的内容。

⑤ 引自“SA Language”中关于 IsiZulu/UNESCO Language Survey 的内容。

⑥ “法纳加罗语”的名称来自祖鲁语中表示命令的“fana（相似）+ngalo（与这个）”，意为“像这样（做）”。

确理解一半以上。数字则能够理解七八成”。当然，随着两种语言交流碰撞的机会增多，相互理解的程度也不断加深。夸祖鲁省/纳塔尔省和东开普省的交界地区，混住着祖鲁人和柯萨人，因此语言发音也有所中和。

3. 斯威士语

Tsine, bantfu baseNingizimu Afrika,

Siyakubona kungabi khona kwebulungiswa esikhatsini lesengcile;

斯威士语是邻国斯威士兰王国的官方语言（之一），主要在与斯威士兰接壤的地区（主要为普马兰加省）使用。语言结构与祖鲁语几乎一致，可以相互理解，但在结构和发音上具有以下特点。

●在其他恩古尼语群语言中，所有名词类别的前缀都有词首元音[①]，但斯威士语的有些名词类别不存在词首元音。例如，斯威士语第7类名词没有词首元音，因此祖鲁语的“isikhumab”[“皮（cl.7）”]在斯威士语中为“sikhumab”。语言名称“siSwati”词首没有i也是因为此。

●在多数场合下，斯威士语要把其他恩古尼语群语言的辅音[z]替换成[t]。例如，祖鲁语的“zala”（生产）在斯威士语中为“tala”。

●其他恩古尼语群语言的爆破音[thi, the, tha, tho, thu]和[di, de, da, do, du]在斯威士语中根据后接元音变音成[tsi, tse, tsa]和[dzi, dze, dza][dvo, dvu]。例如，祖鲁语的“indoda”[“男（cl.9）”]在斯威士语中为“indvodza”。

●其他恩古尼语群有c、q、x这3种吸气辅音，斯威士语的吸气辅音没有c（参照本文脚注）。

此外，属于斯威士语的几种方言仍在偏远地区使用。普提方言（siPhuthi）在东开普省和莱索托王国交界地区使用（约2万人）[②]，兼容斯威士语和索托语的特征。祖鲁语和柯萨语圈的交叉地区（Mt. Frere, uMzimkhulu等），巴察方言（isiBhaca）的发音与斯威士语相近，还拥有少数使用者（神谷, 2005）[③]。

4. 恩德贝勒语

Thina, abantu beSewula Afrika,

Siyakwazi ukungaphatheki kwethu ngokomthetho esikhathini esadlulako;

① 例如祖鲁语每个名词的发音，必须以元音（i、a、u中的任意一个）开头。

② 引自SA Language中关于siPhuthi的内容。

③ 政府没有采取相应政策来尊重和保护这些班图语支下的少数语言（方言）。

恩德贝勒人主要居住在邻国津巴布韦和南非共和国。恩德贝勒语分为“北恩德贝勒语”和“南恩德贝勒语”（两者间夹着北索托语语言圈）。

津巴布韦使用的是北恩德贝勒语，该语言与祖鲁语几乎为同一种语言。南恩德贝勒语的使用范围主要集中在南非的普马兰加省，分为马纳拉方言和恩祖扎方言。南恩德贝勒语有时会被划分为索托语群[①]，但实际语言情况尚不明确。将上述恩德贝勒语的例句与其他语言相比，笔者发现词汇和词语结构都凸显了恩古尼语群的特征。书写方法也与恩古尼语群的语言一致（索托语群的动词前缀），至少从这点来看很难将其划入索托语群。

南恩德贝勒语的使用范围位于北索托语语言圈和其他恩古尼语群语言之间，再加上与多民族且人口流动频繁的豪登省相邻，南恩德贝勒语也逐渐包含了周边语言的各种特点。

（二）索托语群

索托语群（又称索托 = 茨瓦纳语群）是北索托语、索托语和茨瓦纳语 3 种语言的统称。与恩古尼语群的祖鲁语和柯萨语占据绝对优势不同，索托语群的这 3 种语言的使用人数都只占总人口的 8%—9%。与恩古尼语群相同，索托语群的使用者在认真倾听的情况下可以相互理解这 3 种语言。在大城市，相互理解的比例会更高（索托语群诸语言的使用范围逐渐向约翰内斯堡和茨瓦内等大城市扩张，因此相互接触的机会较多）。但是，恩古尼语群使用者和索托语群使用者无法沟通交流（在不了解对方语言的情况下）。

1. 北索托语 / 斯佩迪语

Rena, batho ba Afrika–Borwa,

Re elelwa ditlhokatoka tša rena tša maloba;

北索托语在新宪法的条例中被命名为“Sepedi”，因此越来越多的人将“斯佩迪”和“北索托”视为同一种语言。实际上，“Sepedi”只不过是从属于北索托语的方言之一[②]。人们意识到这个问题后，近年来开始用“Sesotho sa Leboa”代替“Sepedi”，英语也恢复使用“Northern Sotho”。

2. 索托语

Rona, setjhaba sa Afrika Borwa,

Re elellwa makgopo a maoba le maobeng a rona;

索托语又称南索托语（Southern Sotho）。除在自由州省的黑人社会中广泛应用之外，还是莱索托王国的官方语言（之一），恩古尼语群以外的班图语支中唯一拥有吸气辅音 q 的语言，而且索托语的地方方言差别甚微。

① 引自“Ethnologue”中关于 Ndebele 的内容。此外，“Ethnologue”中明确表示南非的恩德贝勒语与津巴布韦的恩德贝勒语是两种不同的语言。

② 19 世纪德国传教士以斯佩迪语为中心整理了北索托语的书写方法。

3. 茨瓦纳语

Rona, re le batho ba Aforika Borwa,

Re itse ditshinamololo tsa rona tse di fetileng;

茨瓦纳语除在西北省的黑人社会中广泛应用之外，还是邻国博茨瓦纳的官方语言（之一）。茨瓦纳语是非洲语言中最早（1857 年）完整翻译《圣经》的语言。

4. 聪加语

Hina, vanhu va Afrika Dzonga,

Hi lemuka ku kala vululami ka nkarhi lowu hundzeke evuton’wini bya hina;

聪加人又称尚加人（Shangaan）。聪加语主要在林波波省的东部、克鲁格国家公园周边地区使用。邻国莫桑比克使用聪加语的人数与南非国内不相上下。

5. 文达语

Rine vhathu vha Afurika Tshipembe,

Ri dzhiela ntha zwa u kandeledzwa hashu ha tshifhinga tsho fhiraho;

文达语主要在靠近津巴布韦的林波波省的北部使用，津巴布韦国内也有使用者。它不属于班图语支中的某一种语群，自成一派。

（五）阿非利堪斯语

Ons, die mense van Suid-Afrika,

Erken die ongeregtighede van ons verlede;

阿非利堪斯语有时被解释为荷兰语的方言。1652 年荷兰东印度公司设立开普敦基地，以此为契机，欧洲白人开始移民到非洲南部，到了 19 世纪，荷兰移民的后裔开始向内陆地区迁移。在这个过程中，他们的语言脱离了传统的荷兰语，吸收了欧洲诸语、马来语等其他语言①，形成自己的体系。名词性别（gender）的消失、动词活用单纯化、时间表现单纯化、忠实发音的书写方法等方面发生改变，他们的荷兰语朝着简略化的方向发展（例如 be 动词的现在时不受主语的人称、单复数变化，统一用 is），最终形成一种独立的语言。移民者将这种语言取名为阿非利堪斯语（“南非荷兰语”之意）。现在阿非利堪斯语的使用者数约占白人人口的 60%，并被称为阿非利坎人的荷裔白人的母语，且被认为是他们语言文化的核心（“荷兰方言”被极力排斥）。此外，约 80% 的有色人种也将阿非利堪斯语作为母语使用。

那些到访过南非的荷兰游客对阿非利堪斯语的印象只是“感觉很奇怪，但是如果慢慢地说能够大致理解”。然而，（由于一般的荷兰公民和阿非利坎人的英语能力都不错）他们通

① 这些语言的影响首先来自阿非利坎人的祖先曾是荷兰东印度公司的船员，其次是，当时有大量印度尼西亚和安哥拉奴隶被运送至开普敦。

常觉得"用英语交流会更方便、更准确"。

（六）其他语言

生活在约翰内斯堡周边镇区（黑人居住区）的年轻人，喜欢使用被称为"茨威话术"（Tsotsitaal）和"伊苏察穆托"（isiCamtho）的一种混有班图诸语、英语和阿非利堪斯语的说话方式①。如"Sharp, sharp！""OK！"这样的表达方式，不仅城市的年轻人，农村的家庭主妇也会使用。

印度人 / 亚裔居民约占总人口的 2.5%，平时他们多用英语对话，但在家庭成员或同民族间交流时，经常会使用宪法规定的南亚语系的语言。

关于南非国内的柯伊桑语系的使用，在北开普省干旱地区（纳米比亚和博茨瓦纳交界地区），以几十人至几千人为单位，使用宪法条例规定的柯伊桑语系语言。

四　南非的多语言状况

（一）南非的语言等级制度

班图语支下的 9 种语言，并非只是地域性水平分布。从使用者的人口比例来看，各语言间还存在阶层关系。

祖鲁语的影响力尤其大。"祖鲁"是非洲所有民族中最有名的民族。19 世纪初期，独裁者夏卡（Shaka）进攻并征服周围多个部落，扩大了祖鲁的版图。由此，祖鲁就成为恐怖和畏惧的代名词。1879 年，祖鲁人战胜了英国侵略军，留下了显赫的"战绩"。祖鲁人的勇猛果敢让欧洲人闻风丧胆。在过去的反种族隔离制度运动中，标榜祖鲁民族主义的政党也采取武装斗争的路线，祖鲁人"好战"的固有形象仍存在于当今黑人社会。祖鲁人自身也喜欢自诩有"男子汉气概"，例如，男性喜欢低声嘶吼，发出"令人战栗"的声音。

祖鲁语在土著语言中也颇具影响力和威信，不少民族认同并使用祖鲁语。在豪登省的城市，祖鲁语作为通用语被使用，当其他民族或多民族聚集时，多倾向于选择相互都能理解的（没有祖鲁人的场合）祖鲁语。在约翰内斯堡的白人家庭里，索托出身的女佣和马拉维出身的园丁会用祖鲁语交流，像这样的场景随处可见。在北索托人占黑人人口一半以上的茨瓦内，如果用祖鲁语与路边女性商贩搭话，那么绝大多数都会被回以祖鲁语。

柯萨人在反种族隔离制度运动中涌现出许多发挥领导作用的运动家，如纳尔逊·曼德拉、史蒂夫·比科（Stephen Biko，1946—1977）。与茨瓦纳人一样，柯萨人是最早与西方伊斯兰教接触的班图语支的人，从殖民时代初期起，柯萨语的语言研究和《圣经》翻译等活

① "Tsotis"意为"不良，恶徒"，"taal"在阿非利堪斯语里意为"～语"。"iciCamtho"是祖鲁语"ukucamtha"（"说，讲"）的词源。

动就开始盛行。因此，柯萨人一直给人以“教育水平高且开明”的固有印象。柯萨人还有吟诗作赋的文化，他们以柯萨语是“美丽的语言”为自豪。

此外，少数民族语言文达语和聪加语都没有形成规模较大的语群，也没有代表的中心城市。这两种语言在11种官方语言中也属于“弱小”的语言，排序靠后，经常被一笔带过①。像这样“弱小”的感觉（尤其是城市地区）也体现在文达语、聪加语使用者的态度上。例如，有些文达人迁移至西开普省时，会故意使用祖鲁语（还不是柯萨语），重新取一个祖鲁式的名字，隐瞒自己的出身。

如果追究到底，那么平等地对待11种官方语言就是要把如同附属物的文达语和聪加语的地位提升到目前英语或至少祖鲁语的同等地位。但是就现状而言，前路十分坎坷。

（二）语言政策“曲折”的历史

种族隔离制度将种族“横向分离”为“白人”“有色人”和“黑人”，再将黑人社会“纵向分离”为“祖鲁人”“索托人”“文达人”等民族。“横向分离”是为了维持白人社会统治体系，而“纵向分离”是为了能够细化管理黑人社会，限制其迁移，阻碍其团结。种族隔离制度下的南非建立了被称为“班图斯坦”（Bantoestan，黑人家园）的有民族划分的“国内殖民地”，但当时“民族筛选”的基准是语言的差异②。

在黑人家园使用土著语言会被“褒奖”，但是白人政府真正的目的是防止外界的“多余知识”通过英语等语言传入黑人社会，阻断国内外动向和先进思想，从而使黑人社会保持低教育水平状态。

此外，白人政府强制黑人社会使用阿非利堪斯语。20世纪70年代，政策强调并强制城市学校的教学用语为阿非利堪斯语。对于这一无视教师和学生实际情况和情感的强权政策，黑人社会理所当然持反对意见。随后，1976年6月在约翰内斯堡近郊的索韦托住宅区发生了一连串的暴力反抗运动，史称“索韦托暴乱”（Soweto Uprising）。

种族隔离制度下的南非，语言变成压抑和标签自身的道具。因此，反对“个人民族主义中心”的言论及其副产品——否定自己语言的态度在黑人社会，尤其在知识分子阶层蔓延开来。若只拘泥于自己的文化和语言，则无法与他人站在同一战线上。为了抵抗阿非利堪斯语的压力，同时打破自身语言的束缚，即推进“解放”和“团结”运动，只能选择通用语言英语。时至今日，一些文章仍对英语持肯定态度，认为其是“世界语言”“出人头地的语言”“教育、信息、科学的语言”，这也决定了国民的语言态度。

---

① 目前南非的国歌是象征反种族隔离制度的歌曲《南非的呐喊》（*Nkosi Sikelel' iAfrica*），歌曲最后以原国歌“Die Stem van Suid-Afrika/The Call of Africa”的曲调做结尾。但是在国歌的“正式版”中，依次仅出现祖鲁语、柯萨语、索托语、阿非利堪斯语和英语的歌词，没有文达语和聪加语。

② 新宪法的9种语言分类与班图斯坦设立时期的语言分类方法一致（只有柯萨人从属于两个班图斯坦）。但是，语言的分类标准十分随意（有时具有政治性），例如会把索托诸语定义为“索托语及其方言”。

（三）英语中心社会

祖鲁语在黑人社会中发挥着近似于通用语的作用，但是英语作为全国的通用语，活跃在行政、司法、教育、经济等生活的各个方面。即便不懂英语以外的语言，也几乎不会有什么损失。电视、广播、报纸、杂志等媒体也以英语为中心，总统的演讲、议会的讨论（包括同声传译在内）基本上都使用英语。

城市的商业活动，不会选择使用英语以外的语言。与单位同事的谈话另当别论，商务谈判一定使用英语。在餐厅或速食店用英语点菜也不会行不通。换言之，如果想在城市地区就业，就必须掌握英语。

当然，并非能说英语就一定能立马找到工作，对多数黑人居民而言，能够正确地读写英语，用英语进行对话是一个非常大的优势，同时，英语能力也成了教育程度的评价标准之一。不会英语，就不会获得令人憧憬的、高薪且稳定的白领工作。即使懂得再多的黑人语言，也不能成为升职加薪的条件。

出生在英语主导的大城市者的优势明显，但是对于出生在黑人居住区或农村的非英语使用者而言，是否能掌握正确的英语关系到其今后的人生。原黑人家园的农村地区，许多学生没有上英语学校，而是直接辍学。小孩不得不在家干活（干农活、养牲畜、照顾弟妹），女生还被奖励早婚，从学校辍学的学生并非被认为是“落后者”。这就是英语能力，它直接导致地区、种族差异扩大。

为了避免差异，家长开始积极培养孩子学习英语。学校、社会或者媒体都极为贬低土著语言，因此学生和他们的家长也开始看低自己语言的价值，转而学习英语。1996—2001年，黑人人口的增长率约为13.8%（3112万→3541万），而将英语作为母语的黑人人数约增加了45.5%（11万→16万）。如果目前的语言政策和国民意识没有大的改观，那么在不远的将来，很有可能南非所有语言地区都会被英语覆盖。

语言选择发挥了重要作用，以下从几个领域的具体事例来看这个问题。

1. 公文

为了创建多官方用语社会，其最重要的实践场所就是政府工作窗口和公共机关发行的书刊的多语言化。但是，目前的书籍几乎都是用英语、英语或阿非利堪斯语共同撰写的书籍，几乎没有用土著语言撰写的书籍。

“不知道这是什么文件，你帮我简要说明一下。”在笔者旅居当地农村（原黑人家园地区）期间，时常受不懂英语的朋友所托，翻译政府寄来的信件广告。（见图3）就“官方语言”的定义而言，政府和自治区针对居民发放的文件至少应该用宪法规定的语言书写吧。虽然夸祖鲁省/纳塔尔省走在其他省前列，支持将土著语言作为行政用语，并且增加了用祖鲁语书写的标志和公园公示牌等，但是公文的祖鲁语化迟迟没有进展，在其他区或者部门，非但至今都没有看到想要改变现状的举动，反而出现了一直以来用几种语言撰写的文件被统一用英语撰写的例子。例如，历来用阿非利堪斯语和英语撰写的电力公司系统中心操作管理器的订单，最近开始统一用英语撰写（楠濑，2002）。

2. 大学 / 高等教育

除英语之外，高校的教学用语就只有阿非利堪斯语。南非的大学分为只是用英语教学的高校（金山大学和开普敦大学等），以及用英语、阿非利堪斯语双语教学的高校（比勒陀利亚大学和斯泰伦博斯大学等）。双语教学的学校教学用语因不同的大学、学院、专业使用比率而不同。人文科学、社会科学专业多使用阿非利堪斯语编写的教材，博士论文也可用阿非利堪斯语撰写。理工科专业使用阿非利堪斯语的比例较低。例如，比勒陀利亚大学理学院的一年级课程，会分别使用阿非利堪斯语和英语上同一门课程（有时一名双语教师连续上课），但是二年级以后所有课程都使用英语授课，教科书也只使用英文版的。近年的双语教学大学，用英语授课的课程比重不断增加。如今，如何让英语和阿非利堪斯语共生，或如何帮助阿非利堪斯语摆脱被压制的状态成为阿非利堪斯语教师 / 学生的主要课题之一。

在这种背景下，要加入非洲语言这一选项的可能性就目前而言极低。几乎所有大学都会开设“非洲诸语”和“非洲文学”等专业，但是这些专业的语言极少被作为科目或研究对象，甚至也几乎不会作为中等教育阶段的教学用语，就连教科书、教材等也不会使用。因此，将非洲诸语作为大学的教学用语无疑是异想天开。

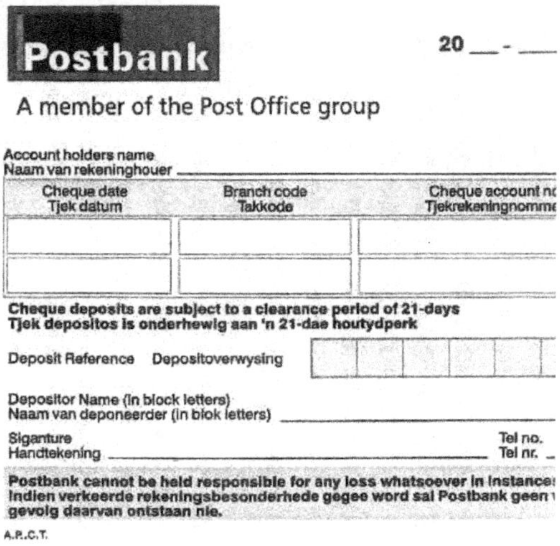

Postbank

20___-___

A member of the Post Office group

Account holders name
Naam van rekeninghouer

Cheque date Tjek datum	Branch code Takkode	Cheque account n Tjekrekeningnomm

Cheque deposits are subject to a clearance period of 21-days
Tjek depositos is onderhewig aan 'n 21-dae houtydperk

Deposit Reference Depositoverwysing

Depositor Name (in block letters)
Naam van deponeerder (in blok letters)

Siganture
Handtekening

Tel no.
Tel nr.

Postbank cannot be held responsible for any loss whatsoever in instance
Indien verkeerde rekeningsbesonderhede gegee word sal Postbank geen
gevolg daarvan ontstaan nie.

A.P.C.T.

图 3 仅用英语和阿非利堪斯语书写的邮局存款单[①]

① 据说因为使用者不懂或者填写错误等，存款非常耗时。

3. 初等、中等教育

初等、中等教育的教学用语问题可以说是语言政策的中心课题，将其强调为母语教育的重要性也不为过。

小学阶段使用哪种语言进行授课取决于学校所在地区的语言政策，但即便是在非洲诸语占优势的农村地区的学校，三年级或四年级以后也基本上转换为英语授课。

以笔者所知的夸祖鲁省 / 纳塔尔省为例，小学三年级前的课程使用祖鲁语教学，三年级后都转换为英语（祖鲁语只被作为一门科目来教授）。教师必须用英语授课，必须使用英文版教科书和教材，因此不少儿童因无法理解老师说的话而感到困惑。虽然不少教师明显欠缺英语运用能力，但如果用祖鲁语授课（学习用语尚未规整），就不能很好地将知识内容传授给学生，学生也无法掌握英语能力。这种两难的境地，使得学生整体成绩低下，许多学生在修满课程前就辍学。许多黑人居住区和农村地区的学校都面临着这一问题。

4. 媒体

（1）电视

用普通的接收器接收信号收看节目的地面数字电视包括国营广播公司 SABC（South African Broadcasting Cooperation）第 1、2、3 频道和民营广播公司 e.tv 的 4 个频道基本上为英语播放，但每个频道负责不同的语言。SABC1 会播放祖鲁语、柯萨语等恩古尼语群的新闻和电视剧等，SABC2 负责阿非利堪斯语、索托语、文达语和聪加语。但是，本国制作的节目仅在黄金时段播放，其他时间段的电视节目几乎都是英美等国的电视剧、电影和纪录片等（非字幕版或配音版）。早上的全国新闻和面向儿童的节目也都用英语播放。SABC3 和 e.tv 只播放英语节目。

新宪法颁布初期致力于新的挑战，要制作大量土著语言的节目。然而，随着时间的推移，宪法的理想与现实的语言需求无法吻合，导致如今英语节目占据节目一半以上（见图 4）。

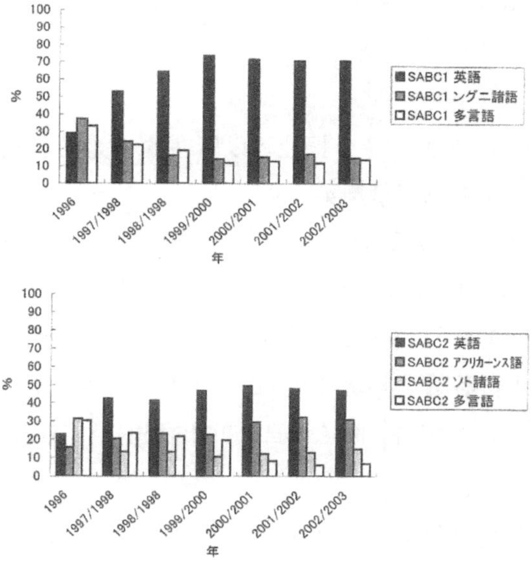

图 4　SABC1 和 SABC2 的节目使用语言比例变化（1996—2003）①

SABC 制作的新闻节目有几点值得我们关注。在使用英语的新闻节目中，如果被采访者使用阿非利堪斯语和祖鲁语等，就会用英语进行同期配音解说。但是，在使用英语以外语言的新闻节目中，如果被采访者使用英语，就会原版播出，不会插入配音或字幕（不理解英语的观众就会不知道节目的播放内容）。虽然是一个微不足道的示例，但是从这个现象就可以看到广电局对待语言的态度。

（2）广播

广播可以说是土著语言最活跃的媒体媒介。各省至少有一个用其优势语言播放的 SABC 系列的 FM 广播电台。广播是了解国内外动向的重要信息来源，同时也是娱乐手段。当重大的足球比赛用自己所不知道的语言转播时，人们经常会一边听用自己语言转播的赛事广播，一边以“双语转播”的形式观战。

名为 UKHOZIFM 的祖鲁语广播电台以“非洲（听众）之最”为广告宣传语，它的平均听众数近 500 万②。其他广播电台的听众也覆盖了所在地区的大部分人口。此外，南非的广播电台网络播送也十分靠前，几乎所有电台都可以在网络电台（在全球范围内）实时收听。

在众多媒体中，只用声音作为传播手段的广播十分普及，也体现了一直以来无文字社会的非洲诸语至今仍旧“没有进入文字社会”。但是，广播电台仍属于极少已经实现一定程

① 笔者根据 Olivier（2004: 70）绘制而成。

② SABC 中关于“Radio”的内容。

度“多语言平等”的领域之一。这标示着黑人强烈依赖用自己的语言传递的信息，且这一需求潜在程度非常高。

（3）报纸（日报）

在南非，没有全国性的报纸，各个报社均以所在的省为据点进行经营，订阅报纸的人也十分稀少，人们基本上都在书报亭购买。

从语言类别来看，20 种主要报纸中，英语报纸有 15 种（总共发行 124 万份，去除无法统计为一种报纸的数量），阿非利堪斯语报纸有 4 种（总共发行 29 万份），土著语言报纸只有祖鲁语报纸 *Isolezwe*（总共发行 9.5 万份）一家①。这些数字与母语使用者的人口比例（见表 2）相比，英语和阿非利堪斯语报纸的市场占有率明显更大。极端地说，土著语言中即便是使用人口较多的祖鲁语，其作为“阅读语言”的市场也相对较小。

（4）书籍

笔者经常可以看到这样的场景——书店和图书馆的书几乎都是英文版图书，只有在角落的书架上会设置阿非利堪斯语书籍展区。

新宪法实施后的 20 世纪 90 年代后期，一般的书店都会有非洲诸语的语法书、字典和常用语手册等。这些书多数是几十年前出版而今再版的。即便如此，我们也能看到时代变化的征兆。

10 余年后的现在，这些书已无迹可寻。笔者每每去南非，都会特意去书店看看是否有新出版的书。虽然在语言专区有许多德语、法语等语种的课本和配有磁带的教材，但几乎看不到班图诸语的书。面向黑人的小说等书更不会出现在一般书店里，在专门售卖教科书的书店里也只有少数小学的阅读课本，没有理科教科书。

在非洲东部国家和尼日利亚，都可以看到露天出售的斯瓦希里语的书籍，或约鲁巴语和豪萨语等语种的书籍。笔者无法在南非土著语言中发现类似的情况。无论是世界名著、古籍还是畅销书，都看不到这些书的翻译版本。

（四）土著语言是否存在可能性

平等对待 11 种语言意味着把英语以外的所有语言提升到现在英语同等的地位（如今要降低英语的地位是不可能的）。宪法（并非所有省和部门都要平等对待 11 种语言）规定各省可根据自身情况选择官方语言（第六条第三项 a）。但是，在约翰内斯堡这种大都市，事实上所有官方语言都在日常生活中被使用，因此至少在豪登省，必须要创造一个所有语言使用者都能自如使用的语言环境——从学校教育、法庭、医疗、政府、银行窗口、公共机关，到信件广告、报纸、电视、广播、道路的标志、食品、药物的说明书等日常生活的各个方面。现代

① “OMD South Africa & SADC: Media Facts”. 2007, p.23.

南非的状况，离这一理想还非常遥远，且理想与现实的乖离逐年扩大。

那么，将来这些土著语言是否有可能翻身呢？我们很难预测未来的发展，但是作为其中一个指标，可以看一下信息网的普及。信息化社会的浪潮也波及了南非，现在可以收发短信的手机已经随处可见。如果计算机的使用得到普及，那么接触网络信息的机会就会增加，自下而上的信息传递流程应该也会发生。届时，南非的黑人们会使用祖鲁语和索托语等语言吗？

例如，门户网站 Google 南非版除了英语，还可以选择“阿非利堪斯语”“索托语”“祖鲁语”和“柯萨语”。但是，到 2008 年 4 月为止，英语以外的内容匮乏，也无法发挥作用。使用祖鲁语和索托语等语言的网站也十分稀少，结果最后只有英语网站受到民众欢迎。

用户能够自由地添加编辑的网络版百科全书“维基百科”，可以用多语言程序统计各语言撰写的报道数量。表 4 显示了用南非诸语言撰写的“维基百科”新闻数量。由于使用者分布各异且基础设施建设情况也不尽相同，因此无法完全单纯地进行比较。例如，与尼日利亚的约鲁巴语（包括第二语言使用者约有 4400 万）和东非的斯瓦希里语（约 3500 万）的使用者相比，南非的土著语言使用者对自己语言的知识和信息的共享极为消极。

表 4　南非诸语言在“维基百科”上的总新闻数量

语言	Wikipedia 的总新闻数量 / 条
英语	2329490
日语	483440
阿非利堪斯语	9580
斯瓦希里语	6964
约鲁巴语	5760
祖鲁语	138
斯威士语	113
文达语	112
柯萨语	100

续表

语言	Wikipedia 的总新闻数量
聪加语	71
茨瓦纳语	65
索托语	53

注：2008 年 4 月 13 日根据 List of Wikipedias 绘制而成。为了形成对比，加入了日语、斯瓦希里语、约鲁巴语，除去了恩德贝勒语和北索托语。

但是，土著语言也并非完全没有未来。正如笔者在“广播”这个小节中叙述的，社会对土著语言的潜在需求十分高，如“维基百科”的斯瓦希里语和约鲁巴语，如果网络条件完备，非洲诸语的信息传递还是很有可能的。

无论是哪种语言，如果国民真的对多语言有需求，一定会产生供给。对需求极为敏感的民间组织会积极推进多语言化。以下笔者将介绍比较平等对待各个官方语言的示例。

●电话等电信通讯产业不断向多语言化转变。图 5 是祖鲁语的预付手机使用说明书。

例如电话的自动引导系统，开始用机械声音进行引导“英语请按①，阿非利堪斯语请按②，祖鲁语请按③，索托语请按④……”，机主需要选择操作的语言。最近，手机软件也同样开始普及多种语言表示菜单选项的客户端。

●银行 ATM 机最初的显示屏中也设置了语言选择的按钮（触摸屏）。包括文达语和聪加语在内，几乎可以

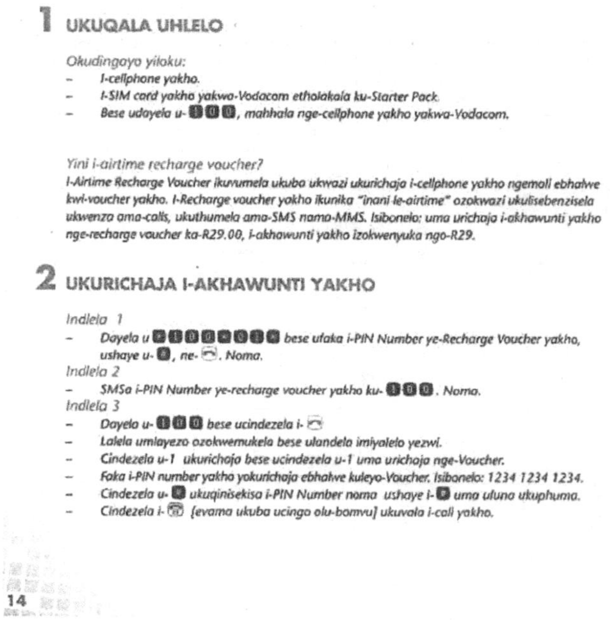
1 UKUQALA UHLELO

Okudingayo yiloku:
- *I-cellphone yakho.*
- *I-SIM card yakho yakwa-Vodacom etholakala ku-Starter Pack.*
- *Bese udayela u-100, mahhala nge-cellphone yakho yakwa-Vodacom.*

Yini i-airtime recharge voucher?
I-Airtime Recharge Voucher ikuvumela ukuba ukwazi ukurichaja i-cellphone yakho ngemali ebhalwe kwi-voucher yakho. I-Recharge voucher yakho ikunika "inani le-airtime" ozokwazi ukulisebenzisela ukwenza ama-calls, ukuthumela ama-SMS noma-MMS. Isibonelo: uma urichaja i-akhawunti yakho nge-recharge voucher ka-R29.00, i-akhawunti yakho izokwenyuka ngo-R29.

2 UKURICHAJA I-AKHAWUNTI YAKHO

Indlela 1
- *Dayela u bese ufaka i-PIN Number ye-Recharge Voucher yakho, ushaye u-, ne-. Noma.*

Indlela 2
- *SMSa i-PIN Number ye-recharge voucher yakho ku-100. Noma.*

Indlela 3
- *Dayela u-100 bese ucindezela i-*
- *Lalela umlayezo ozokwemukela bese ulandela imiyalelo yezwi.*
- *Cindezela u-1 ukurichaja bese ucindezela u-1 uma urichaja nge-Voucher.*
- *Faka i-PIN number yakho yokurichaja ebhalwe kuleyo-Voucher. Isibonelo: 1234 1234 1234.*
- *Cindezela u- ukuqinisekisa i-PIN Number noma ushaye i- uma ufuna ukuphuma.*
- *Cindezela i- (evama ukuba ucingo olu-bomvu) ukuvala i-call yakho.*

14

图 5　祖鲁语的预付手机使用说明书

注：说明书同时还有英语和索托语的版本。

选择所有官方语言。(见图 6)

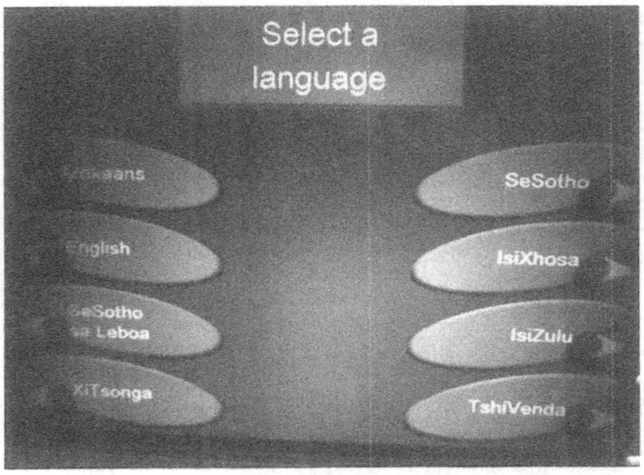

图 6　南非银行 ATM 机的导航画面(可以选择 8 种语言)

● Linux OS 是由世界上志愿参与的技术人才开发的，于近年急速普及的免费电脑操作系统。Linux OS 中提供了很多语言支持包，用户可以通过信息网购买和使用。截至 2008 年，南非土著语言的支持包已全部上线。

此外，同样是开放源代码编程的免费办公软件 OpenOffice.org(文字处理软件和电子制表软件等组合软件)也在不断普及。在 OpenOffice.org 中能够购买语言支持包，也可以选择工具栏的显示语言，其中包括所有南非土著语言，同时也能够利用各语言的拼写检查程序(见图 7)。虽然目前这些语言的支持包还没有完善，但是随着势不可当的社会 IT 化，今后南非会不断开发和改善相对应的语言系统。另外，可以免费使用的 OS 和软件的普及，与发展中国家电脑使用人数增加有着密不可分的联系，同时也扩大了信息传递的机会。不如说，自下而上的思想在现代社会的高科技领域出现了。

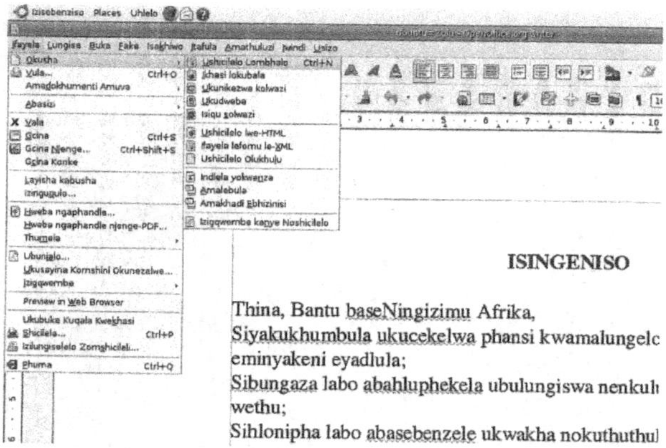

图 7　用祖鲁语模式打开 Linux OS 中的 Ubuntu 和文字处理软件 OpenOffice.org Writer

注：文字处理软件里还有祖鲁语的拼写检查程序。

五　结语

任何南非土著语言的使用人数都相对较多，因此至少作为“口语”的地位还无法撼动。但是，无论使用者多寡，语言如果没有以“阅读文字”“书写文字”形式被使用的习惯和环境在社会中广泛扎根，就无法发挥其作为近代国家官方语言的作用。即便基于宪法规定的官方语言地位，也只不过徒有其表。再者，如果无法将阅读书写土著语言这一行为培养成对生活十分实用、对人生有所助益、对年轻人是一种时尚的事，那么土著语言只能一直停留在日常对话中使用的语言的地位吧！

“官方语言”本应该是连接行政和个人的纽带，但行政方不使用祖鲁语和柯萨语等语言传递信息，且谁都不承认这些语言作为官方语言的地位。土著语言的使用人数很多，潜在的语言需求也非常大，但可能正是这个原因，以目前的规模要应对该要求需要超乎合理的实践、劳动力和资金。相反，现在的南非政府并没有采取任何积极的措施来振兴土著语言。语言政策应该是一个有长远且宏观目标的国家课题，但是，如今的南非社会亟须解决失业、犯罪、艾滋病等迫在眉睫的问题，类似语言政策等“不温不火”的课题，政府只能搁置。

种族隔离制度废除后，种族间的壁垒至少在形式上已经消失。但是，南非社会的欧美式资本主义社会不管从前还是现在，通俗地说，都是在白人社会的基础上构建的。产业社会和知识社会的上层社会总是白人。白人总将自己视为欧美社会，尤其是英美富豪阶层的一员，媒体传播的信息也压倒性地多与白人英语文化相关。

使用英语彰显地位，是提高社会地位的手段，是能够在都市过安定生活的必要能力，因此许多国民花费大量的实践在英语学习上。家长希望孩子能够一直用英语对话，把孩子送到全英文教学的学校的期望不断增加。没掌握英语便结束受教育机会的孩子只能够生活在社会的边缘。今后，除非语言的价值观出现巨大波动，否则南非社会将越来越英语化，且该趋势无法撼动。

尽管如此，仍有把土著语言的语言文化生活化的方法。笔者认为，土著语言的未来不在政府主导的语言政策上，而在操控信息网络新时代人们的信息传递能力上。即便是南非，电脑和手机客户端等都十分普及，发达国家如今经历的媒体交流的变化浪潮迟早会吹到非洲大陆。黑人们在使用 E-mail、博客和个人主页等传播信息时，他们会使用什么语言呢？将来，在覆盖南非的信息网络平台，祖鲁语、索托语、文达语等语言能够与英语平分秋色吗？

网络是否可能成为“解放”被压抑语言的工具呢？笔者将继续关注南非这个多语言信息化社会的未来。

附录 1　图 2 中日语对应中文

“北ソト語”（北索托语）、“ヴェンダ語”（文达语）、“ツォンガ語”（聪加语）、“ンデベレ語”（恩德贝勒语）、“リンポポ州”（林波波省）、“ムプマランガ州”（普马兰加省）、“スワティ語”（斯威士语）、“ハウテン州”（豪登省）、“優勢言語なし（多言語共存）”［无优势语言（多语言共生）］、“クワズールー / ナタール州”（夸祖鲁省 / 纳塔尔省）、“ズールー語”（祖鲁语）、“英語”（英语）、“プレトリア”（布雷托利亚）、“ツワナ語”（茨瓦纳语）、“北西州”（西北省）、“ソト語”（索托语）、“フリー・ステート州”（自由省）、“複数”（复数）、“東ケープ州”（东开普省）、“コサ語”（柯萨语）、“北ケープ州”（北开普省）、“西ケープ州”（西开普省）、“アフリカーンス語”（阿非利堪斯语）、“ケープタウン”（开普敦）。

附录 2　图 4 中日语对应中文

图 4 中日语对应的中文如下：“英語”（英语）、“ングニ諸語”（恩古尼诸语）、“多言語”（多语言）、“アフリカーンス語”（阿非利堪斯语）、“ソト諸語”（索托诸语）。

手语语言

SHOUYUYUYAN

美国手语和法语相互接触而形成的手语语言
——法语圈中、西部非洲

■ 亀井伸孝

一　引言——美国人对自己在布隆迪的所见所闻感到吃惊

（聋哑人）当我们看到学校的教师按照法语语序讲美国手语时感到非常吃惊（Lane et al., 1996）。

哈伦·莱恩（Harlan Lane）博士是美国心理学家，以研究聋哑人和手语语言而闻名。他第一次访问中非法语国家布隆迪时，看到当地的手语后感到非常吃惊，于是把第一印象记录了下来。哈伦·莱恩是健听人（拥有健康、正常听力的人士），同时又精通美国手语。在布隆迪，人们使用由美国手语和法语混合而成的手语，他认为这是一种很奇特的现象①。

本文将以逸闻“吃惊的美国人”为引线，介绍非洲法语圈中某些鲜为人知的大规模语言接触史。这既明确了至今尚未命名的新语言的存在，又促使我们改变“一国 = 一手语”的观念，为语言接触的研究领域提供有趣的案例。此外，笔者将对这种奇特的接触型手语语言在非洲社会、国家、语言政策中所处的地位及其未来提出自己的一些看法②。

二　美国手语的传播与演变

（一）非洲法语国家

法语使用者广泛分布于一些非洲国家（见图 1）。这是 19 世纪末到 20 世纪中期法国和

① 不确定这名手语教师是聋哑人还是健听人。这可能是听力正常的教师说的“对应法语的手语”，也可能是本文将要介绍的聋哑人使用的接触型手语语言。总之，美国手语和法语的密切接触给我们留下了深刻印象。

② 本文前半部分参考了亀井（2007a，2007b），亀井在向本书投稿时做了大幅修改。后半部分是新增加的内容。

比利时在非洲强占殖民地所导致的。在非洲，目前仍然把法语作为官方语言的有 22 个国家。此外，当然还有为数众多的民族语言和地区通用语。不同的地区、社会阶层、领域，法语的使用频率和重要性各不相同，因此法语地区实际未必像地图那样边界划分整齐[①]。虽然重视程度有所不同，但作为学校教育的教学语言，法语受到各地区的高度重视。

在这些地区，聋哑人所使用的手语语言至今尚未明确。

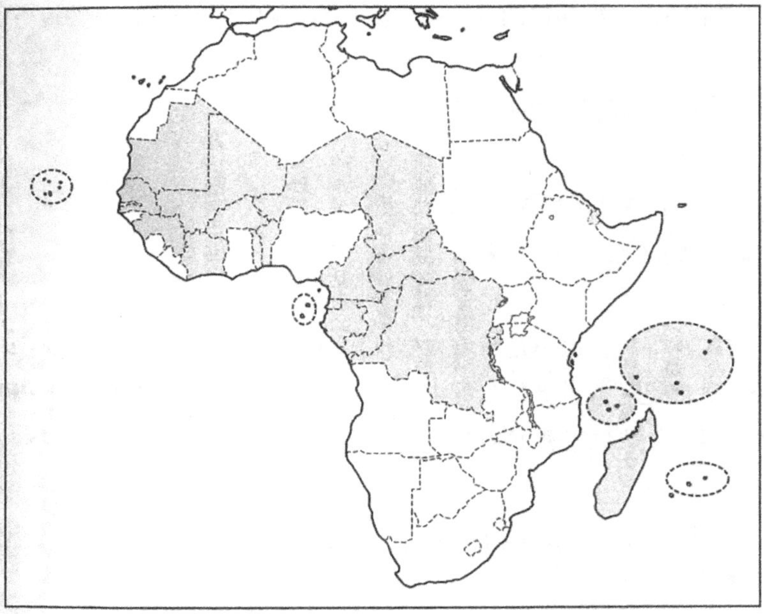

图 1　非洲法语国家（22 国）（笔者绘制）

注：参考龟井（2006）。

（二）中、西部非洲手语的部分内容

我们通常无法从有声语言的分布情况推测出该地区聋哑人的手语使用情况。众所周知，英式英语和美式英语作为有声语言同属于一个英语圈，但他们又是来源各异的两种语言。若想了解手语语言的分布情况，只能赴各地进行实地调查。

在语言学数据库“Ethnologue”上刊登了 23 种非洲国家的手语语言，它们主要集中在东、南非英语国家及北非阿拉伯语国家。图 1 展示了辽阔的中、西非法语国家，但几乎没有手语相关的信息，语言地图的空白部分有待完善。

但是，在“民族语”的另一个页面中列出了使用美国手语的大部分国家。

① 本文重视英语和法语未渗透到非洲社会的各个角落这一事实，而且也想避开“非洲英语圈”“非洲法语圈”这种说法。但由于此处涉及学校教育的教学语言问题，方便起见，本文称为“非洲法语圈”。

> 美国手语：……在以下地区也被不同程度地使用。加拿大、菲律宾、加纳、尼日利亚、乍得、布基纳法索、加蓬、刚果民主共和国、中非共和国、科特迪瓦、毛里塔尼亚、肯尼亚、马达加斯加、贝宁、多哥、津巴布韦、新加坡、中国。（着重号为引用者所加）①

10 个加着重号的是非洲法语国家。虽然没有涵盖整个法语圈，但大致可以了解该地区的倾向。

两个原宗主国——法国和比利时的手语语言又是怎样的呢？

> 法国手语：在多哥的聋哑人学校讲授
>
> 比利时手语：（在非洲没有相关记载）

在有声语言的世界里，法语是具有权威性的宗主国语言。非洲各国成为殖民地后把法语作为官方语言。但是手语世界的情况则有所不同。虽然美国基本没有参与对非洲的殖民统治，但美国的手语语言在非洲具有广泛的影响力，在其影响下形成了现在的手语语言分布局面。

于是，“在非洲法语圈使用法国手语吧”“在殖民统治过程中从法国引入手语了吧”等淳朴的想象都落空了。

基于笔者在中、西非法语国家（喀麦隆、加蓬、贝宁、科特迪瓦）做的实地调查，下面将回顾美国手语在这些地区传播的历史。这既是聋哑人手语教育事业的宏伟历史，又是美国手语演变成“似是而非的手语语言”的过程②。

（三）聋哑人牧师福斯特和基督教传教团

创建于 20 世纪中期的世界聋哑人学校目录显示，当时在整个非洲大陆只有 10 所聋哑人学校（Higgins, 1948）。这些学校主要集中在北非和南非，中、西非法属殖民地和比属殖民地则一所聋哑人学校都没有。

为了弥补这个空白，非裔美国牧师安德鲁 · J. 福斯特（Andrew J. Foster，1925—1987）（见图 2）于 20 世纪 50 年代非洲国家纷纷获得独立之际，开始了聋哑教育事业。福斯特本人就是聋哑人，美国当时的聋哑教育中也有种族歧视。福斯特从黑人聋哑人学校毕业后，通过勤工俭学完成了研究生课程。他毕业后又设立了“聋哑人基督教传教团”（CMD），并

① 这里不含本文开头部分介绍的布隆迪，可能是遗漏或调查不充分。此外，在该数据库中也没有与布隆迪手语相关的内容。

② 以下有关聋哑人教育史的内容请参照龟井（2006）。

积极投身于非洲聋哑人教育和传教事业中，后因飞机坠毁意外去世。通过30年的努力，福斯特在非洲13个国家创办了31所聋哑人学校，被称为“非洲聋哑人教育之父”。

图2　安德鲁·J. 福斯特①

聋哑人基督教传教团的最大特点是聋哑人掌握了传教团运营的主导权，并把手语作为工作语言。当时在日本、英国、法国等发达国家，口语教学法成了聋哑教育的主流，即先不教聋哑儿童使用手语，而是优先教他们说话。近年来，口语教学法的各种弊端日益暴露，例如给聋哑儿童造成身体上和精神上的痛苦，需要大量时间，对提高学习能力没什么帮助，等等。聋哑人基督教传教团对发达国家的弊端避而不谈，最大限度地利用聋哑人教师和手语开展了非洲的聋哑教育事业，并积极推动该项事业的快速发展。

这项由聋哑人开展的教育事业的工作语言和教学语言是在福斯特的出生地——美国使用的美国手语。

（四）使用手语开展的教师进修

总部的教师进修成了聋哑人基督教传教团迅速开展教育、传教活动的原动力。该传教团在尼日利亚伊巴丹成立“聋哑人基督教中心”，并将总部设在那里。福斯特在该中心居住和办公，并召集非洲国家的留学生开展聋哑人教师培训活动。

图3是参加此次教师进修的进修生的国籍。和图1相比，图3几乎涵盖了所有非洲法语国家。该传教团从聋哑教育体制不健全的国家召集人才，并通过手语进行培训，从而使这些学成归国的手语教师在聋哑人学校的运营和教育中能够独当一面。

---

① 提供者：Christian Mission for the Deaf。

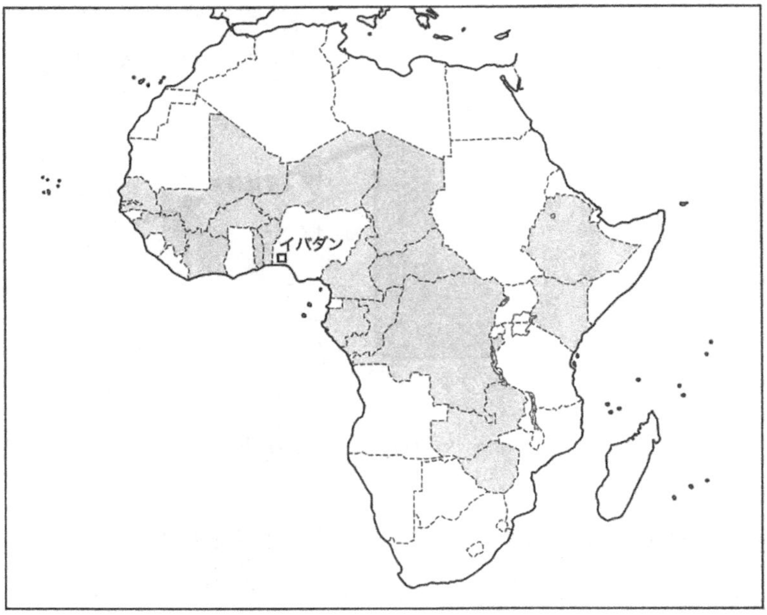

图 3　聋哑人基督教传教团进修生的国籍（19 国）（笔者绘制）

注：参考亀井（2006）。

来自 19 个非洲国家的 161 名进修生参加了此次培训，其中大部分是聋哑人。福斯特和聋哑人基督教传教团的工作人员每次访问非洲各地时，都会去寻找那些听力有障碍但有才华的年轻人，把他们招为尼日利亚中心的进修生并给他们提供生活、劳动、教育等各个方面都通过手语运行的空间。在这里，由尼日利亚邻国贝宁（法语圈）的聋哑人教师承担日常讲解，礼拜时则由福斯特负责说教。在讲解和说教过程中全部使用手语，国籍和民族均不同的聋哑人们并排坐在同一间教室里，通过相同的手语进行学习。

此外，也有健听人参加进修。例如，1980 年举办的教师进修中共有 11 人报名参加，其中 7 人为聋哑人，4 人为健听人。主办者福斯特是聋哑人，讲师是来自贝宁的聋哑人，大部分进修生是非洲各地的聋哑人。从这一构成来看，健听人显然是该中心的“少数语言群体”。通过进修，健听人也学会了手语，并和聋哑人们一起生活和学习。

通过上述教师进修和创办学校等努力，聋哑人基督教传教团的教育事业覆盖到整个非洲大陆。同时，这也是推广新型手语语言以及该语言群体不断扩大的过程。

（五）聋哑人的语言计划

聋哑人基督教传教团教育事业的目标是使非洲国家的聋哑人能够自行阅读《圣经》，以及使他们成为有用的人，即作为一名纳税人能为社会做出贡献的人。聋哑人步入社会前必须学习官方语言，聋哑人基督教传教团重视培养聋哑人的法语读写能力。因此，福斯特等人设计出利用美国手语词汇讲授法语读写的教学方法。

可供了解当时为何会选择美国手语的线索非常有限。最大的原因可能是聋哑人基督教传教团的创办者福斯特是美国聋哑人。于是，美国手语顺其自然地成了传教团的工作语言。但另一种说法是，福斯特早期在加纳（英语圈）创办聋哑人学校时，该地区的手语词汇很少，他为了使该地区的手语词汇满足英语扫盲教育的需求，才选择引入美国手语。福斯特在法语圈开始手语教育之际，也探讨过引入法国手语的问题，但因能够指导的人才紧缺而最终放弃。他们将美国手语词汇加以改良后用于当地的手语教育。这是聋哑人们在尼日利亚伊巴丹基督教中心自行研究并实施的一项语言计划。

如上所述，在进修过程中形成了往美国手语中加入法语元素的一种新型手语语言，并由贝宁的聋哑人教师讲授，再由这些学成归国的进修生们在当地的聋哑人学校传授给聋童。本文开头部分介绍的布隆迪也是聋哑人基督教传教团曾创办过聋哑人学校的国家之一。

（六）罕见的语言接触现象

这不是两种不同的手语语言之间的接触现象。法国聋哑人所讲的法国手语并没有发生语言接触。在殖民统治过程中从法国和比利时等地引入的法语的口语和书面语与聋哑人基督教传教团在教育和传教过程中引入的美国手语，邂逅于聋哑人们在非洲法语圈实施的聋哑人教育和语言计划，从而发生了罕见的语言接触现象（见图 4）。语言接触的结果，形成了美国和法国都不曾有的、只有非洲法语圈才有的独特的接触型手语语言，并被人们广泛地应用在各个领域。

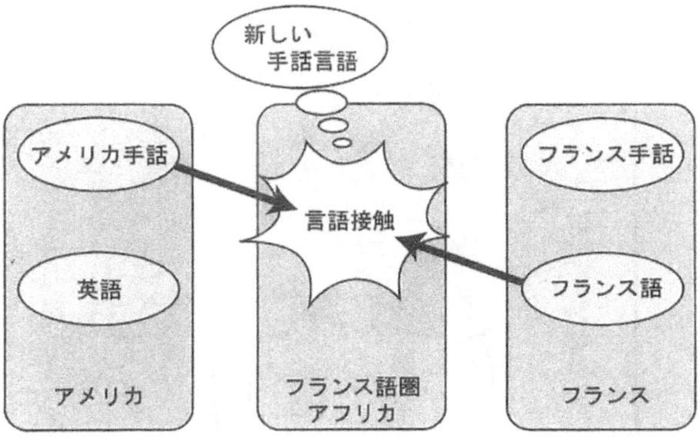

图 4　非洲的美国手语和法语的语言接触（笔者绘制）

注：参考亀井（2006）。

这里存在一种根据语言地图的传统理念很难推理出来的“交融”现象。正因如此，美国和法国不正视这一问题，研究上也留下了一些空白。但这种“交融”恰恰又能反映出很多有趣的现象，是研究手语语言的珍贵素材。

三　接触型手语语言的特征

（一）被加入美国手语中的法语的特点

起源于美国手语并成型于非洲法语圈的接触型手语语言是一种什么样的语言呢？本节将基于笔者通过实地调查所收集的数据介绍这种手语语言的特征。

聋哑人教育将丰富的美国手语词汇引入非洲。美国手语中经常会出现借用有声英语元素的现象。有以下几个例子：做出英语口型，使用英语单词首字母的手势（拉丁文字），名词短语的语序和英语语序相同。美国手语不同于英语，但在历史长河中又不断吸收了英语的各种特点。

在美国手语传播并扎根非洲法语圈的过程当中，是否还保留着这些特点？据笔者观察，美国手语中的英语元素大部分都被相应的法语元素取代，出现了很多和传统美国手语似是而非的单词。下面举一些具体的例子。

（二）英语口型被法语口型取代

上面指出使用美国手语时会“做出英语口型”。但在非洲法语圈，这些被法语口型取代。

例如，“聋哑人”（sourd）的手势及其动作与美国手语的“聋哑人”（deaf）一致，但口型不是“deaf”，而是“sourd”，需要将嘴唇稍微撅起来（见图 5）。

图 5　手语“聋哑人”（英语“deaf”/ 法语“sourd”）（笔者绘制）

注：参考亀井（2006）。

口型是手语语言的重要要素。由于抽象名称等所有单词都被法语口型取代，因此若想无障碍地看懂该地区聋哑人的手语，就必须具备一定的法语基础。当地的聋哑人甚至毫不隐讳地说[①]："这是嘴里说着法语，手里却比画着美国手语手势的一种手语。"这是该地区聋哑人与有声法语共存过程中出现的现象。

（三）英语首字母被法语首字母取代

美国手语中"使用英语单词首字母的手势（拉丁文字）"，但在非洲法语圈，很多英语首字母被法语取代。

在非洲法语圈，聋哑人们表示"水"（eau）时，先做出"e"形手势，然后放在下巴上。美国手语中原本用"w"形手势表示"水"（water），后来按照法语书面语进行改造后变成了现在的模样（见图6）。目前已经固定下来的口型也不是"water"，而是法语的"eau"。在法国聋哑人所使用的法国手语中，"水"（eau）的手势和动作本身与非洲法语圈的手语完全不相同，可以说二者没有任何关系。

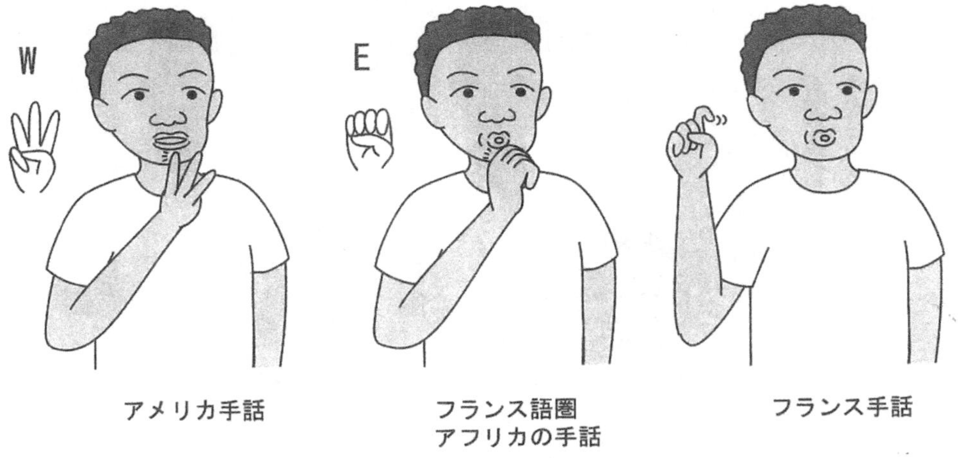

图6　手语"水"（英语"water"/法语"eau"）（笔者绘制）

注：参考龟井（2006）。

美国手语中使用了英语单词部分字母的手势，从而生产出丰富的手语词汇。但这些后来都被法语取代，并被人们广泛地用于手语会话中。这也是美国手语中不曾有的现象。

（四）英语语序被法语语序取代

从接触型手语语言的名词短语也能看出来自法语的深远影响。美国手语中"名词短语的语序和英语语序相同"，这是受法语影响的结果。

例如，名词短语"聋哑人教会"（église des sourds）和法语"教会"（église）+"聋哑

① 引自喀麦隆（法语圈）聋哑人的说明。这里所说的"嘴里说着法语"可以理解为这种手语中有很多需要做出法语口型的单词。由于既不是真的发出声音，又不是按照法语语序表达，因此这里并不是指"视觉上的法语（对应法语的手语／法语的手势）"。

人”（sourd）的语序相同［但没有“的”（des）］（见图 7）。美国手语则按照英语“聋哑人教会”（deaf church）的语序表示为“聋哑人的”（deaf）+“教会”（church）。可见，二者的语序正相反。此外，美国手语“教会”（church）的首文字“c”也被“教会”（église）的“e”取代，并做出法语“église”的口型。

图 7　手语“聋哑人教会”（英语“deaf church”/ 法语“église des sourds”）（笔者绘制）

注：参考龟井（2006）。

还有“聋哑人学校”（不是“deaf school”，而是语序颠倒为“école des sourds”）、“手语口译员”（不是“sign language interpreter”，而是语序颠倒为“interprète en langue des signes”）等名词短语。

此外，形容词原则上后置于名词（后置修饰语），这也是比起美国手语，更接近法语的表现。

关于语法本文不做赘述。语序上既有和法语一致的部分（主语＋动词＋直接目的补语），也有不一致的部分（主语＋动词＋直接目的补语人称代词），而且法语所具有的名词的性别和动词的活用等大部分特征没有被这个手语所吸收。虽说是受法语影响而形成的，但并非“视觉上表达法语的手段”，而是由聋哑人们创造的另一种语言[①]。

此外，接触型手语语言中美国手语所没有的特点是，它有很多源自非洲的固有词汇。做手语调查时，笔者经常一边看着市场和商店里的商品，一边在自然会话中跟当地聋哑人学习手语单词。

查阅与饮食文化相关的词汇就会发现，这片土地所特有的词汇非常丰富。例如，木瓜（papaya）、芒果（mango）、芭蕉（plantain）、木薯（cassava）等。

不仅如此，表示地名和人名等固有名词的手语也很丰富。主要有“非洲”等地区名称、“喀麦隆”“加蓬”等国名、“杜阿拉”“科托努”等大城市名称，以及“保罗·比亚”等著名政治家的名字。还有诸如“安德鲁·福斯特”等著名聋哑人的名字和“昆巴”等聋哑人学校所在地的城市名称等可以反映非洲聋哑人的地理、历史观的手语固有名词。

（五）在美国“本家”感受到的违和感

接触美国手语之前，笔者在非洲法语国家的聋哑人社区开展参与式观察调查过程中学习了接触型手语语言。笔者认为，该地区的手语语言和法语“黏合”在一起是非常自然的现象。于是，按照法语的口型和概念来学习并开展了调查。

后来笔者来到美国时才有机会第一次接触到地道的美国手语。之前一直听说这两种手语非常相似，但对于笔者而言，美国手语着实有难度。虽然手部的动作等确实有些相似，但总感到一种违和感：“有必要特意替换成英语的口型、手势、语序等吗？”

或许大家已经注意到，笔者和本文开头部分介绍的“看到布隆迪的手语后吃惊的美国人”持相反的立场。笔者在非洲法语圈学习的是按照法语的口型和语序表达的手语，而在美国使用的是按照英语的口型和语序表达的手语。这种若近若远的语言现状着实令笔者吃了一惊。

（六）使用者的语言意识

使用者是如何看待这种手语语言的呢？

有一天，笔者向贝宁的聋哑人咨询了和饮食文化相关的手语。

笔者：“这个用手语怎么说？”（指了面包）

P：“面包。”

---

① 关于接触型手语语言和法语语法的相似点和不同点，在龟井（2008）中有相关记载。

笔者："那和美国手语一样啊？！"

P："哎呀，是吗？（对其他聋哑人说）喂，他说和美国手语一样。"

从使用者们的反应中看不出认为"自己说的是从美国引进的手语"的样子。

同样是在贝宁的聋哑人学校咨询聋哑人教师时发生的事情。

笔者："用什么手语上课？"

A："用美国手语上课。"

笔者："哦，是'美国手语'，对吧？！"（记在笔记本上）

A："是法语圈的美国手语。它在不断发展变化。"

虽说是"美国手语"，但需附加一条修饰语——"法语圈的"。由于没有其他合适的名称，因此暂时称为"美国手语"。在上述对话中很自然地反映出他们实际上有想做出区分的想法。

某 NGO 的聋哑人活动家主张："非洲不应该引进外来的手语语言。"不过，他所指的是前面介绍的源自美国手语的手语语言。换言之，在聋哑人们的现实生活中它已不再是外来的手语语言。

接触型手语语言原本是聋哑人教师为了教育而开发并用于教师进修的语言。但如今该语言在聋哑人日常生活的所有场合中得到普及，并占据了一席之地。作为和有声法语共存的语言，它已成为聋哑人社区的核心语言和祖祖辈辈传承的语言，并已完全渗透到这个角色之中。

正如开头部分所介绍的，有关非洲国家的现状中"使用美国手语"的内容随处可见。但是，从语言特征、使用情况、使用者意识等方面来看，很难将其与美国手语同等看待，应看作以美国手语为基础，并通过与非洲法语圈的法语相互接触而形成的一种新型语言，这样才更符合实际情况。笔者将该语言命名为"非洲法国手语"（Langue des Signes d'Afrique Francophone，LSAF），并提议将其认定为非洲产新型手语语言[①]。

使用如此广泛的手语语言至今仍没有名称，这着实令人吃惊。唯一的名称是，瑟杰·塔莫莫（Serge Tamomo）在其亲手编写的手语辞典中使用的说明性名称——《非洲法语圈聋哑人的手语》（*Le Langage des Signes du Sourd Africain Francophone*）（Tamomo, 1994）。塔莫莫是贝宁的聋哑人牧师，同时也是聋哑人学校的教师，曾为接触型手语语言的普及做

① 曾临时命名为"法国非洲手语"（Langue des Signes Franco—Africaine[LSFA]）（亀井，2006 等）。

出过贡献。塔莫莫的名称虽然准确，但作为固有的语言名称则稍显冗长。笔者提出的方案继承了塔莫莫的命名精神。命名意味着可以促使我们明确将其列入研究对象，以期为地区多样化等记载工作的振兴做出贡献①。

四　近年来的变化——法国手语的抬头与共存

（一）法国手语的登场

非洲法国手语是在“美国手语渗透到法语圈”这种错综复杂的关系中形成的接触型手语语言，并已融入聋哑人的日常生活中。它不仅被广泛用作第一语言，还作为聋校教学、聋哑人基督教会及其他各种社会活动所需的语言占据了一席之地。但由于近几年的一些变化，该语言的分布也面临着新情况。主要变化就是法国手语开始在非洲法语圈崭露头角。本节将以喀麦隆为例进行考察。

需要注意的是，法国手语的影响仅局限于非洲的部分地区。法国手语在非洲没有得到广泛的传播和普及，不足以使人们做出“此地区的有声语言是法语，因此手语也是法国手语”的推测。目前，法国手语仅对非洲法语圈的部分地区、部分年龄层造成了影响，而且也不是自然地传播，而是由法国的相关手语团体及非洲各地的聋哑学校等有计划地注入的结果。如今，法国手语在非洲法语圈的影响力正逐步提高，我们不能断定这对非洲法国手语的使用和分布没有任何影响。

本节拟考察将法国手语引入非洲法国手语的分布领域后当地发生的变化，并由此向人们展现该地区手语语言使用的真实情况，以期对今后手语计划有一些启示。本节并非以一般而论的“语言帝国主义的批判”和“外来语言排斥论”为前提展开讨论，而是通过具体的例子，考察法国手语的引入对当地造成的影响②。

（二）引入法国手语的概要与背景

目前有信息表明已引入法国手语的非洲法语国家有：马里、多哥、喀麦隆、加蓬、刚果民主共和国、卢旺达。同时，没有相关信息的国家有：毛里塔尼亚、尼日尔、布基纳法索、塞内加尔、几内亚、科特迪瓦、贝宁、乍得、中非共和国、赤道几内亚、刚果共和国、

① 2008年8月至9月期间，东京外国语大学亚非语言文化研究所开设了100小时的“非洲法国手语”（LSAF）进修班，并编写了世界第一本“非洲法国手语”DVD动画词典及教科书等教材（龟井，2008）。它们是根据喀麦隆（法语圈）的手语编写的日法双语教材。

② 在考察语言的优劣问题时，存在保护危机语言、批判语言歧视、基于文化相对主义的多语言与多文化理解等多种视角，也可以从这些视角讨论有关非洲引入外来手语语言的问题。但是，本文将从“该手语使用者能否自由选择语言”，即自我决策的视角进行考察。此外，还可以从增加人生选项为目的的“人类开发”及与其相关的语言自由和文化自由的视角进行考察（联合国开发计划，2004）。

布隆迪[①]。当然，没有引入法国手语的相关信息并不能成为“没有引入”的有效证据，还需进一步调查。需要事先指出的是，法语圈并不是千篇一律地引入了法国手语。归根结底，这只不过是在各个国家、地区的聋哑教育史及聋哑人的人际交往等特有的条件下形成的现象。

非洲引入法国手语与法国的殖民统治之间没有任何关系。这是因为，法国手语是到了20世纪90年代才开始流行起来的。引入法国手语的社会背景是法国本土聋哑教育政策的转变（亀井，2000）。如前所述，19世纪末以后法国等欧洲国家实施了口语教学法，旨在培养聋童用有声语言说话和阅读的能力，因此聋校严格限制手语的使用。随后它们的界限逐渐清晰，于是到了20世纪后半期逐步允许在聋哑教育中使用手语。法国的聋哑教育界改变口语方针允许聋哑人学校使用手语的时期正好与将法国手语开始引入非洲各国的时期重合。当然，对于居住在法国的聋哑人来说，允许在法国国内使用手语是一个喜讯。这一转变同时也提高了法国手语在非洲大陆的影响力，但出乎意料的是这一结果未受到人们的广泛关注。

（三）在喀麦隆引入法国手语的经过

喀麦隆是拥有200种以上有声语言的国家，并有两种官方语言，一个是在西部地区（原英属殖民地）使用的英语，另一个是在东部地区（原法属殖民地）使用的法语。在10个州里面法语圈占8个，说法语的人占绝大多数。

20世纪70年代，在喀麦隆的英语圈和法语圈各成立了1所私立聋哑人学校，并按照各自的教育方针实施教育。法语圈的学校采用的是法国式口语教学法，英语圈的学校（前述福斯特创办的学校）采用的是利用美国手语的教学法。此外，许多在尼日利亚受过培训的喀麦隆的聋哑人回到位于法语圈的喀麦隆后从事教育和基督教工作。于是，非洲法国手语在法语圈得以传播普及。

在这种大环境下，实施法国式口语教学法的法语圈学校从1994年开始引入法国手语。喀麦隆选派4人（健听人1人、聋哑人3人）到巴黎进修法国手语，为聋哑人教育定向培养师资。不仅如此，还发挥中转站的作用接收了来自邻国加蓬的进修生，为加蓬引入法国手语提供便利。法国的健听人和聋哑人访问该校，就引入法国手语的问题提出了指导和建议。于是，在与法国团体的密切联系下，法国手语被有计划地引入喀麦隆的聋哑教育中。

喀麦隆没有实施官方的聋哑教育，政府也没有明确的聋哑教育方针。由于私立学校的手语教育步调不一致，于是1997年全国聋哑人学校的校长们聚集在一起召开了研讨会，就

① 参见亀井（2006）。东非及印度洋的4个国家（吉布提、马达加斯加、塞舌尔、科摩罗）也将法语作为官方语言之一，但没有聋哑人基督教传教团的进修事业干预的相关记录，非洲法国手语也有可能在这些国家和地区没有传播开来，故将其排除在外。

“在法语圈用法国手语，在英语圈用美国手语”达成了一致意见。新加入的法国手语在占据喀麦隆大部分地区的法语圈确立了教育语言的地位。尽管该地区的成年聋哑人几乎不用法国手语（龟井，2000）。

（四）引入法国手语的现场正在发生什么？

引入法国手语的现场正在发生着什么？下面将介绍几个案例。这些是2002—2008年，在位于喀麦隆共和国法语圈的首都雅温得市等地观察到的例子。

1. 聋哑人社区的不同意见

关于法国手语的引入问题，聋哑人之间也存在赞成和反对两种意见。喀麦隆聋哑人协会至今尚未给出一个统一的说法。

【案例】赞成引入法国手语的聋哑人

位于法语圈的聋哑人学校校长（聋哑人）决定在自己的学校引入法国手语。他对引入法国手语持肯定态度，他说：“法国手语适用于法语圈文化，而且教材丰富，还有进修的机会。”

【案例】反对引入法国手语的聋哑人

某聋哑人活动家指出：“法国手语不是我们的手语。”他对引入法国手语持批判的态度，他说：“法国手语是听力健全的教育家和法国人在未与聋哑人商量的前提下引入的手语。”他还指出，受美国手语的影响，在非洲形成的手语（本文称为非洲法国手语）才是他们自己的语言。

2. 因场合而异的优势手语语言

使用非洲法国手语还是法国手语，有时取决于所使用的场所。

【案例】两个教会、两种手语

喀麦隆首都雅温得有两个聋哑人聚集的基督教会。每个星期日许多聋哑人都会聚集在教会，并用手语进行礼拜。在新教教会使用非洲法国手语。这是由聋哑人为聋哑人举办的教会，由聋哑人主持、说教、祷告，并用手语歌唱赞美诗。过去在福斯特指导下接受过培训的一位健听人在这个教会里。

此外，天主教教会的聋哑人们在手语译员的帮助下和健听的教徒一起参加由健听的神父主持的礼拜。这个天主教教会的手语译员使用的是法国手语。然而，聚集在天主教教会的聋哑人也并非都用法国手语进行交流。他们一边看着手语译员的法国手语，一边用法国手语或非洲法国手语进行交流。在这个教会里有一位教徒是曾经在巴黎进修过法国手语的聋哑人教师。

【案例】聋哑人学校的学生团体

聋哑人学校将法国手语作为教学语言，学生之间使用的手语也深受其影响。由于笔者主要使用非洲法国手语进行调查，因此很难看懂学生的手语。于是，该校的聋哑人毕业生为笔者担任了非洲法国手语的翻译。他曾经在这所学校学习法国手语，目前就读于公立中学，他在和成年聋哑人接触的过程中也开始兼用非洲法国手语。

3. 手语翻译现场的乱象

当同一座城市有两种不同的手语时，手语翻译就会陷入混乱。

【案例】看不懂的手语翻译

在一个大多数参加者为聋哑人的集会（用非洲法国手语主持）中，健听人作为嘉宾用有声法语做了演讲。手语译员把有声语言翻译成手语，但大部分聋哑人都看不懂翻译后的手语。这是因为，这位手语译员只学过法国手语，没学过这座城市的大部分聋哑人使用的非洲法国手语。懂两种手语的聋哑人紧急救场，将演讲内容翻译成非洲法国手语。

【案例】电视上的手语翻译

当政治家在电视上做重要讲话时，电视屏幕的一角会出现手语翻译的画面。这位手语译员曾受法国政府资助赴巴黎学习法国手语，学成后回到了喀麦隆。因此，他使用的是法国手语。一些聋哑人对此感到不满，抱怨道："即使看了这个翻译，也不明白是什么意思。"

4. 关于人才培养与人才使用的课题

法国手语未能在非洲得到广泛使用，如果想学法国手语只能去法国。但大部分人很难争取到这样的机会，而且能否提高学习效果也需要探讨。

【案例】人才培养的难度与人才外流

喀麦隆选派健听人 1 人、聋哑人 3 人到巴黎进修法国手语，他们学成归国后从事聋哑教育和手语翻译工作。但是，其中 3 人考虑到就业和留学等问题都选择移民法国。

【案例】从学校辞职的聋哑人

被聘为聋哑人学校教师的聋哑人用自己平时说的非洲法国手语授课，教学效果也有所提升。但是，创办聋哑人学校的健听人决定效仿其他学校引入法国手语，并要求师生在教室里使用法国手语。由于这种分歧，该聋哑人教师从学校辞职了。

【案例】两度学习手语的经历

有一位手语译员最早是在使用法国手语的教会学会了手语，并通过训练不断积累翻译经验。但是，聋哑人在教会以外的日常生活中使用的不是法国手语，而是非洲法国手语。考虑到翻译需求，他决定改学非洲法国手语。

5. 聋哑人实际运用中的语码转换

使用非洲法国手语和法国手语的聋哑人并不是被分成两个完全不同的语言团体。他们会在实际运用中灵活地转换语码。

【案例】聋哑人在校外和毕业后使用的手语

学生在聋哑人学校课堂上学习法国手语，但下课后遇到成年聋哑人或毕业后加入成年聋哑人社区时，一部分人就会转用非洲法国手语。有些人还带着很深的法国手语的痕迹，而有些人则已彻底转换成非洲法国手语。

【案例】常用法国手语表示的单词

人们经常用法国手语表示“明白了？”（Tu comprends？）。即使在学校里没学过法国手语的成年人在使用非洲法国手语交流时偶尔也会掺杂源自法国手语的这一表达。例如“今天是发工资的日子，但我们公司的老板只发一部分，说剩下的‘下次再给’。明白了？”等，大部分用非洲法国手语表达，只在征求对方同意时（画下划线部分）用法国手语。此外，“请用餐！”（Bon appétit!）（饭前寒暄语，做出 A 手势后敲两下桌子）（见图 8）也源自法国手语，同样被人们广泛使用。“为什么”（pourquoi）、“困难”（difficile）等若干个法国手语是在非洲法国手语中掺杂率较高的单词。

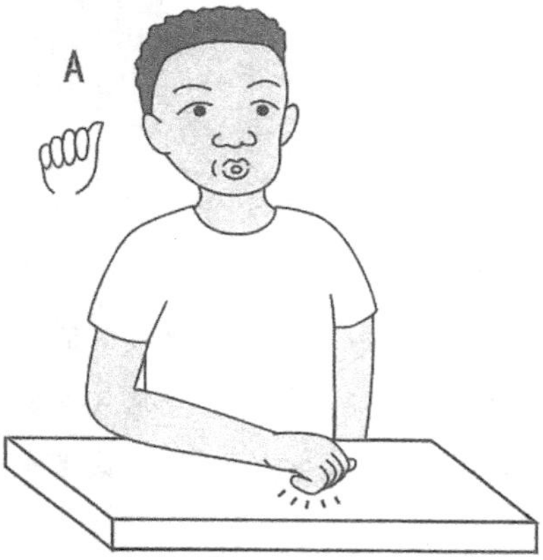

图 8 手语“请用餐！”（法语“Bon appétit!”）（笔者绘制）

【案例】教会里的语码转换

聋哑人教师在聋哑人学校上课时使用法国手语，星期日在新教教会的聋哑人集会中则使用非洲法国手语，并用掺杂一些法国手语的非洲法国手语进行说教和联络。

6. 与制度之间的分歧

关于两种手语的共存现象，存在制度混乱和理解不足等问题。

【案例】非洲法国手语是英语圈的手语吗？

从历史上来看，非洲法国手语是受美国手语的影响而形成的手语语言，使用该手语的聋哑人现在已经不觉得他们在“说美国手语”了。但是，计划将法国手语引入并普及的阵营（常与法国的援助团体和人脉保持深厚关系）仍把它称为“美国手语”，并看作喀麦隆西部英语圈的手语。这种观点与实际语言分布情况不符。

【案例】法国手语与美国手语和谐共存？

专家们在全国聋哑人学校校长聚集的研讨会上就“在法语圈说法国手语，在英语圈说美国手语”的手语语言共存方针达成了一致意见。社会福祉部也建议法语圈的手语翻译使用法国手语，英语圈的手语翻译则使用美国手语。事实上，非洲法国手语在法语圈被广泛地使用，但是行政地图和语言地图忽略了其存在。虽然非洲法国手语形成于法语圈，但根据来源被看作“美国手语”，从而被认定为“英语圈的手语”未能获得官方认可。

7. 教育家们的应对方法

关于两种手语语言，教育家们也需要积极做出应对。

【案例】法国手语新书到了

聋哑人学校收到法国新出版的手语图书。平时使用非洲法国手语的成年聋哑人们一边比画着“在法国是这样表示的啊”，一边出于好奇模仿书上的法国手语。课堂上，健听人教师使用那本教科书教聋童手语。

【案例】使用“美国手语”的法语圈学校

法语圈的某聋哑人学校虽然同意使用法国手语，但“仍然在继续使用美国手语”（实际上不是美国手语，而是非洲法国手语）。原因是，引入喀麦隆的法国手语词汇量少，如果不用非洲法国手语的词汇进行补充就无法上课。法国手语本身并非词汇量少，而是由人为引入的一门新型外来语言依赖有限的手语教科书所致。因此，聋哑人教师认为自己在这个地区用作生活语言的非洲法国手语拥有更丰富的词汇量也是理所当然之事。

【案例】比起法国手语更推荐美国手语

在全球化热潮下，一些教师开始思考选择使用哪一种语言的问题。某聋哑人学校过去一直在使用非洲法国手语，而近几年才开始引入法国手语，该校教师如是说：“法国手语只能在法国使用，然而美国手语可以在包括美国在内的世界各个地区使用，而且，喀麦隆的法语圈对讲授法国手语的方针持有疑问。因此，考虑到聋童的今后出路，我认为应该教他们使用美国手语。”

（五）人为造成的差异

手语语言的差异造成聋哑人们可利用资源（人才、时间、场所、资金、教育机会、就业机会等）的分散，从而阻碍了资源的有效利用。例如，能讲流利的非洲法国手语的聋哑人失去了聋哑人学校教师的用武之地，以及为数不多的手语译员费力地去学习两种不同的手语语言等。这种现状造成了严重事态，即给人才培养增加了额外的负担，而且还可能会阻碍非洲聋哑人的人类开发进程。

如果这些差异是自然形成的，那么就可以从多语言主义的观点考虑同等尊重二者的办法。但是，在这些国家所看到的差异，显然是因匆忙引入而有意识、有计划地造成的。关于是否真的有必要引入法国手语，需要真诚地进行探讨。

此外，当法国手语阵营时常说的“因为是法语圈所以使用法国手语”的（事实上是没有根据的）逻辑变成常识时，由于对于大多数健听人来说，乍一看是容易理解的图式，因此与该图式不相符的“交融的手语语言”——非洲法国手语就有可能在制度和常规中受到不公平的待遇。可见，缺乏理解可能会助长偏见，这一点需要大家注意。

如今在日常生活中也有年轻的聋哑人使用法国手语，因此全面否定该语言要慎重。不仅如此，正如非洲法国手语中开始出现源自法国手语的外来语那样，多种语言的共存方式也应该是多种多样的。在此意义上，笔者不怎么提倡“排斥法国手语”。

但是，正如“因为是法语圈所以使用法国手语”那样，把手语世界看作有声世界的复写本是一种与事实不相符的想法，应避免这种想法在群体中蔓延。非洲法国手语是在非洲法语圈的聋哑人群体中形成的语言，并在历史长河中成长为该地区聋哑人的第一语言。然而，仅以“起源于美国”“相互接触的语言组合交融”等理由而轻视这一事实的厚重感是不可取的，我们必须阻止这一事态的发生。

当法国手语界相关人士到访喀麦隆时，喀麦隆的聋哑人用法国手语和他们交流。因此，虽然事实并非如此，但法国人会根据表面现象做出判断，认为喀麦隆属于法国手语圈（观察者的存在本身给对方造成影响的“观测问题”）。笔者既不是法国手语教师，又没有法国国籍，因此通过长期的参与式观察能够发现非洲法国手语广而深的使用实态，法国人则看不到这些。哪怕为了不使这种投强者所好的语言观和历史观占一席之地，也应尽快在世界史和语言地图上明确记录非洲法国手语的实态和历史。

（六）法国手语的强大与非洲法国手语的弱小

引入法国手语的背后是法国手语界相关团体，以及法国这一政治经济大国。法国出版了用法语编写的法国手语课本，喀麦隆将其引进并用作教材。由于喀麦隆的官方语言是法语，因此该教材在教育第一线也能马上派上用场。

在普及非洲法国手语的过程中，贝宁的聋哑人讲师阵营付出了很多努力，站在其背后的是美国人福斯特创办的美国基督教传教团。虽然由聋哑人教聋哑人这一教师进修事业进展顺利，但持续的资金援助、开发法语写作教材等方面的成果都不及法国手语阵营。由贝宁的塔莫莫等编写的手语词典《非洲法语圈聋哑人的手语》（Tamomo, 1994）中所述的手语至今没有固有的语言名称，而且经常遭受“因为是美国手语，所以应只在英语圈使用”的误解。

法国手语在资金来源、书面语言、教材、人才、固有的语言名称等所有方面一贯与“法国”保持一致，并已具备将部分聋哑人学校设为据点来扩大势力的有利条件。

非洲法国手语被法语国家的聋哑人们广泛使用，但为了将来确立并维持作为教育语言的地位，就需要获得教材开发、人才培养、资金来源等物质方面的支持。“不存在使用它的政治经济大国”反映了非洲法国手语的部分势力倒退这一结果。

五 结语——接触型手语语言的未来

将来非洲手语语言的分布将会有怎样的变化？非洲的殖民地把原宗主国的有声语言和书面语言作为官方语言，那么手语语言也被这些政治经济大国同化是非洲聋哑人们的宿命吗？为此，当地的聋哑人教师和手语译员还要继续费时费力地学习本地区的手语语言和新型外来手语语言，为多种手语语言的共存而伤脑筋吗？发达国家的手语讲师要一直以“教师”身份到访非洲，而迎接他们的非洲聋哑人和手语学习者则始终以“学生”身份接受他们指导吗？他们需要一种能够终止一切围绕语言的不对等关系的智慧。

作为对非洲法国手语的建设性建议，本节将介绍“与法国以外的法语国家和地区合作”的构想，并以此作为本文的总结。

首先，广大中、西非法语国家的聋哑人使用同一种（或者是相似的）手语语言——非洲法国手语，他们能不能聚集在一起共同致力人才培养、教材开发等问题呢？希望大家不要忘记该手语原本就是跨越国境在大规模的聋哑人教育事业中形成的。各国聋哑人聚集在位于尼日利亚伊巴丹用手语沟通的基督教中心，自行研究并实施了一项国际性语言计划，他们在法语圈积极推行宏伟的教育事业，并在此过程中形成了该手语语言。

如今，将聋哑人的手语语言认定为国家官方语言是一种世界潮流。不管是发达国家，还是发展中国家，当务之急是推进各地的手语语言计划。在财政并不宽裕的非洲国家，如果能够共同致力手语相关的人才培养和教材开发事业，就可以有效利用有限的智力和人力资源。这是可以使聋哑人基督教团体的事业在现代国际教育开发中得以复苏的一个好想法。

一些国家和地区虽然位于法语圈，但使用的不是法国手语。和这些国家和地区合作是笔者提出的第二种想法。例如，加拿大的魁北克省（使用魁北克手语）和比利时（使用比利时手语）等。如果在这些地区和非洲法语圈积极开展人才交流与研究，以及开发援助等事业，就会发现法语圈其实有多种多样的手语，并非只有法国手语一种，而且可以借此机会向全世界展示其语言多样性。

借助法语这一权威的书面语言和有声语言的地位，法国聋哑人使用的手语语言顺其自然地征服了全世界广大以法语为母语的聋哑人。这也是非常奇妙的事情。如果是因为研究及教育开发援助都只依赖于法国一个国家，才会引起此类问题，那么以全世界法语圈手语的多元性为线索，就可以思考出为各地手语复权的方法。

由美国聋哑人始创的聋哑教育事业、由其弟子贝宁人等出身非洲法语圈的聋哑人们设计并讲授的新型手语语言，以及在法语圈大规模的传播与演变……在这种非洲史的交融下所形成的接触型手语语言——非洲法国手语分布在非洲各地，被各地、各个年龄层的聋哑人所使用。但是，其形成过程也备受误解。作为没有（或不足）名称、财政来源不足、政策支持不够、教材严重缺乏的语言，非洲法国手语在部分学校被迫屈居法国手语之下。

为了通过当地聋哑人日常使用的语言开展聋哑教育和培养手语译员，为了保障其不被作为带有偏见的选项，非洲研究的当务之急是开展有关手语的语言学研究，包括聋哑人的语言观和历史观在内的文化人类学研究，以及将这些成果在教育开发中迅速转化为实践。聋哑人们实施了史无前例的宏大的语言计划，在这些成果中，肯定有不少内容值得我们学习。

附录 1　图 3 中日语对应中文

“イバダン”（伊巴丹）。

附录 2　图 4 中日语对应中文

“新しい手話言語”（新型手语语言）、“アメリカ手話”（美国手语）、“英語”（英语）、“アメリカ”（美国）、“言語接触”（语言接触）、“フランス語圏アメリカ”（非洲法语圈）、“フランス手話”（法国手语）、“フランス語”（法语）、“フランス”（法国）。

附录 3　图 6 中日语对应中文

“アメリカ手話”（美国手语）、“フランス語圏アフリカの手話”（非洲法语圈的手语）、“フランス手話”（法国手语）。

附录 4　图 7 中日语对应中文

“アメリカ手話”（美国手语）、“フランス語圏アフリカの手話”（非洲法语圈的手语）”。

参考文献

CANKAOWENXIAN

日文文献

亀井孝，河野六郎，千野栄一，他，1988—1996. 言語学大辞典　第一巻～第六巻 [M]. 東京：三省堂.

河野六郎，千野栄一，西田龍雄，2001. 言語学大辞典　別巻 [M]. 東京：三省堂.

柘植洋一，1994. エチオピアにおける書き言葉の歴史と文学 [J]. 日本エチオピア協会会報 (29)：3-11.

乾秀行，2004. ガンジュレ人の言語使用 [J]. 一般言語学論叢，(4/5)：11-33.

乾秀行，2008. 地方と都市のバスケト語母語話者の言語使用 [R]// 乾秀行. オモ・クシ系少数言語の調査研究及び地理情報システムを用いたデータベース構築　Cushitic-Omotic studies2007. [S. l. : s. n.]：79-92.

小馬徹，2005. グローバル化の中のシェン語：ストリート・スワヒリ語とケニアの国民統語 [R]//アジア・アフリカにおける多言語状況と生活文化の動態. [S. l. : s. n.]：105-113.

清水紀佳，1988. アフリカの諸言語 [M]//亀井孝，河野六郎，千野栄一，他. 言語学大辞典　第一巻世界言語編（上）. 東京：三省堂.

田中二郎，菅原和孝，佐藤俊，他，2004. 遊動民（ノマット）：アフリカの野原に生きる [M]. 東京：昭和堂.

中野暁雄，1988. クシ語派 [M]//亀井孝，河野六郎，千野栄一，他. 言語学大辞典　第一巻世界言語編（上）. 東京：三省堂.

稗田乃，1988.「ナイル諸語」、「カレンジン語」、「東ナイル諸語」、「西ナイル諸語」、「南ナイル諸語」等 [M]// 亀井孝，河野六郎，千野栄一，他. 言語学大辞典　第一巻世界言語編（上）. 東京：三省堂.

梶茂樹，石川博，2005. アジア・アフリカにおける多言語状況と生活文化の動態 [平成 13 年度—16 年度科学研究補助金（基盤研究（A）(2)）研究成果報告書] [R]. 東京：[s. n.].

宮本正興，2002. 文化の解放と対話 [M]. 東京：第三書館.

宮本正興，松田素二，2002. 現代アフリカの社会変動：ことばと文化の動態観察 [M]. 京都：人文書院.

宮本正興，松田素二，2002. 現代アフリカの社会変動：ことばと文化の動態観察 [M].

京都: 人文書院.
カルヴェ, ルイ＝ジャン, 1996. 超民族語 [M]. 林正寛, 訳. 東京: 白水社.
カルヴェ, ルイ＝ジャン, 2000. 言語政策とは何か [M]. 東京: 白水社.
亀井伸孝, 2000. もうひとつの多言語社会: カメルーン共和国におけるろう教育とろう者の言語 [C] // 仲村優一, 一番ヶ瀬康子. 世界の社会福祉 11 アフリカ · 中南米 · スペイン. 東京: 旬報社: 83-108.
亀井伸孝, 2006. あふりかのろう者と手話の歴史: A·J. フォスターの「王国」を訪ねて [M]. 東京: 明石書店.
亀井伸孝, 2007a. フランス語圏のアメリカ手話: 西 · 中部アフリカの接触手話言語（上）[J]. 月刊言語, (9) : 68-74.
亀井伸孝, 2007b. フランス語圏のアメリカ手話: 西 · 中部アフリカの接触手話言語（下）[J]. 月刊言語, (10) : 90-97.
亀井伸孝, 2008. DVD: Langue des signes d'Afrique Francophone (LSAF) [Z]. 東京: 東京外国語大学アジア · アフリカ言語文化研究所.
亀井伸孝, 2008. On va signer en langue des signes d'Afrique Francophone! [Z]. 東京: 東京外国語大学アジア · アフリカ言語文化研究所.
国連開発計画, 2004. 人間開発報告書 2004: この多様な世界で文化の自由を [M]. 東京: 国際協力出版会.
梶茂樹, 1993. アフリカをフィールドワークする [M]. 東京: 大修館書店.
梶茂樹, 2001. 21 世紀のアフリカ言語 [J]. アフリカ研究 (57) : 5-8.
梶茂樹, 2002. アフリカにおける危機言語問題—はたしてクラウス説は当てはまるか— [C]. 東京: Conference Handbook on Endangered Languages, 環太平洋の「消滅に瀕した言語」にかんする緊急調査研究事務局: 105-113.
梶茂樹, 2007a. アフリカの多言語使用と国語問題 [J]. 月刊言語 (1) : 62-67.
梶茂樹, 2007b. 多様な言語の形成と言語の大分類 [M] // 池谷和信, 佐藤康也, 武内進一. 新世界地理アフリカ I. 東京: 朝倉書店: 68-78.
富川盛道, 2005. ダトーガ民俗誌: 東アフリカ牧畜社会の地域人類学的研究 [M]. 東京: 弘文堂.
N P イロエジェ, 1980. ナイジェリア　その国土と人々 (全訳) [M]. 能登志雄, 訳. 東京: 帝国書院.
マイケル · クローダー, グダ · アブドゥラヒ, 1983. ナイジェリア　その人々の歴史 (全訳) [M]. 中村弘光, 林晃史, 訳. 東京: 帝国書院.

松本尚之，2008. アフリカの王を生み出す人々 [M]. 東京：明石書店.
横関裕見子， 2004. ガーナ初等教育における教授言語：2002 年の新教育言語方針とその意味 [J]. 国際教育協力論集，7(2)：15-24.
小川了， 1998. 可能性としての国家誌：現代アフリカ国家の人と宗教 [M]. 京都：世界思想社.
砂野幸稔， 2007. ポストコロニアル国家と言語：フランス語公用語国セネガルの言葉と社会 [M]. 東京：三元社.
鈴木裕之，1995. アビジャの若者文化におけるテゴリー：現代アフリカの都市文化コード解読のために一考察 [J]. 民族学研究，59(4)：441-453.
鈴木裕之， 1996. コミュニケーション様式の創造過程としての都市化—アビジャ・レゲエとストリート文化 [J]. アフリカ研究 (48)： 1-18.
鈴木裕之，2000. ストリートの歌—現代アフリカの若者文化 [M]. 京都：世界思想社.
鈴木裕之， 2002. アビジャ・ラップとストリート文化の<商品化>—アフリカに生まれるショウ・ビジネスという経済過程 [J]. アフリカ研究 (60)：65-73.
鈴木裕之， 2005. マス・コミュニケーション過程に侵入するストリート文化—アビジャ・レゲエはいかに誕生したか？ [J]. 三田社会学会 (10)：29-45.
原口武彦， 1996. 部族と国家—その意味とコートジボワールの現実 [M]. 東京：アジア経済研究所.
市之瀬敦，2004. 海の見える言葉　ポルトガル語の世界 [M]. 東京：現代書館.
神谷俊郎，2005. バツァ語を話す人々 [J]. 月刊言語 (5)：16-19.
楠瀬佳子， 2002. 南アフリカの言語政策—マルチリンガリズムへの道 [J]. 京都精華大学紀要 (23)：2-64.
山本忠，2002. 南アフリカの言語政策 [M]// 加原俊昭. 世界の言語政策：多言語社会と日本. 東京：くろしお出版.
米田信子， 2002. 多言語国家における教育と言語政策：独立ナミビアの事例から [M]// 宮本正興，松田素二. 現代アフリカの社会変動. 京都：人文書院：150-169.
米田信子， 2005. 独立ナミビアの多言語教育 [M]// 原聖. 脱帝国と多言語社会のゆくえ：アジア・アフリカの言語問題を考える. 東京：三元社： 128-142.
米田信子， 2007. ナミビア：アフリカ諸語教育の新たな段階—upgrading African languages project の報告を中心に [J]. スワヒリ&アフリカ研究 (17)： 145-155.
米田信子， 2008a. 母語は「使いたい言語」か？—ナミビアの多言語状況と言語権 [J]. 言語，37(2)： 40-45.

米田信子，2008b. 多言語社会のゆくえをのぞむ [M]// 武田丈，亀井伸孝. アクション別フィールドワーク入門. 京都：世界思想社 :218-231.

崎山理，1991. マダガスカルの民族移動と言語形成―民族語彙・植物名称の意味的変遷から―[J]. 国立民族学博物館，16(4).

エスアベルマンドルウス M. 1988. マダガスカル、1880 年代から 1930 年代まで [M]// 宮本正興. ユネスコアフリカの歴史 第七巻. 京都：同朋舎.

木村映子，1999. タンザニアの教育用語問題 [M]// 北川勝彦. ＜南＞から見た世界 03 アフリカ 国民国家の矛盾を超えて共生へ. 東京：大月書店 :71—90.

小森淳子，2002. 多言語社会の言語選択: タンザニア・ウケレウェの事例から [M]// 宮本正興，松田素二. 現代アフリカの社会変動: ことばと文化の動態観察. 京都: 人文書院: 170-193.

竹村景子，1993. 多民族国家における国家語の役割: タンザニアのスワヒリ語の場合 [J]. スワヒリ & アフリカ研究 (4):34-99.

竹村景子，1999. 「方言」と「標準語」―スワヒリ語話者の言語意識調査から―[J]. アフリカ研究 (55):1-20.

竹村景子，2002. 一つの言語とは何か: サンジバル島における「方言」と「標準語」の間 [M]// 宮本正興，松田素二. 現代アフリカの社会変動: ことばと文化の動態観察. 京都: 人文書院 :194-219.

竹村景子，2006. スワヒリ語は諸民族語の記憶を負えるのか: タンザニアにおける「超民族語」とその他の諸民族語の相克 [J]. 神奈川大学評論 (51):88-95.

ハミス，サイド・アフメド・モハメド，2005. 独立後タンザニアにおけるスワヒリ語の育成 [M]// 原聖. 脱帝国と多言語社会のゆくえ―アジア・アフリカの言語問題を考える. 東京: 三元社: 15-27.

宮本正興，1989. スワヒリ文学の風土 [M]. 大阪：大阪外国語大学アフリカ研究室.

非日文文献

ABINAL ET MALZAC ,1888. Dictionnaire malagache-français[M]. Antananarivo: [s.n.].

ADANE T, 1991.A historical survey of state education in Eritrea. [M]. Asmara: Educational Materials Production and Distribution Agency (EMPDA).

ARCHER R, 1976. MADAGASCAR depuis 1972, la marche d'une revolution[M]. Paris: L' Harmattan.

AHLBERG A, 2000. Mother tongue literacy as a means of preserving a language—a case study from Konso[C]. Addis Ababa: International Conferernce on Endangered Languages of Ethiopia.

ANSU-KYEREMEH K, 2002. One nation, many tongues: language of FM broadcasting and the myth of a national culture[C/OL].[S.l.]: The Community Communication Section of the 23rd General Assembly and Scientific Conference of the International Association of Media and Communication Research[2009-4-30]. http://www.portalcomunicacion.com/.

ANTOINE PH., DUBRESSON A, MANOU-SAVIA A, 1987. Abidjan<côté cours>[M]. Paris: Arthala-orstom.

AUGEL M P, 2006. O crioulo guineense e a oratura [EB/OL].SCRIPTA,10(19):69-91[2007-8-15]. http://www.pucminas.br/imagedb/documento/DOC_DSC_NOME_ARQUI20070621145422.pdf?PHPSESSID=3c5556cb1751bd12b424ba14e704e37a.

AUSTIN D, 1964. Politics in Ghana 1946—1960[M].London: Oxford University Press:422.

BAMBOSE A, 1991. Language and the nation-the language question in Sub-Saharan Africa[M]. Edinburgh :Edinburg University Press.

BAMBOSE A, 2000. Language and exclusion-consequences of language policies in Africa[M]. Munster:Lit Verlag.

BAPTISTA M, 2001. Cape-verdean creole syntax[M]. Amsterdam: John Benjamins Publishing.

BATIBO H M, 2005. Language decline and death in Africa: causes, consequences and challenges[M]. Bristol: Multilingual Matters.

BATIBO H, 1996. The fate of ethnic languages in Tanzania[M]//BREZINGER M. Language death—factual and theoretical explorations with special reference to East Africa[M]. Berlin: Mouton de Gruyter: 86-88.

BARTH H, 1862, Sammlung und Bearbeitung central-afrikanischer vokabularien[M]. Gotha:

Justus Perthes.

BENDER M L, 1976. The Non-Semitic languages of Ethiopia[M]. East Lansing: African Studies Center, Michigan State University.

BENDER M L, BOWEN J D, COOPER R L, et al., 1976. Language in Ethiopia[M]. London: Oxford University Press.

BLOCH M, 1968. Astrology and writing in Madagascar[M]//GOODY J. Literacy in traditional societies. Cambridge: Cambridge University Press.

BLOCH M, 1975. Introduction[M]//BLOCH M. Political language and oratory in traditional societies. London: Academic Press.

BODOMO A B, 1996. On language and development in Africa: the case of Ghana[J]. Nordic journal of African studies, 5(2):31-51.

BOITEAU P, 1958. Contribution à l' histoire de La Nation malgache[M]. Paris: Editions Sociale.

BROWN M, 1978. Madagascar rediscovered: a history from early times to independence[M]. London: Damien Tunnacliffe.

BRENZINGER M,1992 Language death—factual and theoretical explorations with special reference to East Africa[M]. Berlin：Mouton de Gruyter.

BROCK-UTNE B, HOPSON R K, 2005. Languages of instruction for African emancipation—focus on postcolonial contexts and considerations[M]. Dar es Salaam: Mkuni na Nyota Pubishers .

CALVET L-J ,1994. Que sais-je? 700: l' argot[M]. Paris: Presses Universitairea de France.

CÁ,LOURENÇO O, 2000. A educação durante a colonização portuguesa na Guiné-Bissau(1471-1973)[EB/OL]. Revista online Bibl. Prof. Joel Martins, 2(1)[2007-9-20].http://www.bibli.fae.unicamp.br/revbfe/v2n1out2000/artigo10.pdf.

CASELY-HAYFORD L,2004. A social appraisal of the education strategic plan for Ghana[J]. Associates for change: working document(1):1-13.

CISSÉ M, 2005. Les politiques liguistiques du Sénégal – entre attentisme et interventionnisme[M]//原聖 . 脱帝国と多言語文化社会のゆくえ：アジア・アフリカの言語問題を考える . 東京：三元社 :266-313.

COHEN G P E, 2000. Language and ethnic boundaries: perceptions of identity expressed through attitudes towards the use of language education in Southern Ethiopia[J]. Northeast African studies, 7(3):189-206.

COHEN L, 2005. The jesuit missionary as translator (1603−1632)[M]//BÖLL V, et al., Ethiopia and the missions. Berlin: LIT Verlag.

CONKLIN A L, 1997.A mission to civilize – the republican idea of empire in France and West Africa, 1895—1930[M]. Stanford :Stanford University Press.

COOPER R L, R J. HORVATH, 1976. Language, migration, and urbanization[M]//BENDER M L, BOWEN J D, COOPER R L , et al. Language in Ethiopia. London: Oxford University Press: 191-212.

COOPER R L, S CARPENTER, 1976. Language in the market[M]//M L BENDER, J D BOWEN, R L COOPER, C A FERGUSON. Language in Ethiopia. London: Oxford University Press: 244-255.

COTTERELL F P, 1973. Born at midnight[M].Chicago: Moody Press.

COUTO H H, 1993. O crioulo português da Guiné-Bissau[M]. Hamburg: Helmut Buske Verlag.

COUTO H H, 1997. Creole and education in Guinea-Bissau[EB/OL].Universidade de Brasília: LET. Programa de Estudos Crioulos[2007-8-22]. http://www.unb.br/il/let/crioul/gbissau.htm.

COVELL M, 1995. Historical dictionary of Madagascar[M]. London: The Scarecrow Press, Inc.

CYFFER N, HUTCHISON J P, 1978. Standard Kanuri orthography[M]. Lagos: Thomas Nelson.

DAHL O C, 1951. Malgache et Maanjan[M]. Oslo: Egede-Instituttet.

DAHL O C, 1991. Migratrion from Kalimantana to Madagascar[M]. TØYEN: Norwegian University Press.

DAKUBU M E K, 1988. The languages of Ghana[M]. London: Kegan Paul International.

DAVIES J G, 1954-1956. The biu book, a collation and reference book on biu division (Northern Nigeria)[M]. Zaria: [s.n.].

DE FLACOURT É ,1995. Histoire de la Grande Île Madagascar[M]. Paris: Karthala.

DEVEY M, 2000. Le Sénégal[M]. Paris: Karthala.

DIABATÉ H, KODJO L, 1991. Notre Abidjan[M]. Abidjan: Mairie d' Abidjan-Ivoire Média.

DIOP C A, 1954. Nations nègres et culture I, II[M]. Paris: Présence Africaine.

DIOP M C, 1992. Sénégal, trajectories d'un état[M]. Dakar: CORESRIA.

DIOP M C, 2002. Le Sénégal contemporain[M]. Paris: Karthala.

DIOP M C, 2004. Gouverner le Sénégal – entre ajustement structurel et développement durable[M]. Paris: Karthala.

DIOP M C, DIOUF M, 1990. Le Sénégal sous Abdou Diouf[M]. Paris: Karthala.

DIOUF M, 1994. Sénégal, les éthnies et La Nation[M]. Paris:L'Harmattan.

DIOUF M, 2001. Histoire du Sénégal – le modèle islamo-wolof et ses peripheries[M]. Paris:

Maisonneuve & Larose.
DUMONT P, 1983. Le Français et les langues Africaines au Sénégal[M]. Paris: acct-karthala.
DUNSTAN E, 1969. Twelve Nigerian languages[M]. London: Longmans.
ELUGBE B O, OMAMOR A P, 1991. Nigerian pidgin: background and prospects[M]. Ibadan: Heinemann Nigeria.
ESOAVELOMANDROSO F.V.E, 1976. Langue, culture, et colonisation à Madagascar: malgache et français dans l'enseignement official (1916-1940)[J]. Omaly sy Anio(3/4): 105-165.
ÉVORA S, 2006. A dualidade linguística no jornalismo Cabo-Verdiano[EB/OL].[2007-9-12].http://www.bocc.ubi.pt/pag/evora-silvino-dualidade-linguistica-no-jornalismo.pdf.
FAGBORUN J G, 1994. The Yoruba Koiné-its history and linguistic innovations[M]. München: LINCOM Europa.
FERRARO D, 1991. O crioulo nas comunidades cristãs da Guiné-Bissau[J]. PAPIA,1(2).
FLEMING H C, 2006. Ongota: a decisive language in African prehistory[M]. Wiesbaden: Harrassowitz Verlag.
GIAMBRONE N, 1975. Ny Nosintsika[M].Fianarantsoa: Ambozontany.
GORDON R G JR., 2005. Ethnologue: languages of the world[M].15th ed. Dallas: SIL International.
GOW A B, 1979. Madagascar and the protestant impact[M]. New York: African Pulishing Company.
GRAHAM S F, 1966. Government and mission education in Northern Nigeria 1900—1919[M]. Ibadan: Ibadan University Press.
GREENBERG J H, 1963. The languages of Africa[M]. Bloomington: Indiana University.
GUTHRIE M, 1967. Comparative Bantu (vol. 1)[M]. New Jersey: Gregg Press.
GUTHRIE M, 1968. Comparative Bantu (vol. 2)[M]. New Jersey: Gregg Press.
GUTHRIE M, 1967. Comparative Bantu (vol. 3)[M]. New Jersey: Gregg Press.
GUTHRIE M, 1967. Comparative Bantu (vol. 4)[M]. New Jersey: Gregg Press.
HAYWARD R J, 2000. Afroasiatic[M]//HEINE B, DEREK N. African languages: an introduction. Cambridge: Cambridge University Press: 74-98.
HEINE B, 1970. Status and use of African lingua francas[M]. München: Weltforum.
HEINE B, 1980. Status and use of African lingua francas[M]. Müunchen: Weltforum.
HEINE B, DEREK N, 2000. African languages: an introduction[M]. Cambridge: Cambridge University Press.

HEINE B, 1976. A typology of African languages: based on the order of meaningful elements[M]//KÖHLER O. Kölner Biträge zur Afrikanistik. Berlin: Dietrich Reimer Verlag.

HEINEB B, NURSE D, 2000. African Languages: an introduction[M]. Cambridge: Cambridge University Press.

HIGGINS F C, 1948. Schools for the Deaf in the world[J]. American annals of the Deaf,93(1):49-60.

HUDSON G, 1999. Linguistic analysis of the 1994 Ethiopian census[J]. Northeast African studies, 6(3):89-107.

HUDSON G. 2004. Languages of Ethiopia and languages of the 1994 Ethiopian census[J]. Aethiopica(7):160-172.

Institut National de la Statistique, 1992a. Recensement général de la population et de l' habitat 1988 tome 1: structure, état matrimonial, fécondité et mortalité[R].[S.l.]: République de Côte d' Ivoire, Ministère Délégué auprès de Premier Ministre chargé de l'éconimie, des finances et du plan.

Institut National de la Statistique, 1992b. Recensement général de la population et de l' habitat 1988 tome 2: repartition spatiale de la population et les migrations[R].[S.l.]:République de Côte d' Ivoire, Ministère Délégué auprès de Premier Ministre chargé de l'éconimie, des finances et du plan.

Institut National de la Statistique, 1992c. Recensement général de la population et de l' habitat 1988 tome 3: caractéristique socio-économiques de la population[R].[S.l.]: République de Côte d' Ivoire, Ministère Délégué auprès de Premier Ministre chargé de l' éconimie, des finances et du plan.

INTUMBO I, 2004. Guiné-Bissau, "um retalho de línguas e cuituras" [EB/OL].[2007-9-15]. http://www.ces.fe.uc.pt/lab2004/inscricao/pdfs/paine166/IncanhaIntumbo.pdf.

JOHNSON G W, 1991. Naissance du Sénégal contemporain[M]. Paris: Karthala.

JOHNSON N K, 2001. Senegalese "into Frenchmen" ? – the politics of language, culture and assimilation (1891—1960)[D]. Ann Arbor: Cornell University.

JUILLARD C, 1995. Sociolinguistique urbaine – La vie des langues à Ziguinchor (Sénégal)[M]. Paris: CNRS- EDITION.

JUNGRAITHMAYR H, MOEHLIG W J G, 1983. Lexibon der Afrikanistik[M]. Berlin: Dietrich Reimer.

KAPLAN I, et al., 1971. Area handbook for Ghana[M]. Washington, D.C.: American University: 188-189.

KEMBO-SURE, MWANGIS OGECHI N O, 2006. Language for development in Africa[M].

KIHM A, 1994. Kryol syntax[M]. Amsterdam: John Benjamins Publishing.

LABATUT F, RAHARINARIVONIRINA R, 1969. Madagascar etude historique[M]. Madagascar: Nathan-Madagascar.

LABATUT F, RAHARINARIVONIRINA R, 2000. Lalampanorenan'ny Repoblikan'i Madagasikara [Z]. Antananarivo:Foi et Justice.

LABATUT F, R RAHARINARIVONIRINA, 2007. Lalampanorenan'ny Repoblikan'i Madagasikara[Z]. Antananarivo: Foi et Justice.

LADEFOGED P, R GLICK, C CRIPER, 1972. Language in Uganda[M]. London:Oxford University Press.

LAITIN D D,1992. Language repertoires and state construction in Africa[M]. Cambridge: Cambridge University Press.

LANE H, R J HOFFMEISTER, B BAHAN, 1996. A journey into the Deaf-world[M]. San Diego: Dawn Sign Press.

LANG J, HOLM J, ROUGÉ J-L, SOARES M J, 2006. Cabo Verde:origem da sua sociedade e do seu crioulo[M]. Tübingen: Gunter Narr Verlag.

LEGÈRE K, 1996. African languages in basic education[M]. Windhoek: Gamsberg Macmillan.

LE PAPE M, 1986. Les status d'une generation: les déscoralisés d'Abidjan entre 1976 et 1986[C]// EPUISÉ CHEZ L'ÉDITEUR.Politique Africaine 24: Côte d'Ivoire – La société au quotidian. Paris : KARTHALA.

LEYEW Z, 2003. The Kemantney language: a sociolinguistic and grammatical study of language replacement[M]. Cologne: Rüdiger Köppe Verlag.

LOPES C, 1997. A dimensão Africana[EB/OL].[2007-9-20]. http:ceberduvidas.sapo.ptangologia-php?rid=117.

MACEDO F, 1989. O problema das línguas na Guiné-Bissau[J]. Humanidades(22):33-38.

MARGUERAT Y, POITOU D, 1994. À l' écoute des enfants de la rue en Afrique noire[M]. Paris: Fayard.

MAGANGA C, 1983. Juhudi za Ukuzaji wa Kiswahili Tanzania Bara[M]//Malaka za Semina ya Kimataifa ya Waandishi wa Kiswahili I-Lugha ya Kiswahili. Dar es Salaam: Taasisi ya Uchunguzi wa Kiswahili: 93-105.

MASSA F, MASSA J-M, 2006. Le créole du Cap-Vert: présence et silences dans les récits des voyageurs portugais et étrangers du XVIe au XIXe siècles[M]//LANG J,HOLM J, ROUGÉ J-L,

SOARES M J. Cabo Verde:origem da sua sociedade e do seu crioulo. Tübingen: Gunter Narr Verlag.

Mazryu A A, Mazrui A M, 1995. Swahili state and society: the political economy of an African language[M]. Nairobi: East African Educational Publishers.

MAZRUI A A, MAZRUI A M, 1998. The power of babel-Language & governance in the African experience[M]. Oxford: James Currey.

MBAABU I,1996.Language policy in East Africa: a dependency theory perspective[R]. Nairobi:Educational Research and Publications (EPAP).

MBAABU I, NZUNGA K, 2003. Sheng – English dictionary: deciphering East Africa' s underworld language[M].Dar es Salaam:Taasisi ya Uchunguzi wa Kiswahili (TUKI).

MEEUWIS M, 1999. Flemish nationalism in the Belgian Congo versus Zairian anti-imperialism: continuity and discontinuity in language ideological debates[M]//BLOMMAERT J. Language ideological debates. New York: Mouton de Gruyter: 381-423.

MEKURIA B, 1995. Onesimos Nasib' s pioneering contributions to Oromo writing[J]. Nordic journal of African studies, 4(1):36-59.

MINTA O, 1980. Language policy and literacy development: a study of the two west African countries of Ghana and Mali[D]. Ohio: Ohio University.

MUKAMA R G, 1994. Ugand's Quest for a Language Policy since Independence[C]//The Committee for the Workshop "Uganda Thirty Years of Independence. Uganda—thirty years of independence 1962—1992. Kampala:Makerere University: 557-593.

MUKAMA R G, 1989a. The vicious circle of the history of Uganda's language policy[J]. Makerere historical journal, 4(2):1-19.

MUKAMA R G, 1989b. The linguistic dimension of ethnic conflict[M]//KUMAR R. Conflict resolution in Uganda. Oslo: International Peace Research Institute: 178-206.

MWANSOKO H J M, 2004. Kiswahili intellectualization efforts in Tanzania[J]. Journal of Asian and African studies, (67):151-162.

NEWMAN P, 2000. The hausa language, an encyclopedic reference grammar[M]. New Haven: Yale University Press.

N' GESSAN J K, 1990.Le nouchi abidjanais, naissance d'un argot ou mode linguistique passagère?[M]. Paris: Didier Erudition.

NURSE D, G PHILIPPSON, 2003.The Bantu languages[M]. New York: Routledge.

OBENG S G, 1997. An analysis of the linguistic situation in Ghana[J]. African languages and cultures, 10(1):63-81.

O' BRIEN D C, DIOP M-C, DIOUF M, 2002. La construction de l'état au Sénégal[M]. Paris: Karthala.

OFCANSKY T P, L BERRY, 1993. Ethiopia: a country study[M]. Washington, D.C.: Library of Congress.

OKRAH K A, 2003. Language, education and culture—the dilemma of Ghanaian schools[J/OL]. The African symposium: an one-line African educational research journal, 3(4)[2009-4-30]. http://www2.ncsu.edu.

OLIVER J A K, 2004. Die moontlikhede wat onderskrifte die SABC-TV bied in die erkenning en beskerming van taalregte [EB/OL].[2009-04-30].http://www.puk.ac.za/biblioteek/proefskrifte/2004/olivier_jak.pdf.

OWU-EWIE C, 2006. The language policy of education in Ghana: a critical look at the English-only language policy of Education[C]//J MUGANE, et al. Selected proceedings of the 35th annual conference on African linguistics. Somerville, MA: Cascadilla Proceedings Project: 76-85.

PRAH K K, 2005. Speaking African on the radio, impact assessment survey of FM/community radios using African languages in Ghana[M]. Capetown: UNESCO and Centre for Advanced Studies of African Society: 43-44.

PÉLISSIER R, 1989. História da Guiné: portugueses e africanos na Senegâmbia,1841-1936[M]. Lisboa: Editorial Estampa.

PEREIRA D, 2006. Oessencial sobre crioulos de base portuguesa[M].[S.l.]: Caminho.

PEREIRA D, 2007, Pa nu skrebe na skola – vamos conversar na escola[EB/OL].[2007-09-15]. http://caboverde.vozdipovo-online.com/lingua/informacoes/pa_nu_skrebe_na_skola_-_vamos_conversar_na_escola/.

PINTO P F, 2001. Como pensamos a nossa língua e as línguas dos outros[M]. Lisboa: Editorial Estampa.

POLOMÉ E C, 1982a. Cultural languages and contact vernaculars in the Republic of the Congo[M]//POLOMÉ E C. Language, society, and paleoculture. Bloomington:Stanford University Press: 1-14.

POLOMÉ E C, 1982b. The choice of official languages in the democratic republic of the Congo[M]//POLOMÉ E C. Language, society, and paleoculture. Bloomington:Stanford University Press: 17-37.

PÜTZ M, 1995. Discrimination through language in Africa? perspectives on the Namibian experiencep[M]. New York: Mouton de Gruyter.

QUINT N, 2000. Grammaire de la langua cap-verdienne[M]. Paris: L'Harmattan.

QUINT N, 2005. Le créole capverdien de poche[M]. Paris: Assimil.

Scantamburlo L, 2002. Dicionário do guineense.vol.2[M].Bubaque: Edições FASPEBI.

RAZAFINTSALAMA, 1928. La langue Malgache et les origines Malgaches[M]. Tananarive: Imprimerie Moderne de l' Emyrne.

RAZAFIMANDIMBY N, 2000. Un enseignement sinistitré, à qui la faute?[J]. Revne de l'Ocean Indien (207):27-32.

Republic of Uganda, 1995. Constitution of the Republic of Uganda[M]. Kampala: LDC Publishers Printing Press.

Republic of Uganda, 1992. Government white paper on implementation of the report of the education policy review commission entitled "education for national integration and development"[R]. Kampala: Uganda Government Printers Entebbe.

SAAH K K, 1986. Language use and attitudes in Ghana[J]. Anthropological linguistics, 28(3):367-377.

SALMON-MARCHAT L, 2004. Les enfants de la rue à Abidjan[M]. Prais: L'Harmattan.

SATO A, 2003. Inventaire de l'enseignement superieur en Côte d'Ivoire[C].Tokyo: Institute of Developing Economies (IDE-JETRO).

Suzuki H, 1997. Loubard feeling: quand le reggae se marie avec la culture d e la rue[C]// Culture sonore d'Afrique. Tokyo: ILCAA, Tokyo University of Foregin Studies: 309-347.

SUZUKI H, 2001. Rapper, danser et se vendre bien: la commercialisation de la culture de la rue à Abidjan[C]//Culture sonore d' Afrique II: a spects synamiques. Hiroshima: Hiroshima City University: 97-125. SIL International, 2008, Ethnologue[EB/OL].[2008-8-17].http://www.ethnologue.com.

TAMOMO S, 1994. Le langage des signes du sourd Africain francophone[M]. Cotonou, Bénin:PEFISS.

TSUNODA T, 2005. Language endangerment and language revitalization[M]. New York: Mouton de Gruyter: 61.

Uganda Bureau of Statistics, 2002. Population and housing census[R/OL]. [S.l.]: UBOS[2009-04-30]. http//www.ubos.org.

United Nations,1979. Statistical yearbook[R]. New York: United Nations: 943.

VAUGHAN S, 2003. Ethnicity and power in Ethiopia[D]. Edinburgh: the University of Edinburgh.

VEIGA M, 2006. O crioulo de Cabo Verde: Afirmação e visão prospective[M]// LANG J, HOLM J, ROUGÉ J-L, SOARES M J. Cabo Verde:origem da sua sociedade e do seu crioulo. Tübingen: Gunter Narr Verlag.

VERIN P, C P KOTTAK, P GORLIN, 1969. The glottochronology of malagasy speech communities[J]. Oceanic linguistics, 8(1).

WELMERS W E, 1973. African language structures[M]. Berkeley: University of California Press.

WHITELEY W H, 1956. KI-MTANG'ATA: a dialect of the Mrima Coast – Tanganyika[M]. Kampala: East African Swahili Committee, Makerere College.

WHITELEY W H, 1969. Swahili: the rise of the national language[M]. London: Methuen.

WHITELEY W H, 1974. Language in Kenya[M]. London: Oxford University Press.

WUFELA YAEK'OLINGO, 1992. De la marginalization des langues zaïroises, aspects et fondements[C]// WUFELA YAEK'OLINGO. A la recherche d'une identité: littérature, langue et recherche scientifique face au processus du développement au Zaïre. Tokyo: Tokyo University of Foreign Studies: 36-54.

YATES B A, 1980. The origins of language policy in Zaire[J]. The journal of modern African studies(18):257-279.

其他资料

Constitutional Court of South Africa
http://www.concourt.gov.za/site/theconstitution/thetext.htm
Ethnologue.com http://www.ethnologue.com/
Google South Africa http://www.google.co.za/
OMD South Africa; Mediafacts 2007 http://www.omdmedia.co.za/samediafacts2007.pdf
SABC (South African Broadcasting Corporation) http://www.sabc.co.za/portal/site/sabc/
Salanguages.com http://salanguages.com/
South African Government Information; Constitution of the Republic of South Africa, 1996
http://www.info.gov.za/documents/constitution/index.htm
Statistics South Africa http://www.statssa.gov.za/
Statistics South Africa Census 2001, Digital Census Atlas
http://www.statssa.gov.za/census2001/digiatlas/index.html
Wikimedia Meta-wiki; List of Wikipedias http://meta.wikimedia.org/wiki/List_of_Wikipedias

后 记

HOUJI

本书取名为“非洲的语言与社会——多语言共生”，但由于作者不同，文章的写法也不同。语言学者倾向于使用语言的数据，而文学、文化人类学的专家们倾向于从历史和思想史的视角来撰写论文。关于文章的形式与内容，本书事先设定了粗略的纲要，但是本着尊重作者写作风格的原则而没有强行统一。加上本书没有涉及所有非洲国家这点，也许不得不说本书有点“挂羊头卖狗肉”之嫌。但是，目前市面上还没有一本相似的书籍，因此我们自负地认为本书可以视为同类研究的重要一步。

以下，我想把在阅读本书初稿的过程中注意到的几点内容写下来，以期与今后的研究相关联。

第一点，大部分非洲人对自己的部落语（民族语）、方言拥有绝对自信。但是同时，在数十年的国民国家的形成过程中，他们反复与不谋而合地成为同国内各种民族，特别是成为统治阶层的民族接触，自己的语言也频频受到其他语言的影响。因此，若狭基道论文中的沃莱塔人“乡下的语言既标准又优美”的说法让人印象深刻。这么说的绝非仅仅是沃莱塔人。在我做过调查的各种地区都听到了相似的说法。也有许多语言使用者使用“deep”这个词语来表达“本来的语言”这层含义。

第二点，欧洲各语言在非洲大陆的强劲势头。总之，大家都依赖欧洲各语言。明明是如此深恶痛绝的旧宗主国的语言，却对其如此依赖、欲罢不能。法国社会语言学家路易·让·卡尔韦认为非洲独立后政府要员都是当地的精英，他们都是被新殖民主义所收买的人，他指出：“大部分知识分子通过殖民主义和他们所接受的特权教育而化身为‘文化杂种’，是殖民统治者语言的受益者。变化什么的都在问题之外。”[①] 虽然他的措辞有点“辛辣”，但简明易懂。

其中，尤其值得我们关注的是，作为书面语的欧洲各语言的地位是不可撼动的。像佛得角这种原先就没有非洲语言的国家另当别论，但塞内加尔和刚果（金）等法语圈的法语，以及塞内加尔和肯尼亚等英语圈的英语之强劲都超乎我们的想象。关于这一点，舍弃非洲

① 路易·让·卡尔韦著，砂野幸稔译:《语言学与殖民主义 —— 语言小论》，三元社，2006 年，第 153 页。

语言而投奔英语的纳米比亚很有意思。通过本书，我们可以预见，作为书面语的英语、法语和葡萄牙语，以及作为口语的非洲各语言的特征会越发显著。

关于媒体，值得关注的应该是广播，特别是 FM 广播。与电视相比，广播的设备投资要少许多，而且 FM 广播的视听区域比较狭小，与国内的土著语言、地方语言非常协调。有些国家因民主化和民营化而使得小型 FM 广播电台如雨后春笋般不断涌现。这些广播电台都用当地的土著语言来广播，民众则乐在其中。

非洲本土语言和欧洲各国语言在非洲的现状一明晰，那么栢植洋一论文所提问题——“非洲的小众语言是否真的有必要文字化？”的答案就是否定性的了。

最后，还有一个特征就是本书多次提及国际 SIL 的“Ethnologue”。这是一个数据库，虽然它的精准度不高，只要我们查看自己所知的区域就会发现它的一些错误和不完善之处，但是对于自己不知道的区域实际上我们只能依赖这个数据库。虽然与本书的意图不同，但是为了弥补这个数据库的不完美之处，我们也有必要汇集日本的非洲各语言研究者的卓见和智慧。

非洲的语言与民族问题很重要，但本书还有一些问题没有涉及，特别是虽然部落（民族）不同，但语言相同这个现象。比如，本书也曾提及的尼日利亚的布拉族和帕比尔族、塞内加尔的富尔贝族和图库勒族、纳米比亚的赫雷罗族和辛巴族、塞内加尔的沃洛夫族和雷布族、生活在刚果（金）的伊图里省森林的比拉族和俾格米族，以及乌干达的俾格米族等。俾格米族生活在乌干达西部的本迪布焦州，却与安巴族使用相同的语言。但是，这个问题，特别是关于俾格米的语言问题，有必要深入考察语言、历史和民族，这超出了本书仅论述非洲各国概论性语言与民族的著作范围。关于这一点，我们不得不另行撰文详述。

梶茂树

译后记

YIHOUJI

本书根据梶茂树、砂野幸稔编著的『アフリカのことばと社会：多言語状況を生きるということ』（三元社出版）译出。该书出版于2009年，由日本非洲语言研究的先驱梶茂树先生和对“语言问题”深耕出新的砂野幸稔先生编著，汇集了15位日本知名非洲语言研究学者的真知灼见和研究成果。

非洲大陆语言种类繁多，世界语言的30.3%被用于非洲大陆。非洲有部落语、地区通用语，以及官方语言（沿用旧宗主国语言）。在诸多非洲国家，几乎没有人以英语和法语等旧殖民地宗主国语言为第一语言，作为第二语言也只在部分国民中普及。即便如此，绝大多数国家还是以英语、法语等旧殖民地宗主国语言为其官方语言，这些语言作为唯一的实质性国家官方语言统治着行政、教育等几乎所有公共领域（不仅仅是处于优势）。为了填补官方语言支撑起来的国家与一般国民之间的乖离，需要制定相关语言政策来解决如何驾驭多语言状况，以及是否将当地语言发展为书面语言等等问题，然而非洲恰恰不存在这种语言政策。

本书的目的不是描写非洲语言的结构，而是探讨语言本身的状况和语言所处的社会状况，特别是非洲复杂多样的多语言共生状态和多语言多层使用的实况。如同该书腰封上所写：“概览多语言多层使用的实况、复杂的语言状况，具体探讨围绕语言与社会的各种问题。阐明语言对理解非洲社会的重要性，提示非洲区域研究的崭新视角。”

“语言”并非只是语言研究者的研究对象，“语言问题也是制度的问题”。同时，语言问题也是超越制度框架的问题。将语言的社会性格也作为研究对象，并将其设定为研究课题本身就足以证明日本非洲（语言）研究的积淀和力量。近年来，中国不断深化中非人文交流与合作，本书的出版，势必能作为“他山之石”助推中非合作的快速发展和中非文化的交流与互鉴。

本书的内容涉及14个撒哈拉以南非洲国家的语言使用（国语、官方语言、通用语、部落语）、语言政策、社会概况、内乱纷争等，各位作者视野开阔、涉及面广，需要译者具备丰富的对非知识储备和相当程度的语言学基础才能胜任翻译工作。我们深感压力巨大、挑战不小，但这更是一个宝贵的学习机会，也正因如此才更具翻译的价值与意义。

翻译的具体分工如下：序言、中文版序言、后记、作者简介，以及第1、2、11、12、13、14篇文章（徐微洁译）；第3、4、5、6、16篇文章（鲁燕青译）；第7、8、9、10、15、17篇文章（金稀玉译）。徐微洁负责统稿。

感谢浙江师范大学“外国语言文学”省级一流学科为本书提供经费支持。感谢中国传媒大学斯瓦希里语专业敖缦云老师对我们团队的无私帮助，她精深的学术造诣帮助我们避开了许多雷区，保证了本书翻译的正确性与专业性。感谢本书的责任编辑浙江工商大学出版社的姚媛女士为本书的顺利出版所付出的辛勤劳动。姚媛女士专业敬业、高效严谨，其提供的建议和帮助使我们在本译著付梓之前进一步提高了译稿质量。

虽然本书的翻译工作断断续续耗时近3年，付梓之前数易其稿，但由于译者水平有限，虽已尽力但难免会有疏漏和差错，敬请各位读者批评指正。

徐微洁

2020年初秋

于浙江师范大学非洲翻译研究中心

作者简介

ZUOZHEJIANJIE

编著者

梶茂树（Kaji Shigeki）
现职：京都大学名誉教授
研究领域：语言学、非洲区域研究
研究成果：
『アフリカをフィールドワークする』（大修馆书店，1993）
『言語学大辞典【述語編】』（参编，三省堂，1996）
『事典　世界のことば 141』（共编，大修馆书店，2009）

砂野幸稔（Sunano Yukitoshi）
现职：熊本县立大学名誉教授
研究领域：非洲区域研究、多语言社会论、法语圈文化研究
研究成果：
（专著）『ポストコロニアル国家と言語：フランス語公用語国セネガルの言語と社会』（三元社，2007）
（译著）『言語学と植民地主義：ことば喰い小論』（路易・让・卡尔韦著，三元社，2006）
（译著）『帰郷ノート・植民地主義論』（艾梅・塞泽尔著，平凡社文库，2004）

执笔者

市之濑敦（Ichinose Atsushi）
现职：上智大学外国语学部葡萄牙语系教授
研究领域：皮钦语・克里奥尔语研究、葡萄牙语圈非洲研究、葡萄牙现代史
研究成果：
（专著）『海の見える言葉：ポルトガル語の世界』（现代书馆，2004）
（专著）『クレオールな風にのって：ギニア・ビサウへの旅』（社会评论社，1999）
（译著）『マヨンベ』（佩佩特拉著，绿地社，1995）

神谷俊郎（Kamiya Toshirou）

现职：京都产业大学研究机构 URA（兼任）、现代社会学部兼职教师、京都东南亚地域研究所合作研究员

研究领域：南非的语言、南非社会史、交际论

研究成果：

（论文）「バツァ語記述研究：その音声、音韻、文法」（东京外国语大学，2006）

亀井伸孝（Kamei Nobutaka）

现职：爱知县立大学外国语学部国际关系学科教授

研究领域：文化人类学、非洲区域研究

研究成果：

（专著）『アフリカのろう者と手話の歴史：A・J・フォスターの「王国」を訪ねて』（明石书店，2006）获 2006、2007 年度国际开发学会奖励奖

（专著）『森の小さな〈ハンター〉たち』（京都大学学术出版会，2009）

（手语辞典编撰）*DVD: Language des Signes d'Afrique Francophone*（*LSAF*）（东京外国语大学亚非语言文化研究所，2008）

古闲恭子（Koga Kyoko）

现职：高知大学教授

研究领域：语言学

研究成果：

（论文）「アカン語」（『事典 世界のことば 141』，大修馆，2009）

（论文）「アカン語アサンテ方言の名詞の声調」（『言語研究』135，2009）

（论文）"Clitic and its Tonal Behavior in Akan", in The 18th International Congress of Linguistics Congress Book（CD version）CIL 18 LOC.

小森淳子（Komori Junko）

现职：大阪大学大学院语言文化研究科教授

研究领域：非洲语言学、班图语句法结构、形态学

研究成果：

（论文）「世界の言語シリーズ 1　スワヒリ語」（斯瓦希里语大阪大学出版会，2009）

（论文）"An Outline of Bantu Applicative Constructions: A Range of Sematic Roles of

Applied Objects and their Properties", in Tokusu K.（ed）Ambiguity of Morphological and Syntactic Analyses.（Research Institute for Languages and Culture of Asia and Africa, Tokyo University of Foreign Studies, 2008）

（论文）「ケレウェ語の使役形動詞」（加藤重广、吉田浩美编『言語学の射程』，羊书房，2006）

盐田胜彦（Shiota Katsuhiko）

现职：大阪大学大学院语言文化研究科兼职教师

研究领域：语言学、西非诸语

研究成果：

（专著）『ヨルバ語・日本語語彙集』（大阪外国语大学，2005）

（论文）「ブラ語名詞の特徴」（『アジア・アフリカ文法研究 31』，东京外国语大学亚非语言文化研究所，2002）

（论文）「ブラ語の動詞接尾辞」（『スワヒリ&アフリカ研究 11』，大阪外国语大学斯瓦希里语非洲区域文化研究室，2001）

品川大辅（Shinagawa Daisuke）

现职：东京外国语大学亚洲语言文化研究所准教授

研究领域：以班图语支各语言为对象的描写语言学

研究成果：

（论文）「ルワ語 (Bantu, E61) 動詞形態論：記述言語学的研究」（名古屋大学研究生院文学研究科，2008）

（论文）"Rare Story of the Emergence of the Future?: A Hypothesis on the Historical Development of Proto-Bantu*-ag in Rwa（Bantu, E61）", HERSETEC: Journal of Hermeneutic Study and Education of Textual Configuration, Vol. 2，Graduate School of Letters, Nagoya University, 2008.

（论文）"Notes on the Morphosyntactic Bias of Verbal Constituents in Sheng Texts" HERSETEC: Journal of Hermeneutic Study and Education of Textual Configuration, Graduate School of Letters, Nagoya University, Vol.1, No.1, 2007.

铃木裕之（Suzuki Hiroyuki）

现职：国士馆大学教授

研究领域：文化人类学、非洲音乐

研究成果：

（专著）『ストリートの歌：現代アフリカの若者文化』（世界思想社，2000）

（专著）『恋する文化人類学者：結婚を通して異文化を理解する』（世界思想社，2015）

（译著）『フェラ・クティ：戦うアフロ・ビートの伝説』（玛毕贸里・卡有德・伊多著，晶文社，1998）

（译著）『ルーツ・オヴ・レゲエ：最初のラスタ、レナード・ハウエルの生涯』（艾伦・李著，音乐之友社，2003）

竹村景子（Takemura Keiko）

现职：大阪大学大学院语言文化研究科教授

研究领域：斯瓦希里语学、文学、文化学、性别研究

研究成果：

（专著）『スワヒリ語の仕組み』（白水社，2007）

（专著）『ニューエクスプレスプラス　スワヒリ語《CD 付》』（白水社，2018）

（专著）『スワヒリ語のしくみ《新版》』（白水社，2016）

（论文）「スワヒリ語は諸民族語の記憶を負えるのか：タンザニアにおける『超民族語』とその他の諸民族語の相克」（『神奈川大学評論』，第 51 号，神奈川大学，2005）

（论文）「闘いという名の日常：アフリカの女性たちの声から何を学ぶか」（EX-ORIENTE 第 14 号，大阪外国语大学语言社会学会，2007）

柘植洋一（Tsuge Yoichi）

现职：金泽大学名誉教授

研究领域：语言学

研究成果：

（专著）『アムハラ語入門』（阿姆哈拉语入门科研项目报告，2008）

（论文）「古代オリエントの諸言語と諸文字」（『歴史学事典：第 15 巻　コミュニケーション』，弘文堂，2008）

（论文）"Notes on Some Modal and Aspectual Morphemes in Aari"（Y. Tsuge, Cushitic-Omotic Studies 2004，科研项目报告，005）

深泽秀夫（Fukazawa Hideo）

现职：东京外国语大学名誉教授

研究领域：社会人类学、以马达加斯加为主的印度洋海域世界研究

研究成果：

（专著）『平成 15 年度言語研修マダガスカル語研修テキスト 2　マダガスカル語読本』（亚非语言文化研究所，2003）

（论文）「戦記という旅の表象：1895 年マダガスカル・マジュンガからアンタナナリヴへの道」（高知尾仁编『表象としての旅』，东洋书林，2004）

（论文）「マダガスカル北西部における『生存』と稲作：小商品化した生活の実践」（小川了编著『資源人類学　04　躍動する小生産物』，弘文堂，2007）

宫崎久美子（Miyazaki Kumiko）

现职：桑给巴尔大学斯瓦希里语研究与推广全球中心客座研究员

研究领域：班图语言学、斯瓦希里语学

研究成果：

（论文）「ウガンダの言語状況：首都カンパラにおける言語使用と言語態度」（大阪外国语大学，2003）

（论文）「ウガンダにおける言語政策の推移」（『スワヒリ・アフリカ研究 13 号』，大阪外国语大学区域文化学科斯瓦希里语非洲区域文化研究室，2003）

（论文）「ニョレ語動詞（バンツー系、ウガンダ）の派生形」（EXORIENTE 第 14 号，大阪外国语大学语言社会学会，2007）

米田信子（Yoneda Nobuko）

现职：大阪大学大学院语言文化研究科教授

研究领域：描写语言学、社会语言学

研究成果：

（论文）「マテンゴ語の情報構造と語順」（『言語研究』133，2008）

（论文）「多言語社会のゆくえをのぞむ—ナミビアのアフリカ諸語のこれから」（『アクション別フィールドワーク入門』，世界思想社，2008）

（论文）「独立ナミビアの多言語教育」（『ことばと社会：别冊 2　脱帝国と多言語化社会のゆくえ』，三元社，2005）

（论文）"'Swahilization' of Ethnic Languages in Tanzania: The Case of Matengo." African

Study Monographs, Vol. 31, No.3, 2010.

（论文）「アフリカにおける識字を考える」(『ことばと社会』14，2012）

（论文）「ヨーロッパ発『多言語主義』とアフリカの多言語状況」（砂野幸稔编『多言語主義再考：多言語状況の比較研究』，三元社，2012）

若狭基道（Wakasa Motomichi）

现职：明星大学兼职教师、迹见学园女子大学兼职教师、白鸥大学兼职教师、东京外国语大学兼职教师

研究领域：亚非语（特别是埃塞俄比亚的沃莱塔语）

研究成果：

（论文）"A Descriptive Study of the Modern Wolaytta Language"（东京大学，2008）

（专著）『ニューエクスプレス　アムハラ語』（白水社，2018）

（专著）*A Descriptive Study of the Modern Wolaytta Language*（Hituzi Syobo, 2020）